D. OFFERMANN

SCHLEIERMACHERS EINLEITUNG IN DIE GLAUBENSLEHRE

SCHLEIERMACHERS EINLEITUNG IN DIE GLAUBENSLEHRE

EINE UNTERSUCHUNG DER „LEHNSÄTZE"

VON

DORIS OFFERMANN

VERLAG WALTER DE GRUYTER & CO.

BERLIN 1969

THEOLOGISCHE BIBLIOTHEK TÖPELMANN

HERAUSGEGEBEN VON

K. ALAND, K. G. KUHN, C. H. RATSCHOW UND E. SCHLINK

16. BAND

Gedruckt mit Unterstützung des Marburger Universitätsbundes

Archiv-Nr. 3901691/16

Satz und Druck: Thormann & Goetsch, Berlin 44

VORWORT

Zwei Fragen haben die vorliegende Untersuchung in Gang gebracht und ihre Durchführung in Bewegung gehalten:

Erstens: Ist der gegen Schleiermacher von Beginn seiner theologischen Arbeit bis in unsere Zeit hinein erhobene Vorwurf, er habe mehr oder minder systematisch die Geschichtsbezogenheit des christlichen Glaubens aus der Theologie eliminiert, wirklich berechtigt? Noch zugespitzter gefragt: Ist nicht die Anerkennung des in Zeit und Raum gegebenen und auch nur in diesen Bedingtheiten aufzunehmenden „Grundes" des christlichen Glaubens gerade für Schleiermachers theologisches Bemühen von erheblicher Relevanz? Daß die Antwort, sofern sie der Glaubenslehre abgehört werden muß, trotz der kaum mehr übersehbaren Literatur noch keineswegs als eindeutige gefunden ist und schon gar nicht einfach „nein" lauten darf, lege ich in dem einführenden 1. Kapitel mit der Erörterung einiger charakteristischer, auf die Ausgangsfrage zu beziehenden Auslegungspositionen dar.

Zweitens: Worin kann der Grund dafür liegen, daß Schleiermachers Arbeit bis heute so differenzierenden Beurteilungen ausgesetzt ist? Die Diskussion darüber ist ja nicht etwa schon zu Ende gekommen, geschweige denn zum Ziel gelangt — das wird aus dem neuerlich wieder wachsenden Interesse an Schleiermachers Theologie deutlich. Die Disparatheit der Beurteilungsansätze und -ergebnisse läßt sich an den unterschiedlichen Wertungen exemplifizieren, die eben die Einleitung in die Glaubenslehre bis heute erfahren hat. Worin könnte der Grund dafür liegen, daß man das Problem der Einleitung bislang auf so differente Weise zu lösen versucht hat? (Daß diese Differenz nicht einfach und nicht nur durch die je anderen, theologiegeschichtlich bedingten Blickrichtungen begründet ist, unter denen die einzelnen Ausleger ihre Aufgabe begonnen haben, soll die Diskussion erweisen, die anhand des Textes mit den wichtigsten der bis heute zu hörenden Kommentatoren geführt wird.) Die Nebenfrage, ob und warum man zumal den ersten Hauptteil dieser Grundlagenerörterung — die „Lehnsätze" — in einer sich auf sie eingrenzenden Abhandlung unter dem hier angegebenen Frageaspekt angehen kann, versuche ich in dem noch zur Einführung gehörenden 2. Kapitel zu beantworten.

Der Hauptgedanke der Arbeit ist folgender: Man muß danach trachten, das Verständnis dieser Einleitungsparagraphen aus dem ihnen eigenen Duktus, von ihrem spezifischen Aussageziel her zu gewinnen — und man erkennt (beispielhaft), welche erhebliche Bedeutung Schleiermacher allerdings der geschichtlichen Begründetheit des christlichen Glaubens beigemessen hat; wichtig dabei ist, daß dieser Sachverhalt nicht nur und nicht einmal zuerst seinen Niederschlag in den inhaltlichen Aussagen findet — wenngleich deren eigentliches Intentum, „christliche Gemeinschaft" (§ 14), Schleiermachers hier abzuhebende Grundeinsicht wohl aufzunehmen vermag —, sondern ebensosehr und gerade wesentlich in der methodischen Angelegtheit dieses Textes. Die materiale und die formale Seite dieser Grundlagenerörterung bedingen sich gegenseitig und können, weil von dem Autor in ein nicht aufzulösendes Miteinander gebracht, nur aus ihrer inneren Verknüpfung wahrgenommen werden — diese Erkenntnis bestimmt die Möglichkeit und das Ergebnis der vorliegenden Untersuchung.

Als methodische Eigenart der „Lehnsätze" und damit als deren Charakteristikum überhaupt wird der gleichsam von innen her geschehene Aufbau zu einem Ganzen behauptet. Diese Behauptung sei vorläufig als Vermutung ausgesprochen: Könnte es vielleicht so sein, daß Schleiermacher diese Sätze nicht allein aus dem Nacheinander des Gedankenvollzugs erläutern wollte, den das diskursive Denken allerdings fordert, sondern ebensosehr aus einer inneren Gedankenverbindung, die dann in einem das Ganze unterfangenden Zueinander der Teilaussagen ihren Halt hätte? Das meint: Könnte es vielleicht so sein, daß diese Paragraphen nicht nur der eine nach dem andern gelesen werden sollten, in den sich selbst fortführenden drei Reihen der Abzählung, vielmehr zugleich der eine mit dem andern, in einer diese Reihen gewissermaßen überquerenden Zuordnung? Der ganz und gar ausgewogene und symmetrische Aufbau fällt ja unmittelbar auf. Zudem kann man unschwer feststellen, daß der Gedankenablauf ein sich dreimal thematisch wiederholender ist; einer auch erst flüchtigen Übersicht am deutlichsten erkennbar ist der Gleichklang des Themas in den jeweils vierten Sätzen der drei Untersuchungsgänge: das Stichwort ist „Gemeinschaft", wenn auch die zugehörigen Ausführungen ihren eigenen Akzent erst aus dem jeweils umschließenden Bereich — Ethik, Religionsphilosophie, Apologetik — gewinnen. Die in der Inhaltsübersicht vorgestellte Charakterisierung der einzelnen Paragraphen soll deren hier viermal abgehörten thematischen Gleichklang mit zum Ausdruck bringen.

Im folgenden will ich versuchen, den beschriebenen methodischen Ansatz aus dem Gedankenablauf der nacheinander durchgeführten Sätze zu verdeutlichen, in ihm Schleiermachers mit der Einleitung verfolgte Aussageabsicht angelegt und verdichtet zu sehen, sein Beachtetwerden als Voraussetzung für ein Gesamtverständnis zu erheben, das Schleiermachers Intention gerecht werden will, schließlich — hiermit mündet die Antwort auf die zweite Frage in eine Antwort zugleich auf die erste ein — Methode und Aussage dieser Sätze als Schleiermachers Lösungsbeitrag zu dem Problem zu verstehen, welches der christlichen Theologie wegen der geschichtlichen Bedingtheit ihres Glaubensgrundes zu jeder Zeit neu aufgegeben ist.

Die vorliegende Arbeit ist am 20. Januar 1968 von der Theologischen Fakultät der Philipps-Universität in Marburg/Lahn als Dissertation angenommen worden. Meinen besonderen Dank möchte ich Herrn Professor D. Dr. Carl Heinz Ratschow sagen, der mich durch seinen Hinweis auf die vielleicht fruchtbare Möglichkeit des „Quer"-lesens zu dieser Untersuchung anregte und durch sein stetiges Interesse an ihrem Fortgang dazu ermutigte, meine Ergebnisse zur Diskussion zu stellen. Ferner danke ich den Herren Herausgebern für die Aufnahme des Buches in die „Theologische Bibliothek Töpelmann" und dem Verlag für die freundlichen Bemühungen um die Drucklegung.

Bethel, den 10. März 1969   Doris Offermann

INHALTSVERZEICHNIS

Seite

VORWORT V

EINFÜHRUNG 1

  1. Kapitel: Die Fragestellung, zur Methode 1

  2. Kapitel: Die Aufgabe der „Einleitung" 19

DIE INTERPRETATION DES TEXTES 33

I. Die „Lehnsätze aus der Ethik" 33

  Einleitendes: Zum Lehnbereich „Ethik" 33

  3. Kapitel: Das „unmittelbare Selbstbewußtsein" als O r t der Frömmigkeit — § 3 38

  4. Kapitel: Das „schlechthinnige Abhängigkeitsgefühl" als W e s e n der Frömmigkeit — § 4 47

Exkurs: Der Begriff des unmittelbaren Selbstbewußtseins nach der „Dialektik" 66

  5. Kapitel: Der Grund der W i r k l i c h k e i t von Frömmigkeit — § 5 84

  6. Kapitel: K i r c h e, die geschichtlich bedingte Erscheinungsform von Frömmigkeit — § 6 109

II. Die „Lehnsätze aus der Religionsphilosophie" 139

  Einleitendes: Das Verfahren der „kritischen Disziplin" 139

  7. Kapitel: Die Konstruktion eines zweidimensionalen K o o r d i n a t e n s y s t e m s : die Grundlage für die Beschreibung des ganzen Gebietes der geschichtlich bedingten Erscheinungsformen von Frömmigkeit — § 7 152

  8. Kapitel: Zur Bestimmung des W e s e n s einer Frömmigkeitsform — § 8 170

  9. Kapitel: Die Differenzierung der Frömmigkeitsformen nach ihrem w i r k l i c h e n Vorkommen — § 9 196

  10. Kapitel: Der zweifache Grund für die Bestimmung der E i g e n t ü m l i c h k e i t einer Frömmigkeitsgemeinschaft — § 10 216

III. Die „Lehnsätze aus der Apologetik" 235

  Einleitendes: Die Aufgabe der „Apologetik" 235

  11. Kapitel: N o t w e n d i g k e i t von Erlösung: der O r t des Christentums — § 11 241

  12. Kapitel: Die E i n z i g a r t i g k e i t des christlichen Erlösungsglaubens — § 12 261

  13. Kapitel: Die Beschreibung der geschichtlich bedingten Erscheinungsw i r k l i c h k e i t des Erlösers — § 13 272

  14. Kapitel: Christlicher Glaube ist Glaube a n den Erlöser und begründet die G e m e i n s c h a f t der Glaubenden — § 14 293

DAS ERGEBNIS 322

LITERATURVERZEICHNIS 333

REGISTER 339

EINFÜHRUNG

1. Kapitel

Die Fragestellung, zur Methode

„Ich hätte gewünscht, es so einzurichten, daß den Lesern möglichst auf jedem Punkt hätte deutlich werden müssen, daß der Spruch Joh. 1,14 der Grundtext der ganzen Dogmatik ist . . .“; so charakterisiert Schleiermacher 1829 in dem zweiten seiner „Sendschreiben über seine Glaubenslehre an Lücke“[1] seinen dogmatischen Ansatz. Schon 30 Jahre zuvor hatte er seine Aufgabe in ähnlicher Weise bestimmt: daß er die Leser seiner Reden „gleichsam zu dem Gott, der Fleisch geworden ist, hinführen“ wolle[2].

Diese beiden Zitate sollen nicht etwa die Behauptung einleiten, daß man unter diesem Thema die Theologie Schleiermachers schlechthin umgreifen könne. Auch sollen sie nicht die Meinung wecken, die vorliegende Untersuchung wolle in das Gespräch über den Werdegang Schleiermachers eintreten oder gar einen Beleg für die Gültigkeit seines Selbstzeugnisses liefern, nach dem er „mehr derselbe geblieben (ist), als die Menschen glauben wollen“[3]. Gleichwohl müssen sie den Horizont angeben, unter dem die Erörterung durchgeführt wird. Denn trotz dieser eindeutigen Aussagen, die doch weder in den Reden noch in bezug auf die Glaubenslehre so singulär sind, daß man sie übersehen oder stillschweigend übergehen könnte, hat Schleiermacher von Anfang an und immer wieder an dieser entscheidenden Stelle Kritik erfahren, den Vorwurf hören müssen, er habe es mit dem geschichtlichen Christus — deutlicher: mit Jesus von Nazareth, dem Grundereignis unseres Glaubens — nicht ernst gemeint.

Von den grundlegenden Paragraphen der Einleitung in die Glaubenslehre her soll versucht werden, die Frage erneut an Schleiermacher zu stellen — ob und wie Jesus von Nazareth der „Grundtext“ der Dogmatik sei — und die Richtung auszumachen, aus der seine Antwort vernommen werden kann.

---

[1] Mul. 34 ≙ WW I./2, 611 (nach Mul. 4); die bei Mul. am Rand angegebenen Seitenzahlen der Gesamtausgabe werden hier mitgeführt, dementsprechend wird im folgenden (z. B.) zitiert: Mul. 34/611.

[2] R¹ 237 (Nachdruck von 1961); Seitenangaben (auch unten) nach der Urauflage.

[3] Schl. am 19. 2. 1822 an Brinckmann; Briefe IV, 288.

Die Begrenztheit des gegebenen Textes weist die Möglichkeit einer Be-
teiligung an der Diskussion über den „Kirchenvater des 19. Jahrhunderts"
in enge Schranken. Wenn es somit nicht die Absicht — jedenfalls nicht die
erste — dieser Untersuchung sein kann, in dem Für oder Wider um
Schleiermacher (das heißt: in dem Wider oder Für um seine Kritiker) mit-
zukämpfen, so erscheint es mir dennoch als notwendig oder doch als hilf-
reich, einleitend einige der charakteristischen Auslegungspositionen zu
erörtern, damit durch den Vergleich der verschiedenen, zum Teil einander
aufhebenden Meinungen die Aufgabenstellung erhellt werde: In Abgrenzung gegen die Ansätze der einzelnen Beurteilungen soll die Zuspitzung
der hier gemeinten *Frage* deutlich gemacht werden, und zugleich ist daran
die Art und Weise, mit der die Antwort gesucht wird, die hier durchgeführte *Methode*, zu erläutern.

Von den frühen Kritikern ist vor allem F. CHR. BAUR zu nennen. Schon
einige Jahre vor seiner ersten öffentlichen Auseinandersetzung mit Schleiermachers Glaubenslehre[4] hat er in einem Brief (vom 26. Juli 1823) an
seinen Bruder Friedrich August den Einwand gegen Schleiermacher zum
Ausdruck gebracht, der, wenn auch später vielfach anders begründet und
neu eingeordnet, Grundlage seiner Kritik geblieben ist[5]. Baur will in diesem Brief, gemäß seiner nur erst „flüchtigen Einsicht" in das Gesamtwerk,
zunächst lediglich eine „unvollkommene Andeutung" seiner Meinung
geben. Für uns ist von diesem „einigen wenigstens", was er erkannt haben
will, wichtig, wie er die „theologische Seite" der Glaubenslehre (die er von
der „philosophischen" unterscheidet) charakterisiert. Er sieht sie nach zwei
Richtungen hin ausgebildet: nach der „christliche(n)", welche die eigentliche Grundlage abgibt, und nach der „historische(n)", der nur sekundäre
Bedeutung zukommen kann (240 f.). Einerseits hebt er diese „neue Ansicht" lobend hervor, denn er findet durch sie den christlichen Glauben von
allen äußeren Autoritäten freigestellt: „... nach Schleiermacher (liegt) die
erste Erkenntnis*quelle* des Christentums in dem *religiösen Selbstbewußtsein*[6] (...), aus dessen Entwicklung sich die Hauptmomente des Christentums ergeben" (240), „... dabei bleibt aber das *Historische*, wie es im

---

[4] F. Chr. Baur, Primae Rationalismi et Supranaturalismi historiae capita potiora
 (2. Teil: Comparatur Gnosticismus cum Schleiermacherianae Theologiae indole),
 Tübingen 1827; (nach Mul. 4).
[5] Dieser Brief ist von H. LIEBING in ZThK 1957 mitgeteilt und untersucht worden: Ferdinand Christian Baurs Kritik an Schleiermachers Glaubenslehre (225
 bis 243); Seitenangaben im Text sind hierauf bezogen.
[6] *Unterstreichungen* in Zitaten kennzeichnen Hervorhebungen von mir.

N. T. gegeben ist, in seiner vollen Gültigkeit stehen, nur soll daraus das *Christliche* nicht erst bewiesen, sondern nur darin nachgewiesen werden ..." (241). Andererseits wird dann wegen der von ihm für widersprüchlich erachteten Entwicklung des Ansatzes an eben dieser Stelle seine Kritik laut: Das Nebeneinander von „christlich" und „historisch" scheint ihm in der Christologie nicht durchgehalten zu werden, denn in Christus seien ein Urbildliches und ein Geschichtliches unterschieden, und er selbst heiße die vollendete Schöpfung der menschlichen Natur. Dabei sind das Zugleich von urbildlich und geschichtlich „in ihm" und das „er selbst" der Anstoß: „Wenn die Hauptmomente, die die Person des Erlösers betreffen, selbst auch aus dem religiösen Selbstbewußtsein abgeleitet werden, ... so kann ich mir die Person Christi als des Erlösers nur als eine gewisse Form und Potenz des Selbstbewußtseins denken, die nur darum in einer äußeren Geschichte erschien, weil die natürliche Entwicklung des Selbstbewußtseins in ihrer höchsten Vollendung sich notwendig einmal so gestalten muß. Christus ist also in jedem Menschen, und die äußere Erscheinung Jesu ist auch hier nicht das Ur/sprüngliche, sondern in dem Geschichtlichen soll nur das Urbildliche, Ideale nachgewiesen ... werden" (242 f.). Das Verhältnis des urbildlichen — des „ideellen", wie er dann in seiner späteren, ausführlichen Diskussion der Schleiermacherschen Position sagt — zu dem historischen Christus kann er immer nur so verstehen, daß der nichtgeschichtliche Erlöser „in einer für die historische Erkenntnis unerreichbaren Höhe über dem geschichtlichen schwebt" und der Erlöser „nichts anderes" sein kann „als die in ihm persönlich gedachte ... Idee der Erlösung"[7].

Der Protest Schleiermachers gegen die Unterstellung eines „zwiefachen Christus" und zumal dagegen, daß bei ihm der historische dem urbildlichen tief untergeordnet werde[8], bleibt ungehört. Er kann gar nicht gehört werden, weil Baur in dem christlich frommen Selbstbewußtsein als dem modifizierten absoluten Abhängigkeitsgefühl — und damit auch in Schleiermachers Begriff der Erlösung — die spekulative, der Religionsphilosophie zugehörige Begründung der Glaubenslehre sieht. Von daher — und von seiner Deutung der Geschichte her — stößt er sich daran, daß die spekulative Methode nicht rein durchgeführt wird: „Mit welchem Recht nimmt ... diese Dogmatik ihren Christus, wenn sie ihn als den urbildlichen darstellt, doch zugleich als den historischen!"[9]. Er sieht ja wohl, daß das Urteil über diese Christologie nicht, wie es nach dem von ihm be-

---

[7] F. Chr. Baur, Gnosis, 640; 652.
[8] Mul. 11/582.
[9] Gnosis, 651.

schriebenen Ansatz und nach seiner Interpretation folgerichtig wäre, einfach „Doketismus" lauten darf: „Das Eigene aber ist, daß man der
Schleiermacherschen Christologie ... ebenso gut den Vorwurf einer Hin-
neigung zum Ebionitismus machen kann"[10]. Baur muß wider seinen Willen
anerkennen, daß in diesem System ein Rest bleibt, den er nicht verrechnen
kann: eben die Bedeutsamkeit der Raum- und Zeitgebundenheit des Erlösers[11].

Daß die philosophische Interpretation des christlich frommen Selbstbewußtseins nur die eine Seite des Grundbegriffs der Glaubenslehre er-
greife, das stellt auch, als einer der Ausleger aus unserer Zeit, F. FLÜCKI-
GER betont heraus, obwohl er in seiner Gesamtanschauung sich am ehesten
F. Chr. Baur zugesellen möchte: weil dieser „den spekulativ-gnostischen
Charakter von Schleiermachers Theologie besser ge/sehen hat als die
meisten nach ihm"[12]. Soweit diese „Gesamtanschauung" von der Deutung
unseres Textes abhängig ist, wird sie unten zu erörtern sein. Hier wird
Flückiger deswegen genannt, weil er sich dem Ergebnis von Baur so eng
anzuschließen meint, dabei aber nicht berücksichtigt, daß dessen Urteil
so eindeutig, wie er es versteht, nach der „Gnosis"[13] eben nicht gelautet
hat. Dies zu übersehen ist kennzeichnend für Flückigers eigene Position.
Er hat „durchgehend" die Gültigkeit der Erkenntnis K. Barths von der
„wissenschaftlichen Methode Schleiermachers" „nachgewiesen"; diese Erkenntnis erst führe entscheidend über Baur und die nachfolgende Forschung
hinaus: „Nicht einseitig von philosophischen oder dogmatischen, spekulativen oder empirischen Voraussetzungen aus wird die religiöse Wahrheit
gesucht, sondern in der Entgegensetzung und Synthese beider" (184; 185).
Wobei nach Flückiger der Akzent auf „Synthese" — und zwar auf der

---

[10] Gnosis, 656.
[11] Vgl. dazu H. LIEBING (s. o. Anm. 5): „Die Unterscheidung zwischen dem
   urbildlichen und dem geschichtlichen Christus in Schleiermachers Glaubenslehre
   ist und bleibt für Baur der Stein des Anstoßes ... Wie konnte diese Glaubenslehre, die den Supranaturalismus, die alles Mirakelhafte und alle autoritative
   oder magische Geltung des Empirischen, Zufälligen so tief überwunden zu haben
   schien, indem sie beim Selbstbewußtsein und der sich in ihm bewegenden religiösen Idee einsetzte, nun doch wieder auf Historie rekurrieren? Wie konnte,
   so mußte Baur es scheinen, Schleiermacher den idealistischen Ausgangspunkt, das
   religionsphilosophische Programm so kurzschlüssig preisgeben und wieder in
   eine kirchliche, orthodoxe fides historica zurückfallen?" (234 f.)
[12] F. FLÜCKIGER: Seitenangaben sind im folgenden durchgehend in den Text
   übernommen worden; hier: 182 f.
[13] Vgl. F. FLÜCKIGERS Zitat und Deutung: 171.

„höheren" — liegt und von daher doch wieder auf der Spekulation[14]. Diesem Verständnis von Synthese muß am Ende (oder schon im Ansatz) die Empirie zum Opfer fallen. Insofern ist Flückiger „konsequenter" als sein Lehrer Barth, der immerhin die Christologie „die große Störung in Schleiermachers Glaubenslehre" genannt hat: „Jesus von Nazareth paßt verzweifelt schlecht in diese Theologie ... Er macht dem Professor und dem Prediger sichtlich viel Mühe! Aber eben: er ist da"[15]. Im Grunde finden wir bei Flückiger zu diesem Problem — der „Empirie" im allgemeinen, des „geschichtlichen Christus" im besonderen — keine klare Stellungnahme. Er wundert sich darüber, daß (in den Reden) „das Wesen der Religion nicht am Beispiel einer wirklichen, geschichtlichen Religion demonstriert wird, sondern an einer philosophischen Weltanschauung ..." (49). Und sein Urteil über die fünfte Rede bringt er verknüpft mit seiner Deutung der religionsphilosophischen Lehnsätze der Glaubenslehre: „Von einem wirklichen Ernstnehmen des Positiven und Geschichtlichen in der Religion kann ... nicht die Rede sein. Dies Positive ist ja an sich nicht interessant; es ist nur willkürlich und höchst zufällig gewählter Aspekt, um das Unendliche darin zu entdecken" (48)[16].

Flückigers Untersuchung scheint weniger auf den Nachweis der *„höheren Synthese"* von Empirie und Spekulation bei Schleiermacher zu zielen als darauf, dessen „monistischen Grundgedanken" zu erheben: als Erlöser sei Christus nur das einzige vollkommene Erzeugnis der von ihm erlösten Natur, welches urbildlich die von ihm vertretene Gattung darstelle; wegen des monistischen Grundgedankens könne der Erlöser nicht aus einer Welt stammen, welche von der von ihm erlösten Natur grundsätzlich verschieden ist. „Was in ihm als in einem einzelnen Ereignis war, ist eine Möglichkeit, welche sich im Laufe der Zeit auch in der menschlichen Gattung ver-

---

[14] F. FLÜCKIGER (91): „Aus der Spekulation werden nur die allgemeinen Prinzipien abgeleitet. Die positive Religion wird von ihren eigenen dogmatischen Grundlagen her beschrieben — nur muß sich das Dogma eine so starke Umdeutung oder Umbiegung gefallen lassen, bis es sich mit der ihm entgegenstehenden spekulativen Theorie berührt. Und insofern muß man freilich zugeben, daß das Schwergewicht, die bestimmende Stellung, bei der Spekulation ist. Diese ist sachlich das übergeordnete Kriterium, nach welchem die Inhalte der Erfahrung ,kritisch' gesichtet und interpretiert werden."

[15] K. BARTH, Theologiegeschichte, 385. — Vgl. auch die Rezension der Untersuchung Flückigers von P. SEIFERT in ThLZ 1950, Nr. 1, 42 ff.

[16] Dieser Meinung ist, sofern sie sich auf die Reden gründet, von P. SEIFERT — m. E. überzeugend — widersprochen worden: Die Theologie des jungen Schleiermacher, bes. 151 ff.

wirklichen wird. Erlöser ist er dadurch, daß von ihm ausgehend diese Entwicklung schon eingesetzt hat." (169)[17]

Wenn schon, eben nach Barth, Jesus von Nazareth in Schleiermachers Theologie schlecht paßt, in die Interpretation dieser Theologie von Flückiger paßt er gar nicht mehr! Oder, anders gewendet: der so verstandene „Jesus" fügt sich, ohne die geringste „Störung" zu verursachen, als Geistprinzip genau in das „monistische" System. Und es erhebt sich die Frage, ob dieser Christus, das in die Menschheit hineingekommene „neue(-) schöpferische(-) Prinzip", wirklich mehr ist als der „nur" unvergleichliche Anreger von E. Brunner, wie Flückiger es behauptet (163)[18].

Immerhin war es gerade E. BRUNNER, der schon vor Barth von der „empfindlichen Störung" gesprochen hat, die sich „in Schleiermachers einheitlich großartiger Gedankenkonstruktion" überall da auswirkt, „wo Jesus Christus in das Gesichtsfeld rückt", und „die schöne regelmäßige Kurve seines Denkens verzerrt und beinahe zerreißt"[19]. „Das Wort von Jesus Christus" bedeutet ja gerade die „große Einschiebung" (121—146), und sofern Schleiermacher auf dieses Wort hören will, wird nach Brunner der Widerspruch innerhalb seines Systems offenkundig. Zumal die Christologie verlange gegenüber der an dem schlechthinnigen Abhängigkeitsgefühl entwickelten allgemeinen, mystischen Religionsauffassung einen neuen, ganz anderen Glaubensbegriff: den christlichen, den auf das Wort gegründeten (132—138). Doch wird — auch nach Brunner — Schleiermacher nicht erst im zweiten Teil seiner Glaubenslehre in seinen mystisierenden Gedanken gestört: er, der „zugleich Mystiker und Christ" sein wolle, könne nur durch einen „verzweifelten Gewaltakt", durch eine „logische Ungeheuerlichkeit", in subtiler Beweiskunst, in einer „geradezu grotesken Verletzung aller Denkgesetze" gegen seinen Ansatz beim „All-

---

[17] In der Zusammenfassung seiner Ergebnisse erläutert FLÜCKIGER von den „wichtigen Stellen der Dogmatik" die christologische folgendermaßen: „Das Erscheinen Christi — und die durch dieses eingeleitete Erlösung der Menschheit — bedeutet bloß [!] die Realisierung einer Möglichkeit, welche in der gesamten menschlichen Natur von Anfang an als Anlage gesetzt war. Die Besonderheit der Person Christi besteht nur [!] darin, daß diese Realisierung in ihr erstmals und zugleich auf vollkommene Weise erfolgte . . ." (170).

[18] Höchstens könnte man FLÜCKIGER insofern zustimmen, als er die Wirkung, die von diesem „Prinzip" ausgeht, stärker berücksichtigt hat: sie „verursacht eine tatsächliche Veränderung in den von ihr betroffenen Menschen" (163). Aber die „Ursache" selbst, eben Jesus von Nazareth, ist hier eher radikaler als bei Brunner herausinterpretiert worden.

[19] E. BRUNNER, Mystik, 120 f.; im folgenden Seitenangaben im Text.

gemeinbegriff Religion" das Besondere des Christentums (§ 11 der Glaubenslehre) behaupten (129).

Inwieweit dieser Beurteilung, vielmehr deren Voraussetzung: der Deutung des „allgemeinen Religionsbegriffs", zu widersprechen ist, braucht hier noch nicht ausgeführt zu werden. Wesentlich ist, daß und wie Brunner diese Diskrepanz — nach Flückiger: die „Synthese von Empirie und Spekulation" — herausstellt. Und zwar wird sie eben schon in der Einleitung entdeckt, die doch sonst, wie unter anderem auch der erste Teil der Glaubenslehre vom allgemeinen Religionsbegriff „konkurrenzlos beherrscht" sein soll (136).

Dazu ein anderes: Ich halte es für das Eigentümliche und eigentlich Wesentliche an Brunners Streitschrift, daß gleichsam noch auf einer zweiten Ebene — wenn man nicht sagen will: vom entgegengesetzten Ende her — die Bedeutung, die der „historische Jesus" für Schleiermacher hat, hervorgehoben wird. Nun erscheint er nicht als Störung der Schleiermacherschen Mystik, sondern als Konsequenz aus seinem „Historismus" (206 bis 228). Hat Brunner nämlich zuerst dargelegt, wie die Einschiebung des neuen Glaubensbegriffs notwendig wurde — weil im schlechthinnigen Abhängigkeitsgefühl als in einem zeitlosen ja nicht das historische Faktum enthalten sein könne, Christus erst dasein, gekannt sein müsse, ehe es zu einem „christlichen Gemütszustand"[20] komme (130 f.) —, führt er in diesem Beweisgang aus, daß der „Schleiermacherische" Jesus Christus „nimmermehr der Christus des biblisch reformatorischen Glaubens" sein könne, sondern eben ein „durch jenen romantischen Religionsbegriff vollständig, bis zur Unkenntlichkeit veränderter, moderner Christus" sei (209). Wonach man allerdings fragen möchte, wie denn dieser so ganz Andere, nicht mehr Erkennbare, überhaupt „störend" gewirkt haben könne, wenn er sich doch so konsequent aus Schleiermachers „romantischem Historismus" ergibt. Für Brunner liegt darin gerade die Antwort: eben deswegen war Jesus Christus nur „fast durchbrechend in Schleiermachers Theologie wirksam" (209).

Ob man auf diese Weise tatsächlich das Problem lösen kann, mag offenbleiben. Hier geht es um die Argumente, die Brunner vorbringt. Freilich liegen sie für ihn nicht auf einer zweiten Ebene, denn Mystik, Psychologismus, Historismus sind ja für ihn nur die verschiedenen Erscheinungsformen der einen Sache, des theologisch-philosophischen Systems Schleiermachers. Der „Jesus Christus des Glaubens" ist der Maßstab, nach dem

---

[20] Vom Verf. apostrophiert; ebenso Anmerkungen 21 und 22.

Schleiermachers „geschichtlicher" oder „historischer" Jesus, der „Christus
der Geschichte", als Widerspruch gegen den biblisch-reformatorischen
Glauben beurteilt wird. Verworfen wird hier also nicht die „Idealität",
sondern die „Geschichtlichkeit" (wie man nach Baur formulieren könnte)
als Denkvoraussetzung der Schleiermacherschen Theologie; nicht, daß er
seine Christologie auf eine „Christus-Idee" gebaut hätte, wird zum Anstoß genommen, sondern dies, daß er in Christus eine „geschichtlich wir-
kende Persönlichkeit" sehe. Dem psychologistischen „Glauben"[21] entspreche der geschichtliche „Christus"[22], der ganz in den Lauf der Geschichte
hineingestellt werde (212). Die Begriffe „Kontinuität" und „Kausalität"
seien kennzeichnend für Schleiermachers geschichtliches Interesse. Infolge-
dessen brauche er „geschichtliche Mittelglieder", sei jede „Unmittelbarkeit
des Glaubens zu Christus" aufgehoben (212 f.). Der von Schleiermacher
verwendeten „kausalen" Kategorie, Ursache-Wirkung (die allerdings
durch die Begriffe „Mitteilung" und „Eindruck" zum Teil verdunkelt
werde[23]), sei die entgegenzusetzen, die dem „idealen" Verhältnis, Wahr-
heit-Erkenntnis, entspreche (217). Brunner charakterisiert seine eigene Auffassung — um die abweichende Linie Schleiermachers auszuweisen —
durch die Einführung von „Gleichzeitigkeit" als „Kategorie des Wortes",
durch Thesen wie „Wahrheit erfassen ist kein zeitlicher Akt", „... ich
muß zeitlos werden", „Wahrheit ist nicht in der Geschichte ...", „Was
geschichtlich werden kann, ist eben, weil es dies kann, nicht Wahrheit"
(220 ff.).

Wiederum: ob und in welcher Hinsicht Brunner mit seinem Vorwurf,
die geschichtlich bestimmte Betrachtung des Glaubensgrundes verstelle
oder entstelle das Verhältnis des Glaubenden zu Jesus Christus, die Glaubenslehre wirklich trifft, bleibe unentschieden — sein Ausbruch wider
Schleiermacher ist wohl weniger gegen diesen selbst gerichtet, vielmehr ist
er als Reaktion auf die „neueste" Theologenschule jener Zeit zu verstehen:
Brunner greift unter anderen die „Rationalisten" Troeltsch und Süskind
an (13 ff.; 138), und in der an das Erscheinen seines Buches und dessen
Besprechung durch H. Stephan sich anschließenden Diskussion mit dem
Rezensenten nennt er „Ritschl und die Seinen", zu denen er sich in schar-

---

[21] s. o. Anm. 20.
[22] s. o. Anm. 20.
[23] In GL § 14 gewinnen gerade diese Begriffe tragende Bedeutung (unsere Auseinandersetzung mit Brunner: s. u. S. 311 ff.); vorbereitet wird ihre Funktion
schon in GL § 6.

fem Gegensatz weiß[24]; sie alle seien im Anschluß an Schleiermacher dem „Historismus" verhaftet, unter dem er nichts anderes verstehe als die „Verwechslung von Offenbarung und Geschichte"[25]. Der Glaubenslehrer muß jedenfalls ein unaufgebbares Interesse an dem Mittler Jesus als der historisch bedingten Ursache des Glaubens gehabt haben. Das wird an dieser Auseinandersetzung mit Stephan deutlich, und das will Brunner auch gar nicht leugnen[26].

Dann kann man wohl fragen, ob sich Brunner in der theologiegeschichtlichen Zusammenschau seiner Gegner nicht die Perspektive verkürzt hat. Schleiermacher hätte vermutlich heftig protestiert. Ist nicht seine ironisierende Ablehnung derjenigen seiner Zeitgenossen, die sich, um dem Dilemma zwischen Wissenschaft und Glaube zu entgehen, anstatt des „eigentlichen Christentums" — „Glaube(-) an eine göttliche Offenbarung in der Person Jesu" — den Jesus „gefallen lassen" wollen, der „bald als Weiser von Nazareth, bald als simpler Landrabbiner" angesehen werde, der „für seine Zeit gar schöne Sachen gesagt hat", an den anzuknüpfen aber nur auf ein „Geschäft der Volksbildung und Ethisierung" hinauslaufen könne[27], nicht als eine Kritik nur an den Moralisten seiner Zeit zu werten, sondern ebenso als eine vorahnende Verwahrung gegen ein Mißverstandenwerden aus Brunners Richtung? Außerdem verweist Brunner selbst darauf, daß Schleiermacher den Folgerungen, die sich aus seinem historistischen Ansatz ergeben müßten, nicht — oder doch nicht konsequent — nachgegangen ist: Spätestens in der Christologie soll für Schleiermacher die Notwendigkeit aufbrechen, sich mit dem seinen Historismus zwangsläufig begleitenden Relativismus auseinanderzusetzen, was nur in einer „Kette von Gewaltakten, mit denen der Christ Schleiermacher sich gegen den Denker wehrt" (218) möglich ist — und eben nicht möglich sei. Daß Schleiermacher schon in der Einleitung zu seiner Glaubenslehre als Grund für den Anspruch des Christentums allein den „Beweis des Glaubens" kennen will und damit die Möglichkeit, dessen Gültigkeit wissenschaftlich beweisen zu können, überhaupt leugnet — was ja aber Not-

---

[24] In ZThK 1925: H. Stephan, Der neue Kampf um Schleiermacher (159—215); E. Brunner, Geschichte oder Offenbarung? Ein Wort der Entgegnung an Horst Stephan (266—278); H. Stephan, Antwort auf Brunners Entgegnung (278—285); hier: Brunner, 270.

[25] AaO 270.

[26] AaO 269.

[27] Mul. 27 f./614 f.
Vgl. auch die 5. Rede, bes. deren Erl. 14, R⁴ 309.

wendigkeit aus einem historistischen Verständnis heraus wäre —, wird von
Brunner zwar als allein der Glaubensgewißheit des Christen entsprechende Haltung gewürdigt, aber dann nicht als den theologischen Gedankengang tragende Grundlage anerkannt (137 f.; 144 f.).

Mag nun Brunners Schau insoweit berechtigt sein, als die von ihm
„rationalistisch" genannten Theologen wirklich, nach ihrer eigenen Meinung, Schleiermachers angeblich religionsphilosophischen Ansatz zum
Anknüpfungspunkt für ihre Problemstellung nehmen, so ist es dennoch
und um so mehr zu beachten, daß es gerade ein Vertreter dieser Gruppe
ist, der bei Schleiermacher keine befriedigende Lösung findet — nicht
gefunden hat, noch ehe Brunner seinen Kampf gegen den „Historismus"
Schleiermachers antrat.

H. Süskind setzt in seiner Untersuchung über die Grundlagen der
Schleiermacherschen Theologie bei genau dieser Frage ein. Er definiert von
seinem „Rationalismus" her ganz folgerichtig als die „Hauptaufgabe der
systematischen Theologie" die „Begründung der Wahrheit des Christentums"[28]. Da er für Schleiermacher das gleiche Verständnis von Theologie
annimmt und da er ihn deswegen so eingehend auf die Lösung dieses zentralen Problems hin befragen kann, sogar befragen muß, ist sein Ergebnis
für uns so wesentlich. Es ist — kurz gesagt — negativ: In seiner Dogmatik,
die Einleitung eingeschlossen (!), entzieht sich Schleiermacher nach Süskind
ausdrücklich der „Hauptaufgabe"; hier kenne er nur den „Beweis des
Glaubens", der ja nicht als wissenschaftliche Begründung der christlichen
Wahrheit, sondern nur als Glaubensurteil zu werten und auch von Schleiermacher nicht anders gemeint sei (116 ff.). Der wirkliche, allgemeingültige Beweis, den zu finden auch für Schleiermacher „höchste und letzte
Aufgabe" (126) der Theologie bedeute, müsse durch die eigentliche Theologie, die wissenschaftliche, die systematische — die Religionsphilosophie
oder die Philosophische Theologie als philosophische — erbracht werden.
Was Schleiermacher hinsichtlich dieser eigentlichen Aufgabe geleistet hat,
ist aber nur „(u)nter der Hand"[29] geschehen, und zwar in § 8,4 der
Einleitung (139); sowohl in der Ethik wie in der Kurzen Darstellung
— die Glaubenslehre und sonst auch die Einleitung sind von vornherein
anders orientiert, eben am „Beweis des Glaubens" — finden sich nur nicht
zureichend ausgeführte Hinweise; die so grundlegende Religionsphiloso-

---

[28] H. Süskind, Christentum, 111, passim; vgl. auch die Einleitung: 1—8; im
folgenden Seitenangaben im Text.

[29] Sperrungen kennzeichnen durchgehend Hervorhebungen des jeweiligen
Verfassers.

phie hat Schleiermacher „nirgends geliefert" (53), mithin hat er das Hauptproblem der Theologie *ungelöst hinterlassen"* (197).

Auf welche Weise nun Süskind diesen Mangel erklären will und welche
Folgerungen er daraus zieht, braucht uns hier nicht zu interessieren. Dies
ist deutlich und von Brunner ja nicht widerlegt worden: Schleiermacher
hat keineswegs seine Glaubenslehre, seine Theologie überhaupt so begründet, wie man es von ihm als Konsequenz aus seinem vermeintlichen Historismus erwarten müßte.

Blicken wir zurück — auf weitere Stimmen können wir verzichten, es
sollten nur wenige, möglichst deutlich-kritische zu Gehör kommen, damit
ihnen gegenüber unsere *Frage* sich kläre —, so haben wir wohl ein Gemeinsames aus den einzelnen Beurteilungen, so divergent sie auch angesetzt sein mögen, zu erheben: an dem Daß einer Bedeutung der Geschichte,
des „Jesus von Nazareth", für Schleiermachers Glaubenslehre scheint man
nicht vorbeizukommen; offensichtlich läßt sich ein „Rest der Historie"
weder idealisieren noch eliminieren, ebensowenig einfach historistisch relativieren. Gerade die unterschiedlichen Versuche der Einordnung und der
Bewertung stellen den Tatbestand erst recht heraus, lassen gewissermaßen
im „Negativ" dieses Bild deutlich hervortreten. Von einer Seite her
scheint die Gültigkeit dieses zusammenfassenden Urteils allerdings eingeschränkt zu sein: daß Flückigers Stimme in dem Chor der also „indirekt"
zu nennenden Zeugen für das Daß nicht so ohne weiteres mitklingt, kann
und soll nicht überhört werden. Schon deswegen durfte seine Meinung
hier nicht einfach ausgelassen werden; und eben deswegen wird unsere
Untersuchung besonders auf Flückigers Argumentation eingehen müssen,
zumal diese relativ breit auf den uns vorliegenden Text gegründet ist.
Aber doch können wir hier schon festhalten, daß Flückiger ja nicht die
oben ausgewerteten Aussagen widerlegt hat, vielmehr — so muß man
wohl befinden — hat er sie umgangen. Und folglich ist er auch, auf seine
Weise, den „indirekten Zeugen" des Daß zuzurechnen.

Schon von dieser nur nach wenigen Seiten hin geschehenen Umschau
ist es einsichtig, daß der Frage nach dem Ob der Bedeutung des „Fleischgewordenen" für Schleiermacher nur mehr geringes Interesse zukommen
kann. Im Grunde sollte dieses Ob überhaupt nicht als einer eingehenden
Untersuchung bedürftig angesehen werden, nämlich dann nicht, wenn man
unterstellt, daß Schleiermacher gemeint habe, was er gesagt hat: Jesus
von Nazareth sei der Erlöser und alles im Christentum werde auf die
durch Jesus von Nazareth vollbrachte Erlösung bezogen (GL § 11). Wie
sollte der Christ, und also auch der Christ Schleiermacher, seinen Glauben

anders verstehen können denn als den Glauben an diesen Jesus, der
damals — zur Zeit des Augustus, des Herodes, des Pontius Pilatus — da
oder dort — am See Genezareth oder in Samaria, bei Cäsarea Philippi
oder in Jerusalem — dem Fischer Simon, einem blindgeborenen Bettler,
dem Hauptmann von Kapernaum und anderen als einer von ihnen und
doch als der Christus Gottes begegnet ist, und daß dieser es ist, von dem
auch er bekennt: „Mein Herr und mein Gott!"? Lesen wir die Glaubenslehre als geschrieben von dem Christen Schleiermacher, ist es kaum möglich, dies aus der Voraussetzung seines theologischen Denkens zu streichen
— es sei denn, er widerspräche diesem Ansatz selbst. Er hat sich ja aber
ausdrücklich für diese Voraussetzung festgelegt: Joh. 1,14 soll nicht einen
Zusammenhang beschreiben, der irgendwo in der Theologie auch seine
Stelle findet, sondern dieses Wort wird als „Grundtext" der Dogmatik
postuliert!

Kurzum: das Daß der Bedeutung des „Jesus von Nazareth" für die
Grundlage der Schleiermacherschen Glaubenslehre braucht nicht weiter
erörtert zu werden, seine Gültigkeit wird vorausgesetzt. Weder machen
die gegen Schleiermachers Theologie erhobenen Einwände eine Diskussion
darüber dringlich, noch und noch viel weniger ist diese dann erforderlich,
wenn man den Christen Schleiermacher bei seinem Selbstzeugnis behaftet.

„Das Daß wird vorausgesetzt!" — ist hiermit die Frage in sich zusammengefallen, bevor sie nur recht gestellt war? Die Untersuchung beendet,
schon ehe sie begonnen wurde? Keineswegs — das Problem hebt eigentlich
hier erst an; nun kann die Frage nach der Relevanz dieses Tatbestandes
erst Tiefe gewinnen.

Erstens schon darin, daß wir noch einmal zurückblicken müssen: Haben
wir eben, als wir den „Glauben an diesen Jesus" bezeichneten, überhaupt
Schleiermachers Verständnis getroffen? Oder vielleicht nur unser eigenes
unterlegt[30]? Das geht ja nicht ohne weiteres an; folglich sind wir zu der
Frage genötigt, wie er denn den „Erlöser" Jesus von Nazareth gemeint
habe. Und zweitens darin, daß wir die systematisch-theologischen Konsequenzen auszumachen suchen, die sich für Schleiermacher aus seinem
Verständnis ergeben. Im Grunde wird mit diesen beiden Gesichtspunkten
ein und dieselbe Sache beschrieben: auf das Wie — wie, auf welche
Weise kann Schleiermacher den Fleischgewordenen in seiner Theologie
ernst genommen haben? — richtet sich unser ganzes und alleiniges Interesse. Ausführlicher formuliert: Wenn denn auch für Schleiermacher

---

[30] Vgl. dazu C. H. Ratschow, Glaube, bes. 23 ff.

„Jesus von Nazareth" dadurch charakterisiert ist, daß er mit seiner Sarx
in einen bestimmten Zeitablauf gestellt war, einem umgrenzbaren Raum
zugehört hat und er gleichwohl „unser Erlöser" ist — wie geschieht Vermittlung zwischen seinem Damals und unserem Heute? Und wie kann
dieses Geschehen beschrieben, einsichtig gemacht werden? Ist Schleiermacher dieses Problems, das wir das der Vergegenwärtigung nennen und das
für uns mit der Behauptung der Geschichtlichkeit des Glaubens verbunden
ist, ansichtig geworden? Hat er es erkannt oder nur geahnt oder gar, für
seine Zeit, einer Lösung zuzuführen gesucht? Er muß es wohl gesehen
haben, denn unsere Frage „Wie kann der Jesus von damals uns heute
der Gegenwärtige sein?" kennzeichnet ja die Frage nach dem Grund der
Möglichkeit des Glaubens an Gott, wie der Christ diesen Glauben versteht, überhaupt. Mindestens aus seinen Predigten geht hervor, daß er
sich eben vor diese Frage gestellt wußte, sofern sie nämlich mit dem
Problem verknüpft ist, das ihm (nach Barth) „gerade auf der Kanzel
immer wieder in die Quere gekommen (ist): warum gerade Christus?
Warum geht es nicht ohne ihn?"[31]. Hat er sie aber grundsätzlich, theologisch reflektiert? Darum geht es; und darum, ob die Einleitung Linien
und Ergebnisse solcher Reflexion sichtbar macht.

Damit in unseren Ansatz kein Mißverständnis gerate, müssen wir die
hier gemeinte Frage noch unter einem weiteren, präzisierenden Aspekt
beleuchten.

Man könnte ja vermuten, daß eine Antwort in der Richtung zu finden
sei, die etwa mit FLÜCKIGERS Ergebnis angezeigt ist: Schleiermachers
Theologie sei als eine „Theologie des (heiligen) Geistes" (174)[32] gedacht.
Aber ein solcher Schluß, aus dieser Prädikation auf unseren Zusammenhang, ist gerade nicht so ohne weiteres zu ziehen. Jedenfalls will Flückiger
gewiß nicht so interpretiert werden. Nach seiner Meinung hat Schleiermacher keineswegs das Verständnis des heiligen Geistes, das hier allein
begründen könnte — Flückiger nennt es das „reformatorische" —, sondern
eben das seiner identitätsphilosophischen Ausgangsposition entsprechende;
göttlicher Geist, Gemeingeist der Kirche, christlich frommes Selbstbewußtsein, menschlicher Geist seien Synonyme: „Der Geist ist ein allgemeines
kosmisches Prinzip" (176). Meinen wir auch mit der Frage nach dem
Grund der Vergegenwärtigung eben nach der Bedeutung des Geistes Gottes zu fragen — weil das Alte und das Neue Testament für den analogen
Zusammenhang mit „Geist" antworten —, das von Flückiger angenom-

---

[31] K. BARTH, Theologiegeschichte, 421.
[32] Entgegen der Schreibweise aaO nicht hervorgehoben.

mene „Geistprinzip" könnte das Problem nicht lösen. Wollte man seiner
Interpretation folgen, wäre die „Lösung" schon deswegen nicht verwert-
bar, weil nach ihm Schleiermacher unsere Frage gar nicht in den Blick
gekommen sein kann.

Ebensowenig vermag der Flückiger vorausgegangene Hinweis von K.
BARTH zu helfen: daß Schleiermacher seine anthropozentrische Theologie
doch irgendwie als „Theologie des heiligen Geistes" „g e m e i n t" haben
müsse[33]. Wenn auch Barth die Anknüpfungsmöglichkeit nicht von vornherein ausgeschlossen hat: er betont diese Absicht Schleiermachers sehr
stark. So könnte sich nahelegen, auf das von Barth hervorgehobene, für
das Schleiermachersche Denken charakteristisch genannte „formale Motiv",
das „Vermittlungsprinzip", zurückzugreifen. Dennoch vermögen wir auch
mit einer so beschriebenen Geist-Theologie nichts anzufangen. Weil nämlich nach Barth das Thema in der Durchführung nicht die Ausgießung des
Geistes ist, sondern das fromme Bewußtsein als solches, und insofern die
„G o t t h e i t des heiligen Geistes" nicht gewahrt bleibt (412). Dieser Schluß
muß gezogen werden, denn für Barths Verständnis ist alles damit festgelegt, daß das fromme Bewußtsein nur das des homo religiosus sein kann.
In Schleiermachers Programm werde nicht nur das Verhältnis der beiden
für die christliche Theologie konstitutiven Elemente — Christus und der
Glaube, die beiden Hauptmotive der Reformatoren — anders angesetzt,
sondern diese selbst seien entscheidend verändert: sie werden gleichgesetzt
mit Geschichte und Erlebnis (415). Das bedeutet — so kann man Barth
wohl wiedergeben — die Projektion gleichsam der Vertikalen in die Hori-
zontale. Es handelt sich dann nur um die Beziehung des Historischen zum
Psychologischen — dieses Verhältnis ist umkehrbar! —; die Vermittlung
wird nur auf der Ebene menschlichen Erkennens notwendig, und hier
ist sie möglich. Das „Vermittlungsprinzip" kann danach gar nicht mehr
das eine Eigentliche — *Gott* war in Christo — umgreifen. Es bleibt somit
der Möglichkeit, für unsere Fragestellung ausgewertet zu werden, entzogen. Ob überhaupt Barths Grundverständnis — Schleiermachers Denken
kreise um die Brennpunkte Erlebnis-Geschichte, entfalte sich an der Polarität Psychologismus-Historismus —, das vielleicht am deutlichsten in der
frühen Kritik ausgesprochen ist, Schleiermacher scheitere an der „großen
Verwechslung" der Wirklichkeit der Religion mit der subjektiven Möglichkeit der Offenbarung[34], aufzunehmen sei, soll mit dieser Erörterung allerdings keineswegs ausgemacht sein.

---

[33] K. BARTH, Theologiegeschichte, 409 ff., bes. 411 f.
[34] K. BARTH, Entwurf, 306 ff.

Es scheint von den Abgrenzungen her, die bei den beiden Autoren erfolgt sind, ratsam zu sein, daß wir unsere Frage nach der Vergegenwärtigung nicht als Frage nach der Bedeutung des heiligen Geistes formulieren. Diese Überlegung kann sich zudem positiv auf den Hinweis stützen, den C. H. Ratschow im Zusammenhang mit seiner Erörterung der „Anfangs- und Grundprobleme der Dogmatik" zu genau diesem Sachverhalt gegeben hat: „Das Problem, das mit dem Geist Gottes beantwortet ist, wird in den letzten hundert Jahren je länger, desto mehr nicht mehr am Geist Gottes ausgesagt"[35]. Und dann: daß eben schon Schleiermacher diese Frage „unter Umgehung des Geistes mit seiner Urbild-Christologie" beantwortet habe[36]. Nun steht zwar hier nicht Schleiermachers Christologie zur Diskussion, gleichwohl kann uns diese Notiz von Nutzen sein. Sie unterstreicht einerseits das negative Ergebnis von vorhin; andererseits mag sie auch anzeigen, daß die Rückfrage doch erlaubt sein muß: Wenn denn Schleiermacher irgendwie die Sache bemerkt hat, die wir mit „Vergegenwärtigung" beschrieben haben, und wenn er diese nicht der Tradition folgend, nicht inhaltlich zur Aussage gebracht, sondern (vielleicht) methodisch aufgefangen hat, findet sie sich in seiner Einleitung in die Glaubenslehre enthalten? Und wenn ja: auf welche Weise ist sie zur Durchführung gekommen?

Mit der so gekennzeichneten Akzentuierung der hier gemeinten Aufgabe hat sich unsere Fragestellung gegenüber derjenigen der genannten Theologen entscheidend verschoben. Was diese an Einzelausstellungen oder auch an durchgehender Kritik gegen Schleiermachers Verhältnis zur Geschichtlichkeit des christlichen Glaubens — das heißt: sowohl zu dessen geschichtlich bedingter Grundlage als ebenso zu dessen geschichtlich bedingter Existenzweise — vorgebracht haben, kann für uns kaum über den angegebenen Belang hinausgehen: das Daß des Menschgewordenen ist nicht wegzudiskutieren. Von daher könnte es als eine überflüssige, wenn nicht gar belastende Verdeckung des eigentlichen Problems erscheinen, daß wir eine so ausführliche Erörterung der genannten Positionen an den Anfang gestellt haben. Aber die Zusammenschau der verschiedenen Ansätze ist noch unter einem zweiten Gesichtspunkt von Bedeutung: Er betrifft ein Gemeinsames der *Methode* in den einzelnen Untersuchungen. Ich halte diesen zweiten Gesichtspunkt für den ungleich wichtigeren, obwohl ich ihn nur als Frage formulieren kann: Haben nicht die verschiedenen zu Gehör

---

[35] C. H. Ratschow, Glaube, 121.
[36] AaO 140.

gebrachten Theologen sich jeweils dadurch dem Verständnis für Schleiermachers Intention verschlossen, daß sie entweder mit einer von ihrem
eigenen theologiegeschichtlich oder philosophisch bedingten Standort her
gegebenen Problemstellung an Schleiermacher vorbeifragten oder aber
ihn nach einem so festgelegten, ihm fremden Maßstab beurteilten? Wenn
zum Beispiel Baur von dem philosophisch bestimmten religiösen Selbstbewußtsein als der ersten Erkenntnisquelle des Christentums ausgeht, aus
dem alles Weitere abgeleitet wird, muß er notwendig in der bei Schleiermacher dennoch wahrzunehmenden Bedeutung des historischen Momentes
einen Widerspruch zu dem vermeintlichen Ansatz feststellen. Bei den
anderen genannten (und bei weiteren nicht genannten) Auslegern gilt in
bezug auf deren jeweilige Interpretationsvoraussetzung das Analoge. Das
ist fast wie bei einem naturwissenschaftlichen Experiment: eine gezielte
Frage impliziert die im voraus festgelegte Antwort, es kann nur diese
Antwort gehört werden — oder keine. Nur hat man dann in der langen
Reihe der „Experimente" oftmals nicht mehr beachtet, daß aus einem
derart bestimmten Ergebnis weder positiv noch negativ Schlüsse gezogen
werden können, die über den Bereich hinausgehen, der mit der eingeführten Frage abgesteckt war. Von dieser Überlegung her kann die oben
ausgesprochene Vermutung auch so formuliert werden: Ist der andauernde
Kampf um Schleiermacher nicht vielleicht mehr als der um den „Kirchenvater" selbst einer der verschiedenen „Schulen" miteinander? Hiermit soll
natürlich nicht das Postulat motiviert sein, man habe also „voraussetzungs-
los" an seine Untersuchung heranzugehen. Mindestens eine Voraussetzung,
nämlich Schleiermachers eigene theologiegeschichtliche Lage, läßt sich ja
nicht ausklammern. Aber auch die uns bestimmende, heutige theologische
Situation darf und kann überhaupt nicht übersprungen werden. Die Berücksichtigung dieser Gegebenheiten kommt eben darin zum Ausdruck,
daß wir die Aufgabe so deutlich als einleitend möglich zu umreißen suchten
und gleichzeitig sie darin abzusichern, mindestens auf Schleiermachers Ausgangsposition aufliegen zu können.

So selbstverständlich die Gültigkeit solcher wenigstens zwei Bedingungen zu sein scheint, so verwunderlich ist, daß diese zuweilen offensichtlich
nicht beachtet worden oder im Gang der Abhandlung verlorengegangen
sind. Nämlich dann nicht beachtet oder verlorengegangen, wenn man sich
anheischig gemacht hat, das „Problem Schleiermacher" ein für allemal
lösen zu können. Bestenfalls kann man ja nur eine jeweils — heute und
in einem bestimmten Fragebereich — geltende Lösung erhalten. Mehr wird
also hier keineswegs angestrebt. Auch von dieser Bemerkung her ergibt

sich eine Relativierung der oben gekennzeichneten Positionen und Ergebnisse in bezug auf die uns eigentlich angehende Frage. Darüber hinaus ist sie aber weniger als Kritik an anderen Stellungnahmen zu verstehen — dazu bedürfte es einer eingehenderen und weitere Untersuchungsansätze befragenden Erörterung — denn eher als Verweis darauf, daß wir auf keinen Fall die Voraussetzungen aus den Augen verlieren wollen, unter denen wir die Abhandlung beginnen. Außerdem soll vorbehalten bleiben, daß diese nicht ein starres Schema kennzeichnen dürften, dessen Gültigkeit durchgehend nachgewiesen wird, daß sie vielmehr im Laufe der Auslegung je und dann wieder, wenigstens indirekt, auf ihre Sachgemäßheit hin in Frage gestellt werden müßten, damit sie jeweils erneut beziehungsweise mehr und mehr sich klären lassen und insofern sich bewähren.

Diese Voraussetzungen also sind: erstens, daß wir Schleiermachers Selbstzeugnis, Christ und als Christ Theologe sein zu wollen, festhalten; zweitens, daß wir unsere, durch unsere heutige Situation bestimmte Frage an ihn richten. Wie dies letzte gemeint ist — worauf die Frage zielt —, ist wohl hinreichend dargelegt worden. Aber zum Verständnis des ersten — was es heißen soll, Schleiermachers Selbstzeugnis festzuhalten — ist zu den oben gemachten Ausführungen, die in erster Linie die inhaltliche Seite dieser Aussage fixierten, ein Vermerk hinzuzufügen, der deren die Methode noch deutlicher bestimmende Komponente betrifft.

Meiner Ansicht nach ist es nicht damit getan, Schleiermachers „Christlichkeit" als „Motiv" seiner Theologie wohl anzuerkennen, dieses aber zum Verständnis seiner Aussagen nicht nutzen zu wollen, es gleichsam in einen übertheologischen Raum abzuschieben. So ist ja wohl Barth in dem Schleiermacher-Kapitel seiner Theologiegeschichte grundsätzlich verfahren. Dabei kann es wenig wesentlich sein, daß er überhaupt „Christlichkeit" einer Theologie beziehungsweise eines Theologen für ein nicht konstatierbares Element hält, es als ein immer nur zu glaubendes erachtet (386). Es kommt darauf an, ob dieses wie auch immer erhobene Motiv als für das Verständnis sowohl der Grundlage wie auch der Einzelaussagen entscheidend angesehen wird, oder ob es gegenüber scheinbar deutlicheren, weil von den eigenen Denkkategorien — philosophisch, psychologisch oder auch theologisch definierten — klarer abhebbaren Beweggründen von vornherein zurückzutreten hat. Anders, positiv ausgedrückt: Es geht darum, daß das Verständnis den Vorrang vor der Kritik habe. Und zwar das Verständnis, wie es sich aus der Weise ergibt, in der Schleiermacher den christlichen Glauben bezeugt und denkend expliziert hat. Er wollte das Christentum, wie er es erfaßt hatte, entfalten und nicht einen allgemeinen

Religionsbegriff — das wird als Folgerung aus seinem „christlichen Motiv“ und damit als Voraussetzung seiner Theologie behauptet[37].

Wenn das Verständnis den Vorrang vor der Kritik haben soll, ist damit zugleich die Forderung aufgestellt, daß für die Interpretation in erster Linie Schleiermachers Selbstauslegung zu berücksichtigen ist. So ist in bezug auf seine Glaubenslehre zu beachten, daß er sich zumindest das Ziel gesetzt hat, diese solle aus sich selbst oder, was die Einleitung angeht, durch Hinzunahme nur der Kurzen Darstellung verständlich sein[38]. Sie darf also nicht ohne weiteres durch von irgendwoher erhobene Allgemeinbegriffe überfremdet werden. Damit soll gewiß nicht die in früheren Untersuchungen vielfältig herausgestellte enge Verbindung von Theologie und Philosophie in Schleiermachers Denken bestritten sein. Aber es kommt bei deren Aufnahme auf die Betonung an: wie der Zusammenhang bewertet, was als Aussagemittel und Denkform und was als Aussage selbst verstanden wird. Und da ist Schleiermacher zuerst zu hören[39].

Wir fassen zusammen:

Erstens halten wir als nicht weiter zu diskutierende Voraussetzung fest, daß „Jesus von Nazareth“ für Schleiermacher nicht eine Chiffre bedeutet, die nur einen allgemein menschlichen Tatbestand, die Möglichkeit der menschlichen Existenzweise als solche anzuzeigen hätte, sondern den von den Evangelien bezeugten jüdischen Mann aus Galiläa meint;

zweitens richten wir an Schleiermacher die Frage, welche Wege er gesehen hat und gegangen ist, damit die Aussage, dieser sei „unser Erlöser“, in ihrer Bedeutung für die Späteren, nicht mehr mit diesem Manne Gleichzeitigen, erhoben werden könne;

drittens suchen wir vor allem und zuerst Schleiermacher selbst, und zwar den Theologen, zu Wort kommen zu lassen.

---

[37] Vgl. dazu P. Seifert (Theologie), bes. 178 ff.: „Also im Christentum … hat der Redner seine Feststellungen über die ‚Religion‘ gemacht.“ (186)

[38] Mul. 52/632.

[39] Hierzu muß nachdrücklich auf die entsprechende, ausführlich von P. Seifert zum Eingang seines neuen Versuches einer Interpretation der Reden Schl.s durchgeführte Erörterung hingewiesen werden: Theologie, bes. 15—18. Dessen „methodischer Grundansatz“, die Reden „im Sinne Schleiermachers aus der Bindung an eine ganz bestimmte, geschichtlich festgelegte religiöse Wirklichkeit heraus, eben an das Christentum, so wie Schleiermacher es versteht“ auszulegen (18), wird voll respektiert bzw. als in analoger Weise die hier zu lösende Aufgabe bestimmend angesehen.

2. Kapitel

Die Aufgabe der „Einleitung"

Ehe wir die eigentliche Untersuchung beginnen, haben wir noch zwei Vorüberlegungen durchzuführen, die scheinbar hier nur zufällig nebeneinanderstehen, tatsächlich aber eng miteinander verknüpft sind: Einmal müssen wir dem wohl möglichen und an und für sich nicht unberechtigten Einwand zu begegnen suchen, daß zur Beantwortung der angegebenen zentralen Frage die gewählte Textbasis zu schmal sei; zum andern haben wir den Ort auszumachen, den Schleiermacher dem vorliegenden Text bestimmt hat, die Aufgabe zu umreißen, welche der Einleitung grundsätzlich zugewiesen ist.

Der Einwand ließe sich auch, deutlicher in methodischer Hinsicht auf unseren Ansatz bezogen, so aussprechen: Kann es überhaupt erlaubt sein, die einleitenden Lehnsätze, die ja nicht für sich stehen, aus ihrem Zusammenhang mit der Glaubenslehre selbst zu isolieren? Sind sie nicht wesentlich mit dem Ganzen verknüpft? Und kann man ihre Bedeutung erfassen, ohne daß man diese Verknüpfung mitbeachtet? Stellen wir den fiktiven Einwand in solcher Formulierung, wird klar, daß er mit dem anderen Gesichtspunkt dieses Kapitels unmittelbar zusammengehört. Denn offensichtlich kann die hier geplante Untersuchung nur unter der Voraussetzung als sinnvoll erachtet werden, daß eben diesen Sätzen von Schleiermacher eine ganz eigene, spezifische Aufgabe zugedacht ist, daß sie, unter dem Gesichtspunkt der Zielbestimmung beurteilt, selbst ein relativ abgeschlossenes Ganzes sind. Nur und genau dann, wenn diese Voraussetzung gilt, muß man den vorliegenden Text in einem sich eben auf ihn eingrenzenden Untersuchungsgang erfassen können. Versuchen wir also zunächst zu klären, welche Aussageabsicht Schleiermacher mit seiner Einleitung in die Glaubenslehre verfolgt.

Die wichtigste Quelle für die dazu notwendige Erörterung sind, außer den den Lehnsätzen vorangestellten §§ 1 und 2, die beiden Sendschreiben an Lücke. In dieser eingehenden Auseinandersetzung mit den Mißverständnissen, die an der Glaubenslehre in erster Auflage entstanden sind, begründet Schleiermacher ausführlich die Abgrenzung der Einleitung gegen die eigentliche Dogmatik.

Mit dem ersten Teil, eben mit den „Lehnsätzen", soll die Grundlage für die Erklärung des Begriffs der Dogmatik erstellt werden (GL § 1). Das heißt: Schleiermacher will dieser „Erklärung" „alles das voranschicken, was zur näheren Bestimmung der darin vorkommenden Aus-

2*

drücke gehört", und dabei „durch die Überschriften der kleineren Abschnitte zeigen, wo diejenigen Sätze, die der Konstituierung des Begriffs der Dogmatik vorangehen müssen, eigentlich ihre Heimat haben" (58/640)[1]. Es kommt ihm bei der Verteidigung seiner Position vor allem darauf an, den „propädeutischen" Charakter (56/637) dieser Sätze zu erläutern. Keineswegs dürfe man die Aufgabe der Einleitung mit derjenigen der Dogmatik verwechseln oder gar dies in ihr suchen, daß sie die Dogmatik begründen solle (56 f./638). Und schon gar nicht gehe es darum, das Christentum „a priori (zu) demonstrieren", es komme lediglich darauf an, diesem „seinen Ort zu bestimmen" (55/636). Von daher verwahrt er sich dagegen, daß die Einleitung — nochmals: „mit der ich doch nichts anderes beabsichtigte als eine vorläufige Orientierung, die, genau genommen, ganz außerhalb unserer Disziplin [sc. der Dogmatik] selbst liegt" — als der „rechte Kern des Ganzen" betrachtet werde (31/607). Wie diese „Ortsbestimmung" gemeint ist, wird so erläutert: „Die Einleitung . . . mußte notwendig den / Versuch machen, für das in allen Modifikationen des christlichen Selbstbewußtseins Gültige, außer demselben aber nicht Vorhandene, eine Formel aufzustellen; . . . Und die Einleitung legt es nicht einmal darauf an, diese Formel auf das christliche Gesamtbewußtsein zurückzuführen, sondern wie sie hier in dem Gebiet sich bewegt, welches ich durch den Ausdruck Religionsphilosophie . . . zu bezeichnen pflege: so will diese Formel auch von jedem Unchristen dafür gehalten sein, daß er durch dieselbe jede christliche fromme Erregung und einen sie aussagenden Glaubenssatz von jeder nicht-christlichen unterscheiden könne" (56 f./638).

Daß die Aufgabe, die „Formel" zu finden, keine dogmatische ist, sagt Schleiermacher klar genug. Aber von welcher Art ist sie dann? Etwa von rein spekulativer, weil dies eben die Alternativmöglichkeit wäre? Er scheint ja tatsächlich zuzugeben, daß die Einleitung selbst „Philosophie" sei (31/607), daß sie „spekulative Tendenz" erkennen ließe" (34/609)[2]. Für die Zugehörigkeit zur reinen Spekulation könnte auch das Stichwort „Religionsphilosophie" von eben sprechen. Allerdings ist doch zu beachten, daß Schleiermacher sich ausdrücklich auf den ihm eigenen Gebrauch dieses Begriffes beruft (57/638)[3]. Jedenfalls sollte man, ehe man aus Schleiermachers Aussagen Schlüsse in der einen oder in der anderen Richtung

---

[1] Seitenangaben nach Mul. werden entsprechend der Erläuterung in 1. Kap./ Anm. 1 in den Text übernommen.
[2] So von G. WEHRUNG betont: Methode, 91 ff.
[3] Unten ausführlich dargestellt: S. 139 ff.

ziehen will, die diese ganze Erörterung abschließende Feststellung nicht
übersehen: daß der Einleitung „eigentlich" zugehöre, den *„Zusammenhang"* der Dogmatik „mit denjenigen allgemeinen Wissenschaften, an
welche sie sich ihrer wissenschaftlichen Form wegen vorzüglich zu halten
hat, unmittelbar hervortreten" zu lassen (58/641).

Gewiß kann man sowieso die Lösung des Problems, das mit der Bewertung der Einleitung und mit deren Einordnung gestellt ist, nicht aufsuchen,
ehe man gesehen hat, wie Schleiermacher seine angekündigte „Ortsbestimmung" durchgeführt hat. Wir wollen uns mit diesen Vorfragen auch
nur den Blick auf das Ziel hin schärfen lassen, das Schleiermacher ver-
folgen wollte. Sonst könnten wir von vornherein die „Stelle" verfehlen,
die er dem uns vorliegenden Text zugedacht hat. Um diese Gefahr möglichst gering zu halten, sollten wir die letztgenannte Bemerkung Schleiermachers aufmerksam betrachten.

Denn einmal wissen wir damit, daß die Einleitung nicht dogmatische
Sätze enthalte, noch nicht viel, weil wir Schleiermachers Verständnis von
Dogmatik bislang nicht berücksichtigt haben. Und dann: Was heißt „Zusammenhang der Dogmatik mit den allgemeinen Wissenschaften"? Angleichung? oder Vermittlung? Aufweis einer Übereinstimmung in der
Methode? in den Begriffen? oder etwa in der Grundlegung durch den
Begriff des Wissens überhaupt? Es scheint mir nicht nur erlaubt, sondern
geradezu geboten zu sein, den Bereich zu erkunden, in dem oder mit dem
die letztlich beabsichtigte „Ortsbestimmung" erfolgen soll; eben soweit
und weil wir nur Schleiermachers Ausführungen aufzunehmen brauchen,
mit denen er die für uns wichtige „Stelle" der Einleitung markiert.

In den §§ 1 und 2, die den Lehnsätzen vorangestellt sind, hat Schleiermacher einige Angaben gemacht, aus denen sein grundsätzliches Verständnis von Dogmatik wohl entnommen werden kann. Außerdem finden wir
dort die für den Gesamtzusammenhang wichtigen Paragraphen der
Kurzen Darstellung genannt. Diese Präliminarien zu unserem eigentlichen
Text dürften wir sowieso keinesfalls auslassen; sie sollen im folgenden
eingehend befragt werden.

Die Dogmatik ist eine „theologische Disziplin" (§ 2), das heißt nach
der Kurzen Darstellung, daß die Dogmatik nur als Teilgebiet des Ganzen,
der Theologie überhaupt, zu verstehen ist. Hiermit ist die eine Seite ihres
wissenschaftlichen Charakters angezeigt: Schleiermacher bezieht sich in
seiner Erläuterung zu diesem § 2 ausdrücklich auf seine in der Kurzen
Darstellung gegebene Definition der Theologie als „positive Wissenschaft".
Das Charakteristikum einer so gekennzeichneten Wissenschaft ist deren

Zweckgebundenheit, die „praktische Aufgabe"[4]. Für die christliche Theologie ist es die Aufgabe des „christlichen Kirchenregiments"[5]. Die Theologie als Ganzes — und die einzelnen Teile finden in ihrer Verbindung zum Ganzen unter dieser Abzweckung ihren Sinn — soll dann nichts anderes sein als der „Inbegriff derjenigen wissenschaftlichen Kenntnisse und Kunstregeln"[6], die hinsichtlich der „praktischen Aufgabe" benötigt werden. Innerhalb dieses „Inbegriffs" bildet jede Disziplin auch wieder für sich eine „innere Organisation", folgt einer eigenen „praktischen Aufgabe", baut sich in einer besonderen „wissenschaftlichen Form" auf[7].

Für die Glaubenslehre ergibt sich aus diesen Bestimmungen, was die „Form" angeht, daß sie sich nicht in einem deduzierenden Verfahren vollziehen kann, daß sie sich (zum Beispiel) ganz davon „lossagt, von allgemeinen Prinzipien ausgehend eine Gotteslehre aufzustellen", daß sie ihre Aussagen als „Glaubenssätze" versteht, die nicht „vernunftmäßig" bewiesen werden können (§ 2, 1)[8]. Für uns vor allem wichtig ist der Bezug zur „praktischen Aufgabe", in § 19 der Glaubenslehre dahin ausgezogen, daß „das dogmatische Verfahren sich ganz auf die Verkündigung bezieht und nur um ihretwillen besteht" (119/125)[9]. Hier müssen wir einige weiterführende Erwägungen anschließen, mit denen wir einmal Schleiermachers den dargelegten Ansatz klärende Bestimmung, eben den § 19[10], aufnehmen und zum andern zu unserer Ausgangsfrage, der nach dem „Zusammenhang", zurückkehren. Wir wollen die Erwägungen in der Weise anstellen,

---

[4] KD² § 1, Erl.

[5] KD² § 5: „eine zusammenstimmende Leitung der christlichen Kirche" (≙ KD¹ § 5, auch GL 10, Anm. α angegeben), wobei — nach KD² § 3 — der „Ausdruck K i r c h e n l e i t u n g (...) hier im weitesten Sinne zu nehmen (ist), ohne daß an irgendeine bestimmte Form zu denken wäre".

[6] KD² § 5 ≙ KD¹ § 5.

[7] Nach KD² § 18. — Wie sich für die Dogmatik der Aufbau der „wissenschaftlichen Form" (Mul. 58/641) vollzieht, können wir hier nicht untersuchen; es sei nur darauf hingewiesen, daß diese „Form" wesentlich von daher geprägt ist, die „Darstellung" der „christlichen Lehre" in „Glaubenssätzen" ermöglichen zu sollen (GL §§ 15—18), daß sie darum mitgekennzeichnet ist durch die „Bestimmtheit der ... vorkommenden Begriffe und ihrer Verknüpfung" (GL § 17,2) und durch das notwendig „didaktische" Verfahren (GL § 18,3).

[8] Zu „Glaubenssätze" vgl. GL §§ 15—18; ferner Erl. 9 zur 2. Rede, R⁴ 129 f.

[9] GL wird im folgenden auch mit den in der Ed. von M. Redeker am Rande angegebenen Seitenzahlen der 2. Auflage von 1830/31 zitiert: 7. Aufl./2. Aufl.

[10] Wir beziehen uns hier auf die Formulierung der GL, weil sie genauer ist; inhaltlich stimmt dieser Paragraph mit dem von Schl. zu GL § 1 angezogenen § 3 der KD¹ (Dogmatik) überein; auch angegeben in GL 9, Anm. α.

daß wir uns von dem genannten Paragraphen leiten lassen, indem wir im Nachdenken seiner Aussage deren für unsere Überlegungen grundsätzliche Bedeutung zu ergreifen versuchen.

„Dogmatische Theologie ist die Wissenschaft von dem *Zusammenhange* [1.] der in einer *christlichen Kirchengesellschaft* [2.] *zu einer gegebenen Zeit* [3.] geltenden Lehre."

Ich behaupte, auf der im vorigen Kapitel erläuterten Auslegungsgrundlage, daß diese These dann verständlich ist und sogar als notwendig erkannt werden muß, wenn man in ihr den Ausgangspunkt des Schleiermacherschen Denkens überhaupt eingefangen sieht. Und zwar als diesen die Grundfrage des Glaubens, die zur Theologie, insbesondere zur Dogmatik führt. Es ist dies die Frage nach dem Verhältnis des Glaubens zum Denken: wie der Theologe — die Theologie — die Tatsache bewähre, daß der christliche Glaube nicht nur emotio ist (sofern man überhaupt seinen auch emotionalen Charakter anerkennt, was hier, mit Schleiermacher, vorausgesetzt wird), sondern ebenso als cogitatio sich entfaltet. Der Christ kann nicht bei seinem Getroffensein von Gott in Jesus Christus verharren, er muß sich in Mitteilung an andere aussprechen, im Zeugnis von diesem Jesus Christus als dem „Erlöser". Das ist, nach Schleiermacher, schon deswegen gegeben, weil der Glaube ganz „von-anderwärts-her" ist und so auch nicht „bei-sich-selbst" sein Leben behalten kann[11]. Die Frage nach dem Möglichkeitsgrund der Mitteilung ist auch in das Denken gestellt, oder: die „Sache", die gesagt werden muß, will auch gedacht sein — der christliche Glaube ist in ihm eigentümlicher Weise denkender Glaube. Wenn das so ist und nur wenn das so ist, dann ist wissenschaftliches Begreifen von dem Theologen gefordert, das *im Zusammenhang und auf Zusammenhang hin* geschieht: als ordnendes, verknüpfendes Denken, in klaren Begriffen und mit sachgerechter Methode, das nicht eine bloße Anhäufung untereinander nicht verbundener Aussageelemente erstrebt[12]. So notwendig es auch ist, daß jeder Theologe für sich den geforderten Denkvorgang vollzieht, und so zwangsläufig er damit in diesen seine Individualität einbringen wird, so gewiß ist auch, daß das Ergebnis nicht seiner freien, schöpferischen Phantasie anheimgestellt bleibt. Es ist im Hinblick auf die Verkündigung gefordert und insofern an das Gesamtverständnis der *Kirche* gebunden. (Auf den genaueren Ausdruck, der auf

---

[11] Diese wichtige Bestimmung wird vor allem in GL § 14 aufgenommen; s. u. S. 297.

[12] Schl. betont, „Zusammenhang" deute auf den „Unterschied von Aggregat" (Th 9ª); zur Zitatbelegung s. u. 3. Kap./Anm. 3.

die konfessionelle Bestimmtheit und damit auf ein geprägtes Grundverständnis zielt, brauchen wir hier nicht einzugehen.) Gleichwohl kann die Mitteilung nicht einfach von tradierten und weiterhin nur zu tradierenden Lehrsätzen getragen werden. Die Lehre hat sich in Begriffen und Aussageweisen ihrer *Zeit* zu gestalten, hängt also immer auch — „wenngleich nur der Form nach" — von der bis dahin geschehenen Entwicklung der „Weltweisheit" ab (§ 19, Zusatz). Daß die Mitbedingtheit durch diese Entwicklung, und damit durch die „Zeit", nicht abgewiesen werden kann, ist ja einzusehen. Sonst könnte das Ergebnis kaum eine Grundlage für die Verkündigung abgeben, die auch außerhalb des kirchlichen Raumes vernehmbar sein sollte. Aber worin diese Mitbedingtheit ihren Niederschlag findet, das ist die Frage.

Man sollte hier nicht sofort an Schleiermachers Wort von dem „ewigen Vertrag" denken, der zu stiften sei „zwischen dem lebendigen christlichen Glauben und der nach allen Seiten freigelassenen, unabhängig für sich arbeitenden wissenschaftlichen Forschung" (Mul. 40/617 f.). Dabei nämlich ist der eine Vertragspartner die Glaubenslehre selbst in ihrer Gesamtaussage: Schleiermacher will erweisen, „daß jedes Dogma ... so gefaßt werden kann, daß es uns unverwickelt läßt mit der Wissenschaft" (ebd.)[13]. Dieser „Vertrag" kann nur aufgrund der gegenseitigen Anerkennung von Wissenschaft und Glaube geschlossen werden, er hätte dann die relative Unabhängigkeit der zugehörigen Aussagebereiche voneinander zu garantieren. Relative Unabhängigkeit! Denn die Garantieforderung und -erklärung hat ja nur Sinn, wenn zugleich das Aufeinander-Bezogensein gesehen wird und bewahrt bleiben soll. Jedenfalls bedeutet der „Vertrag" das angestrebte Ziel (übrigens auch nicht als Selbstzweck, was ja schon damit ausgeschlossen ist, daß die Dogmatik „um der Verkündigung willen" gesucht wird), das zwar unseren Überlegungen, eben im Anschluß an die Aussage des § 19, impliziert ist, bis zu dem wir uns aber gar nicht vorwagen können, weil uns die Dogmatik selbst hier ja nichts angeht. Uns interessiert nur der Ausgangspunkt. Wenn man im Bilde bleibt: Wir sehen auf die „Vorverhandlungen", die unabdinglich sind, wenn der „Vertrag" überhaupt zustande kommen soll. Deswegen richtet sich unsere Frage allein darauf, wie diesem Aufeinander-Bezogensein im Ansatz Rechnung getragen wird. Die Auskunft, mit der Schleiermacher (an verschiedenen

---

[13] Bei Schl. vollständig: „... jedes Dogma, welches wirklich ein Element unseres christlichen Bewußtseins repräsentiert ..." (Mul. 40/618); diese Charakterisierung wurde hier ausgelassen, weil sie in dem vorliegenden Zusammenhang nicht ausgewertet werden kann.

Örtern) dies Grundproblem seines theologischen Bemühens erläutert, ist zugleich eine Antwort auf unsere Frage nach dem „Zusammenhang", den die Einleitung erstellen soll.

Zwar bleibt das Christentum selbst immer „völlig dasselbe" (GL § 2, 3), aber die geltende Lehre ist „durch die Zeit" bedingt: Man muß nämlich anerkennen, „daß die Begriffsbildung auch auf diesem Gebiet abhängt von der herrschenden Sprache und von dem Grade und der Art und Weise ihrer wissenschaftlichsten Ausbildung; worin natürlich die Art und Weise zu philosophiren mit eingeschlossen ist" (7. Erl. zur 2. Rede; R⁴ 128). Diese Anerkennung führt jedoch nicht einfach zur Übernahme der philosophisch geprägten Sprache und deren Begriffe, sondern — und das ist nun das Wesentliche für unseren Gedankengang — Schleiermacher postuliert zugleich, daß der „Religionslehre" im allgemeinen und somit der „christlichen Glaubenslehre" im besonderen ein „eigentümliches Sprachgebiet" zugestanden werden müsse (Mul. 59/642). Diese seine Auffassung erörtert er eingehend in seinem zweiten Sendschreiben an Lücke: in einer Auseinandersetzung mit dem Philosophen Fries, der „das Dilemma aufstellt, der Dogmatiker müsse entweder in der Sprache einer philosophischen Schule reden, oder in der gemeinen Sprache" (60/642). Die „Betrachtung" in der Religionslehre (wenn auch nicht die Religion selbst) sei „ihrem Wesen nach philosophisch" und müsse deswegen nach einem bestimmten philosophischen System ausgerichtet sein, wenn man nicht irgendwelchen „Philosophemen" nur „anheimfallen" wolle; man müsse also in der Religionslehre philosophieren — so behaupte Fries (59/642). Dagegen entwickelt Schleiermacher, wie nach seiner Meinung das Christentum von Anfang an sich als „sprachbildendes Prinzip" erwiesen habe, indem es zwar Ausdrücke aus verschiedenen Bereichen, nicht nur aus dem philosophischen, sondern zum Beispiel auch aus dem juristischen, übernommen, diese aber für den eigenen Aussagegebrauch umgedeutet und sich so ein ihm „eigentümliches Sprachgebiet" ausgeformt habe: Die verschiedenen fremdartigen Sprachelemente wurden dabei „von ihrem alten Stamme gelöst und wurzelten in dem neuen Boden ein", „. . . so entstand eine Sprache, die, wie eine Münze, ein doppeltes Gepräge hatte, ein bildliches auf der einen, ein dialektisches auf der andern, man mußte aber doch jedes Stück, um seinen Wert zu bestimmen, von beiden Seiten besehen" (59 f./642 f.). Die sprachprägende Kraft der christlichen Frömmigkeit wirkt danach sowohl in die Breite als auch in die Tiefe; sie beeinflußt das ganze von der Sprache umfaßte, sich in verschiedenen „Abstufungen" aufbauende Gebiet: von der „volksmäßigeren" Ausdrucksweise bis hin zu der

„streng wissenschaftlichen", und jeden dieser Sprach-„Kreise" in ihm
besonderer Weise (60/643). Kann nun in bezug auf jenes den weitesten
Kreis beschreibende Gebiet der „gemeinen" Sprache der Bildungsprozeß
am ehesten als einfache „Umdeutung schon vorhandener Ausdrücke" aufgefaßt werden, so ist er hinsichtlich dieses engeren der „schärfsten", „streng
wissenschaftlichen" Sprache — eben hinsichtlich der Dogmatik — als ein
bewußtes Aufnehmen und Gebrauchen „auch philosophischer Sprachelemente" zu verstehen (ebd.). Aber in diesem Aufnehmen und Gebrauchen
geht deren „strenge Schulbedeutung" verloren, jedenfalls bei richtigem
Verfahren der Dogmatik: die übertragenen philosophischen Ausdrücke
müssen sich dem „neuen Boden", dem Sprachgebiet der christlichen Frömmigkeit, „assimilieren" (61/644)[14].

Wir können zusammenfassen: „so entstand eine Sprache..." und unterstreichen: so muß immer wieder neu eine „Sprache" entstehen, ein „Sprachgebiet" gebildet werden. Dieser Bildungsvorgang ist nicht abschließbar:
Mit anderen, neuen Weisen des Philosophierens, mit der sich ändernden
Auffassung von Wissenschaft überhaupt, schon mit der Entstehung weite-
rer Elemente der gemeinen Sprache stellt er sich jeder Zeit neu als Aufgabe.
Er muß bewußt reflektierend vollzogen werden, jedenfalls von dem Dogmatiker: es sind ja die „beiden Seiten der Münze" zu betrachten. Außerdem: auch ohne daß wir weitere Auslassungen von Schleiermacher zu
diesem Problemkreis heranziehen, dürfte klar sein, daß, wenn die Bindung
der Theologie an die allgemeinen Wissenschaften so besteht, die verschiedenen philosophischen Systeme beziehungsweise die von ihnen angebote-
nen Begriffe und Verfahrensweisen doch in ihrem Gebrauchswert nicht
gleich geachtet werden können, daß sie sich durch mehr oder minder gute
Eignung zur Aufnahme für das, was der Glaube weiterzusagen hat, voneinander unterscheiden, daß man zwischen ihnen abzuwägen hat. Vor
allem: die Mitbedingtheit der christlichen Lehre durch die Zeit ist nicht
eine etwa einfache, nicht eine durch direkte Übernahme der gegebenen
Denkmittel gekennzeichnete, vielmehr ist das Verhältnis der Theologie,
insbesondere der Dogmatik, zu den allgemeinen Wissenschaften, diese
Bezogenheit-aufeinander, das der Verschränkung-ineinander. Ob man das
gerade so nennen will, ist zweitrangig — es soll damit umschrieben sein,
daß Schleiermacher in dem Prozeß selbst, in dem die Übernahme geschieht, das Problem gesehen hat.

---

[14] Hiermit ist also der Vorgang von Schl. genau nicht in dem Sinn beschrieben,
den F. FLÜCKIGER herausgearbeitet hat: vgl. dessen Teilergebnis, die Darlegung
des Begriffs „philosophisch interpretierte(s) Dogma(-)" (90 f.).

Wenn diese Umschreibung Schleiermachers Fragestellung richtig aufnimmt, ist sie für unseren Gedankengang höchst bedeutsam: Dann müßte der Vorgang der reflektierenden Begriffsanbildung und -bestimmung die Stelle sein, an der die Dogmatik mit den allgemeinen Wissenschaften „zusammenhängt", und es müßte die Einleitung in die Glaubenslehre dem Umkreis dieser Stelle zugeordnet sein.

Ob das so sei, ob also das Wesentliche in dem Vorgang selbst liege, und wenn ja: welches dann die Begriffe sind, die Schleiermacher seiner Zeit und seiner Individualität entsprechend aufnimmt und umformt oder anbildet, das ist hier noch nicht zu entscheiden. Aber wenn das so ist, wenn unsere Vermutung die Intention Schleiermachers ausspricht, dann müßte jedenfalls auch dem Verfahren der Einleitung erhebliche Bedeutung zukommen. Von hier aus werden wir auf den Eingang der Glaubenslehre zurückgeführt: in § 2 hat Schleiermacher es gerade für notwendig befunden, die Verfahrensweise der Einleitung eingehend zu erörtern.

Dieses Verfahren bestimmt sich als ein Mit- und Ineinander von „empirischer Auffassung" und „wissenschaftlicher Konstruktion" — das ist (nach § 2,2) die Konsequenz aus Schleiermachers Gedankenführung. Es hat nämlich zu berücksichtigen, daß das Christentum eine in der Geschichte nachweisbare Größe ist und gleichwohl sein „Wesen" durch Beschreibung allein, die nur Beobachtbares wiedergäbe, nicht gewußt werden kann. Für Schleiermacher ist ein Erkennen, das sich rein an das Positive (im Sinne von Gegebenheit) hält, noch kein „Wissen": es kann bloß „Zufälliges" erheben. Man benötigt eine „Formel", um das Wahrgenommene ordnen, in Beziehung zu anderem Positiven bringen und damit in einen übergreifenden Sinnzusammenhang einfügen zu können. Die „Formel" gibt den Maßstab ab, und darum kann sie nicht aus der Erfahrung abgeleitet werden: sie ist zu konstruieren, als „Begriff" von der „reinen" Wissenschaft zu erstellen. Allerdings: der Begriff als solcher genügt auch nicht, er bleibt unvollkommen, eine leere Formel gleichsam, sofern er nicht einem Gegebenen adäquat ist. Dieser Zusammenhang von „Konstruktion" und „Empirie" ist allgemeingültig; ihn zu beachten ist jedwedem Erkennen in Natur und Geschichte notwendig, das zum Wissen werden will[15].

Von dieser Einsicht aus, die also auch die Frage nach dem Wissen-können der geschichtlichen Größe Christentum bestimmt, wird Schleiermacher dazu geführt, eine „Philosophische Theologie" als „Wurzel der gesamten Theologie" zu fordern, die jeder Theologe „ganz für sich selbst produzieren" müsse, weil sie „die Prinzipien seiner gesamten theologischen Den-

---

[15] s. u. — Dialektik-Exkurs — S. 69 ff.

kungsart" einzuschließen habe[16]. Keineswegs wollen wir mit diesem Verweis ein ganz neues Problem aufrollen und etwa erörtern, wieweit
Schleiermacher diese seine Philosophische Theologie selbst ausgeführt habe.
Nur: die Prinzipien eben, die er im I. Teil seiner Kurzen Darstellung, in
beiden Auflagen im wesentlichen übereinstimmend, entwickelt hat, müssen leitend für sein theologisches Denken überhaupt gewesen sein, und
insofern haben wir ihre richtungsweisende Bedeutung ins Auge zu fassen.

Zumal ist wichtig, daß Schleiermacher diese Disziplin als zur Theologie
gehörend betrachtet[17]. Sie stellt also nicht etwa ein Kompendium philosophischer Grundbegriffe und Verfahrensregeln auf, die zu kennen und
gebrauchen zu können dann dem Theologen, sozusagen als Handwerks-
zeug, unumgänglich notwendig wäre. Ebensowenig sollen in ihr nur oder
überhaupt die sogenannten Prolegomena der Dogmatik verhandelt werden, sie versteht sich ja als Grundlegung der gesamten Theologie. Schon
gar nicht ist sie einfach eine Zusammenstellung rein theologisch definierter
Aussageformen und Denkmittel. Zwar hat sie es „großenteils mit Begriffs-
bestimmungen zu tun"[18], dennoch liegt ihre Bedeutung weniger in ihrer
inhaltlichen Festgelegtheit, als vielmehr in ihrem methodischen Prinzip:
darin, daß sie die Möglichkeit des Mit- und Ineinander von „empirischer
Auffassung" und „rein wissenschaftlicher Konstruktion" klären muß. In
dem uns vorliegenden § 2 der Glaubenslehre finden wir den Hinweis auf
den die Philosophische Theologie einleitenden § 1 der Kurzen Darstellung,
wir nehmen diesen in der erweiterten Fassung der 2. Auflage auf: „Da das
eigentümliche Wesen des Christentums sich ebensowenig rein wissenschaftlich konstruieren läßt, als es bloß empirisch aufgefaßt werden kann: so
läßt es sich nur *kritisch bestimmen* (vgl. § 23 [= Hinweis auf die Reli-
gionsphilosophie]) durch Gegeneinanderhalten dessen, was im Christentum geschichtlich gegeben ist, und der Gegensätze, vermöge deren fromme
Gemeinschaften können voneinander verschieden sein" (KD² § 32). „Kritisch bestimmen", „geschichtskundliche Kritik"[19]: das ist hier das Wesentliche, das gilt es festzuhalten[20]. Von dieser Festlegung her finden wir den
Zugang zu der Aufgabe der Einleitung, wie Schleiermacher sie in § 2 der
Glaubenslehre erläutert hat. Er setzt sie an genau dieser Stelle an.

---

[16] KD¹ (Einleitung) § 26 und KD² § 67.
[17] KD² § 38 ≙ KD¹ (phil. Theologie/Einl.) § 17.
[18] KD² Erl. zu § 24.
[19] KD² § 37.
[20] Vgl. hierzu die Erläuterung der „kritischen" Funktion (zu „Religionsphilosophie"): u. S. 151 f.

Von Dogmatik läßt sich sinnvoll erst dann reden, so läuft der genannte Leitsatz aus, „wenn man sich über den *Begriff der christlichen Kirche* verständigt hat". Schleiermachers Konzeption — wohlgemerkt: der Plan, nach dem seiner Vorstellung nach die Verständigung geschehen soll — ist die Konsequenz aus dem dargelegten Grundverständnis in bezug auf die der Dogmatik notwendige Ausgangsposition (§ 2,2):

Der „Begriff der Kirche" muß „konstruiert" werden; er ist rein wissenschaftlich zu erheben, und zwar muß er „aus der *Ethik* entnommen werden, da auf jeden Fall die Kirche eine Gemeinschaft ist, welche nur durch freie menschliche Handlungen entsteht und nur durch solche fortbestehen kann". Die „individuelle(-) Gestaltung(-)" wird „geschichtlich aufgefunden". Der allgemeine Begriff ist seiner Herleitung und seiner Abzweckung nach ein umfassender, er findet seine Ausschöpfung erst in dem geschlossenen „Ganze(n)" der „Gesamtheit aller ... Kirchengemeinschaften". Er gibt den Rahmen her, steckt das Gebiet ab, enthält den Einteilungsmaßstab, nach dem die als je spezifisch aufgefundenen Religionsgemeinschaften an ihre „Örter" gestellt werden können. Zwar kommt es letztlich, hinsichtlich der Dogmatik, nur darauf an, das „Wesen des Christentums" zu erfassen; dieses „Wesen" zu beschreiben ist dann das Geschäft der *Apologetik*, die den „Anspruch auf abgesondertes geschichtliches Dasein" als gültig darlegen muß[21]. Aber die Beschreibung des Wesens, der Arteigenheit irgendeiner Kirchengemeinschaft und somit auch der christlichen hat nur Sinn oder ist erst möglich im Anschluß an die „Gesamtheit" der individuellen Gestaltungen: „Das Eigentümliche ... kann weder rein wissenschaftlich begriffen oder abgeleitet noch bloß empirisch aufgefaßt werden." Es liegt eben alles daran, diese beiden Aufgaben — konstruieren und auffinden — miteinander zu verknüpfen. Sie sind nicht nacheinander auszuführen, und sie laufen auch nicht unverbunden nebeneinander her: „Spekulative(s)" und „Geschichtliche(s)" sollten einander das „Gleichgewicht" halten. In diese verschränkende Funktion wird die „kritische Disziplin" gestellt, Schleiermacher nennt sie *„Religionsphilosophie"*: „eine kritische Darstellung der verschiedenen gegebenen Formen frommer Gemeinschaften, sofern sie in ihrer Gesamtheit die vollkommene Erscheinung der Frömmigkeit in der menschlichen Natur sind" (§ 2, Zusatz). Daß dieser „Zweig(-) der wissenschaftlichen Geschichtskunde" noch nicht genügend ausgebildet ist, kann kein Hinderungsgrund dafür sein, macht es vielmehr um so dringlicher, daß Schleiermacher seinerseits versuchen muß,

---

[21] KD² § 45 ≙ KD¹ (Apologetik) § 5; ferner KD¹ (phil. Theologie/Einl.) § 14.

die Lösung der diese Disziplin bestimmenden Aufgabe — soweit er sie der Voraussetzung für seine Glaubenslehre impliziert sieht — anzugehen[22].

Damit ist der Weg, den Schleiermacher auf seine „Erklärung der Dogmatik" hin einschlagen will, in seinen drei großen Teilstrecken — Ethik, Religionsphilosophie, Apologetik — klar vorgezeichnet. Allerdings, das ist ja deutlich: man kann das Bild von den „Wegstrecken" nur sehr eingeschränkt gebrauchen; eine Gedankenreihe läßt sich eben nur in einem Nacheinander aufbauen, um so mehr kommt es darauf an, daß wir das Zueinander der „Strecken" beachten. Auf gar keinen Fall haben wir ein syllogistisches Verfahren zu erwarten. Daß die Sätze, mit denen er seine „Ortsbestimmung" entwickeln will, nicht dogmatische sein sollen, betont Schleiermacher (obwohl es sich seiner Ansicht nach dann von dem in § 2 entworfenen Plan her von selbst versteht) in § 1 ausdrücklich. Wir dürfen also in der Einleitung nicht „Darstellung der christlichen Lehre", nicht „Glaubenssätze" von ihm verlangen. Aber sind diese Sätze im ersten Teil deswegen philosophische? Ebenso deutlich unterstreicht er ja, daß sie aus den genannten Wissenschaftsgebieten nur entliehen werden sollen. Vielmehr: nicht die „Lehnsätze" selbst werden entliehen (§ 2, Zus.), es ist mit dem Kennwort nur angezeigt, daß sie „ihre Heimat" (Mul. 58/640) in dem jeweils angegebenen Bereich haben, daß — so kann man wohl folgern — in den zugehörigen Abschnitten gemäß dieser „Heimat" verhandelt wird. Im übrigen müßten die Lehnsätze, wenn unsere oben ausgesprochene Vermutung richtig ist, selbst dem Umformungsprozeß unterworfen sein, in dem die Begriffe herangebildet werden, die das der Dogmatik „eigentümliche Sprachgebiet" ausmachen sollen.

Dies scheint nun unwidersprechlich zu sein, daß man mit einer Klassifikation — entweder dogmatisch oder philosophisch beziehungsweise entweder empirisch oder spekulativ — die Einleitung in eine Alternative spannt, die ihrer Aufgabe, wie Schleiermacher sie gemeint hat, keineswegs gerecht wird. Wir wollen mit unserer Anknüpfung an die Philosophische Theologie nicht behauptet haben, die Einleitung sei eine vollgültige oder auch nur beabsichtigte Ausführung des dort aufgestellten Programms. Hierüber eine Entscheidung zu fällen wäre schon deswegen schwierig, weil Schleiermacher ja nicht nur die Religionsphilosophie als noch nicht durch ein „allgemein geltende(s) wissenschaftliches Verfahren" begründet ansieht, sondern auch die Apologetik als ein erst „neu zu gestaltende(s)" Teilgebiet der Theologie, und er beide Disziplinen doch nicht weiter

---

[22] Schl.s Auffassung von „Religionsphilosophie" wird unten ausführlich diskutiert: S. 139 ff.

erarbeitet, als er es zur Vorbereitung seiner Glaubenslehre für notwendig erachtet. Wohl aber müssen wir schon nach der Einsicht in den Plan für die Einleitung annehmen dürfen, daß diese in bezug auf die Dogmatik die Aufgabe wahrnehmen soll, die einer Ausführung der Philosophischen Theologie in bezug auf die Theologie überhaupt zukäme. Mindestens denn kann man von einer „Kontaktstelle" zwischen beiden Aufgabenbereichen sprechen: sie liegt dort, wo je die „kritische" Funktion ins Blickfeld rückt. Wie sich die offensichtlich wesentliche Bestimmung dann auswirkt, ob sie mit der abzuleitenden „Formel" den Grund für eine christliche Dogmatik ausmachen könne, darüber ist noch nichts gesagt — das vermögen wir erst am Text selbst zu erheben. Nur: daß die Einleitung nicht einfach Mittelglied zwischen der „reinen" Wissenschaft (mit der Ethik wäre auch die Dialektik Schleiermachers auf diese Seite zu stellen) und der „positiven" (hier also der Dogmatik) sein soll, geht aus Schleiermachers Plan mit Eindeutigkeit hervor: Es gibt keinen stetigen Übergang, durch den bloßen Gedanken, vom Allgemeinen zum Individuellen. Auch das Besondere kann in der Gedankenreihe nur ein Allgemeines sein — das Spezifische wird aufgefunden. Dann müßte die Einleitung, wie ihrerseits die Philosophische Theologie, ganz zur Theologie gehören und doch auch enger an die Philosophie angeschlossen sein, als dies für ein Mittelglied zuträfe: Sie ermöglicht den „Zusammenhang" in einem tieferen Sinn, als „Vermittlung" auszudrücken vermag. Es kommt darauf an, daß wir auch den Prozeß beobachten, in dem dieser „Zusammenhang" hervortritt.

Gehen wir auf unsere Ausgangsfrage zurück, so dürfte kein Zweifel daran bestehen, daß sie positiv zu beantworten ist. Schleiermacher hat den ersten Teil der Einleitung als ein für sich verständliches Ganze angesehen. Gerade deswegen, weil dem Verfahren, nach dem die Lehnsätze durchgeführt werden, so entscheidende Bedeutung zukommt, muß eine eingehende, durch eine gezielte Frage bestimmte Untersuchung wohl erlaubt sein. Daß unsere Frage an Schleiermacher überhaupt berechtigt ist, haben wir oben erörtert. Wenn auch die Einleitung nicht selbst Dogmatik (wie Schleiermacher sie versteht) sein soll, so ist sie doch als deren Möglichkeitsgrund gemeint. Sie dürfte also nicht den Weg verstellen, müßte ihn vielmehr dazu öffnen, daß der behauptete „Grundtext der Dogmatik", Joh. 1,14, in der Glaubenslehre ausgeschrieben werden könnte.

Aus unserer Betonung der Bedeutung des Verfahrens folgt aber auch, daß wir nicht etwa meinen, der vorliegende Text sei nur oder endgültig aus seinem Für-sich-Sein zu verstehen. In solch einem absoluten Sinne von Ganzheit hat Schleiermacher ja nicht einmal seine größeren wissenschaftlichen Abhandlungen als für sich bestehend betrachtet[23]. Wir wollen also mit dieser Vorklärung nicht nur die durch die eigene Aufgabenstellung des Textes begründete Möglichkeit unserer Untersuchung gerechtfertigt haben, sondern zugleich deren relative Begrenztheit als von vornherein mitbeachtet ausgesagt wissen; diese liegt darin, daß wir hier nur einen schmalen Ausschnitt aus Schleiermachers Gesamtwerk erfassen.

Daß die in dieser Einführung dargelegte Problematik unseres Vorgehens keine äußerliche, keine nur durch die nie ganz aufzuhebende Differenz des Verstehens gegenüber einem fremden Text bedingte ist, vielmehr im Grunde und ihrem eigentlichen Wesen nach eine durch Schleiermachers eigenes Vorgehen, durch seine Denkweise begründete — und deswegen mußte sie hier ausführlich erörtert werden —, mag schließlich noch durch eine Aussage belegt sein, die wir der Dialektik-Vorlesung entnehmen (1814 bzw. 1818). In deren Eingangsparagraph begründet Schleiermacher die Schwierigkeit des Beginns einer wissenschaftlichen Untersuchung — „die schwere Aufgabe einen Anknüpfungspunkt zu finden" — durch die „cyklische Natur des Erkennens": „es giebt kein Erwerben im Gebiete des Wissens so, daß ein Wissen vom andern abgeschnitten wäre, sondern nur so, daß eine allmählige Verklärung des Wissens entsteht, indem deutlicher bestimmter sicherer wird, was man auf einer niedrigeren Stufe des Bewußtseins auch schon hatte"[24]. Zwar greifen wir hiermit weit über unsere Vorlage hinaus, doch geschieht das notwendigerweise. Denn mit diesem Stichwort ist die Grundlage wissenschaftlichen Vorgehens für Schleiermacher allgemein gekennzeichnet. Dieses Kennzeichen müßte also auch auf die vorliegende Texteinheit zutreffen, das heißt: das Ganze der drei Bereiche der jeweils vier Lehnsätze müßte sich als ein in einem zirkularen Erkenntnisgang wachsendes Ganze verstehen lassen. Dann müßten wir auch unser eigenes Vorgehen durch dieses Stichwort gekennzeichnet sein lassen. Das hat mindestens die eine methodische Konsequenz, daß wir die einzelnen Sätze aus ihrem Zusammenhang im Ganzen zu verstehen suchen, oder, vom umfassenden Ganzen her formuliert: daß wir zuletzt am letzten Paragraphen werden erweisen müssen, wie wir die vorhergegangenen verstanden haben.

---

[23] Es genügt hier, auf die Tatsache des untergreifenden Zusammenhanges andeutungsweise einzugehen; es kann als ausgemacht gelten, daß Schl.s Werk letztlich nur als Einheit zu erfassen ist, und zwar als eine nicht allein im Denken sich darstellende, sondern Reden und Handeln mit umschließende Einheit. Vgl. dazu bes. Schl.s „Brief an Jacobi", Briefe II, 341 ff. (undatiert, vermutlich 1818, s. Briefe IV, XV).

[24] Dialektik, ed. Jonas (WW III./4²), 1.

DIE INTERPRETATION DES TEXTES
I.

Die „Lehnsätze aus der Ethik"

Einleitendes

Zum Lehnbereich „Ethik"

Wir haben in unserer Skizze vom Plan der Einleitung mit Bedacht die Bedeutung der Ethik nur insoweit berücksichtigt, als Schleiermacher selbst es für notwendig erachtet, die darin beschlossenen Grundvoraussetzungen seines theologischen Denkens im Gang seiner Vorverhandlungen darzulegen. Als eigentlich ins Zentrum gerückt muß die Religionsphilosophie erkannt werden, das wird unten noch eingehend nachzuweisen sein. Wir wollen hier auch keinesfalls die Lücke nachträglich ausfüllen und etwa uns anheischig machen, die Bedeutung dieser philosophischen Disziplin hinreichend entfalten zu können. Vielmehr ist das Ziel dieser einleitenden Bemerkungen eher, eine Negation auszusprechen: Wir können nicht nur nicht, wenn wir nicht unseren im 1. Kapitel erörterten Auslegungsansatz aufgeben wollen, eine solche Entfaltung geben, wir brauchen es auch nicht zu tun. Noch deutlicher: ein derartiges Unterfangen müßte unsere Aufgabe gefährden, wenn nicht gar deren Lösungsmöglichkeit von vornherein ausklammern. Es bestände dann die Gefahr, daß wir den „spekulativen" Charakter der hier zugehörigen Sätze nicht nur grundsätzlich (wie Schleiermacher es gemeint hat), sondern schon inhaltlich bestimmt aufnähmen, damit die Besonderheit der Ausführungen, die sich eben aus deren Stellenwert ergibt, vergessen müßten und uns so den Zugang zu den eigenständig gebildeten Lehnsätzen, übrigens nicht nur zu den ethischen, von vornherein verstellten.

Ich halte dafür, daß FLÜCKIGER bei seiner Interpretation der Einleitung so vorauswertend vorgegangen ist. Wie oben schon aufgenommen (und sich unten durchgehend zeigen wird), befinden wir uns vor allem zu seinem Ansatz und zu seinem Ergebnis in entschiedenem Widerspruch. Da Flückiger außerdem ausdrücklich und ausführlich mit dem Verständnis der Einleitung ansetzt, erscheint es mir als zweckmäßig, seine Position als Gegenposition zu der unsrigen kurz auszuzeichnen. Dabei geht es im wesentlichen um die Frage der Methode; auf Einzelfragen werden wir, sofern sie unseren Text betreffen, erst unten eingehen.

Flückigers Grundlegung erfolgt im Anschluß an die ethischen Lehnsätze, unter hauptsächlicher Berücksichtigung der beiden ersten, der §§ 3 und 4. Und zwar mit der Voraussetzung, daß Schleiermacher hier seine Ethik in reiner Form vortrage. Das wird allerdings nicht ausdrücklich festgestellt, aber doch (unter Auswertung von § 2) stillschweigend angenommen (18 ff.). Mit dieser undiskutierten Voraussetzung ist der weitere Gedankengang schon entscheidend vorbestimmt. Daß Flückiger bei der Darstellung von Schleiermachers Ethik von der „genauer(en)" Definition „in der Einleitung" (nach § 2, Zusatz 2) ausgeht und dabei den „spekulativen" Charakter dieser Wissenschaft hervorhebt, mag ja rechtens sein — wiewohl man freilich eine „genaue" Definition auch der Kurzen Darstellung oder eben der Ethik selbst entnehmen könnte —, daß er aber im gleichen Atemzug „die Ethik" mit der „Definition des Wesens der Frömmigkeit" (nach § 3) befaßt sieht und im Anschluß daran dann das „höchste wissenschaftliche Prinzip der Ethik" — nach der philosophischen Vorlesung: „die Annahme einer absoluten Einheit alles Seins, welches jedes einzelne Sein … in sich einschließt" — erörtert (19), bedeutet gerade ein Überspielen der eigenständigen Grundlegung der Lehnsätze. Flückiger berücksichtigt mit keinem Wort die Unterschiedenheit der Einstellungsörter seiner auf „die Ethik" hinzielenden Aussagen. Dabei genügt schon ein sich nur auf die uns hier angehende Frage eingrenzender Vergleich, um die Differenz ausmachen zu können: daß nämlich in den Lehnsätzen der „Begriff der Kirche" auf ganz spezifische Weise abgeleitet wird, daß es keineswegs „die Ethik" ist, die „den Begriff des Wesens der Frömmigkeit" definiert, daß jedenfalls in den Lehnsätzen erst dieser Begriff seine grundlegende Bedeutung gewinnt und nicht in der eigentlichen Ethik[1]. Allenfalls könnte man den Nachweis zu erbringen suchen, daß die beiden von Schleiermacher je eigenständig angesetzten Bereiche letztlich an der gefragten Stelle übereinstimmen, eine stillschweigend vorausgesetzte Identifikation kann kaum zulässig sein. Wenn dann auch noch die Ethik selbst einseitig ausgelegt wird, muß diese Zusammenschau von philosophischer Disziplin und zugehörigem Lehnsätzebereich doppelt schwerwiegende Folgen haben. Ich bin der Ansicht, daß Flückiger sein Postulat von der „höheren Synthese" gegenüber der Einleitung jedenfalls nur aufgrund der doppelten Überfremdung der ethischen Sätze — der Lehnsätze über-

---

[1] Vgl. Phil. Ethik, ed. Schweizer (WW III./5), §§ 287—291: „Von der Kirche."

haupt, denn die Auslegung des ersten Untersuchungsganges trägt entscheidend das Ergebnis der beiden weiteren — als gültig erweisen kann.

Flückiger kommt nämlich in seiner die Ethik skizzierenden Darlegung schon zu einer ganz bestimmten Wertung von Schleiermachers Aussagen; diese werden von Anfang an einer Gewichtsverlagerung unterworfen, die hernach den Schluß auf die behauptete Vorrangstellung der Spekulation ermöglicht. Er berücksichtigt nicht, daß Schleiermacher der spekulativen Disziplin (und zwar in seiner philosophischen Vorlesung!) die empirische zuordnet; in Schleiermachers Begrifflichkeit ausgesagt: daß der „Sittenlehre" als der „Wissenschaft der Geschichtsprinzipien" (KD² § 35) die „Geschichtskunde" gegenübergestellt ist, die entsprechende „erfahrungsmäßige" Wissenschaft; beide bedingen sich gegenseitig: „. . . die Geschichtskunde (ist) das Bilderbuch der Sittenlehre, und die Sittenlehre das Formelbuch der Geschichtskunde"[2]. Wohl spricht Flückiger davon, daß „die Definition der Ethik ergänzt werden" müsse (22), aber er spricht diese Überlegung nicht als allgemeingültig aus; so kommt Schleiermachers „Geschichtskunde" nicht in den Blick. Und, was noch stärker von Schleiermachers Konzeption abweicht: er sieht diese „durch die Empirie" zu gebende Ergänzung für den untersuchten Fall des Gegenübers von „allgemeinem Prinzip der Frömmigkeit" und „bestimmter positiver Religion" als eine von der Religionsphilosophie zu leistende an (ebd.). Das stimmt weder mit Schleiermachers Grundlagenerörterung in der Glaubenslehre (§ 2) überein, noch mit seiner Erörterung in der Ethik selbst, wo ja die „kritischen" Wissenschaften eine eigene, zwischen Spekulation und Empirie vergleichende Funktion innehaben[3]. Die eigentliche Bedeutsamkeit der Religionskritik wird von Flückiger überschlagen[4]. Von ihm wird der Zusammenhang von Spekulation und Empirie in den „Idealfall" aufgehoben, der — wie er sagt — „natürlich" dann gegeben wäre, „wenn eine positive Religion gleich die reine [!] Frömmigkeit an sich darstellen würde" (22). Dieser Schluß ist besonders merkwürdig, denn von dem „natürlichen Idealfall" ist bei Schleiermacher nirgendwo die Rede, weder in der Ethik selbst noch in der Einleitung; und Darstellung der „reinen Frömmigkeit an sich" wird ebensowenig von ihm erwogen.

Welche Konsequenzen in der Vorstellung des „Idealfalles" liegen und wieso der Begriff der „reinen Frömmigkeit" Schleiermachers Intention

---

[2] AaO 68; aus „III. Darlegung des Begriffs der Sittenlehre.", §§ 62—109.

[3] AaO § 109.

[4] Die an dieser Stelle notwendige Auseinandersetzung mit Flückiger muß für den II. Teil der Untersuchung aufbehalten bleiben.

nicht aufnehmen kann, werden wir unten erörtern. Wir haben hier nur festzuhalten, daß damit die Ethik in einer Einseitigkeit gedeutet wird, welche praktisch die „höhere Synthese" schon vorwegnimmt. Es ist ja eben die Frage, ob das Problem, welches mit Schleiermachers Einsicht in die jeder Beschreibung einer ethischen (geschichtlichen) Gestalt notwendige Berücksichtigung der beiden Aspekte gestellt ist, auf die Weise gelöst wird, daß die „vernunftmäßige (geistige) Komponente", die dem „allgemeinen Wesen" entspricht, gegenüber der „naturbedingten (sinnlichen)", welche die „individuell-positive Form" darstellt, den Ausschlag gibt. Allenfalls dann, wenn diese Lösung gälte, wäre Flückigers in bezug auf die „empirische Wirklichkeit" der Frömmigkeit ausgesprochene Folgerung vielleicht berechtigt: „Das Wesen der Vernunft oder des Geistes käme im menschlichen Selbstbewußtsein dann am reinsten zum Ausdruck, wenn dieses ungehindert nur durch die Tätigkeit der unendlichen Vernunft bestimmt würde und die individuellen Daseinsbedingungen möglichst geringen — im Extremfall: keinen — Einfluß hätten" (23). Ich meine, daß schon nach der Ethik die Gültigkeit dieser Aussage anzuzweifeln ist. Flückiger bezieht sich auf § 131: „Jedes für sich gesetzte sittliche Sein also (sittlich = Vernunfttätigkeit im Zusammensein mit der Natur) und jedes besondere Handeln der Vernunft ist mit einem zweifachen Charakter gesetzt: es ist ein sich immer und überall gleiches, inwiefern es sich gleich verhält zu der Vernunft, die überall die Eine und selbige ist; und es ist ein überall verschiedenes, weil die Vernunft immer schon in einem verschiedenen gesetzt ist"[5]. Dabei versieht er hier — wie auch sonst durchgehend[6] — von vornherein die „individuelle" Komponente (gegenüber der identischen) mit einem negativen Vorzeichen; er beachtet nicht, daß Schleiermacher zum Beispiel schon im folgenden § 132 ausdrücklich feststellt: „Diese beiden entgegengesetzten Weisen bilden weder jede ein abgesondertes Gebiet, *noch ist eine der andern untergeordnet*"[7]. Aber wir können diese Frage in ihrer allgemeinen Bedeutung hier nicht ausdiskutieren; wir müßten denn überhaupt die Ethik Schleiermachers eingehend erörtern, was in diesem Zusammenhang ja nicht möglich und auch nicht gefordert ist. Ich wollte mit dieser Überlegung nur anzeigen, wie Flückiger schon mit seinen einleitenden Bemerkungen zum 1. Kapitel den Schluß auf die

---

[5] Zitiert nach F. FLÜCKIGER (23).

[6] Die Konsequenz dieses Ansatzes ist FLÜCKIGERS Einführung des Begriffs der „reinen" Frömmigkeit: 22, 41, 43, 48; darin ist die Abwertung der „wirklichen" Frömmigkeit zu einer „getrübten" eingeschlossen: z. B. 28, 76, 125.

[7] Phil. Ethik, ed. Schweizer.

„höhere Synthese" vorbereitet. Der Verfolg dieses Ansatzes, eben das
Postulat der „reinen" Frömmigkeit, wird jedenfalls die andere Seite des
Schleiermacherschen Aspektes, die Betrachtung der „wirklichen" Frömmigkeit, nicht aufnehmen können. Erst und nur von der Einleitung her werde
ich meinen Einwand gegen Flückigers Interpretation begründen können.

Für unsere eigene Fragestellung ist wichtig, an diesem Ansatz zu bemerken, wie man offensichtlich dann, wenn man den Begriff der Frömmigkeit so verstehen will, „wie dieser von den ontologischen Prinzipien der
Ethik aus zu folgern ist" (23), das Nahziel, das Schleiermacher mit den
ethischen Sätzen erreichen will, gar nicht mehr in den Blick bekommt.
Jedenfalls ist von diesem bei Flückiger (und bei anderen Interpreten, die
ähnlich allgemeingültig angesetzt haben[8]) nirgend deutlich die Rede. Das
ist um so verwunderlicher, als Schleiermacher die Thematik seines ersten
Untersuchungsganges klar angezeigt hat: Es geht darum, den *„Begriff
der Kirche"* zu definieren; genau um dieser Aufgabe willen sind die zugehörigen Sätze dem Gebiet der Ethik „entliehen". Wenn er zum Abschluß
seiner Präliminarien sein Verständnis dieser philosophischen Grunddisziplin definiert: „... die der Naturwissenschaft[9] gleichlaufende spekulative Darstellung der Vernunft in ihrer Gesamtwirksamkeit" (GL § 2,
Zusatz), so kann dies nur als der nochmalige Verweis auf den *„Konstruktions"*-Charakter der ethischen Sätze zu werten sein. Nach der Kurzen
Darstellung heißt das: Es muß „nachgewiesen" werden, daß das „Bestehen" von geschichtlich gewordenen „frommen Gemeinschaften" (diese
werden „Kirchen" genannt) nicht auf Zufälligkeiten beruht, sondern „ein
für die Entwicklung des menschlichen Geistes *notwendiges* Element" bedeutet[10]. Gerade weil wir die spezifische Aufgabenstellung der Einleitung
beachten müssen, brauchen wir nicht auszumachen, in welcher Weise — bis
in welche Breiten- und Tiefendimensionen hinein — die am ehesten als
„Kulturphilosophie" zu verstehende Ethik von Schleiermacher gedacht,
angelegt und ausgeführt worden ist. Eher müßte man, wollte man auf die
philosophische Grundlegung dieser Erörterung zurückgehen, die Dialektik
Schleiermachers befragen. Denn daß es sich bei der Aufgabe, die „Formel"
für das Christentum zu bestimmen, in erster Linie um ein erkenntnis-
theoretisches Problem handelt, hat die Vorüberlegung in § 2 deutlich erwiesen. Zugleich hat sie aber auch deutlich genug eben die Grundlage als

---

[8] Beispiele dazu in 6. Kap./Anm. 1.
[9] „Naturwissenschaft" ist hier als „Naturphilosophie" gemeint; vgl. Phil. Ethik,
ed. Schweizer, § 62 ff.
[10] KD² § 22.

mitgegeben erkennen lassen, mit der Dialektik formuliert: daß die „Anerkennung" der „Beziehung des Denkens auf das Sein" für Schleiermacher unaufgebbare, ja undiskutierbare Voraussetzung seiner wissenschaftlichen Arbeit und damit auch seiner Theologie ist[11]. Aufgrund dieser mit § 2 aufgenommenen Voraussetzung entstand ja erst die Notwendigkeit, aber auch die Möglichkeit, die Frage nach dem „Eigentümlichen" des Christentums zu stellen. Diese Frage gehört zu haben, muß nach Schleiermachers eigener Vorstellung zum Verständnis des Begriffs der Kirche, wie er ihn in den ethischen Sätzen ableiten will, genügen.

3. Kapitel

Das „unmittelbare Selbstbewußtsein" als O r t der Frömmigkeit — § 3

Der Anknüpfungspunkt für die gemäß der Ethik durchzuführende Aufgabe ergibt sich scheinbar von selbst: „Frömmigkeit" ist das Stichwort dieses ersten Gedankenkreises, gleichsam der Faden, an dem sich die Begriffsbestimmung „Kirche" abspult. („Scheinbar" sagen wir, um die Wertung dieses Ansatzes als vorläufige zu kennzeichnen. Es wird sich erweisen, daß er kein zufälliger und kein willkürlich gewählter sein kann, daß er vielmehr ein vom Ziele her notwendiger ist.[1])

Denn — so setzt Schleiermacher ein — „Kirche" ist nur auf „Frömmigkeit" zu beziehen; eine andere „Basis" kann sich eine Kirchengemeinschaft nicht setzen wollen, kann einer solchen Gemeinschaft nicht gesetzt sein. Auch dann nicht — so müssen wir also aufnehmen —, wenn „Kirche" zunächst ganz allgemein als ethische Grundform betrachtet werden soll. Irgendwelche nach außen gerichteten Bezüge nämlich, zum „Staat" etwa oder auf „Wissenschaft" hin, sind sekundär; wohl sind sie notwendig konsekutiv und müssen also sachgemäß wahrgenommen werden, aber das ist je im einzelnen zu untersuchen und kann für die Erstellung des Zielbegriffs keine Bedeutung haben. Diese einzig konstituierende Relation, zu Frömmigkeit, ist zumindest „für uns evangelische Christen wohl außer allen Zweifel gesetzt", aber es sollte auch für alle anderen Kirchen-

---

[11] Dialektik, ed. Odebrecht, 19 ff. (≙ Dialektik, ed. Jonas, 584 ff.); die Bedeutung dieser Grundlage wird in dem Dialektik-Exkurs erläutert: s. u. S. 66 ff.

[1] Wichtig daran ist, daß Schl. gerade nicht die „freie(n) menschliche(n) Handlungen", durch welche nach GL § 2,2 die Ethik charakterisiert ist, zum Anknüpfungspunkt nimmt, daß also mit diesem Einstieg schon die den ethischen Lehnsätzen eigene Aussagerichtung angedeutet wird; vgl. dagegen CHR. SENFT (Wahrhaftigkeit), 7 ff.

gemeinschaften gelten, daß sie, wenn sie es schon zum Beispiel mit der Trennung von Staat und Kirche „nicht so genau" nehmen, jedenfalls als „das wesentliche Geschäft" der Kirche „das Erhalten, Ordnen und Fördern der Frömmigkeit" ansehen. (1.)[2]

Wiewohl oder gerade weil dieser grundlegende Ausdruck nicht eine neue, fremde Vorstellung vermittelt — „Frömmigkeit aus dem gemeinen Leben bekannt." (Th 14ª)[3] —, bedarf er doch und um so mehr der genauen Klärung seines Aussagewertes. Von der je individuellen Erfahrung, die diesen Begriff inhaltlich füllt und ihm damit eine für den Einzelnen ganz bestimmte charakteristische Färbung mitteilt, will Schleiermacher zunächst absehen. Die Betrachtung soll sich auf Frömmigkeit „rein für sich" richten: Sie wird das ganze hier zuständige Ordnungsfeld, das des menschlichen Bewußtseins, nach dessen drei Dimensionen — Denken, Wollen, Fühlen — ausschreiten, um dabei Frömmigkeit als „eine Bestimmtheit des Gefühls oder des unmittelbaren Selbstbewußtseins" auszumachen.

Dieser Paragraph zielt in seiner Ausgangsthese eindeutig auf diese beiden Absicherungen: auf die betonte Abgrenzung dagegen, daß etwa „Wissen" oder „Tun" den Begriff konstituieren könnten — ausschließlich das „Gefühl" ist als Ort der Frömmigkeit anzusetzen —, und dann darauf, das „Gefühl" als „unmittelbares Selbstbewußtsein" zu fixieren. Im Grunde ist überhaupt dieser letzte Gesichtspunkt der wesentliche und leitende: als den Ort der Frömmigkeit eben das *unmittelbare Selbstbewußtsein* zu bestimmen. Daß Frömmigkeit „wesentlich ein Gefühlszustand" (5.) ist, steht für Schleiermacher von vornherein fest, die Erörterung ist aber notwendig, damit irgendwelche Mißverständnisse, in denen Gefühl als „etwas Verworrenes" oder als „etwas Unwirksames" (ebd.) aufgenommen wird, gar nicht erst aufkommen können. Schleiermacher bezieht sich wiederum, wie bei der Herstellung der Relation Kirche—Frömmigkeit, auf die Erfahrung oder auf die geltende Meinung, wenn er betont, daß er mit seiner Definition nicht eine in diesem Zusammenhang etwa fremde Vorstellung aufgreift: „Der Ausdruck G e f ü h l ist in der Sprache des gemeinen Lebens längst auf unserm Gebiet gebräuchlich; allein für die wissenschaftliche

---

[2] Im allgemeinen wird als Beleg für einen Gedankenzusammenhang der jeweilige Abschnitt aus Schl.s Erläuterung angegeben; bei Einzelzitaten oder bei ausführlicheren Verweisen werden die Seitenzahlen (entsprechend 2. Kap./Anm. 9) hinzugefügt.

[3] Die von C. Thönes herausgegebenen handschriftl. Anmerkungen Schl.s zum I. Teil der GL (Berlin 1873) werden nach der Ed. von M. Redeker (1. App.) mit deren Seitenzahlen und Kennbuchstaben zitiert.

Sprache bedarf er einer genaueren Bestimmung, und diese soll ihm durch das andere Wort gegeben werden" (2.). Ebenso: wenn er im 3. Abschnitt seiner Erläuterung — der Untersuchung, warum es zu Wissen, Tun, Gefühl kaum ein Viertes geben könne — ausdrücklich unterstreicht, „daß die Wahrheit der Sache, nämlich daß die Frömmigkeit Gefühl sei, von der Richtigkeit (dieser) Erörterung völlig unabhängig bleibt", oder denn: wenn er abschließend betrachtet, wieweit natürlich der Frömmigkeit wohl zukomme, „Wissen und Tun aufzuregen", also eine „Verbindung mit dem Wissen und Tun" bestehe (4.), daß Frömmigkeit eben „die dazwischentretende Bestimmtheit des Selbstbewußtseins" sei (5.), wird ersichtlich, daß die ganze Verhandlung nicht so sehr eine Beweisführung für die Ausgangsthese bedeutet, vielmehr auf deren Entfaltung zielt: auf die Erstellung des Begriffs „unmittelbares Selbstbewußtsein" als den Ort der Frömmigkeit.

Was also heißt „unmittelbares Selbstbewußtsein"? Inwiefern kann es diesen „Ort" festlegen? So direkt, wie man fragen mag, läßt sich die Antwort nicht formulieren. Wir müssen bemerken, daß der Begriff nicht positiv formal abgeleitet, sondern aus Negationen, durch umschreibende Eingrenzungen gewonnen wird (in 2.). Dabei erläutern sich der aus dem „gemeinen Leben" bekannte Ausdruck und der wegen der „wissenschaftlichen Sprache" einzuführende wechselseitig. Einerseits soll „Gefühl" nicht etwa „auch bewußtlose Zustände" umgreifen, andererseits wird „unmittelbares Selbstbewußtsein" als „entgegengesetzt dem Wissen um Etwas" aufgefaßt (Th 16ᵃ), es wird von der „Vorstellung von sich selbst" abgerückt. Diese wäre eben kein Gefühl, sondern würde als „durch die Betrachtung seiner selbst vermittelt" eher mit dem „gegenständlichen Bewußtsein" zu vergleichen sein. Das Selbstbewußtsein als unmittelbares ist dem Denken-über entzogen; es erwächst nicht aus einer analysierenden Betrachtung. „Freude und Leid" werden von Schleiermacher beispielhaft als „eigentliche Gefühlszustände" den Ergebnissen einer Selbstanalyse, „Selbstbilligung und Selbstmißbilligung", gegenübergestellt. Offensichtlich liegt ihm daran, mit dem Abweis jeglicher reflektierenden Betrachtung das Sich-Distanzieren-von, als nicht im unmittelbaren Selbstbewußtsein enthalten, auszuschließen. Von daher kann er seine Intention in der von Steffens aufgenommenen Beschreibung des Gefühls angelegt finden: „Was wir hier Gefühl nennen, ist die unmittelbare Gegenwart des ganzen, ungeteilten ... Daseins, der Einheit der Person und ihrer sinnlichen und geistigen Welt"[4]. Es muß ihm auf dieses eine ankommen: den Ganzheits-

---

[4] Nach GL 17, Anm. α.

charakter des unmittelbaren Selbstbewußtseins herauszustellen, und damit
die Bedeutung des Gefühls als Grundfunktion des menschlichen Bewußtseins. Nur in dieser Bedeutung kann das Gefühl, Wissen und Tun unter-
greifend, „Sitz der Frömmigkeit" sein (GL¹ 44/26)[5; 6].

Noch ein anderes ist aus diesem 2. Abschnitt unbedingt festzuhalten:
Es sieht so aus, als ob dem unmittelbaren Selbstbewußtsein, wie es hier
in der Einleitung, in bezug auf die Glaubenslehre eingeführt wird, als
wesentlich zugehöre, auf Verknüpfung in die Zeit hin angelegt zu sein.
Allerdings ist es schwierig, aus Schleiermachers Auslassungen an dieser
Stelle das Wie des Verknüpftseins eindeutig zu erheben. Im Grunde ist
hier wohl auch nicht der Ort, dieses Wie zu verhandeln. Um so wichtiger
ist es, die Implikation als solche zu beobachten. Zwar die anscheinend
doch formal klarere Bestimmung der 1. Auflage, in der „Gefühl" und
„unmittelbares Selbstbewußtsein" unterschieden werden, so daß Schleiermacher sagen kann: „Unter Gefühl verstehe ich das unmittelbare Selbstbewußtsein, wie es, wenn nicht ausschließend, doch vorzüglich einen Zeitteil erfüllt . . ." (GL¹ 43/26), ist so nicht aufgenommen worden. Warum
nicht? Ist damit auch die Sache, das „einen-Zeitteil-erfüllen", aufgegeben?
Das wohl nicht, denn hier werden von Anfang an „Gefühl und Selbstbewußtsein als gleichgeltend nebeneinandergestellt" (2.). Das kann nur so
verstanden werden, daß in der ganzen Erörterung der Begriff des unmittelbaren Selbstbewußtseins eben insofern interessiert, als er das Verständnis des Erfüllens eines „Zeitteiles" impliziert. Es geht nicht darum,
diesen Begriff sozusagen in abstrakter Reinheit, losgelöst von jeglicher

---

[5] Die 1. Aufl. wird nach „Schleiermachers Glaubenslehre Kritische Ausgabe —
Erste Abteilung: Einleitung" von C. Stange zitiert; bei Seitenangaben werden
die von Stange am Rand mitgeführten Seitenzahlen der Urauflage ebenfalls
genannt: Krit. Ausgabe/Urauflage.

[6] Mir scheint zweifelhaft zu sein, daß man dieser Erörterung entnehmen kann,
Schl. wolle die personhafte Struktur des Glaubens aufdecken: so Chr. Senft
(Wahrhaftigkeit), 8. Dieser Vorbehalt ist oben — Anm. 1 — schon angedeutet
worden: Der Ansatz Schl.s ermöglicht ja gerade kaum den Schluß auf das
„Anliegen (. . .), den Glauben und das kirchliche Leben in den Bezirk ein-
zuzeichnen, in welchem der Mensch als verantwortliches Wesen und als frei
Handelnder gegenwärtig ist, damit der Glaube als ein freies
und erkennendes Verhalten wieder begreiflich wird"
(aaO 7). Außerdem müßte man dann berücksichtigen, daß Schl. den Begriff
der Person auf eigene Weise definiert (vgl. z. B. Phil. Ethik, ed. Braun, 448 f.)
und daß er diesen Begriff, der ja in der Ethik eine zentrale Bedeutung hat,
hier eben nicht aufnimmt.

Möglichkeit inhaltlichen Bestimmtseins zu entfalten, sondern darum, den Ausdruck „Gefühl" zu klären, der wohl (auf diesem Gebiet) längst bekannt ist, aber nicht genau und abgesichert genug gebraucht wird.

Es ist beobachtet worden, daß Schleiermacher in der zweiten Ausgabe seiner Glaubenslehre in stärkerem Maße als in der ersten den Begriff „unmittelbares Selbstbewußtsein" als tragend verwendet — ebenso entsprechend den Begriff „christlich frommes Selbstbewußtsein" —, dagegen nicht so sehr „Gefühl" und eben nicht so sehr „schlechthinniges Abhängigkeitsgefühl"[7]. Eine solche Ausdrucksverlagerung würde nur der in der 2. Auflage erfolgten Präzisierung des Grundbegriffs entsprechen, jedenfalls ist nicht schon daraus zu schließen, daß die Aussage, die an diese Begriffe anschließt, inhaltlich verändert sei. Schon gar nicht kann geraten sein, die Bestimmung des unmittelbaren Selbstbewußtseins einfach aus der Dialektik zu entnehmen. Denn dort ist sie ja einem ganz anderen Gedankenduktus eingestellt. Zudem sind die direkten Aussagen der Einleitung beziehungsweise der Dialektik je mindestens unterschiedlich akzentuiert. Wir werden in einem eigenen Exkurs darauf eingehen und versagen uns also zunächst den Rückgriff auf die Dialektik.

Wir müssen auf die oben angegebene Formulierung, vielmehr auf die darin enthaltene Frage, noch einmal zurückkommen: Was bedeutet „einen Zeitteil erfüllen" für den uns vorliegenden Text? Wenn Schleiermacher diese Bestimmung hier auch nicht ausdrücklich aufgegriffen hat, so versucht er doch sie darin durchzuhalten, daß er, wie in der 1. Auflage und noch betonter als dort, von der „begleitenden" Funktion des Selbstbewußtseins spricht. Denn was heißt „begleiten"? In der 1. Auflage korrespondiert es augenscheinlich mit „einen Zeitteil erfüllen". Es wird nämlich gegenüber dem damit erfaßten „Vorkommen" des Gefühls „unter den bald stärker bald schwächer entgegengesetzten Formen des Angenehmen und Unangenehmen" in apodiktischer Feststellung erhoben: „Daß aber das Gefühl immer nur begleitend sein sollte, ist gegen die Erfahrung" (GL¹ 44/26). Schleiermacher bezieht sich in der Begründung dieses seines Urteils hervorgehoben auf die „Erfahrung": Jeder sollte aus seiner Erinnerung bestätigen können, „daß es *Augenblicke* gibt, in denen hinter einem irgendwie bestimmten Selbstbewußtsein alles Denken und Wollen zurücktritt" (ebd.). Aus der so angelegten Gedankenführung muß geschlossen werden dürfen, daß „einen Zeitteil erfüllen" auf „begleiten" während eines Zeitkontinuums hinweist. Die gleiche Beziehung finden wir in der 2. Auflage verstärkt aufgenommen: „Jenes eigentliche unvermittelte Selbstbewußtsein

---

[7] H. Stephan, Erlösung, 7.

aber, welches ... im eigentlichen Sinne Gefühl (ist), ist *keineswegs immer nur begleitend"* (2.). Schleiermacher meint sogar, dem Leser in dieser Hinsicht eine „doppelte Erfahrung" zumuten zu können. Einmal ist es (wie in der 1. Auflage) diejenige, welche die „Augenblicke" betrifft, und dann die, „daß bisweilen dieselbe Bestimmtheit des Selbstbewußtseins während einer Reihe ver-/schiedenartiger Akte des Denkens und Wollens *unverändert* fortdauert, mithin auf diese sich nicht bezieht und sie also auch *nicht im eigentlichen Sinne begleitet."* Demgegenüber erscheint das Selbstbewußtsein als einen „Zustand" (des Denkens oder des Wollens) „begleitend", sofern es uns „wie wir uns in einem gewissen Zeitteil finden, denkend z. B. oder wollend, ganz nahe (rückt)" oder dann, wenn es „schon gar die einzelnen Momente" eines solchen Zustandes „durchschießt".

Diese Ausführungen lassen erkennen, daß Schleiermacher bestrebt ist, sich den Begriff „unmittelbares Selbstbewußtsein" nach zwei Seiten hin offenzuhalten: wohl begleitend, aber nicht nur begleitend. „Eigentliches Begleiten" müßte danach den Bezug zwischen Denken und Fühlen oder Wollen und Fühlen oder Denken, Wollen und Fühlen herstellen, den Zusammenhang der drei Funktionen in der Einheit des Zustandes wahren. Diese im Gefühl als Selbstbewußtsein immer schon enthaltene Bestimmung darf aber nicht die andere Seite verdecken: Das unmittelbare Selbstbewußtsein als Gefühl wird nicht etwa durch Denken oder im Wollen vermittelt; es ist als unabhängige, nicht ableitbare, „für sich" festzulegende Größe zu verstehen. Wir können auch umgekehrt akzentuieren und sagen: Der Begriff „unmittelbares Selbstbewußtsein" wird nicht rein abstrakt entfaltet, das soll meinen: er ist nicht in sich geschlossen, er ist angelegt auf Konkretion hin, auf Zeitlich-werden des Aussageinhaltes hin.

Die Begriffsbestimmung, wie sie hier in der Einleitung angesetzt wird, möglichst deutlich aufzunehmen, scheint mir deswegen so wichtig zu sein, weil sie in der Dialektik gerade so nicht geschieht. Was allerdings erst unten (im Anschluß an § 4) nachgewiesen werden kann.

Schleiermacher hat sich für seinen ersten gemäß der Ethik durchzuführenden Paragraphen ein genau begrenzendes Ziel gesetzt, nämlich festzustellen, *daß* die Frömmigkeit eine Bestimmtheit des unmittelbaren Selbstbewußtseins ist, das unmittelbare Selbstbewußtsein als *Ort* der Frömmigkeit auszumachen, deren Wesen soll dabei noch gar nicht in den Blick kommen. Daß es nur darum geht, den Ort zu fixieren, wird zwar weniger durch Schleiermachers Aussagen direkt belegt — in der 1. Auflage hat er noch vom „Sitz der Frömmigkeit"[8] geredet, hier nimmt er die Formu-

---

[8] GL¹ § 8, Anm. a, 44/26.

lierung „Ort" nur wie nebenbei auf (in 3.; 18/10) — aber um so mehr
durch die Verfahrensweise: Dieser Ort wird nicht in einliniger Betrachtung
erreicht, nicht in nacheinander ausgeführten Schritten, sondern gleichsam
von verschiedenen Stationen aus angepeilt, und erst als Schnittpunkt der
Peilrichtungen ist er eindeutig charakterisiert.

Schleiermacher setzt in seiner Untersuchung im wesentlichen dreimal
neu an, wobei allerdings die beiden letzten Gedankenreihen auch als
nochmalige Entfaltung der ersten zu verstehen sind, als Darlegung nämlich
der oben herausgestellten beiden Seiten des unmittelbaren Selbstbewußtseins.

Der zweite Gedankengang vollzieht sich zunächst völlig unabhängig
von dem ersten: Schleiermacher bewegt sich hier in ganz anderen Vorstellungen, er bezeichnet selbst seine Ausführungen als „Geliehenes aus
der Seelenlehre" (18/10). Mir scheint, daß die für den Fortgang der Erörterung wesentliche Aussage dieses 3. Abschnitts in der Feststellung liegt,
daß das Fühlen „ganz und gar der Empfänglichkeit" angehöre, denn diese
Bestimmung wird im nächsten Paragraphen an entscheidender Stelle ausgewertet. So jedenfalls wird verständlich, warum Schleiermacher diesen
Gedankengang hier einführt. Gegenüber der 1. Auflage ist er ein voll-
ständiger Zusatz. Der Unterschied wird noch dadurch hervorgehoben,
daß Schleiermacher nur dort (GL[1] 45/26 f.) die ausdrücklich genannte
Aufgabe dieses Abschnittes — zu untersuchen, ob es zu Wissen, Tun und
Fühlen „ein Viertes" gebe — als eigentlich notwendig angesehen hat;
hier dagegen hält er die Gültigkeit seines Leitsatzes für „völlig unabhängig" von der Richtigkeit seiner die psychologischen Grundlagen betreffenden Erwägungen — und trotzdem führt er diese durch!

Das im Leitsatz angegebene Dreier-Verhältnis der Funktionen des
menschlichen Bewußtseins — Wissen, Tun, Gefühl — wird mit einem
anderen gekreuzt: mit der Wechselbeziehung von „Insichbleiben und Aussichheraustreten des Subjekts", durch das ebenso wie durch die drei Bewußtseinsfunktionen „jeder wirkliche Moment des Lebens" dargestellt
wird. Im Vergleich dieser Relationen miteinander oder aus ihrer Beziehung zueinander wird die Ausgangsfrage beantwortet: Es kann nicht
oder „schwerlich" ein „Viertes" geben, denn die „Einheit" von diesen
zweien beziehungsweise von diesen dreien ist wohl nicht eines von je
diesen, aber auch nicht ein gleichwertig anderes neben diesen, „sondern
diese Einheit ist das Wesen des Subjektes selbst, welches sich in jenen
einander gegenübertretenden Formen kundgibt, und also ... der gemein-
schaftliche Grund derselben".

Innerhalb der zu dem ersten Lehnsatz gehörenden Erörterungen nimmt dieser an die Psychologie sich anschließende Gedankengang eine merkwürdig isolierte Stellung ein. Eine Isolierung scheint schon darin zum Ausdruck zu kommen, daß Schleiermacher in diesem Abschnitt von dem direkten Bezug zu Frömmigkeit absieht, und auch (oder dementsprechend?) darin, daß er den Begriff „unmittelbares Selbstbewußtsein" hier nicht gebraucht. Gleichwohl ist diese Isolierung nur eine relative; mit den der Psychologie zugehörigen Erwägungen wird ja eine auch charakteristische Ortseigenschaft aufgefunden: die Eigenständigkeit des Fühlens, das als „gänzlich ein Insichbleiben", weil es „ganz und gar der Empfänglichkeit angehört", dem Wissen und dem Tun, die beide im „Aussichheraustreten" des Subjekts miteinander verbunden sind, allein gegenüber ist. Von daher kann man wohl, mit Flückiger (24), sagen, daß das Gefühl von Schleiermacher „als singuläre Grundform neben Tun und Wissen" angenommen werde. Aber wir können nicht diesen Gedanken als den die ganze Erläuterung zum ersten Lehnsatz beherrschenden erheben[9]. Mit ihm ist eben nur die eine Peilrichtung angezeigt: Unabhängig von jeder frommen Erfahrung werden Wissen, Tun und Gefühl als die drei Grundfunktionen „der Seele" bestimmt, wird deren Verhältnis zueinander erörtert, wird der Nachweis erbracht, daß der Ort, an den Frömmigkeit zu stellen ist, „ganz und gar der Empfänglichkeit" angehört, daß Frömmigkeit also „nicht von dem Subjekt bewirkt" wird[10]. Dieses Ergebnis ist nur in abstrahierender Betrachtung zu gewinnen. Aber Schleiermacher will keineswegs angedeutet haben, daß Frömmigkeit „etwas für sich (wäre) ohne allen Einfluß auf die übrigen geistigen Lebensverrichtungen" (19/12). Man kann nicht die ganze Aussage Schleiermachers in der behaupteten „Singularität" des Gefühls ausgesprochen finden. Damit würde man ein wesentliches Moment ausklammern, nämlich das des Gefühls als unmittelbares Selbstbewußtsein: „wenn überhaupt das unmittelbare Selbstbewußtsein überall den Übergang vermittelt zwischen Momenten, worin das Wissen und solchen, worin das Tun vorherrscht . . .: so wird auch der Frömmigkeit zukommen, Wissen und Tun aufzuregen, und jeder Moment, in welchem überwiegend die Frömmigkeit hervortritt, wird beides oder eines von beiden als Keime in sich schließen" (19/11).

Die Annahme der „vermittelnden" Funktion des unmittelbaren Selbstbewußtseins ist die Ausgangsbasis für die dritte Gedankenreihe (4. und 5.).

---

[9] Vgl. auch G. Wehrung, Methode, 30—36.

[10] W. Schultz betont m. E. ebenfalls zu einseitig diese Aussagerichtung, wenn er aus § 3 nur den 3. Abschnitt aufnimmt: Theorie des Gefühls, 85.

Schleiermacher hält dafür, daß in jedem klaren Moment des Lebens Wissen, Fühlen und Tun miteinander verbunden sind, aber auf keinen Fall „vermischt" (Th 22ª). Auch zum Beispiel ein Zustand, der in erster Linie ein Wissen ist, enthält die beiden anderen Seiten zugleich. Einerseits spricht sich das Wissen im Selbstbewußtsein „als eine zuversichtliche Gewißheit" über einen erfolgreich beendeten Denkprozeß aus, andererseits ist es auch immer der „Anfang eines Tuns", weil es bestrebt sein wird, „die erkannte Wahrheit mit anderen zu verbinden oder Fälle zu deren Anwendung aufzusuchen" — aber das erste Element in dieser Verknüpfung von Wissen, Fühlen und Tun ist das Wissen, die beiden anderen Formen sind ihm untergeordnet (5.). Eine analoge Verbindung zwischen den drei Bewußtseinsfunktionen besteht auch in jedem Moment, der eigentlich ein Tun ist, in diesem dann unter der Vorherrschaft eben des Tuns gegenüber den beiden anderen Funktionen. Dagegen bleibt die Frömmigkeit — auch wenn sie sowohl Gegenstand der wissenschaftlichen Betrachtung sein muß als ebenso ihre Darstellung in entsprechendem Handeln finden wird — „in ihren verschiedenen Äußerungen wesentlich ein Gefühlszustand" (5). Es müßte sonst das „Maß der Frömmigkeit" für einen Menschen entweder durch das „Maß (des) Wissens" (hier also: des Wissens der christlichen Glaubenslehre) gegeben sein oder durch den „Grad(-) der Vollkommenheit", in dem ein dem frommen Tun gestecktes Ziel erreicht wird (4.). Beide Möglichkeiten sind schon durch die Art und Weise, wie sie in die Diskussion gebracht werden, ausgeschlossen: Schleiermacher erörtert sie offensichtlich nur deswegen, weil er so von beiden Seiten her den Gedankengang auf die „zum Grunde (liegende)" (4.) oder denn die „dazwischentretende" (5.) Bestimmtheit des Selbstbewußtseins zurückführen kann. In dieser Bedeutung ist das Gefühl, als unmittelbares Selbstbewußtsein abgesichert, nicht eine Funktion neben Wissen und Tun, sondern die Grundfunktion, welche die beiden andern im frommen Zustand untergreift.

Der Ort der Frömmigkeit ist „das" Gefühl — diese These hat nur Gültigkeit, wenn letztlich Gefühl als „unmittelbare Gegenwart des ganzen ungeteilten Daseins"[11] verstanden wird. Dann allerdings ist ihre Gültigkeit für Schleiermacher unbestreitbar. Der Ort der Frömmigkeit ist „das" Gefühl — damit ist kein Tatbestand der Psychologie erhoben; diese kann höchstens einen Teilaspekt liefern, ihre Begrifflichkeit kann nur Hilfestellung leisten. Wenn es überhaupt einen „Ort" für die Frömmigkeit gibt, dann nur da, wo der Mensch in der allgemeinsten Form „sich selbst hat", dann nur im „unmittelbaren Selbstbewußtsein", das „Träger aller anderen

---

[11] GL 17/9, Anm.; s. auch o. S. 40.

Funktionen" ist[12], nur in einer Tiefe also, die durch Wissen und Tun, Denken und Wollen nicht ausgelotet wird, in einer Tiefe, die wirklich das Fundament des Menschen erreicht, die alle seine Lebensäußerungen, und diese zu einem Ganzen zusammengeschlossen, unterfängt.

Die Zusammenfassung dieser Verhandlung geben wir am besten mit Schleiermachers eigenem, an Lücke geschriebenen Kommentar: „was ich unter dem frommen Gefühl verstehe, (geht) gar nicht von der Vorstellung (aus), sondern (ist) die ursprüngliche Aussage (. . .) über ein unmittelbares Existentialverhältnis" (Mul. 15/586). Wir werden noch mehrfach, insbesondere in § 6, auf diese Charakterisierung zurückkommen.

4. Kapitel

*Das „schlechthinnige Abhängigkeitsgefühl" als W e s e n
der Frömmigkeit — § 4*

Gefühl ist nicht als solches schon fromm, und nicht jede Bestimmtheit des unmittelbaren Selbstbewußtseins ist Frömmigkeit. Also ist es notwendig, an dem „Ort", der der Frömmigkeit zugewiesen ist, deren „Wesen" auszumachen: die charakteristische Bestimmtheit des unmittelbaren Selbstbewußtseins, seine Eigenart als frommes Gefühl. Dieses Wesen sei — so definiert Schleiermacher in seinem Leitsatz —: „daß wir uns unsrer selbst als schlechthin abhängig, oder, was dasselbe sagen will, als in Beziehung mit Gott bewußt sind".

Haben wir schon in der Erläuterung zum vorigen Paragraphen bemerkt, daß Schleiermacher seine Gedanken nicht sukzessiv fortschreitend entwickelt, daß die einzelnen aufeinanderfolgenden Abschnitte das Problem jeweils aus einer anderen Blickrichtung erfassen, so müssen wir hier erst recht eine gegenüber dem Vorangegangenen anscheinend völlig neue Ausgangsposition feststellen. Schleiermacher kennzeichnet die Wendung oder die doch andersartige Einstellung des kommenden Gedankenganges in seinen handschriftlichen Anmerkungen: „Analyse des Selbstbewußtseins in Beziehung auf das Mitgesetztsein eines Anderen" (Th 24[a]). Allein, es bedürfte zur Wahrnehmung der Unstetigkeit im Übergang von § 3 zu § 4 dieses Hinweises nicht, der Sprung fällt sofort auf, denn Schleiermacher setzt beim „wirklichen Bewußtsein" ein, um zu den „zwei Elementen"

---

[12] Dialektik, ed. Odebrecht, 291 (aaO hervorgehoben); s. u. S. 80 ff. Vgl. auch GL[1] § 8,3, wo Schl. ausdrücklich von der „begleitenden" Funktion des „frommen Gefühls" spricht (51 f./31 ff.).

zu führen, wie sie „in jedem Selbstbewußtsein" sind: „ein Sein und ein Irgendwiegewordensein" (1.). Weder ist ja eine solche Duplizität des Selbstbewußtseins bis jetzt zur Sprache gekommen, noch ist ihre Möglichkeit auch nur angedeutet worden; sie läßt sich aus einem direkten Anschluß an die bisherigen Ausführungen kaum begreifen.

Wie man diesen Sprung auch werten will und welche Folgerungen man daraus ziehen wird: ob man auf einen grundsätzlich neuen Ansatz schließt, der den ersten entweder ergänzt oder gar aufhebt, ob man am Ende „tiefe sachliche Unstimmigkeiten"[1] zwischen den beiden Paragraphen entdeckt, das mag zunächst dahingestellt bleiben und dann durch die Auslegung entschieden werden; aber zur Kenntnis nehmen muß man ihn wenigstens.

Danach kann es wohl nicht zulässig sein, die Aussagen hier und dort oder gar nur Teile aus den Erläuterungen zu den beiden Sätzen in eine geschlossene Gleichungskette zu fügen, wie zum Beispiel BRUNNER es tut: Gefühl (als ganz und gar der Empfänglichkeit angehörend) = völlige Passivität = Selbstbewußtsein (Indifferenzpunkt von Wissen und Wollen [Definition der Dialektik!]) = Bewußtsein der schlechthinnigen Abhängigkeit (Mystik 64; 69). Unter dieser Voraussetzung muß man ja in der Aporie enden: „Gefühl war also zuerst etwas ganz Passives und Gegenstandsloses; mit einem Male wird es aber zum Denker, und zwar zum Denker hochabstrakter Gedanken" (65; zu § 4,3); und: „Diese ganze ungeheuerliche Gedankenoperation ist nur dadurch möglich, daß das Wort Selbstbewußtsein das hiezu erforderliche Dunkel schafft" (66); schließlich: „Religion ist ein Erleiden, das am ehesten mit der Empfindung verglichen werden kann, ein passives Beeindrucktwerden ... So mußte Religion gefaßt werden, sollte es mit den beiden Antithesen ernst gelten: Religion ist kein Wissen, d. h. kein Bewußtsein von etwas anderem — als — ich; Religion ist kein Handeln, d. h. kein Inbewegungsetzen des Willens, kein Entscheiden und Gehorchen" (75). Ob die so charakterisierten „Antithesen" Schleiermachers Religionsbegriff, wie er der Glaubenslehre zugrunde liegt, überhaupt ausdrücken, scheint fraglich. Den § 3 der Einleitung nehmen sie jedenfalls nicht auf; abgesehen davon, daß dieser Leitsatz kaum so isoliert ausgewertet werden kann. Allerdings hat Brunner den Satz nur aus dem Zusammenhang der Glaubenslehre herausgenommen; im übrigen hat er seine Aussagen jeweils im engen Anschluß an die Reden, und dann auch an die Dialektik, gewonnen. Schon deswegen kann hier keine Auseinandersetzung mit Brunners Darstellung erfolgen. Mir scheint nur der Hinweis auf die Fragwürdigkeit des Verfahrens

---

[1] G. WEHRUNG, Methode, 38.

sowohl möglich als auch wichtig und deshalb geboten: Es dürfte kaum erlaubt sein, unterschiedlich betonte oder an auseinanderliegenden Örtern eingestellte Aussageelemente miteinander zu verbinden, ohne daß die Möglichkeit oder die etwa begrenzte Gültigkeit einer derartigen Verbindung zuvor geprüft worden wäre; schon gar nicht kann das erlaubt sein, wenn man auf solche Weise zu nichtaufhebbaren Widersprüchen kommt. Man könnte geradezu den über Schleiermacher verhängten Urteilsspruch gegen Brunner selbst geltend machen: daß er selbst sich einer „ungeheuerlichen Gedankenoperation" unterzieht, wenn er sich durch ungeklärte Voraussetzungen für seine Folgerungen das „erforderliche Dunkel" um den Begriff des Selbstbewußtseins „schafft". Wenn nämlich wirklich dieser Begriff das Schlüsselwort zum Verständnis der Aussagen Schleiermachers ist — mindestens gilt das ja in bezug auf die Einleitung und von daher ebenso unbezweifelbar hinsichtlich der Dogmatik — und wenn man dann Schleiermacher Motive für seine Theologie oder Ausgangspositionen für seine Methode oder Folgerungen aus nicht begründeten Gedankenverbindungen unterschiebt, die allesamt er als letzter für die seinigen gehalten hätte, so kommen ein solcher Ansatz und das ihm entsprechende Verfahren eben einer „Verdunkelung" gleich.

Mir scheint der Hinweis auf die Methode an dieser Stelle geboten, weil eben bei Brunner wegen der Radikalität seines Gleichsetzungsverfahrens die Folgen eines derartigen Vorgehens so besonders deutlich zutage treten. Von daher erhebt sich auch die Frage mit solcher Dringlichkeit: Mit welchem Recht dürfen überhaupt Vorstellungen in diese Erörterung hineingebracht werden, die Schleiermacher selbst nicht ausdrücklich voraussetzt? Es besteht ja fast durchgehend die Ansicht, daß der gesuchte „dunkle" Begriff „unmittelbares Selbstbewußtsein" aus der Dialektik zu gewinnen sei und daß erst von daher die Aussagen der Einleitung, zumal diejenige dieses § 4, verständlich würden[2]. Ich halte dafür, daß eine solche

---

[2] Anders setzt CHR. SENFT (aaO) an, indem er sich ausschließlich an die Einleitungsparagraphen hält.

Ebenso beruft sich G. WEHRUNG allein auf die Einleitung, allerdings unter der Voraussetzung, daß die Grundlegung in § 3 als „religionspsychologische Orientierung" (Methode, 30—36) verstanden wird.

Auf die Eigenständigkeit des Ansatzes der GL verweist auch W. SCHULTZ ausdrücklich im Anschluß an G. WOBBERMIN (vgl. dessen Schl.-Artikel in RGG², V, Sp. 170 ff.): Ich und Wirklichkeit, 145; später setzt er eine engere Verbindung zwischen GL und Dialektik an: Theorie des Gefühls, 92 ff.; in seiner letzten Abhandlung geht er von der „Definition des Wortes Gefühl" in der Dialektik aus: Religionsgeschichte (ZThK 1959, 55—82), 67 ff.

vorzeitige Übernahme, jedenfalls dann, wenn sie unkritisch vollzogen
wird, eher zur Verdunklung denn zur Erhellung dieses Schlüsselwortes
beiträgt. Denn sie muß ja das spezifische Verständnis der Einleitung verstellen. Natürlich richtet sich diese Verwahrung nur gegen eine unge-
prüfte Identifizierung der je angegebenen Definitionen. Sie kann und will
nicht den Zusammenhang überhaupt bestreiten. Aber gerade auf das Wie
dieses Zusammenhanges käme es an! Es könnte ja auch sein, daß dieses
Wie als Neubildung oder doch als Umformung des charakteristischen Begriffs gefaßt werden müßte.

Wir setzen uns hier nicht nur von Brunner ab, der die Gleichungskette
wohl am weitesten spannt und für dessen Auslegung darum auch die Diskrepanz in Schleiermachers Aussagen in der Tat nicht aufhebbar ist,
sondern wir bezweifeln schon die Gültigkeit der oft wie selbstverständlich
genannten Beziehung „unmittelbares Selbstbewußtsein = Gefühl der
schlechthinnigen Abhängigkeit", jedenfalls sofern diese der Interpretation
der Einleitung zugrunde gelegt wird. Zu dieser Beziehung kommt man
ja nur, wenn man zuvor die Dialektik befragt und das Ergebnis dieser
Untersuchung in die Einleitung hineinträgt[3]. Dann muß man aber wenigstens bemerken, daß die „Gleichung" in dieser Direktheit der Konzeption
Schleiermachers in der Einleitung nicht entspricht, daß sie sich auf irgend-

---

[3] Diese Gleichsetzung wird zwar unbetont, aber eben wie selbstverständlich von
W. SCHULTZ übernommen, z. B.: „R. Otto hat durchaus recht, wenn er feststellt, daß Schleiermachers unmittelbares Selbstbewußtsein, d. h. das schlechthinige Abhängigkeitsgefühl an sich wirklich ein mystisches gewesen ist..."
(Prot. 39), oder „Schleiermacher nannte dies Ewige... in der Glaubenslehre
unmittelbares Selbstbewußtsein oder Gefühl schlechthiniger Abhängigkeit..."
(aaO 116). Später hat Schultz wohl auf die Differenz im Begriffsverständnis
hingewiesen, diese aber nicht für wesentlich erachtet: „Diese Ausführungen
[sc. die der Dialektik] stimmen im ganzen überein mit dem, was in der
Glaubenslehre über das Gefühl gesagt ist. Es fehlt nur eine ausgesprochene
Formulierung der Stufen des Gefühls" (Religionsgeschichte, 68).
Zur Grundlage der Interpretation ist die Gleichsetzung von F. FLÜCKIGER
erhoben worden: „Gefühl" (der GL bzw. der Dialektik) = „Ort absoluter Indifferenz im Bewußtsein" = „Formel des ‚unmittelbaren Selbstbewußtseins'"
(26); vgl. auch F. FLÜCKIGER, 30 und 40 ff.
Dagegen hat schon R. ODEBRECHT den je eigenen Ansatz der beiden Disziplinen herausgearbeitet; er hat die Begriffsbestimmung der Dialektik als eine
besondere aus ihrem philosophischen Zusammenhang erhoben und ist zu dem
Schluß gekommen, daß ihr vor derjenigen der GL der Vorrang größerer Klarheit und Eindeutigkeit zuerkannt werden müsse: RelBewußtsein (in Blätter für
deutsche Philosophie, 1934/35, 284—301).

eine Weise mit deren Aussagebereich stößt. Das schlechthinnige Abhängigkeitsgefühl nämlich wird von Schleiermacher als „*ganz einfach*" gestaltet
erklärt (§ 5), und andererseits spricht er doch und ebenso bestimmt von
„*Verschiedenheit* in dem unmittelbaren Selbstbewußtsein" (§ 8,2)[4]. Ich
möchte behaupten, daß gerade die exakte Unterscheidung dieser beiden
Ausdrücke erst das Verständnis der religionsphilosophischen Sätze möglich macht und daß die Unterscheidung hier, in den ethischen Sätzen,
angelegt ist. Wohl zielt die Begriffsbestimmung der Dialektik darauf, die
schlechthin „einfache" Gestalt des „unmittelbaren Selbstbewußtseins" darzulegen, aber in diesem Verständnis kann der Begriff die Ausführungen
der Einleitung nicht tragen, und so wird er hier auch nicht verstanden.
Vielmehr wird hier das „unmittelbare Selbstbewußtsein" als *komplexe
Größe* eingeführt! Freilich ist die Behauptung noch zu begründen; diese
Überlegung und zumal das angegebene Beispiel einer offensichtlichen Differenz in den Begriffsverständnissen sollten nur erklären, warum wir
eine Erörterung der Dialektik vorerst noch zurückstellen.

Wir kommen auf unseren Text zurück: Schleiermacher setzt noch einmal
und ganz neu an, das „unmittelbare Existentialverhältnis" scheint gar
nicht Basis dieser Diskussion sein zu sollen. Der Anschluß an den vorhergegangenen Paragraphen wäre eher darin zu finden, daß der „wirkliche
Moment des Lebens", der seinem Umfang nach „ein Zusammengesetztes"
ist und dessen „Einheit" durch das „Wesen des Subjektes" gehalten wird
(§ 3,3), Gegenstand der Untersuchung zu diesem Paragraphen sein könnte
oder als deren Anknüpfungspunkt gemeint wäre. Doch müssen wir auch
die Möglichkeit dieser Direktverbindung noch in Frage stellen. Denn oben
hatten wir bemerkt, daß Schleiermacher gerade in jenem Abschnitt (§ 3,3)
den Begriff „unmittelbares Selbstbewußtsein" nicht verwendet; außerdem
war das „Zusammengesetzte" dort in einem weiteren Umfang als hier
gemeint. So haben wir wohl ganz darauf zu verzichten, eine solche Möglichkeit ausmachen zu können.

Aber was bedeutet dieser Verzicht? Liegt in ihm die Anerkennung beschlossen, daß die Sätze völlig unabhängig voneinander durchgeführt
seien? Daß Schleiermacher zunächst, wenn er das „zeitliche" Selbstbewußtsein erörtert, das als „wirkliches" nur im Zusammen seiner beiden Elemente — „ein ... Sichselbstsetzen und ein Sichselbstnichtsogesetzthaben"
— gegeben ist, gar nicht jenes in § 3 als „unmittelbares" gekennzeichnete

---

[4] Diese beiden Einzelbelege sollen nur exemplarisch für die durchgehend unterschiedliche Redeweise stehen; ausführlich kann auf diese Differenz erst in den
je zugehörigen Paragraphen eingegangen werden.

im Blick hätte? Dann wollte er einen gänzlich neuen Begriff, eine andersartige Größe einführen, und beide Ausdrücke müßten streng voneinander unterschieden werden? Diese Folgerung kann nicht ohne weiteres gezogen werden; Schleiermacher redet hier wie dort von Selbstbewußtsein, ohne daß er eine solche Differenz betont. Der neue Aspekt (Th 24ª) muß ja nicht einen ganz anderen, völlig neuen Begriff meinen, er kann doch auch auf eine noch nicht bekannte und darum neue Komponente ebendesselben Begriffs führen sollen. Diese Möglichkeit ist nicht von vornherein, sondern höchstens denn durch das Ergebnis der Auslegung aufzuheben. So wichtig und grundlegend es für das Gesamtverständnis ist, in dieser Frage zu einer Entscheidung zu kommen, so wenig kann schon vom Ansatz her die Antwort gefunden werden. Andererseits ist es doch notwendig, den durchgehend gebrauchten Ausdruck „Selbstbewußtsein" einzuordnen. Wir gehen deshalb von der vorläufigen Annahme aus, daß in diesem Paragraphen desjenige Selbstbewußtsein zur Diskussion steht, das im vorigen als „unmittelbares" eingeführt worden ist. Gegen diese Annahme spricht zunächst nichts: sie wird nicht durch irgendeine direkte Aussage Schleiermachers ausgeschlossen. Für unsere Voraussetzung kann allerdings auch nur eine Textstelle als klarer Beleg angegeben werden: es ist (nach dem ersten Satz) das wirkliche Bewußtsein gemeint, „gleichviel ob es nur ein Denken oder Tun begleitet, oder ob es einen Moment für sich erfüllt", ein deutlicher Rückbezug auf § 3,2, den wir jedoch, wegen der Singularität der Betonung, nicht überbewerten wollen. Eine zweite Angabe (wenige Zeilen später) könnte vielleicht zur Stützung unserer Voraussetzung angezogen werden: nämlich der Verweis auf das „unmittelbare(-) Selbstbewußtsein, mit dem wir es hier allein zu tun haben", in dem es nicht um gegenständliches Vorstellen gehen kann. Aber der Sinnzusammenhang ist nicht ohne weiteres eindeutig; wir werden unten diese Stelle noch einmal aufnehmen.

Folgen wir jetzt Schleiermachers Darlegung! Er nimmt also zum Ausgangspunkt seiner Überlegungen das „wirkliche Bewußtsein", das „zeiterfüllend"[5] hervortritt. Damit wird nicht ein Besonderes oder gar eine Uneigentlichkeit herausgestellt. „Zeitlichkeit" ist eine wesentliche, immer im Selbstbewußtsein, wie Schleiermacher hier den Begriff entwickelt, ent-

---

[5] Nach GL¹ § 8, Anm. a: „Unter Gefühl verstehe ich das unmittelbare Selbstbewußtsein, wie es, wenn nicht ausschließend, doch vorzüglich einen Zeitteil erfüllt..." und § 9,1: „Es gibt kein als zeiterfüllend hervortretendes reines Selbstbewußtsein, worin einer sich nur seines reinen Ich an sich bewußt würde, sondern immer in Beziehung auf etwas, mag das nun eins sein oder vieles und bestimmt zusammengefaßt oder unbestimmt" (53/33).

haltene Seite. Denn wir sind uns immer auch „einer wechselnden Bestimmtheit desselben" bewußt, und zwar deswegen, weil wir uns „immer nur
im Zusammensein mit anderm" denken können und auch nur so uns „finden". Es sei noch einmal auf Schleiermachers Anmerkung, Th 24ᵃ, verwiesen, woraus wir doch schließen müssen, daß „Beziehung auf das
Mitgesetztsein eines Anderen" und „Zeitlichkeit" hier die einander entsprechenden, das „Selbstbewußtsein" charakterisierenden Bestimmungen
sind. Unter dieser Zuordnung haben wir den ganzen 1. Abschnitt zu lesen:
„jedes Selbstbewußtsein ist zugleich das eines veränderlichen Soseins", das
kann ja nur gesagt werden unter Berücksichtigung des zeitlichen Verlaufs.
So stellen sich auch die Elemente des Selbstbewußtseins „ein Sichselbstnichtsogesetzthaben" beziehungsweise „ein Irgendwiegewordensein" ein.
Hiermit ist allerdings nur die eine Richtung „im" Selbstbewußtsein aufgewiesen, die andere muß jedoch immer „zugleich" genannt werden: „ein
Sichselbstsetzen" beziehungsweise „ein Sein". Es ist wichtig zu beachten,
daß „zweierlei zusammen" das Selbstbewußtsein bestimmt: „das eine Element drückt aus das Sein des Subjektes für sich, das andere sein Zusammensein mit anderem". Eine entsprechende Duplizität schreibt Schleiermacher
dem Subjekt zu: „Empfänglichkeit und Selbsttätigkeit". Aber diese Entsprechung ist keine gleichsinnige, sie muß als eine in sich gekreuzte verstanden werden: sowohl in seinem Für-sich-Sein wie in seinem Zusammen-
sein-mit-anderem ist das Subjekt sowohl empfänglich als auch selbsttätig.
Von daher kann Schleiermacher behaupten, daß Empfänglichkeit das
„erste" Element sei, denn auch ein Moment überwiegender Selbsttätigkeit
ist immer auf einen früheren „irgendwie getroffener" Empfänglichkeit zu
beziehen.

Das eine ist ja deutlich: Wir können aus dieser Erörterung nicht einzelne Aussagen isolieren, wir müssen den Begriff, wie er hier entwickelt
wird, als ganzen aufnehmen, eben das „Selbstbewußtsein" als charakterisiert in der „Duplizität" seiner Elemente. Gleichwohl oder gerade deswegen ist nicht einzusehen, wieso diese Bestimmung die vorhergegangene
ausschließen soll. Zu Beginn der Erläuterung des ersten Lehnsatzes haben
wir bemerkt, daß Schleiermacher den eingeführten Begriff auf „zeitlichwerden" hin offengelassen hat. (Übrigens ist auch nur unter dieser Voraussetzung seine Redeweise in § 3,4 von den je anderen Bestimmtheiten
des Selbstbewußtseins verständlich.) Diese andere Seite — wir sagen also:
des unmittelbaren Selbstbewußtseins — wird hier entfaltet. „Wirklichkeit", „Zeitlichkeit", „Irgendwiegewordensein", „Zusammensein mit anderem" und also auch „wechselnde Bestimmtheit" — diese Begriffselemente

entsprechen einander in der so eingestellten Erörterung genau. Wenn
Schleiermacher auch (zum Abschluß des ersten Abschnitts) meint, daß
keiner „diesen Sätzen" seine Anerkennung versagen werde, „der einiger
Selbstbeobachtung fähig ist", so will er damit wohl kaum die Erfahrbar-
keit als Beweisgrund heranziehen — „diese Sätze" sind für ihn selbstverständlich allgemein gültig.

Wir müssen noch auf die oben angegebene zweite Belegstelle zurückkommen, weil sie eben möglicherweise auch gegen das hier dargelegte
Verständnis spricht. Dazu nehmen wir die diesen Abschnitt tragende Bestimmung noch einmal auf. Da das „wirkliche" Selbstbewußtsein sich in
der Duplizität seiner beiden Elemente gestaltet, ist zu folgern, daß außer
dem Ich für jedes Selbstbewußtsein „noch etwas anderes" vorausgesetzt
werden muß, „ohne welches das Selbstbewußtsein nicht gerade dieses sein
würde". Hieran schließt der für unsere Grundfrage wichtige Satz an:
„Dieses andere jedoch wird in dem unmittelbaren Selbstbewußtsein, mit
dem wir es hier allein zu tun haben, nicht gegenständlich vorgestellt."
Dazu in der Randbemerkung die Betonung: „Also auch Gott nicht allgemein nachgewiesen" (Th 24[b]). Es kann wohl keine Frage sein, daß diese
Aussage als ein Verweis auf das eigentliche Ziel dieses Paragraphen zu
werten ist, das am Ende des dritten Abschnitts erreicht und im vierten
ausgeführt wird: als ein Verweis auf das „höhere Selbstbewußtsein", das
„schlechthinnige Abhängigkeitsgefühl"; im übrigen wäre dann in weiten
Teilen der Erörterung dieses Lehnsatzes von dem „sinnlichen Selbstbewußtsein" die Rede. Ich greife hier mit Absicht auf die Definition des
folgenden Paragraphen vor, weil sich das Problem jenes Lehnsatzes eben
schon hier stellt und am klarsten in der dann gegebenen Begrifflichkeit
ausgedrückt wird.

Daß in diesem Paragraphen weitgehend, und in dessen zweitem Abschnitt vollständig, das also „sinnliche" Selbstbewußtsein zur Diskussion
steht, wird ebensowenig zu bezweifeln sein wie die Gültigkeit des obigen
Hinweises auf das eigentliche Ziel dieses Lehnsatzes: daß es im Grunde
um die Definition des „höheren" Selbstbewußtseins geht. Nur ist damit
die Frage eben erst gestellt und keineswegs schon beantwortet: Wie verhalten sich die so gekennzeichneten „Bestimmtheiten" des Selbstbewußtseins zu dem die ganze Verhandlung tragenden „unmittelbaren" Selbstbewußtsein? Kann man oder muß man das Verständnis des „unmittelbaren Selbstbewußtseins" einlinig auf das „höhere", auf das „schlechthinnige Abhängigkeitsgefühl" hin ausziehen? Wir haben oben schon darauf
hingewiesen, daß mit einer solch einlinigen Begriffsverbindung der Zu-

gang zu den folgenden Paragraphen, hauptsächlich der zu den religionsphilosophischen Lehnsätzen, schlechterdings verbaut wäre. Gegenüber der
Beziehung „unmittelbares Selbstbewußtsein = höheres Selbstbewußtsein"
haben wir die Behauptung ausgesprochen, die Einleitung erstelle den
Grundbegriff als *komplexe Größe*. Wir meinen damit, daß das „sinnliche"
Bewußtsein nicht ausgegrenzt, sondern gerade eingeschlossen ist, daß insofern das „unmittelbare" Selbstbewußtsein sich in den verschiedenen Be-
zogenheiten des sinnlichen zum höheren als differenziert „bestimmt" darstellen kann. Nun soll der zitierte Satz, die einzige Stelle dieses Abschnitts,
mit der Schleiermacher das „dunkle Wort" betont aufnimmt, zwar nicht
als Beweisgrund für die Gültigkeit unserer Behauptung angezogen werden,
aber er muß wenigstens daraufhin gehört werden, ob er nicht unser Verständnis möglicherweise oder gar mit Notwendigkeit abweist.

„Dieses andere jedoch wird in dem unmittelbaren Selbstbewußtsein,
mit dem wir es hier allein zu tun haben, nicht gegenständlich vorgestellt."
Was meint das „jedoch" in dem vorliegenden Zusammenhang? Wird damit
das unmittelbare Selbstbewußtsein als solches dem Bereich der Erörterungen des 1. Abschnitts entzogen? Also „unmittelbar" und „nicht gegenständlich vorgestellt" den sonst durchgehend gebrauchten Bestimmungen
„wirklich" und „zeitlich" und den entsprechenden entgegengesetzt? Es ist
ja auffallend, daß Schleiermacher den charakteristischen Ausdruck hier
singulär gebraucht; im übrigen spricht er einfach von „Selbstbewußtsein"
oder auch vereinzelt eben von dem „wirklichen" oder dem „zeitlichen"
Selbstbewußtsein, später schließlich von dem „Selbstbewußtsein als Bewußtsein unseres Seins in der Welt . . ." (2.). Erst am Ende des letzten (4.)
Abschnitts nimmt er noch einmal die betonte Bestimmung auf: „das zum
Gottesbewußtsein werdende unmittelbare Selbstbewußtsein". Ich halte
diese Frage deswegen für wichtig, weil doch nur dann, wenn man eine
Entgegensetzung in der Begrifflichkeit als durchgehalten belegen könnte,
man überhaupt einen Ansatzpunkt dafür hätte, „unmittelbares Selbstbewußtsein" und „höheres Selbstbewußtsein" oder „schlechthinniges Abhängigkeitsgefühl" in eine direkte und ausschließliche Verbindung miteinander zu bringen. Sie wird aber nicht durchgehalten! Auch am Ende des
dritten und am Anfang des vierten Abschnitts, also in den das „schlechthinnige Abhängigkeitsgefühl" definierenden Teilen dieser Erörterung,
redet Schleiermacher von „Selbstbewußtsein" schlechtweg, ohne eine unter-
scheidende Zusatzbestimmung zu gebrauchen. Somit muß das gefragte
„jedoch" nicht das unmittelbare Selbstbewußtsein überhaupt herausstellen,
sondern es kann auf dasjenige Selbstbewußtsein verweisen sollen, das

später als das „höhere" gekennzeichnet werden wird — „mit dem wir es hier allein zu tun haben" —, es kann auf diejenige Bestimmtheit zielen sollen, in der (jedoch) das „andere" kein „äußerlich Gegebenes" (4.) ist.

Der Gebrauch des Grundbegriffes selbst bei Schleiermacher widerspricht also unserer Voraussetzung noch nicht. Insofern können wir betont an ihr festhalten. Freilich ist damit die angeschlossene Behauptung nicht schon als gültig erwiesen, sie müßte sich erst am Sinnzusammenhang des ganzen Textes bewähren. Und zu dieser Ganzheit gehören auch die religionsphilosophischen und die apologetischen Lehnsätze. Der Erweis für die ausgesprochene Behauptung kann folglich nur mit der geschlossenen Auslegung als erbracht gelten.

Wir nehmen den vorliegenden Erörterungsgang wieder auf. Da dem Selbstbewußtsein das In-der-Zeit-sein wesentlich zugehört, variiert es „so mannigfaltig wie das Leben" (GL[1] 60/37). Der 2. Abschnitt ist ganz auf dieser Grundlage erstellt. Greifen wir noch einmal auf die Ausdrucksweise des § 5 vor: er charakterisiert das „sinnliche" Selbstbewußtsein. Irgendeine Bewertung dieser „Bestimmtheit" — das heben wir gleich ausdrücklich hervor — ist in dieser Erörterung nicht angelegt[6]. Schleiermacher will zeigen, daß „unser gesamtes Selbstbewußtsein gegenüber der Welt oder ihren einzelnen Teilen" in den „Grenzen" teilweises Freiheitsgefühl und teilweises Abhängigkeitsgefühl „beschlossen" ist. „Freiheitsgefühl" ist das „Gemeinsame in allen denjenigen (Bestimmtheiten des Selbstbewußtseins), welche überwiegend regsame Selbsttätigkeit aussagen", „Abhängigkeitsgefühl" dagegen ist dem Überwiegen von „Irgendwohergetroffensein der Empfänglichkeit" zugeordnet. Diese beiden Richtungen des „Gefühls" sind allerdings nur abstrahierend zu trennen; in jedem wirklichen Bewußtsein, weil es als solches in der Dauer seines Verlaufs

---

[6] Wie Flückiger — s. o. I.-Einl./Anm. 6 — setzt auch W. SCHULTZ hier mit einer negativen Bewertung ein: „Weil aber schlechthiniges Abhängigkeitsgefühl und sinnliches Selbstbewußtsein mit seiner Tendenz zur Individuation und Zeitlichkeit sich gegenüberstehen wie Wesen und Erscheinung ... darum bleibt Zeit auch in der Glaubenslehre ... etwas Unwertiges, das überwunden werden muß. Und je mehr die Zeit überwunden wird, um so höher die Frömmigkeit" (Prot. 60). „Obgleich Schleiermacher also erkennt, daß es Religion nicht gibt ohne Zeitlichkeit, ist für ihn dennoch der Maßstab für die Höhe der Religionen das Freiwerden von dem Sinnlich-Zeitlichen" (aaO 61). Vgl. dagegen schon Schl. an Lücke: er nennt es ein „Mißverständnis", seine Ausführungen so zu interpretieren, „als ob ich das zeitliche Dasein an und für sich für den Abfall erklärte, da ich doch diesen immer nur darin finde, wenn das Gottesbewußtsein ausgeschlossen wird" (Mul. 20/593).

zu betrachten ist, sind sie in bezug auf irgendein einzelnes andere immer beide zugleich gesetzt. Denn jeder „Gegenstand" ist eben darin „Gegebenes", daß er ebenso als unsere Empfänglichkeit beeinflussend wie auch als der Gegenwirkung unserer Selbsttätigkeit ausgesetzt zu verstehen ist. Der einzelne Moment des Bewußtseins kann also immer nur durch die Relation der beiden Seiten, mit einem Überwiegen der einen oder der anderen, gekennzeichnet sein. Dieses Zugleich der beiden Richtungen gilt insbesondere für „unser Selbstbewußtsein im allgemeinen", das „unser Zusammensein mit allem aussagt, was sowohl unsere Empfänglichkeit anspricht als auch unserer Selbsttätigkeit vorgelegt ist", nicht nur dann, wenn wir dieses „alles" als eine Vielfalt von einzelnem anderen betrachten, sondern gerade auch, „sofern wir das gesamte Außeruns ... mit uns selbst zusammen als Eines, das heißt als W e l t setzen". Daraus folgt für Schleiermacher, daß dieses unser Selbstbewußtsein, das „Bewußtsein unseres Seins in der Welt", also (nach § 5) das sinnlich bestimmte Selbstbewußtsein, „eine Reihe von geteiltem Freiheitsgefühl und Abhängigkeitsgefühl" ist.

Dieses Selbstbewußtsein bleibt immer auf ein irgendwie „Gegebenes" bezogen: Die denkmöglichen Grenzpunkte der „Reihe", absolutes Freiheitsgefühl oder absolutes Abhängigkeitsgefühl, können als solche, bezogen auf ein zeitliches Sein als „Gegenstand", in keinem wirklichen Bewußtsein einen Ort haben (3.). Denn das Freiheitsgefühl kann nicht verabsolutiert werden, es müßte ja dasjenige, worauf es sich bezöge, „ganz von uns her" sein. Weder gilt das von irgendeinem außer uns Gegebenen, noch von unserem Dasein als ganzem: Empfänglichkeit ist das „erste" Element. Und wenn gleichwohl Abhängigkeitsgefühl irgendwie als absolutes verstanden werden soll („Schlechthinnig gleich absolut." Th 23ᵃ), dann jedenfalls nicht in einer Richtung, die auf Gegebenes führt; in bezug auf einen „Gegenstand" bliebe immer Gegenwirkung möglich, wenn nicht im Handeln, so doch im Erkennen (3.).

Das „schlechthinnige Abhängigkeitsgefühl" kann nicht — etwa als letztes Glied, als Grenzwert — in der Reihe stehen, die durch das Teils-Teils gekennzeichnet ist: schlechthinnig kann es „(n)ur ausschließend und nicht im Gegensatz zum Freiheitsgefühl" sein (Th 27ᶜ). Hat es dann überhaupt irgendeinen Sinn, dieses „Gefühl" zu definieren? Muß man damit nicht bei einem leeren Postulat stehenbleiben? Für Schleiermacher bedeutet die in seinem Satz ausgesprochene „Forderung" ohne Zweifel kein leeres Postulat. Zwar kann das schlechthinnige Abhängigkeitsgefühl „auf keine Weise von der Einwirkung eines uns irgendwie zu gebenden Gegenstandes ausgehn", insofern „kann es auch, streng genommen, nicht in einem ein-

zelnen Momente als solchem sein", aber hier müssen wir eben auf dasjenige unmittelbare Selbstbewußtsein zurückgehen, das im Grunde „allein"
interessiert: „das unsere gesamte Selbsttätigkeit ... unser ganzes Dasein
begleitende, schlechthinnige Freiheit verneinende Selbstbewußtsein ist schon
an und für sich ein Bewußtsein schlechthinniger Abhängigkeit", nämlich
als Bewußtsein davon, „daß unsere ganze Selbsttätigkeit ... *von anderwärts her* ist ...". Diese Tatsache spricht sich für den einzelnen wirklichen
Moment darin aus, daß Empfänglichkeit das „erste" Element „in jedem
für sich hervortretenden Selbstbewußtsein" (1.) ist, daß wir uns „immer
nur im Zusammensein mit anderm" vorfinden.

Mit diesem Rückbezug auf den Eingang (1. Abschnitt) will ich nicht
etwa behaupten, daß die Wirklichkeit des zeitlichen Bewußtseins als Voraussetzung zu verstehen sei, aus der das schlechthinnige Abhängigkeitsgefühl gefolgert werde — dies gerade nicht, höchstens denn als vorweg-
genommene Explikation, mit deren Hilfe die Gültigkeit des „Postulates"
einsichtig gemacht wird. Aber der Zusammenhang ist wohl besser darin
zu fassen, daß beide Aussagen sich gegenseitig fordern. Daß der Zusammenhang besteht und wesentlich ist, wesentlich zum Verständnis dieser
gemäß der „Heimat" Ethik spekulativen Erörterungen, kann kaum bezweifelt werden: Einmal ist gerade wegen des immer auch geltenden
„Zusammenseins mit anderem" kein Selbstbewußtsein „denkbar", das nur
Selbsttätigkeit aussagte, und dann ist dieses Element, wie Schleiermacher
im folgenden Paragraphen unter Rückbezug auf die vorliegende Erörterung angibt, ein die Definition des „schlechthinnigen Abhängigkeitsgefühls" entscheidend mittragender Faktor: „wenn in diesem wesentlich
(§ 4,3) die schlechthinnige Freiheit verneint wird, so geschieht dies zwar
unter der Form des Selbstbewußtseins, aber doch nicht von uns als jetzt
so und nicht anders seienden Einzelnen, sondern nur von uns als einzelnem
endlichen Sein überhaupt, so daß ... hierin aller Gegensatz zwischen einem
einzelnen und einem anderen aufgehoben ist" (§ 5,1).

Noch einmal: Diese beiden Aussagen sind damit nicht als Glieder einer
Beweiskette behauptet. Eine solche Kennzeichnung soll in unserer Auslegung gerade ausgeschlossen sein. Wenn wir bei dem vorliegenden Text
bleiben und nicht Voraussetzungen an ihn herantragen, die er selbst nicht
bietet, können wir den Gedankengang kaum als „Deduktion"[7] des
schlechthinnigen Abhängigkeitsgefühls verstehen. Es müßte sich denn um

---

[7] Besonders scharf wird der „spekulative Grundzug" der Einleitung von G.
WEHRUNG (Methode, 91) gezeichnet, und zwar eben im Anschluß an GL § 4
(aaO 36 ff.).

ein indirektes Verfahren handeln sollen; aber es wäre ja nicht einzusehen, wie aus einer Verneinung der schlechthinnigen Freiheit die Bejahung der schlechthinnigen Abhängigkeit so folgen könnte, daß die beiden je entsprechenden Bewußtseinsrichtungen „nicht im Gegensatz" zueinander stünden, wie Schleiermacher es doch fordert (Th 27°). Außerdem hätte das „schon an und für sich" in dieser Verneinung die ganze Last des Beweises zu tragen. Daß Schleiermacher so deduzieren wollte — was auch nach seiner Meinung gar nicht zu deduzieren ist! —, muß doch als unwahrscheinlich beurteilt werden. Vielmehr können wir die Art des Gedankenganges wohl besser in Entsprechung zur 1. Auflage erfassen; dort nämlich hat Schleiermacher schlechtweg behauptet: „Daß nun das fromme Gefühl in allen seinen noch so verschiedenen Gestaltungen immer ein reines Gefühl der Abhängigkeit ist und nie ein Verhältnis der Wechselwirkung bezeichnen kann, dies wird vorausgenommen als ein nicht Abzuleugnendes" (GL¹ 56/35). Im Grunde geht er hier nicht anders vor: Er „fordert" die Gültigkeit des schlechthinnigen Abhängigkeitsgefühls. In der Erörterung selbst unterscheiden sich allerdings die beiden Auflagen erheblich voneinander. Während die erste Fassung dieses „reine"⁸ Abhängigkeitsgefühl zumindest scheinbar noch in Entsprechung zu dem Bewußtsein von bestimmten Verhältnissen relativer Abhängigkeit sieht, hebt die zweite es um so deutlicher von jedwedem Analogieverhältnis ab⁹. Dies muß geradezu als Ziel der hier viel breiter angelegten Untersuchung erkannt werden (2. und 3.), und zumal mag dies mit der Folge der Verneinungen am Ende des 3. Abschnitts beabsichtigt sein: das Gefühl der schlechthinnigen Abhängigkeit im Unterschied zu jedem Gefühl der im Verhältnis zu relativer Freiheit verstandenen relativen Abhängigkeit als ein qualifiziert anderes zu behaupten. Es ist zugrundeliegend, es umgreift die Kette Teils-

---

⁸ GL¹ z. B. § 9,3; nur dort hat Schl. wiederholt das Attribut „rein" gebraucht, in der 2. Aufl. spricht er deutlicher immer von dem schlechthinnigen Abhängigkeitsgefühl „an und für sich" (mit einer Ausnahme: in § 6,3 wird die „reiner(e)" bzw. die „unreiner(e)" Frömmigkeit charakterisiert; dies ist aber nur eine scheinbare Ausnahme, denn die Vorlage dieser Überlegung ist jedenfalls die „wirkliche" Frömmigkeit, und insofern könnte Flückiger auch hier seinen Grundbegriff der „reinen" Frömmigkeit — s. o. I.-Einl./Anm. 6 — nicht anschließen).

⁹ Vgl. GL¹ § 9,3 mit GL § 4,3: Zwar hat C. Stange in seiner Synopse den 2. Abschnitt zum Vergleich herangezogen, aber dann muß man beachten, daß Schl. sich an dieser Stelle genau auf die Erörterung der sinnlichen Bestimmtheit des Selbstbewußtseins beschränkt, während er in der 1. Aufl. eine entsprechende Trennung nicht durchgehalten hat.

Teils, es ist die Bestimmtheit des unmittelbaren Selbstbewußtseins, in welcher der Mensch sich als mit seinem Sein hineingestellt in den Zusammenhang allen Seins überhaupt „von anderswärts her" bedingt findet.

Im Grunde ist es unverständlich, wie man seit je an der Fiktion festhalten kann, dieses schlechthinnige Abhängigkeitsgefühl müsse entweder als „spekulativ-philosophische Konstruktion" oder als „empirisch-psychologische Tatsache" verstanden werden[10]. Der vorliegende Text gibt zunächst, wenn man nicht andere Voraussetzungen hinzufügt, kaum die Möglichkeit her, den gefragten Begriff in diese Alternative zu stellen. Zudem widerspricht Schleiermacher mit seinem Selbstkommentar solchen Auslegungsversuchen, in denen eine Entscheidung für die eine oder für die andere Seite gefällt wird, ganz entschieden. Diese Aussage wird nicht rein auf dem Weg des Denkens erschlossen, ebensowenig ist sie allerdings als Ergebnis psychologisierender Beobachtung begründet; sie ist überhaupt nicht so oder so „bewiesen" — sie ist „die ursprünglich Aussage (. . .) über ein unmittelbares Existentialverhältnis", wie wir Schleiermacher oben (S. 47) schon aufgenommen haben. Wir können die Definition wohl aus der Art der Aufgabe bestimmt sehen, die mit der Einleitung gelöst werden soll. Dann ist der so erstellte Ausdruck ein Element der neuen „Sprache", und die Verfahrensweise wird von der (im 2. Kapitel erläuterten) kritischen Funktion der Einleitung her verständlich.

„Schlechthin" abhängig können wir uns nur fühlen in bezug auf ein gänzlich anderes, nichtzeitliches Sein (4.). Denn „das in diesem Selbstbewußtsein mitgesetzte W o h e r unseres empfänglichen und selbsttätigen Daseins", gemäß „unserem Sprachgebiet" (Th 28ᵃ) mit dem Ausdruck „Gott" benannt, läßt sich nicht einfangen in den Zusammenhang des uns Erklärbaren, des uns in irgendeinem Sinn Verfügbaren, es ist „nicht die Welt (. . .) in dem Sinne der Gesamtheit des zeitlichen Seins, und noch weniger irgendein einzelner Teil derselben"[11]. Von „Gott" müssen wir reden als von einem „außer uns gesetzte(n) Wesen" (§ 14,1), und trotzdem oder gerade deswegen haben wir daran festzuhalten, daß „er" uns nicht auf eine „äußerliche" Weise gegeben ist, sondern auf eine „ursprüngliche": Das „Gottesbewußtsein" ist gänzlich in das Selbstbewußtsein eingeschlossen, jedenfalls sofern dieses ein „klares Selbstbewußtsein" ist. Das will Schleiermacher mit seiner Ausgangsthese ausgedrückt haben, nach der sich

---

[10] F. FLÜCKIGER hat einige in dieser Hinsicht charakteristische Ansätze diskutiert: 38—41.

[11] Zu dem Zusammenhang „Weltbewußtsein-Gottesbewußtsein" vgl. auch die 2. Rede und deren Erl. 14 (R⁴ 85 u. 134).

„als schlechthin abhängig (fühlen)" gleichbedeutend sein soll mit sich seiner selbst „als in Beziehung mit Gott bewußt (sein)". „Gott" heißt in dieser ganzen Erörterung „zunächst nur" jenes das unmittelbare Selbstbewußtsein als frommes Gefühl „Mitbestimmende", „worauf wir dieses unser Sosein zurückschieben"; die mit diesem Ausdruck aufgenommene Vorstellung ist im Zuge dieser Gedankenführung inhaltlich noch nicht festgelegt, sie ist „nur das Aussprechen des schlechthinnigen Abhängigkeitsgefühls, die / unmittelbarste Reflexion über dasselbe".

Inwiefern gerade aus diesem Paragraphen zu erheben sein soll, daß Schleiermachers Theologie „eine Theologie ohne Gott"[12a] sei, daß hier „das Gegenüber von Gott und dem Menschen aufgehoben"[12b] werde, ist kaum verständlich. So hat als einer der letzten Ausleger CHR. SENFT diese Aussagen verurteilt und sich dafür besonders auf die „aufschlußreich(e)" Stelle berufen, wo von Schleiermacher „jedes irgendwie Gegebensein Gottes" abgewiesen wird[13]. Dabei gibt Senft selbst zu, daß dieser Abweis „nicht zu unrecht" geschehe: „denn Gott ist nicht ein Stück Welt, dessen man sich erkennend und handelnd bemächtigt". Trotzdem meint er seinen Einwand daran anknüpfen zu sollen. Schleiermachers Darlegung bedeute nämlich, „daß das Gottesbewußtsein nur die vorstellungsmäßige Entwicklung sei, worin das Selbstbewußtsein in die Wirklichkeit hervortritt". Zwar dürfe man ihm nicht die Meinung unterschieben, „daß Gott eine leere Vorstellung sei", aber: „auch eine begründete Vorstellung ist nur Vorstellung, d. h. objektivierende Projektion des Selbstbewußtseins, nicht eigentliche Erkenntnis." Eben mit der Bezeichnung „Vorstellung" sage er zugleich, „daß, wenn es möglich wäre, anders als vorstellend wirkliches Selbstbewußtsein zu sein, man von Gott nicht als von einem dem Menschen gegenüberstehenden Anderen reden würde: eigentlichem Erkennen gäbe sich das vorstellungsmäßig Auseinandertretende, Gottesbewußtsein und Selbstbewußtsein, als identisch zu erkennen." Schleiermacher fehle der „radikale, biblische Begriff des ‚Vonanderwärtshersein' des Menschen"; die Grundlage seiner Theologie bilde eben die romantische Anthropologie.

Nun wird das „Vonanderwärtshersein" (der Frömmigkeit) ja gerade von Schleiermacher betont; man müßte also zeigen, daß es nicht dem „radikal-biblischen" entsprechen kann. Dieser Beweis ist mit einem Rückbezug auf die „romantische Anthropologie" Schleiermachers noch nicht gegeben. Mit diesem Rückbezug ist wohl eine entscheidende Linie in Senfts Ge-

---

[12a] und [12b] Entgegen der Schreibweise des Verf.s (folg. Anm.) nicht hervorgehoben.
[13] CHR. SENFT, Wahrhaftigkeit, 38 f. (auch im folgenden).

dankenführung aufgezeigt, aber damit können wir uns hier nicht auseinandersetzen. Wir brauchen auch nur auf die Aussagen einzugehen,
soweit sie sich auf den uns vorliegenden Text stützen. Und da kann man
die genannten Folgerungen nur als genaue Umkehrung der Intention
Schleiermachers ansehen. Einmal ist es gar nicht möglich, sie an die „auf-
schlußreiche Stelle" anzuknüpfen. Es ist ja deutlich, daß dort von Schleiermacher gemeint ist, *für uns* sei „jedes irgendwie Gegebensein Gottes" völlig
ausgeschlossen, Gott als „der ganz Andere" steht dabei nicht zur Diskussion[14]. Übrigens hat Schleiermacher auch von dem „außer uns gesetzten
Wesen" geredet, und zwar in § 14; wir haben oben diese Bestimmung
deswegen schon aufgenommen, weil sie für den letzten apologetischen
Satz, wie wir dann zeigen werden, wesentliche Bedeutung gewinnt[15].
Ferner zielen Schleiermachers Überlegungen doch gar nicht dahin, uns zu
Erwägungen darüber anzuregen, was bei „eigentlichem Erkennen" möglich
wäre. Dieses Urteil muß die Gedankenführung verzerren, sofern es nämlich davon ausgeht, daß Schleiermacher von „uneigentlichem" Erkennen
rede. Vielmehr liegt ihm ja gerade im Zusammenhang des letzten (4.) Abschnitts alles daran, „der Meinung entgegen(zu)treten (...), als ob dieses
Abhängigkeitsgefühl selbst durch irgendein vorheriges Wissen um Gott
bedingt sei", es kommt ihm darauf an, die Eigentlichkeit, jedenfalls die
Ursprünglichkeit (Th 28[a]) dieses Gottesbewußtseins herauszustellen. Dabei
will er ja ein möglicherweise gleichberechtigtes „ursprüngliches Wissen"
von Gott nicht einmal bestreiten; hier, in der Einleitung zur Dogmatik,
gäbe es weder einen Anlaß noch eine Möglichkeit dazu, denn hier kann
man an solchem „Wissen" keinerlei Interesse finden, „weil es selbst offen-

---

[14] Z. T. wird diese Grundlage von SENFT (aaO) selbst positiv bewertet, allerdings im Hinblick auf eine gültige Begründung der „Freiheit des Menschen"
(10): „Von hier aus ist die Behauptung zu begreifen, daß ,jedes irgendwie Gegebensein Gottes völlig ausgeschlossen' sei. Ihr eigentlicher Sinn ist nicht
pantheisierende Ablehnung der Persönlichkeit Gottes ... sondern sie spricht
aus, daß ein wie auch immer als Gegebener verstandener Gott gar nicht als
Gott verstanden ist.... Wird aber Gott nicht als ,Gegebener' erkannt, / sondern
als der, von welchem man schlechthin, d. h. als Ganzer abhängig ist, so ist
damit gesagt, daß der Glaubende ... als Ganzer, als Person, im Glauben
gegenwärtig ist" (10 f.).

[15] Um Schl.s Absicht, die in den Distinktionen hier angelegt ist, voll aufnehmen
zu können, hätte man zudem die in der eigentlichen Glaubenslehre ausgezogenen
Konsequenzen zu prüfen. Das ist an diesem Ort nicht möglich. Vgl. aber z. B.
schon den Eingang: Schl.s Abweis der „unfromme(n) Erklärung" seines Grundbegriffs in § 32,2.

bar genug nichts unmittelbar mit der Frömmigkeit zu tun hat"[16]. Dem
Begriff „Vorstellung" kommt in diesem Zusammenhang kaum tragende
Bedeutung zu, er muß notgedrungen aufgenommen werden. Da nämlich
mit dem Ausdruck „Gott" an den Sprachgebrauch angeknüpft wird, ist
somit auch eine „Vorstellung" vorausgesetzt, aber diese soll „ganz unabhängig" von einer im Wissen erfaßten „Idee Gottes"[17] sein, sie wird auf
ihre „ursprünglichste" Form zurückgeführt, auf die „unmittelbarste Reflexion" über das schlechthinnige Abhängigkeitsgefühl. Daß Gott „nur
Vorstellung" sei und also „objektivierende Projektion des Selbstbewußtseins" — wie Senft es Schleiermacher zuschreibt —, ist damit doch gerade
nicht gesagt. Wir müssen es noch einmal unterstreichen: Schleiermacher hat
dargelegt, daß *für uns* Gott nicht auf eine äußerliche Weise „Gegebenes"
ist, daß der Nachweis Gottes „nicht allgemein" geführt werden kann
(Th 24[b]), daß, sagen wir es anders, der Fromme über „Gott an und für
sich" nichts weiß, nichts wissen kann und auch nichts wissen will. Er
„weiß" nur insofern von ihm, als er sich selbst zusammen mit allem endlichen Sein durch ihn schlechthin bedingt „fühlt"; aber auf diese „ursprüngliche Weise" „weiß" er dann auch von ihm, so denn sein Selbstbewußtsein
ein „klares" geworden und das „Bewußtsein von Gott"[18] völlig darin eingeschlossen ist.

Wir müssen endlich noch den letzten Satz des 3. Abschnitts als wesentlich
unterstreichen: „Ohne alles Freiheitsgefühl aber wäre ein schlechthinniges
Abhängigkeitsgefühl nicht möglich." Dabei wenden wir uns noch einmal
gegen das Verständnis von Senft, der bedauert, daß Schleiermacher „an
dieser Stelle" seine Aussage unerläutert lasse. Senft meint zu der Folgerung berechtigt zu sein, Freiheit gäbe es auch „in" der schlechthinnigen
Abhängigkeit; aber diese Freiheit sei nicht mit der objektivierenden zu

---

[16] Th 28[a]: „... / ... Die gewöhnliche Ansicht ist die umgekehrte, daß das Abhängigkeitsgefühl erst entstehe aus dem anderwärts her gegebenen Wissen um
Gott. Dies ist aber falsch ... beides ist gleich ursprünglich und kann deshalb
auch miteinander sein."

[17] Schl. legt seinen Ansatz ausführlich in seinem ersten Sendschreiben an Lücke
dar: Mul. 13 f./583 ff.

[18] Daß eben dies mit „Gottesbewußtsein" gemeint sei und nicht „Gott selbst"
als „in dem Menschen" gegeben, hält Schl. durch seine Redeweise, da er „(s)ich
der größten grammatischen Schärfe zu befleißigen" gesucht habe, für eindeutig
belegt: „Wenn aber doch Selbstbewußtsein, Weltbewußtsein, Gottesbewußtsein
im Zusammenhang miteinander vorkommen: kann wohl mit Recht die eine
Zusammensetzung anders verstanden werden als die andere?" (Mul. 21/549).

vergleichen, vielmehr meine Schleiermacher hier „eine Freiheit anderer Art
(. . .), diejenige, die sich in der ‚Liebe' manifestiert, von welcher er in einem
späteren Zusammenhang spricht" (10; Hinweis auf GL § 13, Zusatz). Die
für Schleiermachers Theologie grundsätzliche Bedeutung dieser Gedankenverbindung, auf „Liebe" hin, kann von uns nicht untersucht und soll folglich auch nicht bestritten werden, nur können wir wohl feststellen, daß
deren Betonung den hier von Schleiermacher selbst abgesteckten Rahmen
der Erörterung offensichtlich nicht einhält. Wenn man nicht überhaupt
sagen muß, daß sie geradezu deren Schema sprengt! Es geht in dieser
Verhandlung doch ganz allgemein um das „Wesen" der Frömmigkeit,
somit muß die angegebene Bestimmung in bezug auf das schlechthinnige
Abhängigkeitsgefühl überhaupt gemeint sein, und nicht, wie aus dem
Hinweis zu schließen wäre, in bezug auf die besondere Verwirklichung
dieses Gefühls im Christentum[19]. Und von „Freiheit anderer Art" redet
Schleiermacher nun wirklich nicht, weder in diesem Zusammenhang noch
in dem „späteren". Vielmehr ist der Gedankengang ganz einfach und
eindeutig — das wird durch die Überinterpretation von Senft eher verstellt, vor allem deswegen ist sie abzuweisen —: Schleiermacher kann sich
hier nur auf das mit dem relativen Abhängigkeitsgefühl in einer „Reihe"
(2.) stehende relative Freiheitsgefühl beziehen wollen, das, wie wir oben

---

[19] Ähnlich wie Senft auch W. Schultz: „Dieser Satz kann nur bedeuten: von
    schlechthinigem, d. h. unbedingtem Abhängigkeitsgefühl kann nur dort die Rede
    sein, wo die Abhängigkeit selbst gewollt ist . . . / . . . Nur im Christentum kommt
    das schlechthinige Abhängigkeitsgefühl in vollendeter Reinheit zur Auswirkung,
    weil das Wesen seines Gottes Liebe ist . . ." (Prot. 28/29). Von daher ergibt sich
    für Schultz der Ansatz für die Auslegung der religionsphilosophischen Para-
    graphen: „Die Stufen der Religionen sind also Stufen der Liebe. Ihre Wertig-
    keit wird bestimmt durch die Verbindung von Furcht und Liebe." Denn, so
    lautet die Begründung: „Abhängigkeitsgefühl ist zunächst allgemein identisch
    mit Liebe" (Religionsgeschichte, 76/77).
    Die Schwierigkeit dieses Ansatzes wird schon bei Schultz selbst deutlich:
    er muß unterscheiden zwischen „Abhängigkeitsgefühl" überhaupt, wie es „auch
    bereits bei (den) primitiven Formen (der Religion) sichtbar wird", dem
    „schlechthinigen Abhängigkeitsgefühl" im Judentum und im Islam, dem
    „schlechthinigen, unbedingten Abhängigkeitsgefühl", welches nur im Christen-
    tum und dort „als freies, selbstgewolltes möglich" ist, und schließlich dem
    „totalen Abhängigkeitsgefühl", das die Grenze markiert, denn dieses wird „nie
    ganz" erreicht (Prot. 28 ff.). Wie weit damit Schl.s Konzeption der Einleitung
    getroffen bzw. nicht getroffen ist, muß die Auslegung der folgenden Paragra-
    phen (§§ 5, 8 u. 9) erweisen.

schon im Vorgriff auf § 5 festgestellt haben, dem von ihm als „sinnlich" gekennzeichneten Bewußtsein, der „mittleren" Stufe des Selbstbewußtseins (§ 5), zugehört. Dann macht dieser Hinweis deutlich: Schlechthin abhängig ist mit uns oder wie wir das ganze endliche Sein, jede Kreatur, Welt überhaupt, aber uns dieser Abhängigkeit bewußt sein können wir nur, weil und sofern wir uns relativ frei fühlen[20]. Freiheitsgefühl gehört dem sinnlichen Bewußtsein zu; es ist ein den Menschen als Menschen auszeichnendes Gefühl, gleichwie für Schleiermacher das in verschiedenen Frömmigkeitsformen sich darstellende schlechthinnige Abhängigkeitsgefühl ein „wesentliches Element der menschlichen Natur" ist (§ 6)[21]. Also besagt der angegebene Satz in diesem Zusammenhang nichts anderes, als daß es nur dem Menschen und gerade ihm zukommt, „fromm" sein zu können. So verstanden, korrespondiert er mit der zum Ende der ganzen Erörterung getroffenen Feststellung: „In welchem Maß nun während des zeitlichen Verlaufs einer Persönlichkeit dieses [sc. das zum Gottesbewußtsein werdende unmittelbare Selbstbewußtsein] wirklich vorkommt, in eben dem schreiben wir dem Einzelnen Frömmigkeit zu." Beide Aussagen verweisen also gemeinsam auf den folgenden Leitsatz, der darlegt, daß das schlechthinnige Abhängigkeitsgefühl in seinem „wirklichen Vorkommen" immer auf die „mittlere Stufe" des Selbstbewußtseins bezogen ist.

Man kann die damit angezeigte Verklammerung des § 4 mit dem § 5 wohl gar nicht ausdrücklich genug betonen. Mindestens folgt ja daraus, daß man Schleiermachers Frömmigkeitsbegriff nicht erheben kann, ohne den folgenden Paragraphen mit zu beachten.

---

[20] Daß „Freiheitsgefühl" hier allein und genau das „Mitgesetztsein der Welt in unserem Selbstbewußtsein" aufnimmt und insofern mit dem „Mitgesetztsein Gottes in demselben" direkt nichts zu tun hat, wird von Schl. ausdrücklich zum Eingang der eigentlichen Dogmatik betont: GL § 32,2. Diese Differenz deutlich angezeigt zu haben ist ihm deshalb wichtig, weil er einerseits von der „Realität des Freiheitsgefühls" auf gar keinen Fall abgehen will und er andererseits (in der christlichen Frömmigkeit) das „Auseinanderhalten der Ideen Gott und Welt" für unbedingt notwendig erachtet (ebd.).

[21] Die hier implizit ausgesprochene Behauptung, Schl. wolle mit seiner Charakterisierung nicht das „Prinzip" des schlechthinnigen Abhängigkeitsgefühls treffen, sondern dessen je unterschiedliches „wirkliches Vorkommen", wird in der Erörterung zu § 6 begründet (s. u. S. 114—118).

Exkurs

Der Begriff des unmittelbaren Selbstbewußtseins nach der „Dialektik"

Obwohl wir gemäß Schleiermachers eigenem Verweis den Zusammenhang des zweiten ethischen Satzes mit dem dritten unbedingt zu berücksichtigen haben, müssen wir an dieser Stelle den Gedankengang der Einleitung unterbrechen. Denn man kann nicht den der ganzen Erörterung
zugrunde gelegten Begriff nur von der Glaubenslehre her aufnehmen und
ihn verstehen wollen, ohne die Dialektik auf ergänzende, möglicherweise
ja notwendige Erläuterungen hin überhaupt befragt zu haben.

Wenn allerdings FLÜCKIGER in dieser Hinsicht kategorisch urteilt: „Aus
den ‚Lehnsätzen' erfahren wir nicht, woher dieser Begriff des Gefühls
kommt. Die erwähnten Paragraphen [sc. §§ 3—6] haben nur fragmentarischen Charakter, wie schon die Überschrift ‚Lehnsätze' anzeigt", man
müsse also auf die Dialektik zurückgehen, weil erst da der Begriff „näher
erläutert" werde (24), so ist das fast ebenso kurzweg abzuweisen: Immerhin erfahren wir einiges über dieses „Gefühl" aus den Lehnsätzen; im
übrigen „kommt" es doch weder aus der Glaubenslehre noch aus der
Dialektik — für Schleiermacher ist dieser Ausdruck nicht nur nach der
Einleitung „längst auf (diesem) Gebiet gebräuchlich" (§ 3), und die Sache
selbst ist in die Voraussetzung mindestens seiner Theologie von Anfang
an eingeschlossen[1]. Sofern Flückiger sich für die Gültigkeit seines Ansatzes
auf die besondere Gestalt der Lehnsätze beruft, kann dieser Grund zudem
sofort als unzureichend erkannt werden: daß die zugehörigen Aussagen
„fragmentarischen Charakter" hätten, wollte Schleiermacher zweifellos
nicht zum Ausdruck bringen. Das ist schon deswegen nicht anzunehmen,
weil er selbst ja die Leser seiner Glaubenslehre weder auf seine Dialektik
noch auf seine Ethik (soweit deren Grundlagen nicht in die Lehnsätze
direkt hineingenommen sind) verweisen konnte. Sicherlich hat er die
Glaubenslehre, und mit ihr die Einleitung, nicht nur den Hörern seiner
beiden philosophischen Vorlesungen zugedacht. Es ist doch zu beachten,

---

[1] Vgl. dazu die Interpretation der Reden von P. SEIFERT, der den Redner vor
allem als Prediger zu verstehen sucht und zu dem Schluß kommt, „daß die
entscheidende Wendung in Schleiermachers Leben nicht in oder nach, sondern
vor der romantischen Periode liegt, und zwar in der Schlobittener Zeit."
(Theologie, 196; zum Ansatz für die Begründung dieser Aussage s. bes. 58—62.)
Mit dieser Bemerkung soll nicht gegen FLÜCKIGER (26) behauptet sein, daß
der Begriff „Gefühl" aus den Reden zu übernehmen ist, wohl aber, daß er nicht
allein als durch die Dialektik definiert verstanden werden kann.

daß wie die Ethik so auch die Dialektik — obschon Schleiermacher seine
beiden wichtigsten philosophischen Disziplinen insgesamt genau so häufig
gelesen hat wie seine Dogmatik — letztlich Entwurf geblieben ist; eine
Rekonstruktion als Zusammenfassung der verschiedenen Konzepte schließt
schon die Vor- oder Mitentscheidung ein, welcher Version man den Vorrang zubilligen will, die Differenzen sind ja keineswegs gering[2]. Zudem
müßte man sich überhaupt fragen, welche Gründe Schleiermacher dazu
bewogen haben mögen, nicht, wie so lange geplant, die Ethik[3] oder dann
nicht die Dialektik, sondern eben die Glaubenslehre für den Druck fertig-
zubringen und diese sogar zehn Jahre später noch einmal ganz zu über-
arbeiten. Vermutlich doch hat er seine philosophischen Vorlesungen nicht
im gleichen Sinne oder nicht in dem für die Drucklegung notwendigen
Maße für abgeschlossen gehalten. Es könnte ja auch sein, daß zum Verständnis der umgekehrte Weg eingeschlagen werden müßte: daß die Dialektik von der Glaubenslehre her zu lesen ist. Dann wäre sie von Schleiermacher nicht nur als Hilfsmittel zur Lösung des ihn von Anfang seiner
wissenschaftlichen Arbeit an bewegenden Ethik-Problems gedacht[4], sondern mindestens ebenso stark, schließlich sogar überwiegend, als Klärung
der Grundlage gemeint, die er zur begrifflichen Durchführung seiner
Hauptvorlesung, eben der Dogmatik, benötigte[5]. Womit der Dialektik
keineswegs die relative Selbständigkeit als philosophische Disziplin bestritten sein soll! Im Gegenteil: entsprechend Schleiermachers Grundvoraussetzung, der Forderung der Zusammenstimmung des Denkens überhaupt mit dem Sein überhaupt, ist sie ein dem Philosophen notwendiges
Unternehmen. Aber auch dem Theologen ist sie, wenn diese Grundforde-
rung gilt, eine mit Notwendigkeit gestellte Aufgabe. Nur ist dann, für
uns, nicht diese für Schleiermacher selbstverständliche Voraussetzung an

---

[2] Vgl. bes. G. WEHRUNG, Dialektik (1920), der in seiner eingehenden Analyse
der verschiedenen Entwürfe die Abweichungen durchgehend herausstellt; schon
I. HALPERN hat in seiner Ed. von „Schleiermachers Dialektik" (1903) einleitend auf die Differenzen hingewiesen (XXXIII); schließlich ist die Problematik ausdrücklich von R. ODEBRECHT, als er „Friedrich Schleiermachers Dialektik" (1942) neu herausgab, erörtert worden (bes. XIX ff.).

[3] Vgl. die Einleitung von O. BRAUN zu „Entwürfe zu einem System der Sittenlehre" (Werke-Auswahl, 2. Bd.), XIII ff.

[4] So I. HALPERN, Einleitung zur „Dialektik", XXVII.

[5] Vgl. dazu G. WEHRUNG, der sowohl den Zusammenhang wie die Unterschiedenheit von Dialektik und Glaubenslehre betont (Dialektik, 186 f.); insbesondere
dessen Charakterisierung des Entwurfes von 1822: „Die religionsphilosophische
Ergänzung" (234 ff.).

sich interessant — und insofern interessieren uns auch weniger die ihr
entsprechenden Einzelaussagen —, sondern dies, ob und wie er mit ihr
„fertig" geworden ist. Die Dialektik könnte nämlich in der Gesamtheit
der verschiedenen Ausformungsphasen auch als Abspiegelung der gewal-
tigen Denkbemühung verstanden werden, zu der Schleiermacher sich
genötigt fühlte, weil er seine Theologie nur mit philosophischen Aussage-
mitteln zu erstellen wußte. Insofern könnte sie als Glied des Umformungs-
prozesses gesehen werden, von dem im 2. Kapitel die Rede war[6].

Wir können diese Gedanken, die ja nur Andeutungen sind, hier nicht
ausführen. Aber sie mögen begründen, warum wir nur vorsichtig und dann
möglichst eindeutig — es wird sich zeigen: an wesentlicher Stelle im
Gegenüber zur Einleitung — Schleiermachers Dialektik zum Verständnis
des für uns wichtigen Begriffs des unmittelbaren Selbstbewußtseins heranziehen[7].

Man kann jedenfalls nicht von „der" Dialektik schlechtweg reden
(ebensowenig von „der" Ethik) und diese dann der Theologie, hier also
der Einleitung, unterlegen. Jeweils von Fragestellung zu Fragestellung
neu wird man die Beziehung zwischen den beiden Reihen des Schleiermacherschen Denkens zu erwägen und zu bewerten haben. Für unseren
Einstieg gibt es von vornherein keinen Zweifel: Wir müssen in erster
Linie die Dialektik-Vorlesung von 1822 befragen[8]; sie liegt der ersten
Auflage der Glaubenslehre zeitlich am nächsten, und sie bringt (deswegen?) den ausführlichsten Teil einer Erörterung des Begriffs „allgemeines
Abhängigkeitsgefühl". Vielmehr ist es der Begriff „unmittelbares Selbstbewußtsein", der hier so eingehend dargelegt wird; der Ausdruck „allgemeines Abhängigkeitsgefühl" wird in dieser Vorlesung zwar zum erstenmal, und nur hier, gebraucht, er scheint aber, was das Ganze betrifft, nur
Zusatz zu sein, der als solcher den eigentlichen Gedankengang nicht beeinflußt. Diesen nicht unerheblichen Unterschied der Begriffsverwendung
hier zu derjenigen in der Einleitung können wir zunächst nur nebenbei
festhalten.

---

[6] Auf die für Schl. entscheidend wichtige Funktion der „Kritik" hat R. ODE-
BRECHT hingewiesen (Einleitung zur „Dialektik", VII ff.).

[7] Die Behauptung, daß der Grundbegriff eine je spezifische Ausformung erfahren
hat, wird vollständig erst am Ende von § 5 belegt sein; vgl. die dort, unten
S. 106, skizzierte Zusammenfassung.

[8] Dial., ed. Jonas (J), 370—441, bes. 428 ff. bzw. Dial., ed. Odebrecht (O), bes.
286—294.

„Dialektik (ist) die vollständige Analyse der Idee des Wissens über-haupt." (1811)[9]; oder: in der Dialektik geht es darum, „Einsicht in die Natur des Wissens" zu gewinnen (1814)[10]; und schließlich: „Dialektik ist Darlegung der Grundsätze für die kunstmäßige Gesprächführung im Gebiet des reinen Denkens." (1831/1832)[11] Wir wollen hier natürlich nicht die Differenz der Anknüpfungspunkte in den verschiedenen Konzepten erörtern, gleichwohl mögen wir beachten, daß in der Vorlesung von 1822 zum erstenmal der Ausgang bei dem Verständnis der Dialektik als der „Kunst, ein Gespräch zu führen" genommen wird (O 47; J 370)[12]. Nun brauchen wir uns nur an Schleiermachers Wort von der „zyklischen Natur des Erkennens" zu erinnern, um vermuten zu können, daß der jeweilige und so auch dieser Anknüpfungspunkt nicht aufs „Geratewohl" gewählt sei[13]. Die Vorlesung stellt dann auch aufs allerdeutlichste heraus, wie diese Ausgangsposition die ganze Untersuchung trägt und daß sie insofern eine Wendung hin zum klareren Verständnis der Sache selbst anzeigt. Nicht nur die Aufgabe nämlich wird auf diese Weise präzisiert, sondern gleich-zeitig ist der Weg entscheidend festgelegt, auf dem die Lösung angegangen werden soll.

Gewiß ist die Aufgabe als solche von Anfang an die eine gewesen und bei der Ausformung der Dialektik selbst doch die gleiche geblieben, näm-lich „Einsicht in die Natur des Wissens" zu gewinnen (s. o.); oder (1822): der Versuch, „den Organismus alles Wissens auf die Prinzipien alles Wis-sens (zurückzuführen)" (O 91). Dies allerdings wäre das „Letzte und Höchste", was die Dialektik als „Wissenschaftslehre" anstreben sollte (ebd.). Zwar ist dieses „Letzte und Höchste" nur approximativ zu errei-chen — weswegen die Dialektik niemals abgeschlossen ist, wie denn überhaupt Wissen immer im Werden bleibt —, aber es ist doch als Ziel anzuerkennen, und das Verhältnis zu diesem Ziel hat jeder im Auge zu behalten, für den „Denken" zum gegründeten „Wissen" werden soll. Ist man also genötigt, die Ausrichtung auf dieses Ziel hin zu wahren —

---

[9] Dial. (J) 315.
[10] Dial. (J) 7.
[11] Dial. (J) 568; Datierung nach Dial. (O) 467.
[12] Im folgenden wird nach der Ausgabe von Odebrecht (O) zitiert; zur Text-begründung — nach Kolleg*nachschriften* — s. die Einleitung des Hg.s; S p e r - r u n g e n sind vom Hg. eingesetzt (Einleitung, XXXIII).
Ein doppelt angegebener Beleg (O/J) macht deutlich, daß das Zitat auch in der Ausgabe von Jonas (J) zu finden ist, also Schl.s Vorlesungs*konzept* zugehört.
[13] So zwar J 370.

Schleiermacher hat es auch als „Konstruktion alles Wissens in seinem Zusammenhange" bestimmt (O 121) —, so kann man niemals die Lösung der damit angezeigten Aufgabe sachgemäß angreifen, wenn man nicht stets deren beide Seiten betrachtet (O 114 ff.): die „transzendentale", in der „das eigentliche U r w i s s e n, die ἀρχή, das Prinzip, wovon das Wissen ausgeht" (O 115) gesucht wird, und die „formale", die die allgemeinen Regeln für das Konstruktionsverfahren aufstellt, nämlich die „R e g e l n   ü b e r   d i e   T e i l u n g   u n d   V e r k n ü p f u n g   i m   D e n k e n" (O 118). Wohl ist auch dieser Zusammenhang der „beiden Seiten" von Anfang an von Schleiermacher als grundlegend angesehen worden, aber eben in der Vorlesung von 1822 zeichnet sich deutlicher als zuvor deren enge, unauflösliche Verbindung ab: sie sind nicht wie zwei Linien zu verstehen, die, weil das eigentliche Ziel nur näherungsweise erreicht werden kann, asymptotisch aufeinander zulaufen, sondern sie gehören schon in Wirklichkeit immer eng zusammen. Diese zweigeteilte Aufgabe stellt sich nämlich schon von jedem einfachen „Gespräch" her, das heißt auf jeder Stufe des „Gesprächs", mag auch der Umfang des gemeinsamen Wissens erst noch so gering sein. Setzt das „Gespräch" — so eben 1822 — „immer eine V e r s c h i e d e n h e i t   d e r   V o r s t e l l u n g e n" (O 48) voraus, so will man doch in solchem Zustand des „Streites" nicht verharren, sondern sucht, „zu einer Einheit der Vorstellungen auf demselben Gebiet und über dieselbe Vorstellung zu gelangen" (O 94). Dies kann nur dann erfolgreich sein, wenn „irgendein g e m e i n s a m e r   G e d a n k e" vorgegeben ist und „g e m e i n s a m e,   a n e r k a n n t e   R e g e l n" für die Verfahrensweise bestehen (ebd.).

Obgleich Schleiermacher dann selbst diese „beiden Seiten" in seiner Vorlesung in zwei großen Hauptteilen nacheinander entfaltet, kann es keine Frage sein, daß die so gekennzeichnete Doppelseitigkeit der Aufgabe die Dialektik als solche durchzieht: weil Schleiermacher diese Aufgabe eben als „Gespräch" zu lösen sucht. Daß beide Seiten grundsätzlich eng zusammengehören, hat er zumal in seinen einleitenden Erörterungen (1822) eingehend dargelegt[14]. Er hat diesen Zusammenhang auch schon zum Eingang seiner Vorlesung von 1814 angezeigt, dort aber als den von „Metaphysik" und „Logik" (J 6 ff.). Die Anlage als solche ist wohl allen Versionen gemeinsam, nur tritt sie eben in der Durchführung von 1822 besonders deutlich hervor: Hier nimmt Schleiermacher seinen Anknüp-

---

[14] „Zur Geschichte der Dialektik." und „Die neue Aufgabe der Dialektik." (O 84—94, vgl. J 376—378).

fungspunkt beim „Gespräch", und in der Durchführung verweist er immer wieder auf die damit gesetzte „ganz einfache Aufgabe" (z. B. in O 94) und vor allem auf die ihr implizierte Voraussetzung. Das heißt, die enge Verknüpfung von „transzendentaler" und „formaler" Seite muß als durchgehend gültige angesehen werden, und folglich haben wir die Einzelausführungen — gerade auch die des transzendentalen Teiles — nicht nur in ihrer inhaltlichen Aussage aufzunehmen, sondern sie ebenso und noch mehr aus ihrer eigentlich „dialektischen" Bedeutung, dem „Gesprächs"-Charakter, zu verstehen zu suchen[15].

Aus dieser Grundlagenerörterung ergibt sich fast am Rande, daß Schleiermacher sein „Gespräch" nur mit denjenigen führen kann und will, die seine Voraussetzungen anerkennen, die mit ihm einig sind in dem „Glaube(n) an die Idee des Wissens und an die Idee einer Approximation zur / Vollkommenheit" (O 113 f.); womit er nichts Besonderes zu fordern meint: wollte man diese „Idee" leugnen, wäre nach seiner Ansicht „die ganze Geistestätigkeit im Denken nicht möglich" (O 114).

Wenden wir uns nun den Erörterungen der „ersten Seite" zu, in deren Zielpunkt der Begriff „unmittelbares Selbstbewußtsein" definiert wird. „Transzendental" wird diese Seite deswegen genannt, weil sie „nie im Prozeß des Denkens selbst entsteht, sondern immer schon vorausgesetzt wird" (O 121). Dieses „immer-schon-vorausgesetzt" ist der Angelpunkt des Ganzen: Man muß den „transzendenten Grund", den „Urgrund" alles Wissens, postulieren und diesen zugleich als den „Urgrund" alles Wollens, wenn denn überhaupt menschliche Existenz, die sich als Erkennen des Seienden und im Handeln auf das Seiende darstellt, einen Halt haben soll — und doch läßt sich dieser „Urgrund" nicht durch einen ihm adäquaten Ausdruck fassen. Man kann ihn nicht „wissen", weder als Prinzip des Denkens noch als Prinzip des Wollens.

Indem wir so ansetzen, versuchen wir, das Ergebnis gleich in der Zusammenschau der beiden Gedankenreihen zu greifen, in denen Schleiermacher es herbeigeführt hat[16]. Auf eine Darstellung, die den Aussagen genauer nachginge, müssen wir hier ja verzichten. Aber es genügt für unsere Frage auch, wenn wir nur das Ergebnis aufnehmen. Dieses allerdings sollte möglichst deutlich ausgezeichnet werden. Denn es ist, von verschiedenen Richtungen aus angegangen und dann in der doppelten

---

[15] Vgl. auch R. ODEBRECHT: über die Polarität von „Hermeneutik" und „Dialektik" bei Schl. (Einleitung zur „Dialektik", XXI ff.).

[16] Die zweite Reihe: „Begründung des neuen Ansatzes vom Wollen her." (O 275 ff.).

Aussage des Ja und Nein zum „transzendenten Grund" entfaltet, in seinem umfassenden Begründetsein die Voraussetzung für die Einführung des Begriffs des unmittelbaren Selbstbewußtseins.

Schleiermacher entwickelt seinen Gedankengang in zwei einander entsprechenden Reihen, indem er bei den beiden Funktionen des menschlichen Bewußtseins anknüpft: der des Erkennens und der des Handelns. Das ungleich stärkere Gewicht in der Ausführung erhält zwar die erste Reihe, aber für uns ist es gerade wesentlich, daß wir die je zugehörigen Erörterungen gemäß ihrer inneren Parallelität, also in einem gemeinsamen Darstellungsgang, aufnehmen. Ausgangspunkt ist einmal der Zustand „streitiger Vorstellungen" und dann der „streitigen Wollens", der je das „Gespräch" möglich und notwendig macht. Hoffnung auf Ruhe vom „Streit" gibt es nur, wenn „gemeinsames Wissen" beziehungsweise „gemeinsames Wollen" konstruiert werden kann oder doch die Konstruktion gesucht wird. Der Grund der Möglichkeit dieser „Konstruktion" liegt in der Zusammenstimmung des Denkens mit dem Sein beziehungsweise des Wollens mit dem Sein. Denn man kann jeweils nur „e t w a s" denken oder wollen. „Dieses Etwas aber hat immer einen Ort im Sein" (O 278). So muß also stets je „Übereinstimmung ... mit dem Sein" „vorausgesetzt werden" (ebd.). Sonst könnte kein Gedachtes ein Wissen sein, kein Wollen realisiert werden.

„Wir haben ein ebenso großes Interesse, den transzendenten Grund des Wollens wie den des Denkens zu suchen" (O 227): diese beiden Aufgaben sind nicht nur gleich wichtig, sie sind zudem völlig gleich geartet. Denn auch die andere, die auf den „Grund des Wollens" zielt, hat zwei Seiten: eine „transzendentale" und eine „formale"; auch in bezug auf das Wollen muß der „transzendente Grund" nicht nur „ein Wollen sein, das allem einzelnen / Wollen vorangeht und worauf jedes Wollen auch wieder zurückgeht" (O 284 f.), er muß ebenfalls das „Verknüpfungsprinzip" (entsprechend dem Gedankengang der ersten Reihe formuliert) bestimmen, nach dem jedes einzelne Wollen in den Zusammenhang des Gemeinsamen zu stellen ist (ebd.). Weiterhin gilt — und hiermit wird das Aufeinander-Bezogensein der beiden Funktionen vollständig gesetzt —, daß beide Aufgaben „innig ineinander verflochten" sind (O 278); denn Denken und Wollen sind im wirklichen Bewußtsein nicht voneinander zu trennen: „Jedes Wollen hat zum Grunde ein Denken; jede Verknüpfung im Denken hat zum Maße ihrer Vollkommenheit ein Wollen. Der transzendente Grund beider muß also derselbe sein" (O 280). Dieser Grund ist als der eine „t r a n s z e n d e n t e G r u n d d e s S e i n s" (O 282) zu postulieren.

Unsere notwendigerweise vereinfachende Darstellung kann Schleiermachers Aussagen im wesentlichen nur nach ihrer einen, der verwahrenden
Seite hin aufnehmen: In jedem wirklichen Lebensmoment ist die Denk-
funktion auf die Willensfunktion bezogen und umgekehrt (O 285), und
also kann es nicht möglich sein, durch einseitige Betrachtung je der einen
Funktion auf den „Urgrund" des Seins zu stoßen. Weder die theoretische
Vernunft noch die praktische kann für sich ein Primat hinsichtlich des
Postulats des „Seinsgrundes" beanspruchen. Gleichzeitig ist aufgewiesen,
daß jede Denkbemühung als solche dazu verurteilt ist, in der Aporie zu
enden: sie kann das Mit- und Zueinander von Denken und Wollen nicht
festhalten. Darauf aber käme alles an. Denn wir können nur als Denkende
überhaupt die Aufgabe, den „transzendenten Grund" aufzufinden, angreifen. Obzwar dieser für die „meisten Menschen" eher als der „Grund
des Wollens", nämlich gewissensmäßig gegeben ist (O 280 f.), wird doch
das Aufsuchen des „Grundes" auch in diesem Gebiet, so denn die „Konstruktion" des gemeinsamen Wollens eine Aufgabe der wissenschaftlichen
Analyse ist, von dem „Faktor des Wissens" (O 279) bestimmt. Das Auffinden selbst kann je nur in isolierender Betrachtungsweise begonnen
werden. Und deren Kennzeichen ist, daß sie „aus dem Gegensatz nicht
heraus(kommt)" (O 270). Die Bedingung, die einerseits erst „Wissen"
möglich macht — Zusammenstimmung des Denkens überhaupt mit dem
Sein überhaupt —, ist andererseits die Begründung dafür, daß der transzendente Grund des Seins nicht „gewußt" werden kann.

Das „höchste Wissen" müßte das eine, absolute Sein „schlechthin einfach" ausdrücken, „so wie das höchste Sein die schlechthin einfache Darstellung des ihm schlechthin gleichen vollkommenen Wissens ist"[17]. Aber
das „wirkliche" Wissen bleibt immer in der Schwebe zwischen den
beiden Formen des Denkens: dem „D e n k e n i m e n g e r e n S i n n e"
und dem „W a h r n e h m e n" (O 157 ff.); dabei ist die Differenz zum
Denkgegenstand eine unaufhebbare. Vollendete Einheit zwischen Ge-
dachtem und Gegenstand — zwischen „Form" und „Stoff" des Denkens —
wäre allein in der Einigung von „Denken" und „Wahrnehmen", in der
„A n s c h a u u n g" gegeben, und diese verwirklicht sich nur näherungsweise; unser Wissen bleibt immer im Werden. Die Duplizität der intellektuellen Funktion bestimmt unser Verhältnis zu dem Gegenstand wie zu
jedem gegebenen Sein überhaupt: „In den Operationen unseres Denkens
sind wir das Denkende, und unser Denken bezieht sich auf ein Gedachtes,
und über diesen relativen Gegensatz kommen wir im wirklichen Denken

---

[17] Phil. Ethik, ed. Braun, 491 f. (1816).

nicht hinaus; denn er ist sogar in uns, wenn wir u n s denken" (O 220).
Das „U n b e d i n g t e" (O 241) dagegen kann in solchen Gegensatz nicht
eingeschlossen werden: es muß als „reine Identität des Denkenden und
Seienden, des Denkens und des Gedachten" (O 220) gefordert werden. Die
ganze Erörterung, ein vollständiges Ausschreiten des Gebietes der Möglichkeit menschlichen Bewußtseins, läuft darauf hinaus, die Offenheit und
die Begrenztheit des Denkens in bezug auf den „transzendenten Grund"
zu erweisen: Unser Denken, das als solches das „Unbedingte" immer im
Gegensatz zum Bedingten ausdrücken muß, kann eben darin das „höchste
Sein", welches „alles bedingt", nur als zweifach im Gegensatz sich ausspannende „Denkgrenze" fassen[18]. Dies wohl, und mehr nicht — aber
auch nicht weniger.

Das Ergebnis der Untersuchung Schleiermachers ist ein gleichwertig
doppeltes (O 226 f.; J 423 f.): Einerseits, in bezug auf die „Einheit des
Ausdruckes", ist das Unternehmen als gescheitert anzusehen; andererseits
ist auch ein „sichere(s) Resultat(-)" erreicht, die Bestätigung nämlich der
Voraussetzung: „es gibt etwas allem wirklichen Denken [wir ergänzen
entsprechend: allem wirklichen Wollen] zum Grunde Liegendes und allem
wirklichen Sein zum Grunde Liegendes . . . nur daß wir keine Formel im
Gedanken [wiederum: weder als Prinzip des Denkens noch als Prinzip
des Wollens] finden können, um den Urgrund adäquat auszudrücken"[19].
Die eine Seite des Ergebnisses ist ebenso wichtig wie die andere, beide
müssen notwendigerweise festgehalten werden. Das Ziel, das „immer
schon vorausgesetzt" werden muß, ist als solches nicht aufzugeben — es
hat sich gerade als gültiges Postulat erwiesen —, wohl aber die Vorstellung, daß man es auf dem Wege des Denkens, in einer nur einlinigen
Betrachtungsweise erreichen könnte. Niemand kann „Gott" leugnen wollen, „er" muß als der alles bedingende „unbedingte" Grund vorausgesetzt
werden; bloß „in Gedanken" können wir „ihn" nicht auffinden, denn da
„kommen wir aus dem Gegensatz nicht heraus" (O 270). Weder die spekulative Vernunft kann „Gott" jemals erreichen, noch die praktische. Sie
bleiben beide im Ja und Nein zu ihrer „Voraussetzung" stecken.

Es erscheint mir als wichtig, daß wir Schleiermachers Verweis auf die
„Unvermeidlichkeit" der einen, der negativen Seite des Ergebnisses aufnehmen (O 271 ff.; J 424). Diese sei wohl einzusehen, denn die Unfähig-

---

[18] In „Kritik der vier Formeln für den transzendenten Grund." (O 265—270, vgl.
J 421—424).
[19] Die Einfügungen nehmen das von Schl. in der zweiten Reihe erreichte Ergebnis
auf (O 279 ff.; J 426 ff.).

keit, für den Urgrund einen angemessenen Ausdruck zu finden, stehe in genauer „Analogie" zu „unserem ganzen Zustande", dem der „Unvollendung" des wirklichen Wissens. Dieses „wirkliche Wissen" nämlich müßte sich als „Durchdringung des vollständigen spekulativen und vollständigen empirischen Wissens, also (als) reine Anschauung" vollenden; wir haben jedoch die „Durchdringung" nicht — Spekulatives und Empirisches bleiben immer gesondert —, nur die „komparative Kritik" der beiden Formen kann (stellvertretend) deren „Ineinandersein" wahrnehmen. Diese „genaue Parallele zwischen dem Zustand unserer Vorstellung vom Transzendenten und der Vollständigkeit des Wissens" (O 273) muß deswegen beachtet werden, weil dann auch die Lösung der „transzendentalen Aufgabe" in genauer Analogie angesetzt wird: In diese Funktion nämlich des kritischen, vergleichenden Ineinanderhaltens — hier also von Sein und Denken, Denken und Wollen, Verknüpfen und Fortschreiten im Denken wie im Wollen — wird der Begriff „unmittelbares Selbstbewußtsein" gestellt.

Die angegebenen Polaritäten sind ja nicht als kongruent aufzufassen, sie begrenzen verschiedene Bereiche des menschlichen Bewußtseins, Schwingungsbereiche gleichsam, die einander überkreuzen; sie zeigen an, in welche Richtungen hin das menschliche Bewußtsein stets „im Gegensatz" bleibt. Für einen den „schlechthin einfachen" Grund des Seins adäquat aufnehmenden Ausdruck müßte das „Bleiben im Gegensatz" überwunden werden. Wenn überhaupt, so kann dies nur gelingen, indem man den „Übergang" von der einen zur anderen Form ausmacht. Der „Übergang" ist in den verschiedenen Bereichen nicht je ein anderer, sondern ein und derselbe: das „unmittelbare Selbstbewußtsein"[20].

In seiner Begriffsbestimmung kommt es Schleiermacher wesentlich darauf an, die „Identität" der entgegengesetzten Bewußtseinsfunktionen im „Übergang" fixieren zu können. Das wird nicht allein aus der Begriffserörterung selbst deutlich, das geht schon aus der betonten Rückwendung (vor Beginn der zweiten Reihe, die durch das Prinzip des Wollens bestimmt ist) auf den „Anfang unserer Aufgabe" hervor; diese Rückwendung erweist zudem, daß der Anknüpfungspunkt beim „Gespräch" als dem Zur-Ruhe-Kommen in oder von „streitigen Vorstellungen" kein willkürlich gewählter war: „Denn im Zustand des Streites sind wir einander und auch jeder sich selbst die Aufhebung jenes Gegensatzes [sc. von Denken und Gedachtem], nämlich das denkende Sein oder das seiende Denken" (O 267; J 423); oder, in der Formulierung der Vorlesung: „Die Identität des Seins und Denkens tragen wir in uns

---

[20] O 286—294; J 428—431 (LI).

selbst; wir selbst sind Sein und Denken, das denkende
Sein und das seiende Denken. Denn bei streitigen Vorstellungen
ist jeder dem andern das Sein; und hat man die streitigen Vorstellungen
allein, so ist man sich selbst das Sein ... Wir müssen also von der Identität
des Seins und Denkens in uns ausgehen, um zu jenem transzendenten
Grunde alles Seins aufzusteigen" (O 270).

Haben wir in den beiden ersten ethischen Lehnsätzen gesehen, daß es
dort wesentlich um den Begriff der Frömmigkeit geht, um deren Orts-
und um deren Wesensbestimmung, daß der Ausdruck „unmittelbares
Selbstbewußtsein" sozusagen herbeigeholt wird, damit „Frömmigkeit"
als „unmittelbares Existentialverhältnis" geklärt und zugleich die relative
Unabhängigkeit dieses „Gefühls" von Wissen und Tun aufgewiesen werden könne, müssen wir hier erkennen, daß es darauf ankommt, den
„Übergang" von Denken und Wollen festzuhalten und darin den Zusammenhang mit dem „einen Sein" wahrzunehmen, weil dies dem Erkennen
und dem Handeln zu deren vollkommenem Selbstverständnis notwendig
ist. Gewiß soll damit nicht vorweg behauptet sein, daß die in die Glaubenslehre übernommene Beziehung „unmittelbares Selbstbewußtsein = Gefühl" (O 288; J 429) oder die dort und hier gleichlautende Formulierung unwesentlich sei — aber wir werden auf die je
eigene Bedeutung zu achten haben, die von den unterschiedlichen Bezügen
her dem Gebrauch der Begriffe zukommt.

Eingeführt wird das „reine unmittelbare Selbstbewußtsein" als der „Übergang" vom Denken zum Wollen beziehungsweise
vom Wollen zum Denken, als das „Mitgesetztsein" der jeweils anderen
Bewußtseinsfunktion. Und zwar, da jeder Moment des Lebens sowohl
Denken wie Wollen zugleich ist, muß es als ein stetig durchgehaltendes
Element des Bewußtseins angesehen werden: „(Es) steht über allen Funktionen und unterscheidet sich wesentlich von den anderen dadurch, daß es
entweder immer ist oder gar nicht ist" (O 289). Denn es wird nicht durch
eine „äußere Affektion" — das würde bedeuten: nur je „für einen
Augenblick" — hervorgerufen. Dieser Übergang ist „in allen ein und derselbe" (O 287), also darf das „unmittelbare Selbstbewußtsein" nicht mit
dem „Ich", dem „reflektierten Selbstbewußtsein" (O 288),
verwechselt werden, welches nur auf die „Identität des Subjekts" in den
verschiedenen Momenten des Lebens hinweist (O 288; J 429). Wenn
Schleiermacher dann für das so eingeführte Selbstbewußtsein „Gefühl"
setzt, so will er damit durchaus dem Sprachgebrauch folgen. Dieser Begriff
sollte nämlich nicht so verstanden werden, als ob er „subjektive Passivität"

meinen könnte; damit wäre nur das „subjektive Persönliche" ausgesagt, und dies müßte man dann „E m p f i n d u n g" nennen (O 287 f.; J 429). „Gefühl" kann hier gar nicht „das unbeschränkte Persönliche des Einzelwesens" (O 291) repräsentieren: „(es) geht ebensowohl auf das allgemeine wie auf das individuelle Selbstbewußtsein. Es ist die a l l g e m e i n e F o r m des S i c h - s e l b s t - h a b e n s" (O 288). „Der Gegensatz Subjekt-Objekt bleibt hier gänzlich ausgeschlossen als ein nicht anwendbarer" (O 287). Anders kann die Begriffseinführung auch nicht verstanden werden, denn sonst könnte das „unmittelbare Selbstbewußtsein" nicht in „Analogie mit dem transzendenten Grunde" stehen (O 289; J 429), und darauf zielte ja die Aufhebung der „relativen Gegensätze" ab. Diese „Analogie" sei nicht abzuleugnen — behauptet Schleiermacher —, denn: „Im Gefühl sind wir uns die Einheit des denkend wollenden und wollend denkenden Seins irgendwie, aber gleichviel wie, bestimmt", und also fänden wir — wegen der Stetigkeit des Überganges — „das Gefühl als beständig jeden Moment, sei er nun vorherrschend denkend oder wollend, *immer begleitend* ... Es ist aber auch immer *nur begleitend*" (ebd.).

Mindestens an dieser Stelle wird offenkundig, daß man nicht einfach das „Gefühl" der Einleitung mit dem „Gefühl" der Dialektik gleichsetzen kann, denn dort hieß es ja ebenso ausdrücklich, „immer nur begleitend" widerspräche jeder Erfahrung (GL § 3,2). Oder das „Begleiten" müßte je einen anderen Sinn haben. Jedenfalls sollte nicht übersehen werden, daß die 2. Auflage der Glaubenslehre diese deutliche Abweichung in der Aussage der Dialektik gegenüber derjenigen der 1. Auflage nicht etwa aufhebt, sondern sogar unterstreicht[21].

Und noch in einer weiteren Hinsicht ist die Differenz der Begriffsverständnisse oder die doch unterschiedliche Betonung auffallend. Zumal aus

---

[21] s. o. S. 42 f.

Auf den „Widerspruch" zwischen Dogmatik und Dialektik hat auch R. ODEBRECHT aufmerksam gemacht (RelBewußtsein, 295), allerdings hat er ihn betont in bezug auf das „religiöse Gefühl" aufgenommen. Odebrecht will der Dialektik den Vorzug der klareren Begriffsausformung zuerkennen. M. E. wird ihm bei seiner Abwertung des in der Dogmatik abgeleiteten schlechthinnigen Abhängigkeitsgefühls die Grenze unscharf, die Schl. zwischen dem Abhängigkeitsgefühl „an und für sich" (§ 4) und dem „frommen Selbstbewußtsein" (§ 5) zieht: „im Gegensatz zu der in der Dialektik geforderten zeitlosen Begleitung zerfällt es selbst [sc. das schlechthinnige Abhängigkeitsgefühl] in Zeitmomente, ist es der sinnlichen Reihe mit allen Kennzeichen der Veränderung zugeordnet" (aaO 296). Dagegen s. u. (zu § 5) S. 98—102.

der Vorlesungsnachschrift geht hervor, daß Schleiermacher in der Dialektik „Gefühl" und „unmittelbares Selbstbewußtsein" voneinander abhebt,
daß die Beziehung „unmittelbares Selbstbewußtsein = Gefühl" nicht die
Identität aussagt; hier heißt es: „Dieses unmittelbare Selbstbewußtsein,
als wirklich erfüllte Zeit gesetzt, wollen wir durch den Ausdruck ‚G e -
f ü h l‘ bezeichnen" (O 287). Nun bedürfte es allerdings einer eingehenden
Textanalyse, wenn man untersuchen wollte, ob diese Unterscheidung begrifflich vollständig durchgehalten wird und ob sie wirklich grundlegende
Bedeutung hat. Dies wäre eine Aufgabe für sich, die wir hier nicht zu
lösen vermögen. Wir können nur einige Verweise aufnehmen, die immerhin erkennen lassen, daß die Differenzierung nicht nur am Rande erfolgt.
So heißt es zum Beispiel später in direkt umgekehrter Aussageform, aber
inhaltlich genau entsprechend: „Wir haben also im unmittelbaren Selbstbewußtsein das Gefühl auf zeitlose Weise" (O 292). Eben darauf kommt
es offensichtlich an, daß die „Zeitlosigkeit" des unmittelbaren Selbstbewußtseins „an und für sich" behauptet werden könne. Nur so ist es überhaupt möglich, die „Begleitung des transzendenten Grundes" zu erhalten
(ebd.). Denn dieser begleitet „auf zeitlose Weise": sowohl das „wirkliche
Denken" — „in dem Bewußtsein des Denkens kommt er nie an und für
sich zur Erscheinung, wird selbst nie Gedanke, ist nur als dasselbe begründend anzusehen" — als auch das „wirkliche Sein", und dieses dann „als"
unmittelbares Selbstbewußtsein; „unser reines Sein (bleibt) nur im Selbstbewußtsein; in den beiden anderen Funktionen ist es schon mit dem Sein
der Dinge vermischt" (O 291).

Wir brauchen nun nur daran zu erinnern, wie Schleiermacher das Un-
genügen der beiden Richtungen des menschlichen Bewußtseins im Ergrei-
fenwollen des Urgrundes aufgedeckt hat, und an seinen Verweis auf den
Ausgangspunkt der Untersuchung, auf den „Anfang unserer Aufgabe", in
den die Voraussetzung des transzendenten Grundes „immer schon" eingeschlossen war, um entscheiden zu können, daß das Moment des „zeitlosen
Begleitens" das Eigentliche des Begriffs „unmittelbares Selbstbewußtsein",
wie er hier gemeint sein muß, ausdrückt. Dieses Begriffsmoment wird mit
der Definition durch den „Übergang" aufgenommen; der „Übergang"
nämlich erfüllt für sich keinen Zeitteil, er ist nur „mitgesetzt" in der
„Identität" der beiden Bewußtseinsformen. Dann charakterisieren „Übergang", „Zeitlosigkeit" und auch „immer nur begleitend" das unmittelbare
Selbstbewußtsein in der hier intendierten Bedeutung: es wird als „Abspiegelung" (O 295) des einen, gegensatzlosen Seins verstanden. Die Bestimmungen entsprechen einander genau.

Wie steht es aber danach mit dem „unmittelbaren Selbstbewußtsein",
sofern es „als wirklich erfüllte Zeit gesetzt" ist, eben als „Gefühl"? Hier
scheinen bei Schleiermacher zwei Gedankengänge teils nebeneinander her-
zugehen, teils einander zu überschneiden; ich kann sie nur andeutungsweise darlegen und will nicht etwa die beiden oben gestellten Fragen
doch noch zu beantworten suchen. Das erste ist mit Sicherheit auszumachen: Schleiermacher will nicht ausschließen, „daß das unmittelbare Selbstbewußtsein in der Zeit gegeben ist" — aber man muß eben beachten:
„nicht für sich allein, sondern mit einem andern" (O 292). „Es ist ein in
der Zeit Mitgesetztwerden" (ebd.). Das Zeitlichwerden gewinnt es allein
und gewiß aus seinem Zusammenhang mit den beiden Bewußtseinsformen,
die das „zeitliche Leben" eines jeden Menschen je individuell bestimmen.
„Kein Mensch kann die Forderung erfüllen, er solle sein mittelbares
Bewußtsein ganz auslöschen, so daß nichts bleibe als das Selbstbewußtsein"
(ebd.). „In der Zeit" kann sich danach das Selbstbewußtsein nie „rein"
darstellen. Aber dieses „Mitgesetztwerden" des unmittelbaren Selbstbewußtseins, darauf also die eine Richtung der Überlegungen weist, meint
nicht schon die „wirklich erfüllte Zeit" des Selbstbewußtseins, die durch
„Gefühl" ausgedrückt wird. Jedenfalls lassen sich diese Bestimmungen
nicht ohne weiteres miteinander verbinden. Es ist nämlich noch ein zweites
aus Schleiermachers Gedankengang festzuhalten: In bezug auf das Mitgesetztsein — „mit einem andern" — steht das „Gefühl" zu dem „unmittelbaren Selbstbewußtsein" in Analogie. So wie das unmittelbare Selbstbewußtsein „nie als ein die Zeit allein Erfüllendes" gegeben ist, so auch
nicht das Gefühl: „(es) ist stets von einer Affektion begleitet und ist nicht
von den wechselnden Affektionen zu trennen" (ebd.). Ebenso: „Selbstbewußtsein und Ich verhalten sich wie Unmittelbares zu Mittelbarem. So
stehen auch Gefühl und Affektion in genau demselben Verhältnis" (O 290).
Und dann: das „religiöse Gefühl", als „Modifikation" des unmittelbaren
Selbstbewußtseins, ist „wie dieses (...) nie unmittelbar einen Moment
erfüllend" (O 292). Das heißt doch, daß hinsichtlich des Vorkommens im
zeitlichen Bewußtsein das „Gefühl" auf die Seite des „unmittelbaren
Selbstbewußtseins" gehört: wir haben je beides nur „immer zugleich mit
einem andern", das heißt nie „für sich allein", nie „ganz rein" (O 293).
Dann kann „Gefühl" nicht einfach das „in der Zeit Mitgesetztwerden"
ausdrücken sollen, sondern es müßte ihm eine spezifische Weise, „Zeit"
zu qualifizieren, zukommen. Welches aber diese spezifische Weise ist oder
sein könnte, läßt sich so leicht nicht sagen. Es legt sich nahe, die Lösung
des damit aufgegebenen Problems von der Bestimmung her zu versuchen,

die Schleiermacher dem „religiösen Gefühl" oder dem „religiösen Bewußtsein" gibt. Er versteht darunter die „Seite" (O 293) des unmittelbaren
Selbstbewußtseins, mit der dieses „auf dasjenige, was allem wirklichen
Sein und allen Affektionen zugrunde liegt, gerichtet (ist)" (O 292); darin
sei „das Bestreben des Menschen (. . .) ausgedrückt, das Transzendente zu
ergreifen" (ebd.). In diesen Bestimmungen — „Modifikation", „religiöses Gefühl", „gerichtet sein auf" — könnte man dann eine Wendung
des Begriffsverständnisses angezeigt finden: von der rein aktualen Auffassung des „unmittelbaren Selbstbewußtseins", wie wir sie oben unter
dem Stichwort „Zeitlosigkeit" aufgenommen haben, zu einer inhaltlichen
Festlegung hin. Doch müssen diese Überlegungen als Vermutungen stehenbleiben. Um dieses Problem lösen zu können, hätten wir erst die beiden
oben genannten Vorfragen zu erörtern, nämlich zu entscheiden, wieweit
und mit welchem Gewicht „unmittelbares Selbstbewußtsein" und „Gefühl"
hier nebeneinander oder auch füreinander gebraucht werden. Das ist in
diesem Zusammenhang unmöglich. Immerhin können wir abschließend
doch festhalten, daß der Aussageakzent der Dialektik ohne Zweifel auf
dem „unmittelbaren Selbstbewußtsein" liegt, und dies gilt deswegen unbezweifelbar, weil dessen „aktkonstitutiver" Charakter[22] hier von tragender Bedeutung ist.

Inwiefern Schleiermacher mit dem so erstellten Begriff, durch dessen
Verbindung mit den zuvor abgeleiteten „Denkgrenzen", die „transzendentale Aufgabe" meint lösen zu können, braucht uns nicht mehr zu interessieren — weil wir nur den Grundbegriff selbst benötigen. Es käme
jetzt darauf an, ob wir eine Übereinstimmung mit dem Verständnis der
Einleitung erkennen könnten oder ob wir einen Unterschied dazu feststellen müßten.

Freilich wird niemand eine Übereinstimmung überhaupt leugnen wollen. Sie liegt eindeutig darin, daß Schleiermacher einerseits — in der
Dialektik — hervorhebt, das unmittelbare Selbstbewußtsein sei „die allgemeine Form des Sich-selbst-habens", und andererseits — in der Glaubenslehre — Frömmigkeit als „ein unmittelbares Existentialverhältnis" zu
charakterisieren sucht. Hier wie dort zielt er auf ein Herauskommen aus
dem Subjekt-Objekt-Gegensatz. Man kann auch sagen: von dieser Seite

---

[22] In diesen Ausdruck hat R. ODEBRECHT die Besonderheit der Schl.schen Begriffsbildung eingefangen (RelBewußtsein, 300), das im „unmittelbaren Selbstbewußtsein" ausgesagte „einzigartige Beziehungsverhältnis", das weder als „schlechthinnige Passivität" (gegen Bender und Brunner) noch als „kognitive Inten-
tionalität" (gegen Bartelheimer) gedeutet werden könne (aaO 286).

her nimmt die Glaubenslehre den in der Dialektik erstellten Begriff auf. Es spricht wohl vieles dafür, daß Schleiermacher seine Dialektik unternehmen mußte, damit er die Begriffe und auch die Methode gewönne, um seine Dogmatik gestalten zu können, weil er den philosophischen Systemen seiner Zeit diese Hilfsmittel nicht entlehnen oder nachbilden konnte[23]. Aber es mag ja offenbleiben, ob in der Dogmatik oder in der Dialektik die primäre Aufgabe gelöst wird; der innere Zusammenhang ist so oder so deutlich. Nun ist allerdings ebensowenig der nicht belanglose Unterschied in den beiden Ausformungen, die der Grundbegriff je gefunden hat, zu übersehen. Sowohl der Ausgangspunkt wie die Durchführung der Dialektik, eben deren ganze Anlage läßt erkennen, daß hier alles daran liegt, das „unmittelbare Selbstbewußtsein" in seinem Akt-Charakter zu definieren. Die Begriffsbestimmung fügt sich genau in die Definition der Dialektik. Von daher kann es nur als ein Mißverständnis angesehen werden, wenn man meint, das „in der Zeit Mitgesetztwerden" bedeute erst die Aktualisierung des im übrigen potentiell gegebenen „Gefühls"[24]. Das gerade nicht. Die Gebundenheit des „Gefühls" an die „wechselnden Affektionen" ist ein Bezogensein-auf, das heißt ein von beiden Seiten her bestimmtes Zueinander. Darin wird das Zugleich des „in-der-Zeit-Seins" wahrgenommen; keinesfalls spricht diese Gebundenheit eine zusätzliche Bedingung aus, so daß erst durch dieses Zueinander oder erst in ihm das „Gefühl" Wirklichkeit würde. Das ganze Gewicht des Verständnisses ruht auf der Bedeutung des „Identitätsaktes"[25] selbst. Dann ist auch folgerichtig, daß das eigentliche Aussageelement der Glaubenslehre, das „Sich-schlechthin-abhängig-Fühlen", hier nicht von Belang wird, daß es vielmehr, wo es im Konzept zur Vorlesung doch aufgenommen ist, im Grunde aus der Konstruktion fällt oder, wenn wir an unsere Vermutung über die Bedeutung des „Gefühls" anschließen, nur aus einer Wendung von der Dialektik zur Glaubenslehre hin zu erklären wäre. Dies ist ja eben in dem Konzept, das wir an dieser Stelle zur Ergänzung des Gesagten noch betont heranziehen müssen, eindeutig: der Begriff „allgemeines Abhängigkeitsgefühl" ist aus der Anlage der Dialektik nicht motiviert. Ein-

---

[23] Daß die Dialektik die Vorlage für die GL wesentlich in methodischer Hinsicht liefert, wird dann deutlich, wenn man die Einleitung aus ihrer „kritischen" Funktion heraus zu verstehen sucht. Von § 8 an (s. u. S. 194 ff.) werde ich darlegen können, in welcher Weise dieses methodische Prinzip den inneren Zusammenhalt der Lehnsätze bewirkt.

[24] So auch R. Odebrecht, RelBewußtsein, 290.

[25] R. Odebrecht, aaO, 298.

geführt wird er über die „religiöse Seite" des Selbstbewußtseins, und zwar
als Folgerung aus der Behauptung „Im Gefühl sind wir uns die Einheit
des ... Seins irgendwie ... bestimmt" (O 289; J 429). Denn „u n s e r B e -
wußtsein" könnte das so verstandene „Gefühl" nicht sein, „wenn wir uns
selbst darin nicht ein Bedingtes und Bestimmtes wären und würden"
(O 289; J 430). Diese Bedingtheit kann nicht „durch etwas selbst im Gegensatz Begriffenes" gehalten sein — sie weist also auf „den transzendenten Grund selbst" zurück (ebd.). „Diese transzendente Bestimmtheit des
Selbstbewußtseins nun ist ... das r e l i g i ö s e G e f ü h l ... Sie ist also
insofern, als in unserem Selbstbewußtsein auch das Sein der Dinge, wie
wir selbst, als Wirkendes und Leidendes gesetzt ist ... also als Bedingtheit
alles Seins, welches in den Gegensatz der Empfänglichkeit und Selbsttätigkeit verflochten ist, d. h. als a l l g e m e i n e s A b h ä n g i g k e i t s g e -
f ü h l" (O 289 f.; J 430). Gewiß ist hiermit die Verbindung zur Glaubenslehre hin ausgezogen worden, aber — und das ist gerade der Einwand
gegen diese Definition — in dieser Bedeutung wird das „Gefühl" in der
Dialektik nicht herausgestellt. Nirgendwo sonst wird das Begriffspaar
„Empfänglichkeit-Selbsttätigkeit" so entscheidend aufgenommen, und nur
hier tritt das im übrigen durchgehend gebrauchte, „Denken-Wollen",
zurück. In der Vorlesung selbst haben diese Aussagen, soweit wir das von
der Nachschrift her beurteilen können, dann ja auch keine Stelle gefunden.
Doch brauchen wir gar nicht zu erwägen, ob man der Vorlesung gegenüber
dem Konzept den Vorrang zubilligen muß oder darf — das ist auf jeden
Fall klar: die Frage nach einem „Woher" der Abhängigkeit hat in diesem
Zusammenhang keinen Sinn mehr, man kann auch sagen: sie hat noch
keinen Sinn. Denn das eigentliche Interesse hängt hier nicht an einer
irgendwie inhaltlichen Fixierung des „Gefühls" oder denn des „unmittelbaren Selbstbewußtseins"; das kann auch gar nicht sein, muß es doch
Schleiermacher in der Dialektik darum gehen, das „Daß" des transzendenten Grundes dem philosophischen Gesprächspartner gegenüber in begrifflicher Klarheit aufzudecken, über ein „Was" kann er sich hier gar nicht
auslassen.

Ob und wieweit dann doch, zumal in den diesen transzendenten Teil der
Dialektik abschließenden Ausführungen über „Das Verhältnis von Gott
und Welt", das Interesse des Glaubenslehrers dasjenige des Dialektikers
gleichsam überrundet[26], mag dahingestellt bleiben; es ist aber eigentlich
schon vom Ansatz her deutlich, und in diesem Abschluß wird es nur

---

[26] G. WEHRUNG charakterisiert unter solcher Wertung insbesondere den Entwurf
von 1822: Dialektik, 179—192.

betont, daß auch (oder gerade) für den Dialektiker die „Transzendenz"
Gottes, allerdings ebenso die „Transzendenz" der Welt — und dabei der
Unterschied der beiden „Ideen" in ihrem Zueinander — nicht nur keine
Frage ist, daß er vielmehr seine Ausführungen ausdrücklich von diesen
Voraussetzungen getragen weiß[27]. Und wenn wirklich am Ende die Pro-
blemstellung der Dogmatik überwöge — das Verständnis des „religiösen
Gefühls", wie wir es oben angedeutet haben, ließe sich wohl in eine der-
artige Wendung hin zur Glaubenslehre einfügen —, das steht bei allen
diesen Überlegungen außer Zweifel: die entscheidende Umformung im
Aussagegehalt des „unmittelbaren Selbstbewußtseins" oder des „Gefühls"
erfolgt in der Einleitung. Dort muß der Begriff für die Frage nach dem
„Woher" der schlechthinnigen Abhängigkeit, das bedeutet dann: für die
Frage nach dem „Was" des Glaubens, offengehalten werden. Man mag
diese Wendung als einen Rückschritt bedauern, man mag in ihr gerade die
Bedeutung der Einleitung angezeigt sehen — wir sind nicht genötigt, eine
solche Wertung zu erwägen[28]. Die Verhandlung zielte nur darauf ab, das
Spannungsverhältnis darzulegen, das in der Beziehung „unmittelbares
Selbstbewußtsein = Gefühl = allgemeines Abhängigkeitsgefühl" enthalten
ist, das jedenfalls dann zutage tritt, wenn man diese „Gleichung" einmal
von der Glaubenslehre und dann von der Dialektik her liest.

Wir fassen zusammen: Sofern in der Dialektik das „unmittelbare Selbstbewußtsein" als die „allgemeine Form des Sich-selbst-habens" herausge-

---

[27] Dieser Sachverhalt wird eingehend von R. ODEBRECHT erörtert: RelBewußtsein,
288 f.; vgl. auch dessen Einleitung in Schl.s „Dialektik", XVIII.
Ebenso E. HIRSCH, Theologiegeschichte, Bd. V, 294 ff.

[28] Wir müßten uns (u. a.) mit der genannten Untersuchung von R. ODEBRECHT
auseinandersetzen; das wird allenfalls indirekt, und zwar innerhalb der Auslegung von § 5, möglich sein. Was die Definition der Dialektik angeht, stimmen
wir im wesentlichen mit Odebrecht überein, wenn wir auch nicht den gleichen
Erkenntnisweg einschlagen konnten: Odebrecht ist bei seiner, von der philosophischen Fragestellung geleiteten Untersuchung betont auf die Ästhetik Schl.s
zurückgegangen — er hat die Zeitlosigkeit des unmittelbaren Selbstbewußtseins
als „Differential" des Überganges (RelBewußtsein, 288) zu beschreiben versucht —, während wir den Vergleich mit der GL durchführen mußten (und
konnten); konsequenterweise, weil er die GL durch ein „empirisch-psycholo-
gische(s) Verfahren" gekennzeichnet sieht (aaO 295), muß er urteilen, daß der
in der GL gegebene Verweis auf das „Woher" der schlechthinnigen Abhängigkeit
„alle fein gesponnenen Erwägungen der Dialektik" wieder zerstört (aaO 297).
An dieser Stelle und in den sich daraus in bezug auf die GL ergebenden Folgerungen weichen wir von Odebrecht ab. (Vgl. auch Anm. 21 zu diesem Exkurs.)

stellt wird, ist dies genau der Ort, auf den die „Frömmigkeit" in der Einleitung bezogen ist, darin also sind beide Aussagegebiete eng miteinander verbunden; wenn dann aber die Dialektik darauf abzielt, die Sache ganz in den Identitäts-Akt hineinzunehmen, so kommt an dieser Stelle die Unterschiedenheit der Begriffsverständnisse zum Ausdruck: das „schlechthinnige Abhängigkeitsgefühl" der Glaubenslehre, als „Bestimmtheit" des unmittelbaren Selbstbewußtseins, enthält auch dieses „aktkonstitutive" Moment, aber es geht nicht darin auf, es sagt „mehr" aus, man kann auch sagen: es ist dazu herangebildet worden, „mehr" aussagen zu können. Nur indem man diese Unterschiedenheit wahrnimmt, wird man die Begriffsbestimmung der Einleitung durch die der Dialektik sachgemäß ergänzen. Um dieser Ergänzung willen mußten wir die Aussage der Dialektik aufnehmen. Sie vermag dann das Verständnis des „schlechthinnigen Abhängigkeitsgefühls" entscheidend zu vertiefen. Wir können jetzt nämlich um so deutlicher sehen, daß die Einleitung darin, wie sie das „Wesen" der Frömmigkeit zu bestimmen sucht, ihre eigene Intention wahrnimmt. Nur und genau in seinem eigenen Zusammenhang muß der Dogmatiker ein wesentliches Interesse daran haben, nicht nur (wie der Dialektiker) auf das „Zugleich" des „Gefühls" mit den „zeitlichen Affektionen" zu verweisen, sondern (gegenüber diesem) gerade die damit begründete Möglichkeit der verschiedenen Modifikationen von „Frömmigkeit" aufnehmen zu können. Er muß versuchen, diese Modifikationen als zur Sache gehörend, die er darlegen will, zu erläutern.

5. Kapitel

Der Grund der Wirklichkeit von Frömmigkeit — § 5

Das Gefühl der schlechthinnigen Abhängigkeit ist eine „postulierte" Bestimmtheit des Selbstbewußtseins[1]. Wir haben oben Schleiermachers eigene Charakterisierung schon aufgenommen, um zum Ausdruck zu bringen, daß das hier durchgeführte Verfahren weder „reine Deduktion" zu nennen ist, noch als aus der „beschreibenden Psychologie" entlehnt verstanden werden darf. Gewiß ist der Begriff „konstruiert"; damit ist aber nicht gleichzeitig zugegeben, daß die „empirische" Grundlage auszuschließen sei. Anders, mit Schleiermachers Grundvoraussetzung für das Denken überhaupt formuliert: Der „Begriff" wäre höchst unvollkommen, wenn ihm nicht ein „Sein" entspräche.

---

[1] GL § 33,1.

Es handelt sich bei Schleiermachers Behauptung nicht um ein leeres Postulat. Diese ausdrückliche Feststellung richtet sich zumal gegen FLÜCKIGERS Auslegung, deren Gültigkeit von den Aussagen gerade dieses dritten ethischen Lehnsatzes her entschieden in Zweifel zu ziehen ist. Die wesentliche Grundlage nämlich für Flückigers Verständnis ist die durchgehende Betonung, daß das schlechthinnige Abhängigkeitsgefühl, eben als „postuliertes Selbstbewußtsein", „an und für sich als wirkliches Bewußtsein nicht vorkommt" (39). Flückiger bezieht sich dafür auf die von Schleiermacher zu Beginn des zweiten Paragraphen der eigentlichen Glaubenslehre „ausdrücklich" so angegebene Benennung, ohne daß er allerdings die betreffende Stelle vollständig zitiert. Bei Schleiermacher heißt es dort: „Man kann nicht das postulierte Selbstbewußtsein ... zugeben und doch behaupten wollen, daß es etwas Unwesentliches sei, das heißt, daß es in einem menschlichen Dasein vorkommen könne oder auch nicht, je nachdem der Mensch im Verlauf seines Lebens mit diesem oder mit jenem zusammentrifft" (GL § 33,1). Daraus läßt sich doch kaum folgern, „postulieren" bedeute in diesem Zusammenhang „als nicht vorkommend behaupten". Und gerade darauf liegt das ganze Gewicht des Verständnisses von Flückiger. Zwar sagt er auch, „an und für sich" komme dieses Gefühl als wirkliches Bewußtsein nicht vor, aber er hält sich nicht an diese von Schleiermacher deutlich gesetzte, der formalen Erörterung entsprechende Grenze. Aus „Frömmigkeit rein für sich", bei Schleiermacher in abstrahierender Betrachtung eingeführt, wird für ihn unversehens (oder notwendigermaßen) „reine" Frömmigkeit, die im Gegensatz zu „sinnlich getrübter" Frömmigkeit steht[2]. Es ist ja wahr, daß für Schleiermacher das schlechthinnige Abhängigkeitsgefühl „an und für sich" nicht Wirklichkeit ist; aber erstens hat er es nicht „reine" Frömmigkeit genannt, und zweitens ist sein ganzes „konstruierendes" Bemühen doch eben darauf gerichtet,

---

[2] Es sieht so aus, als ob diese Darlegung Flückigers Ansatz überspitze, weil sie nicht berücksichtigt, daß die Umstellung in die Alternative „rein/sinnlichgetrübt" nicht ausdrücklich im direkten Anschluß an die ethischen *Lehnsätze* erfolgt, daß sie vielmehr durch den Rückgang auf die *Ethik* selbst begründet zu sein scheint. Tatsächlich begegnet man schon in den einleitenden Bemerkungen zum 1. Kapitel der eigentümlichen Wendung „reine Frömmigkeit an sich" (FLÜCKIGER, 22), aber für diese Formulierung muß doch der Bezug auf die Lehnsätze entscheidend sein, denn anderswo wird ja nicht der „allgemeine Begriff der Frömmigkeit definiert" (ebd.). Allerdings kann man für diesen Fragezusammenhang keine eindeutig klare Linie in der Gedankenführung Flückigers ausmachen; das liegt daran, daß Flückiger nicht genügend deutlich zwischen der Ethik selbst und deren Lehnsätzen unterscheidet (s. o. S. 34 f.).

für das damit gestellte Problem eine Lösung zu finden, nämlich auszumachen, in welcher Weise denn das „wirkliche Vorkommen" des so
bestimmten „höheren" Selbstbewußtseins gefaßt werden könne. Für
Flückigers Position ist charakteristisch, daß er diese eine wesentliche Seite
der Fragestellung Schleiermachers fast gänzlich außer acht läßt. Das wird
schon (wie wir oben angezeigt haben) bei Flückigers Darstellung der
Ethik Schleiermachers deutlich, zumal für die Auslegung der zugehörigen
Lehnsätze ist dieser Grundzug richtungweisend, und die Konsequenz
erhärtet sich in einem wiederum einseitigen Verständnis der religionsphilosophischen Paragraphen. Wie sehr Flückiger mit dem von ihm geradezu
als grundlegend eingeführten Begriff der reinen Frömmigkeit die Aussagelinie schon des ethischen Untersuchungsganges aufgibt, wird daran
deutlich, daß er den § 6, der doch eigentlich im Zielpunkt des Lehnbereiches „Ethik" steht, nicht einmal mehr nennt. Auf die Folgen, die sich
daraus für das Gesamtverständnis ergeben, werden wir unten eingehen;
zunächst haben wir auszumachen, wie Flückiger den vorliegenden Satz
aufnimmt. Ich behaupte, daß er im Grunde schon diesen Satz, jedenfalls
dessen wesentliche Aussage, ausgeklammert hat. Das ließe sich bereits mit
dem Hinweis darauf belegen, daß er aus der zugehörigen Erläuterung
Schleiermachers entscheidend und ausführlich nur den 1. Abschnitt berücksichtigt, während er auf den 3. Abschnitt, von dem her dieser Paragraph
über das „wirkliche Vorkommen" der Frömmigkeit erst seine Relevanz
für den Gesamtzusammenhang gewinnt, gar nicht eingeht. Da das an
dieser Stelle erhaltene Ergebnis für die weiteren Ausführungen Flückigers
von ausschlaggebender Bedeutung ist, wollen wir die Herleitung genau
betrachten.

Flückiger entwickelt den für die Gesamtauslegung entscheidenden Gedankengang im Hauptteil seines ersten Kapitels: „Der spekulative Begriff
der Frömmigkeit" (23—37). Ehe wir die drei Stellen nennen, an denen
§ 5 erwähnt wird, müssen wir uns den Zusammenhang der Untersuchung
klarmachen. Es ist nämlich schon höchst bedeutsam, daß Flückiger den
Begriff des schlechthinnigen Abhängigkeitsgefühls sozusagen eigenständig,
ohne Rückgriff auf den § 4 der Einleitung, einführt; er deduziert ihn aus
seinen Prämissen: Ethik und Dialektik. In welcher Weise er die Auslegung
der Ethik einseitig angesetzt hat, haben wir oben[3] bereits angemerkt; zum
Verständnis der Dialektik muß noch gesagt werden, daß er ausschließlich
hier das „unmittelbare Selbstbewußtsein" abgeleitet findet, und zwar als
„reines Selbstbewußtsein", als welches das menschliche Bewußtsein „tat-

---

[3] s. o. S. 35 ff.

sächlich Beziehung zum Urgrund ist" (26)[4]. Unsere eigentliche Kritik richtet sich gegen die Folgerungen, die Flückiger anschließt, oder vielmehr dagegen, daß er diese Folgerungen aus seinen Voraussetzungen zieht, ohne die einschlägigen Stellen der Einleitung zu berücksichtigen: „Das unmittelbare Selbstbewußtsein ist nur *denkbar* als ein Bewußtsein schlechthiniger Abhängigkeit. Unter dem Ausdruck ‚Gefühl schlechthiniger Abhängigkeit' verstehen wir also das unmittelbare *Wissen* des Einzelnen um seine Bedingtheit durch das *Ganze*, und dieses Wissen ist zugleich das nackte menschliche Seinsbewußtsein oder Existenzbewußtsein" (27). Merkwürdig ist zumal der eingeschobene Begriff „das Ganze", von Flückiger als Teil der „Voraussetzung" eingeführt, welche die „Antwort" auf die Frage nach dem Selbstverständnis (?) des im Selbstbewußtsein gesetzten Seins erst möglich mache. Aber man muß die drei Schritte dieser Gedankenführung wohl vollständig angeben: Die Frage (1.) lautet: „Wie ist nun das im unmittelbaren Selbstbewußtsein gesetzte Sein näher zu bestimmen, und wie muß dieses, sofern es zugleich Bewußtsein ist, sich / selber verstehen?"; die Voraussetzung (2.) ist: „daß alles Sein im unendlichen Ganzen eine Einheit ist", unter der sich die Antwort (3.) „leicht" ausmachen läßt: „Das einzelne Sein ist durch das Ganze von allen Seiten umschlossen und bedingt ... Das Ganze wäre nicht Einheit, sondern zufällige Anhäufung und Chaos, wenn das Einzelne darin nicht schlechthin bestimmt oder schlechthin abhängig wäre. Daher kann sich dieses, sofern es ein wissendes ist, seiner selbst nur als ein schlechthin bedingtes und abhängiges bewußt werden" (26 f.). Flückiger beruft sich bei seiner „Antwort" auf die Reden[5], wieweit zu Recht, müssen wir offenlassen; bedeutsam ist ja wiederum, daß er eine Redenstelle zitiert. Was hier mit dem „Ganzen" gemeint ist, bleibt trotzdem ungeklärt, es sei denn, man wüßte sich auf den von Flückiger in

---

[4] Flückiger faßt seine Charakterisierung des unmittelbaren Selbstbewußtseins (nach der Dialektik) so zusammen: „Demnach verstehen wir unter ‚unmittelbarem Selbstbewußtsein' einen Ort absoluter Indifferenz im Bewußtsein, also den Ort, wo dieses nur ‚an und für sich' ist, abgesehen von seiner Tätigkeit im Denken und im Wollen" (26). Dem soll hier nicht widersprochen werden, man muß aber bedenken, daß diese Definition im Aussagebereich der Dialektik zu belassen ist.

[5] FLÜCKIGER (27): „Das einzelne Sein ist durch das Ganze von allen Seiten umschlossen und bedingt, oder, in der Sprache der ‚Reden' ausgedrückt, ‚alles Einzelne besteht nur in der Bestimmung seiner Grenzen, die aus dem Unendlichen gleichsam herausgeschnitten werden müssen' (R 53)." Schl. (R[1] 53): „Alles *Endliche* ..."
Für den Zusammenhang der angegebenen Stelle vgl. auch P. SEIFERT, 53—57.

den einleitenden Bemerkungen als Grundlage der Schleiermacherschen
Ethik genannten Begriff „Totalität" (19 f.) verwiesen. Dann wäre von
vornherein die (später Schleiermacher ausdrücklich zugesprochene) „Gleichsetzung von Gott und Welt" (168) diesem „Bewußtsein schlechthiniger
Abhängigkeit" unterlegt, was den zumindest in der Einleitung (aber auch
in der Dialektik) deutlich angegebenen Abgrenzungen zu diesem Begriff
zuwider ist[6].

Dieses „Gefühl" also wird von Flückiger als „Bewußtsein von sich
selber" (27), als „sich ... unmittelbar in seiner schlechthinigen Bedingtheit bzw. Abhängigkeit vom Ganzen (erkennen)" (28) deklariert, und
von dieser Apostrophierung kommt es nicht mehr los. Aber wichtiger noch,
als diese Implikation selbst zu beobachten, ist, daß wir das Verfahren erkennen, durch das jenes Ergebnis erreicht wird. Ehe überhaupt Schleiermachers Definition gehört worden ist, wissen wir, daß „dieses" Abhängigkeitsgefühl als das Wesen der Frömmigkeit „gedacht" wird, notwendigerweise so gedacht wird. Aus den Lehnsätzen selbst werden dann lediglich
„noch einige psychologische Erläuterungen" herbeigeholt, und diese aus
§ 4,3 (29)!

Bevor diese „psychologischen" Bedingungen genannt werden, hat Flük-
kiger zum erstenmal den vorliegenden Paragraphen erwähnt; es sei das
schlechthinige Abhängigkeitsgefühl von den sinnlichen Gefühlen, die
durch das Verhältnis des Einzelnen gegenüber der Welt bestimmt sind,
grundsätzlich zu unterscheiden, so legt er unter Bezugnahme auf die Ethik
dar und fügt hinzu: „obgleich beide notwendig stets z u s a m m e n vorkommen, vgl. Gl. § 5" (28). Aber auf die Art und Weise dieses Vorkommens, von Schleiermacher als ein Aufeinander-Bezogensein der beiden
„Stufen" des Selbstbewußtseins erläutert, geht Flückiger gerade nicht ein.
Bei ihm stellt sich der Bezug zwischen den beiden Stufen als die Möglichkeit des Vorherrschens jeweils der einen gegenüber der anderen dar[7], das

---

[6] Für Flückiger ist diese „Gleichsetzung" grundlegend: z. B. 35, 115 f., 118, 120 ff.
Dagegen sei noch einmal auf Schl.s Ablehnung der „unfromme(n) Erklärung"
verwiesen: GL § 32,2.
Zur Grenzziehung in der Dialektik: „Der Unterschied im Transzendenzcharak-
ter von Welt und Gott." (O 302—307; J 432—435/LIV); s. auch Exkurs-
Anm. 27.

[7] FLÜCKIGER (28): „Herrscht nun in einem Menschen das sinnliche Bewußtsein vor,
dann ist er in Einseitigkeit befangen. Sein Gottesbewußtsein ist getrübt. Herrscht
aber die Abhängigkeit vom Absoluten vor, alsdann ist das Bewußtsein des
Menschen in vollem Einklang mit dem unendlichen Ganzen...", und die aus

führt dann zu der für die weiteren Ausführungen so folgenreichen, rein
quantitativ begründenden Beurteilung: „Je mehr ... das schlechthinige
Abhängigkeitsgefühl in einem Menschen gekräftigt wird und über das
sinnliche Bewußtsein *dominiert,* um so mehr *nähert* sich dieser der geistigen und sittlichen Vollkommenheit" (28)[8]. — Der zweite Verweis auf § 5
(30) unterstreicht noch einmal die Notwendigkeit, mit der „auf das allerbestimmteste" (nach § 5,1) die Frömmigkeit an sich von den gegensatzbestimmten Erregungen des sinnlichen Bewußtseins unterschieden werden
müsse, das schlechthinnige Abhängigkeitsgefühl dürfe danach „nicht in
die p s y c h o l o g i s c h e Kategorie der Gefühle eingereiht werden" (29);
dieser Ansicht als solcher soll hier nicht widersprochen sein. — An der
dritten Bezugstelle schließlich, der eigentlichen Aufnahme des § 5, skiz-
ziert Flückiger die Stufentheorie Schleiermachers, das heißt, er beschränkt
sich in seiner Darlegung dieses Paragraphen auf dessen 1. Abschnitt (34 f.).
Hieraus ist vor allem die Charakterisierung der „höchsten Stufe" wichtig,
mit der die Auffassung des unmittelbaren Selbstbewußtseins — „das
nackte menschliche Seinsbewußtsein" (27) — ihre Bestätigung findet: „Auf
der höchsten Stufe sind wir unser selbst nicht mehr in unserem gegensätzlich bestimmten ‚Sosein' bewußt, sondern nur noch als endliches ‚Sein
überhaupt', so daß wir uns — im Bewußtsein des reinen Seins — keinem
anderen mehr entgegensetzen ... Die ontologische Grundlage der Theorie
vom schlechthinigen Abhängigkeitsgefühl ist auch hier deutlich erkennbar" (35).

Ein weiteres Eingehen auf den dritten ethischen Lehnsatz finden wir
bei Flückiger nicht. Das eigentliche Problem Schleiermachers — die Möglichkeit des „wirklichen Vorkommens" der „höchsten Stufe" begründen
zu können — ist nicht einmal auch nur angedeutet worden. Dagegen hat
Flückiger zum Abschluß seiner Darlegung und ja wohl zur Verstärkung
seiner Aussagelinie „erwähnt, daß Schleiermacher seine Gefühlstheorie als

---

diesem Bewußtsein hervorgehende Tätigkeit ist infolge dieser Übereinstimmung
mit Gott vollkommen sittliches Verhalten."

[8] Genau entsprechend werden dann die religionsphilosophischen Sätze eingestellt:
„Je nachdem, ob eine Religion in ihrer eigentümlichen Gestalt dem Prinzip des
schlechthinigen Abhängigkeitsgefühls nahe kommt oder nicht gilt sie als höher
oder tieferstehend ... Nach dieser Konstruktion müßte die ganze Religionsgeschichte als eine stetige Entwicklung von niedriger, sinnlicher Frömmigkeit zur
reinen Frömmigkeit aufgefaßt werden." (FLÜCKIGER, 42) Daß diese Konsequenz Schl.s Intention nicht gerecht zu werden vermag, wird unten (bes. mit
der Auslegung von § 8) aufgezeigt werden.

verwandt mit derjenigen von Steffens bezeichnet, insofern dieser das Gefühl beschreibt als ‚die unmittelbare Gegenwart des ganzen ungeteilten Daseins' (Gl. § 3,2 Anm.)" (35). Das ist eben charakteristisch für Flückigers Vorgehen: Schleiermachers Erörterung wird so weit aufgenommen, wie sie als Beleg für die Ausgangsthese dienen mag. Diese Ausgangsthese kann man nur als Gleichheitsbeziehung fassen: „Seinsbewußtsein = unmittelbares Selbstbewußtsein = schlechthiniges Abhängigkeitsgefühl"; sie enthält ferner die Behauptung, daß sich die so hergestellte Beziehung mit Notwendigkeit aus Schleiermachers „Totalitätsanschauung" ergibt. Es ist aber doch fraglich, ob man in diesem Zusammenhang Schleiermachers Bezug auf Steffens aufnehmen kann, jedenfalls ist abzulehnen, daß man ihn so verwertet, wie Flückiger es tut: von „Seinsbewußtsein" schlechthin war an der eigentlich zugehörigen Stelle, § 3,2, kaum die Rede, in der Aussage von Steffens selbst, wenn man sie vollständig liest, ganz gewiß nicht[9]. Zudem finde ich auch darin, wie Flückiger sich hier auf Schleiermacher beruft, eine Akzentverschiebung; im Text heißt es zur Charakterisierung der „höchsten Stufe" genauer, daß in dem schlechthinnigen Abhängigkeitsgefühl die schlechthinnige Freiheit verneint werde „nicht von uns als jetzt so und nicht anders seienden Einzelnen, sondern nur von uns als *einzelnem endlichen Sein überhaupt* ..." (§ 5,1), bei Flückiger liegt der Ton auf *„Sein überhaupt"*. Aber dies mag weniger erheblich sein, die Intention Flückigers ist jedenfalls deutlich: Es geht darum, die „ontologische Grundlage der Theorie vom schlechthinigen Abhängigkeitsgefühl" zu bestätigen. In diese Aussagerichtung gehört auch die nicht ohne weiteres verständliche, im Grunde in mehrfacher Hinsicht merkwürdige Behauptung Flückigers, „streng genommen" müsse man von diesem „Gefühl" sagen, *„das* Einzelne sei schlechthin abhängig *im Absoluten*, nicht aber, es sei schlechthin abhängig *vom* Absoluten" (30)[10]. So wenig damit

---

[9]　Bei Steffens (und auch bei Schleiermacher) ist der Bezug auf den Einzelnen mit wesentlich: „... Was wir hier Gefühl nennen, ist die unmittelbare Gegenwart des ganzen ungeteilten, sowohl sinnlichen als auch geistigen Daseins, der Einheit der Person und ihrer sinnlichen und geistigen Welt ..." (nach GL 17, Anm. α). Diesen Bezug mitaufzunehmen ist für das Verständnis von § 6 grundlegend wichtig. Zwar gibt Schl. in seiner eigenen Anm. (GL 17/9) das Zitat auch nur verkürzt wieder, aber dies geht aus seiner Zitationsweise eben hervor; zudem kann nicht ohne Belang sein, daß er bei der Bestimmung von „Gefühl", nicht aber bei derjenigen von „schlechthinnigem Abhängigkeitsgefühl" diesen Verweis angibt.

[10]　GL¹ § 9 hat Schl. noch gesagt: „... das Wesen der Frömmigkeit ist dies, daß wir uns unser selbst als schlechthin abhängig bewußt sind, das heißt, daß wir uns

Schleiermachers Aussageabsicht der ethischen Lehnsätze „streng" getroffen
sein kann, so deutlich wird daran, wie Flückiger die Ethik selbst, in der
ja nach seinen einleitenden Bemerkungen die „ontologische" Grundlegung
erfolgt ist, versteht. Obwohl wir immer wieder auf dieses Grundverständnis zurückverweisen müssen (weil wir immer wieder mit der Auslegung
der Lehnsätze darauf zurückgeführt werden), beanspruchen wir keineswegs, die Kritik daran zureichend begründen zu können. Wir haben aber
die Folgerungen zu diskutieren, die sich für Flückiger aus seinem Grundverständnis ergeben; wir werden allerdings zeigen können, wie wenig
diese Folgerungen, sofern sie an die Lehnsätze angeschlossen sein sollen,
die Absicht Schleiermachers auszusprechen vermögen; wieweit sich damit
auch die Gültigkeit der Voraussetzung in Frage stellt, muß offenbleiben.

Ich habe so ausführlich Flückigers Auslegung des dritten ethischen Satzes
berücksichtigt, weil ich gerade den fehlenden Bezug auf die wesentliche
Aussage Schleiermachers als für Flückigers Gedankenführung entscheidend
ansehe. Einmal kommt eben deswegen die ganze eine Seite der Einleitung,
die an der Frage nach dem „wirklichen Vorkommen" orientiert ist, bei

---

abhängig fühlen *von* Gott." Wenn er in der späteren Aufl. (am zugehörigen
Ort) diese Formulierung aufgibt, so doch deshalb, weil er den Subjekt-Objekt-
Gegensatz überhaupt aus der Definition des Grundgefühls herauszuhalten versucht (s. auch Dial. O 287); übrigens hat er die andere Redeweise nicht prinzipiell durchgezogen: vgl. GL § 8, GL § 35,1 und ebenso Mul. 18/591. Postuliert
FLÜCKIGER das Abhängigsein „i m Absoluten", zwingt er also Schl.s Aussagen
in eine Alternative, die sie gerade überwinden sollen; ebenso kennzeichnend
für das Vorgehen Flückigers ist, wenn er aus Schl.s Darlegungen über das
Nicht-Gegebensein Gottes (§ 4,3 u. 4) folgert: „Nicht als Gegenstand, sondern
als Selbstbewußtsein haben wir Gott in uns...", so daß er dann nach dem
„objektiven Gottesbewußtsein" bei Schl. fragen kann; in diesem Zusammenhang eingestellt, muß Schl.s Antwort unzureichend werden (32). Schon im
Ansatz hat Flückiger das „schlechthinige Abhängigkeitsgefühl" so eingeordnet:
„... Wenn nämlich die Frömmigkeit als Funktion des menschlichen Bewußtseins
nichts anderes ist als das Selbstbewußtsein in seiner subjektiven Seite (d. h. als
Bewußtsein von sich selber, im Gegensatz zum objektiven Bewußtsein, welches
nur das gegensätzlich Gegebene, also die Welt, erkennt), dann kann die Gottes-
beziehung gar nicht anders gedacht werden" (29).
Gerade gegenüber diesem Ansatz muß eben die Komplexität des Grundbegriffs
betont werden: Schl. hat zwar das Selbstbewußtsein vom gegenständlichen (objektiven) Bewußtsein abgesetzt, aber darauf folgt noch der zweite Schritt, daß
er das sinnliche Selbstbewußtsein vom höheren unterscheidet — und es kommt
eben darauf an, diese Differenz sachgerecht zu erfassen (vgl. z. B. auch GL
§ 33,1).

Flückiger nicht oder (innerhalb des religionsphilosophischen Untersuchungsganges) nur verkürzt vor, und zum anderen werden von daher Voraussetzungen und Vorstellungen denkbar, die Schleiermacher so nicht zugehören. Wir haben oben schon den von Flückiger eingeführten Grundbegriff der „reinen Frömmigkeit" genannt; das schlechthinnige Abhängigkeitsgefühl wird von ihm auch als „wahre Frömmigkeit" verstanden, dem die „sinnliche Frömmigkeit" — das „immer schon gegebene" schlechthinnige Abhängigkeitsgefühl, das auch immer „mehr oder weniger stark durch die Sinnlichkeit getrübt" ist — gegenübersteht[11]. Damit wird in Schleiermachers Theologie ein Auseinandertreten von Idealbild und wirklicher Gegebenheit, ein Unterschied zwischen Spekulation und Empirie — dann auch zwischen „schlechthinigem Abhängigkeitsgefühl" und „christlich frommem Selbstbewußtsein" — hineingetragen, das beziehungsweise der so, nämlich mit einem von vornherein gegebenen Übergewicht der spekulativen Seite, nicht vorhanden ist. Es ist allerdings nicht schwer, diese Differenz durch die „höhere Synthese" aufzuheben — die Synthese ist praktisch schon vorausgesetzt. Freilich vermögen wir diese Behauptung hier nicht in ihrer Allgemeingültigkeit nachzuweisen. Es zeigt sich aber die Diskrepanz zwischen Flückigers Ansatz für die „höhere Synthese" und Schleiermachers Lösungsversuch in der Frage nach dem „wirklichen Vorkommen" eben in deren jeweiligem Bezug zu dem hier zu erörternden § 5 so deutlich und so eindeutig, daß sie geradezu als paradigmatisch für die Diskrepanz überhaupt gewertet werden kann.

Im Vollzug der Auslegung wird dieses Mißverhältnis von selbst offenkundig werden; es tritt schon dann hervor, wenn wir nur Schleiermachers Lehnsatz vollständig zitieren: „Das Beschriebene bildet die höchste Stufe des menschlichen Selbstbewußtseins, welche jedoch in ihrem wirklichen Vorkommen von der niederen niemals getrennt ist, und durch die *Verbindung* mit derselben *zu einer Einheit des Momentes* auch Anteil bekommt an dem Gegensatz des Angenehmen und Unangenehmen."

Ehe wir uns der Erläuterung dieses Paragraphen zuwenden, müssen wir noch einmal mit Bestimmtheit hervorheben, daß wir Schleiermachers Ausführungen hier nur folgen können, wenn wir ihnen nicht den in der Dialektik erstellten Begriff des unmittelbaren Selbstbewußtseins unterlegen. Wie sollte denn in der „Identität im Übergang" eine Stufungsmöglichkeit enthalten sein! Sowieso bliebe nur der Ausweg, die in diesem Leitsatz formulierte „höchste Stufe", das schlechthinnige Abhängigkeitsgefühl an und für sich, in Analogie zum „unmittelbaren Selbstbewußtsein"

---

[11] F. FLÜCKIGER, 42 f., 43, 62.

der Dialektik zu verstehen. Ein anderer Weg wird in den zu dieser Stelle
zu befragenden Auslegungsversuchen ja auch nicht beschritten. Wir wollen
freilich nicht übersehen, was immerhin für eine solche Verbindung spricht:
daß hier das schlechthinnige Abhängigkeitsgefühl wie dort das unmittelbare Selbstbewußtsein als absolut einfache Größe gekennzeichnet wird.
Schleiermacher betont in seinen Randbemerkungen: „Sie [sc. die höchste
Stufe] hat keinen Grund der Differenz in sich selbst" (Th 34ᵃ). Man muß
in diesem Zusammenhang wohl auch auf die sogar gleichlautende Formulierung verweisen: „es (ist) entweder immer (. . .) oder gar nicht" hieß es
für das „reine Selbstbewußtsein" in der Dialektik (O 289); und „es ist
entweder gar nicht da, oder so lange es überhaupt da ist, auch immer
da und immer sich selbst / gleich" charakterisiert das „schlechthinnige
Abhängigkeitsbewußtsein" in der Einleitung (3. 34 f./28). Trotzdem ist
dieser Ausweg der Begriffsverbindung keine echte Möglichkeit. Denn
dabei kann man sich nur auf die angegebene formale Entsprechung berufen, und indem man dies tut, hat man schon den je eigenen Ansatz, den
des Dogmatikers gegenüber dem des Dialektikers, außer acht gelassen.
Notwendigermaßen muß man die jeweils eigene Intention „vergessen",
wenn man aus der Beziehung der Begriffe zueinander eine Identitäts-
gleichung machen will. Praktisch bedeutet das, daß man die Erörterung
des hier zur Diskussion stehenden § 5 nicht aufnehmen kann. An dieser
Stelle nämlich wird offenkundig, welche entscheidende Wendung der Dogmatiker gegenüber dem Dialektiker vollzogen hat oder — wenn man nicht
ausmachen will, daß diese eben schon in der vorhergegangenen Verhandlung angelegt ist — doch vollzieht: hier, und nur hier, wird die
Frage nach dem „wirklichen Vorkommen" des schlechthinnigen Abhängigkeitsgefühls gestellt! Nur hier — denn in bezug auf die Dogmatik ist
diese Frage eine notwendige und auch mögliche, das heißt, sie ist im
Begriffsverständnis der Einleitung angelegt (wie wir zu zeigen versucht
haben) und von daher beantwortbar (was noch erwiesen werden muß).
Nur hier wird diese Frage gestellt — in der Dialektik tritt sie nicht nur
nicht mit solchem Gewicht auf, sie kann dort gar nicht auftreten, sie wäre
inhaltlos: das „unmittelbare Selbstbewußtsein" ist per definitionem „Wirklichkeit". Man kann folglich das Problem, das sich an diesem Punkt notwendig auftun muß, wenn man die Begriffsverbindung direkt auszuziehen
sucht, nicht so lösen wollen, daß man annimmt, in der Dogmatik denke
Schleiermacher eben noch einen Schritt „weiter" als in der Dialektik.
In diesem Sinne kann die Dialektik gar nicht „weiter"-gedacht werden.
Vielmehr ist die Lösung die, daß dieses Problem als ein scheinbares

erkannt wird: Die beiden Grundbegriffe sind je unterschiedlich gebildet
worden, und zwar rücksichtlich der je eigenen Intention des zugehörigen
Aussagebereiches — sie sind also nicht direkt miteinander zu verbinden.
Die Bestimmung der Dialektik zielt darauf, Wirklichkeit aufgehen zu
lassen in die reine Aktualitas, das Verständnis der Einleitung sieht Wirklichkeit als durch Zeitlichkeit bestimmt an, das In-der-Zeit-sein ist hier
ein konstituierendes Moment. Und dies ist deswegen so, weil nur der
Dogmatiker ein Interesse daran hat, den Begriff der Frömmigkeit zu definieren, das heißt, Variabilität und Kontinuität und dann auch Kommu-
nikabilität (§ 6) von Frömmigkeit begründen zu können.

Die eine Seite dieser Behauptung haben wir in dem Dialektik-Exkurs
erörtert, ob ihre andere Seite als gültig zu erweisen ist, wird mit davon
abhängen, wieweit wir diesen dritten ethischen Lehnsatz, Schleiermachers
Antwort auf die Frage nach dem „wirklichen Vorkommen" der Frömmigkeit, in den Gesamtzusammenhang der Einleitung einzustellen vermögen.
Zunächst haben wir die Antwort als solche zur Kenntnis zu nehmen.

Im 1. Abschnitt erläutert Schleiermacher, wie er das menschliche Selbst-
bewußtsein als sich in drei Stufen entwickelnd versteht. Das definitorische
Element ist das des Gegensatzes, des Gegensatzes zum Beispiel von
„Objekt und Subjekt" (Th 31^c) oder von partieller Freiheit und partieller
Abhängigkeit oder auch desjenigen „zwischen einem einzelnen und einem
anderen"; das heißt, der Bezugspunkt der Erläuterung ist die „mittlere"
Stufe, welche „ganz und gar auf diesem Gegensatz beruht". Mit dieser
Stufe ist der menschliche Zustand in der „hellen und wachen Zeit" gekennzeichnet, Schleiermacher nennt sie das „sinnlich bestimmte" Selbstbewußtsein, weil in solcher auf verschiedene Weise zu fassenden Gegensatzbezogenheit sich die „ganze Fülle des im weitesten Umfange des Wortes
verstanden sinnlichen Menschenlebens" darstellt. Auf der „höchsten"
Stufe dagegen, in dem schlechthinnigen Abhängigkeitsgefühl, ist „aller
Gegensatz zwischen einem einzelnen und einem anderen aufgehoben";
es kann ja nicht, wie Schleiermacher im vorigen Paragraphen dargelegt
hat, das schlechthinnige Abhängigkeitsgefühl mit dem Gefühl relativer
Abhängigkeit verglichen werden, das „Woher" der Schlechthinnigkeit ist
nicht auf irgendeine Weise ein Gegebenes im Sinne gegenständlicher Gegebenheit, gegenüber diesem „Woher" ist der Mensch nur empfänglich,
nicht selbsttätig. Die Charakterisierung dieser „höchsten" Stufe setzt
Schleiermacher gegen die Beschreibung einer untersten, „dritten" Stufe
ab, die er als fast ganz „animalische", als „tierartig verworrene" kennzeichnet. Auch diese Stufe ist nicht durch ein Gegensatzverhältnis bestimmt,

aber dies deswegen nicht, weil auf ihr das geistige Leben noch gar nicht
entwickelt ist, weil in ihr noch keine klare Subjekt-Objekt-Relation aufgefaßt wird, weil hier „Gefühl und Anschauung", wie Schleiermacher den
Gegensatz auch beschreibt, sich noch nicht „klar voneinander sondern".
An dieser Darlegung ist besonders wichtig, daß Schleiermacher selbst in
der Vorstellung von den „Stufen" des Selbstbewußtseins keine Differenz
zu seinem bisherigen Gedankengang sieht, daß er vielmehr meint, hiermit
genau an das Vorhergegangene anzuknüpfen: daß er die „höchste" und
die „niedere" Stufe — „das schlechthinnige Abhängigkeitsgefühl nämlich
und dasjenige Selbstbewußtsein, welches ... sich in teilweises Abhängigkeitsgefühl und teilweises Freiheitsgefühl spaltet" — als „die beiden dargestellten Gestaltungen des Selbstbewußtseins" aufnehmen will, also als
das in § 4 „Beschriebene". Hier geht es um das Verhältnis der Stufen
zueinander, vielmehr darum, wie aus diesem Verhältnis das „wirkliche
Vorkommen" der höchsten Stufe begründet werden könne.

Warum das „wirkliche Vorkommen" ein Problem ist, und zwar das
Grundproblem dieses Paragraphen, wird erst im Verlauf der Erörterung
recht deutlich: weil das als Wesen der Frömmigkeit definierte schlechthinnige Abhängigkeitsgefühl „immer sich selbst gleich" ist (3.), weil es
„keinen Grund der Differenz in sich selbst" hat (Th 34ª). Wieso gilt
eigentlich diese Bestimmung? Schleiermacher beantwortet diese Frage
nicht, er stellt sie in diesem Zusammenhang gar nicht erst — oder nicht
mehr. Offensichtlich hält er dieses Charakteristikum für eine nicht zu
bestreitende Grundbestimmung. Bei der Einführung des Begriffs hat er
allerdings schon, aber nur wie nebenbei darauf hingewiesen: Dieses Gefühl kann „auf keine Weise von der Einwirkung eines uns irgendwie zu
gebenden Gegenstandes ausgehn", deswegen „kann es auch, streng genommen, nicht in einem einzelnen Momente als solchem sein" (§ 4,3). Diese
„Formel" muß so „streng" gefaßt sein — ein anderes Verständnis als
dieses interessiert nicht, wie die Ausführungen von § 5 zeigen —, weil sie
nur so das „Sich-seiner-selbst-als-in-Beziehung-mit-Gott-bewußt-Sein"
(§ 4,4) auszudrücken vermag. Das heißt doch, weil „in Gott selbst" keine
Differenz sein kann, deswegen muß das Grundgefühl als schlechthin ein-
faches bestimmt werden, muß es „an und für sich betrachtet" immer dasselbe sein[12].

---

[12] Aufgenommen in GL § 50,2: „Denn auch das schlechthinnige Abhängigkeits-
     gefühl könnte nicht an und für sich betrachtet ... sich selbst immer und überall
     gleich sein, wenn in Gott selbst Differentes gesetzt wäre" (258/283).

Die „Formel" ist in Analogie zum Gottesbegriff gebildet. Dieser Zusammenhang mag die Problemlage verdeutlichen. Gleichwie von Gott
„an und für sich" reden zu wollen für uns immer heißen würde, daß wir
von unserer „ursprünglichen" Erfahrung abstrahieren müßten (§ 4,4), so
wäre auch das schlechthinnige Abhängigkeitsgefühl „an und für sich
betrachtet" nur ein Abstraktum. Zwar kein leeres oder willkürlich erfun-
denes, das gerade nicht — es ist ja die „Formel" an der frommen Erfahrung gebildet. Obwohl dieser Bezug auf die Erfahrung auch immer wesentlich ist, kann doch der Begriffsinhalt selbst nicht von daher als Gegebenheit nachgewiesen werden; jedenfalls wäre ein derartig begründeter
Nachweis nicht ausreichend, er könnte die hier gestellte Aufgabe nicht
lösen. Gewiß ist Frömmigkeit ein als Tatsächlichkeit erhebbares Phäno-
men, aber als solches ist sie stets in je individueller Bestimmtheit nur zu
zeichnen. Hier dagegen geht es um begriffliche Klärung; diese kann (nach
§ 2) nicht aus der „bloß empirischen Auffassung" gewonnen werden. Es
handelt sich bei der vorliegenden Fragestellung um ein rein formales Problem. Nur und genau deswegen ist die Frage so brennend: Das schlechthinnige Abhängigkeitsgefühl ist „immer sich selbst gleich", wie kann es
dann „Wirklichkeit" sein, da doch diese von uns „in der hellen und wachen
Zeit" unseres Lebens als „Zeitlichkeit" erfahren wird, und also als „Ver-
änderlichkeit"[13]? Obwohl sich die Erörterung auch auf die Erfahrung
beruft, so wird doch die Lösung nicht auf diesem Grunde gesucht. Diese
Spannung — es ist ja (nach § 2) diejenige zwischen „Spekulation" und
„Empirie" — durchzieht die ganze Verhandlung zu diesem Leitsatz. Da
das schlechthinnige Abhängigkeitsgefühl immer ein und dasselbe ist,
könnte es eigentlich „niemals zeitlich hervortreten" (3.), könnte es „gar
kein wirkliches zeiterfüllendes Bewußtsein werden" (4.), müßte es, wenn
es nur „für sich" gegeben wäre, als „wechsellos sich immer selbst gleich"
(3.) unser Selbstbewußtsein erfüllen — dies aber „wird durch alle Erfah-

---

[13] Schl. zieht hier, anders als in der Dialektik, diese Charakteristika in das Verständnis von Wirklichkeit, allerdings ohne dies ausdrücklich zu diskutieren. Das
ist dadurch begründet, daß hier die Erörterung entscheidend auch auf die Erfahrung des Einzelnen bezogen ist: bes. in den Abschnitten 4. und 5. Die Notwendigkeit dieser Absicherung gegen den möglichen Vorwurf einer falschen Betonung ist im übrigen nur deshalb gegeben, weil wir auch die Definition der
Dialektik mit im Blick haben müssen; den Aussagezusammenhang der GL überschreiten diese Bestimmungen insofern nicht, als hier das In-der-Zeit-sein des
„unmittelbaren Selbstbewußtseins" schon von Anfang an in die Grunddefinition
eingelassen worden ist (s. o. zu § 3,2: S. 41 ff.).

rung widerlegt" (3.), unser frommes Bewußtsein „gestaltet sich" verschiedenartig (4.). Daß dieses Gefühl Wirklichkeit ist, entspricht durchaus der menschlichen Erfahrung; es wäre uninteressant, darüber zu diskutieren — wenn nicht das Wie rein begrifflich geklärt werden müßte.

Wir haben oben schon die in § 4,3 über den dort verhandelten Zusammenhang hinausweisende Bemerkung Schleiermachers unterstrichen: „Ohne alles Freiheitsgefühl aber wäre ein schlechthinniges Abhängigkeitsgefühl nicht möglich." Diese also doch gegebene „Möglichkeit" — deren begriffliches Erfassen mit der Definition des „unmittelbaren Selbstbewußtseins", wie sie hier in der Einleitung erfolgt, begründet worden ist — wird in § 5 entfaltet.

Allerdings ist nun doch diese Darlegung nicht aus einem direkten Anschluß nur an den vorigen Lehnsatz verständlich. Von einer „tierartig verworrenen", „unteren" Stufe des Selbstbewußtseins war ja bisher nicht die Rede. Schleiermacher führt sie betont neu ein. Aber wieso kann er überhaupt meinen, daß das Verhältnis der beiden anderen Stufen „am besten" dann auszumachen sei, wenn die dritte noch hinzugenommen werde, da doch gerade diese uns am wenigsten zugänglich ist? Gewiß will er damit den Grund für seine später (in den religionsphilosophischen Lehnsätzen) zu erstellende Theorie der drei Religionsstufen legen, mit der er (dort) die „in der Geschichte hervortretenden" Religionsgemeinschaften in ihrer Beziehung zueinander und in ihrem Unterschiedensein voneinander beschreibend erfaßt[14]. Gleichwohl muß dieser „unteren Stufe" schon in diesem Zusammenhang von Schleiermacher wesentliche Bedeutung zugedacht sein. Diese ist vermutlich als eine doppelte zu verstehen; wir können uns dafür auf die je wesentlichen Aussagen der beiden vorhergegangenen Lehnsätze beziehen: erstens wird damit noch einmal dem Mißverständnis gewehrt, als ob das fromme Gefühl etwas „Verworrenes" oder „Unwirksames" (§ 3,5) aussage; und zweitens ist durch den Vergleich der *drei* Stufen miteinander, ebenfalls noch einmal, die Eigenständigkeit und die Unableitbarkeit dieses Gefühls, der höchsten Stufe (§ 4), unterstrichen.

Denn das ist ja die Frage (erstens): Wenn die ganze Fülle des menschlichen Daseins sich in möglichst umfassender Weite und Klarheit des sinnlichen Bewußtseins ausdrückt und wenn man das „Auseinandertreten" von Für-sich-sein und Mit-einem-andern-sein, von Gefühl und Anschauung,

---

[14] Daß und warum die „Stufen" des Gefühls in die religionsphilosophischen Sätze aber nicht direkt übertragen oder diesen ohne weiteres unterlegt werden dürfen, wird unten (zu § 8: S. 174 ff.) erörtert werden (gegen Schultz, Theorie des Gefühls, 88).

von Rezeptivität und Spontaneität — oder wie immer man den notwendig
bestimmenden Gegensatz beschreiben will — zum Maßstab für diese Klarheit macht, weil unser gesamtes Weltbewußtsein sich als Bewußtsein von
relativer Freiheit und relativer Abhängigkeit gegenüber anderem außer
uns oder mit uns Gesetztem gestaltet, wenn dann auch unser Handeln und
unser Erkennen, das sich aus einem solcherart klaren Selbstbewußtsein
ergibt, immer und notwendigerweise auf einem recht begriffenen Subjekt-
Objekt-Verhältnis beruht — wenn also unser sinnliches Bewußtsein nur
als ein „im Gegensatz" befindliches ein klares sein kann, muß dann nicht
ein Selbstbewußtsein, das nicht unter solchem Gegensatz steht, ein „verworrenes" sein? Das gerade wäre ein Mißverständnis, das auszuschließen
ist! „Verworren" darf und muß nach Schleiermacher nur eine solche Bewußtseinsstufe genannt werden, die durch den „noch nicht hervorgerufenen
Gegensatz" gekennzeichnet ist, sie ist darin im Grunde keine eigentlich
menschliche. Allenfalls entspricht ihr etwa die Bewußtseinsstufe der Kin-
der, „vornehmlich ehe sie sich der Sprache bemächtigen". Dieser Zustand,
daß also „das Gegenständliche und das In-sich-Zurückgehende" nicht voneinander getrennt werden, ist auf jeden Fall als ein zu überwindender
anzusehen, der noch der Unvollständigkeit des Lebens zugehört; er geht
mehr und mehr in den über, der den Menschen in der „hellen und wachen
Zeit" seines Daseins charakterisiert, eben in den „sinnlichen", da alles
Fühlen, Wissen und Tun „ganz und gar auf diesem Gegensatz beruht".

Es ist wohl wichtig, hier die Redeweise von den „Stufen" als nur
bedingt gültig zu erkennen. Die 1. Auflage sagt ausdrücklich, daß diese
sich auch als „allmählicher Übergang" denken lassen (GL^1 61/38). Im
Grunde ist die Verbindung selbstverständlich, jedenfalls soweit damit der
Zusammenhang zwischen der untersten und der mittleren Stufe dargestellt
ist. Noch wichtiger ist freilich (zweitens), auch an dieser Stelle die Andersartigkeit der höchsten Stufe betont zu sehen: in diese findet eben kein
„allmählicher Übergang" statt. Sie kann nicht im gleichen Sinne wie die
beiden anderen Stufen als Entwicklungsstadium des Selbstbewußtseins
begriffen werden: das schlechthinnige Abhängigkeitsgefühl kann „für sich"
nicht zeitlich hervortreten. Diese Einteilung darf also nicht so aufgefaßt
werden, als ob jemals die höchste Stufe die mittlere ablösen könnte oder
auch nur ablösen sollte. Mit dieser Verneinung ist nicht eine Eingeschränkt-
heit des menschlichen Zustandes ausgesprochen, die doch so weitgehend
wie möglich überwunden werden müßte, diese Negation hält eine prinzipielle Nichtgegebenheit fest: Die Stufe des „sinnlichen Bewußtseins" charakterisiert uns ja in unserem Menschsein überhaupt, sie nimmt die Wirk-

lichkeit, in der wir uns „in der hellen und wachen Zeit" wissen, wahr, den „Zusammenhang unseres Daseins" (3.), der nur in Raum und Zeit erfaßt werden kann; sollte sie etwa durch die erste Stufe „ausgetrieben" werden müssen — wenn diese, das schlechthinnige Abhängigkeitsgefühl, nur so wirklich sein könnte —, würde dieser uns notwendige Zusammenhang „unwiderbringlich [!] zerstört" (3. 35/29). Nur im „Zugleichsein" der beiden oberen Stufen kann die höchste „in der Zeit" sein, und daß dieses „Zugleichsein" als ein „Aufeinanderbezogensein" zu verstehen ist (Th 35ª), gilt damit von der begrifflichen Bestimmung *beider* Stufen her als abgesichert.

Diese unsere Darlegung scheint allerdings Schleiermachers eigene Aussage nicht voll aufnehmen zu können; es sieht so aus, als ob sie einen Widerspruch in seiner Erörterung ausmachen müßte. Zu Beginn des 3. Abschnitts heißt es nämlich: „Wenn nun die niedrigste tierähnliche Stufe allmählich verschwindet, so wie die mittlere sich entwickelt, die *höchste* aber, solange jene noch vorhanden ist, sich gar nicht *entwickeln* kann, so muß umgekehrt die mittlere unverringert fortwähren, selbst wenn die höchste schon ihre *vollkommene Entwicklung* erlangt hat." Fast im selben Atemzug wird die charakteristische Aussage gemacht, die wir schon verschiedentlich herangezogen haben: das schlechthinnige Abhängigkeitsgefühl „ist entweder gar nicht da, oder so lange es überhaupt da ist, auch immer da und immer sich selbst / gleich". Wie kann sich etwas *entwickeln*, das keinem „Wechsel von Zuständen" (ebd.) unterworfen ist? Ist dies nicht eine contradictio in adjecto?

Man muß wohl so fragen, damit man den Ausdruck „Entwicklung" an die ihm zugehörige Stelle bringt. Dann nämlich löst sich dieser Widerspruch als ein scheinbarer auf. „Entwicklung" kann hier ja nicht ein Werden des schlechthinnigen Abhängigkeitsgefühls „an sich" meinen, sondern nur dasjenige des „zeitlichen Hervortretens", dasjenige des „Zugleichgesetztseins" mit dem sinnlichen Bewußtsein. Wir können diese Unterscheidung auch so betonen, daß wir die gleichsam doppelte Redeweise Schleiermachers vom „höchsten" Selbstbewußtsein hervorheben. Einmal wird das Grundgefühl selbst — an und für sich betrachtet — die „höchste Stufe" genannt, dann aber — und das ist hier das Wesentliche — ist als „Vollendungspunkt des Selbstbewußtseins" das „Bezogenwerden des sinnlich bestimmten auf das höhere Selbstbewußtsein in der Einheit des Momentes" verstanden (3.). Dieses *„Bezogenwerden"* ist das eigentliche Intentum der ganzen Verhandlung. Mit dieser Bestimmung beantwortet Schleiermacher die Frage nach dem *Wie* des „wirklichen Vorkommens" der Frömmigkeit[15]. Im Aufeinanderbezogensein der beiden höheren Stufen „vollendet" sich deren Zugleichsein, und dieses ist nicht und gerade nicht als ein „Verschmelzen" zu denken: das würde „völlig gegen den aufgestellten Begriff *von beiden* sein" (3.). Wir können den Zielpunkt dieses Paragraphen nur richtig aufnehmen, wenn wir ihn als eben von den beiden Seiten her angegangen und dann auch bewertet finden. Die Wirklichkeit der höchsten Stufe ist nur im Zugleich mit der Gültigkeit der mittleren zu erfassen. Eine nur einlinige Betrachtungsweise oder gar ein an der „an und für sich" höchsten Stufe gebildeter Maßstab für eine Beurteilung dieser Bezogenheit muß Schleiermachers Intention genau verfehlen. Das Zusammensein beider Bestimmtheiten des Selbstbewußtseins kennzeichnet dessen „Vollendungspunkt": gleichwie „jeder Moment eines / bloß sinnlichen Selbstbewußtseins ein mangelhafter und unvollkommener Zustand (ist)", so würde „auch, wenn das schlechthinnige Abhängigkeitsgefühl im allgemeinen der ganze Inhalt eines Momentes von Selbstbewußtsein wäre, (...) dies ein unvollkommener Zustand sein; denn es würde ihm die Begrenztheit und Klarheit fehlen, welche aus der Beziehung auf die Bestimmtheit des sinnlichen Selbstbewußtseins entsteht" (3. 35 f./29). Wir nehmen diese Stelle voll auf, weil wir hierzu bemerken müssen, daß sie überhaupt die einzige in dieser, den ersten Teil des Leitsatzes begründenden Erläuterung ist, die einen Anhalt dafür bieten könnte, das „Zugleichgesetztsein" der beiden Stufen als eine „Trübung"[16] der höchsten aufzufassen. Aber eine solche Deutungsmöglichkeit wird man ja gerade hier abweisen müssen: Unwiderlegbar ist „Begrenztheit" des schlechthinnigen Abhängigkeitsgefühls nicht im Sinne einer negativen Bewertung gemeint, denn mit dem In-der-Zeit-sein sollen „Begrenztheit" *und* „Klarheit" gewonnen werden; mit beiden Charakteristika ist die höchste Stufe in ihrer Vollkommenheit beschrieben[17].

---

[15] Die Notwendigkeit für diese Abgrenzung begründet Schl. wieder aus der Erfahrung des Einzelnen: „Niemand kann sich auch in einigen Momenten ausschließend seiner Verhältnisse im Gegensatz und in anderen wiederum seiner schlechthinnigen Abhängigkeit an und für sich und im allgemeinen bewußt sein, sondern als ein im Gebiet des Gegensatzes für diesen Moment schon auf gewisse Weise bestimmter ist er sich seiner schlechthinnigen Abhängigkeit bewußt" (35/29).

[16] s. o. 4. Kap./Anm. 6.

[17] Hiermit ist noch nichts über den späteren Begriffsgebrauch gesagt: in der eigentlichen Dogmatik spricht Schl. wohl von der „begrenzende(n) Unkräftigkeit (des Gottesbewußtseins)" (347/387), verwendet er also „begrenzen" in einem negativen Sinn, aber eben erst im II. Teil (§ 62 ff.)! Dieses Verständnis darf nicht

Es kann gar kein Zweifel daran sein, daß Schleiermacher, wenn er in diesem Zusammenhang von „Entwicklung" redet, immer nur „Entwicklung" auf den Zielpunkt hin meint: die „Vollendung" des Selbstbewußtseins als das „Aufeinanderbezogensein" der beiden Elemente. Eben deswegen ist deren Möglichkeit von beiden Richtungen her zu begründen, muß sie sich „auf zweifache Weise beschreiben" lassen: „(v)on unten herauf" und „(v)on oben herab". Wobei der Ausdruck „beschreiben" eigentlich nur begrenzt gültig sein kann, denn es soll ja kein Tatbestand der Empirie erhoben werden, der sich entweder so oder so verwirklichte. Von beiden Seiten her betrachtet, kommt es auf das eine Ziel an: Je mehr und je deutlicher in jedem Moment des Selbstbewußtseins das Zugleichsein der beiden Elemente gesetzt ist, je stärker durchhaltend das schlechthinnige Abhängigkeitsgefühl mitbestimmend ist — „so daß der Mensch, wie er immer sich partiell frei und partiell abhängig fühle gegen anderes Endliche, sich *doch zugleich* gleichmäßig mit allem, wogegen er sich so fühlt, auch schlechthin abhängig fühlt" —, desto gültiger ist der „Vollendungspunkt" erreicht, desto klarer ist das schlechthinnige Abhängigkeitsgefühl in der Wirklichkeit — „um desto frömmer ist er" (3.)[18].

Dieses „Aufeinanderbezogensein" läßt sich genau auch in der Begrifflichkeit des vorigen Paragraphen ausdrücken: Wir haben kein Gottesbewußtsein ohne Weltbewußtsein, und es gilt ebenso: ein Weltbewußtsein allein, ohne Gottesbewußtsein, wäre kein „klares" Selbstbewußtsein, es ist als ein im Grunde mangelhafter Zustand anzusehen. Ein Bewußtsein von Gott „an und für sich" gibt es nicht; nur mit dem Weltbe-

---

vorzeitig in § 5 eingezogen werden, denn die Möglichkeit, auf welche Weise — in zwei Aussagelinien hin! — an die Ausgangsbestimmung „frommes Selbstbewußtsein" angeschlossen werden kann, wird erst mit den apologetischen Sätzen (§ 11!) begründet.

[18] Auch E. BRUNNER (Mystik, 67 ff. und 298 ff.) beachtet bei der Auslegung dieses Zusammenhanges m. E. nicht die doppelte Redeweise Schl.s von „höherem Selbstbewußtsein" und von „Entwicklung", nur deswegen kann er eine Abwertung des Schl.schen Erlösungsbegriffs anschließen: „Erlösung" bedeute nach der Einleitung, auf der Grundlage der Ethik, „(d)ie allmähliche Durchdringung des sinnlichen durch das höhere Bewußtsein"; es lasse sich „die Erlösung als ein geschichtlicher Prozeß (Gesamtleben) auffassen, zu dem zwar Jesus den Anstoß gab, der sich aber seitdem, kraft eigener Bewegung, fortsetzt und anderen mitteilt . . ." (300). Dabei hat er zudem die von Schl. in den apologetischen Sätzen deutlich hervorgehobenen Grenzen einer möglichen begrifflichen Anknüpfung (in bezug auf „Erlösung") von vornherein ausgeklammert (s. u. zu § 11, S. 249 ff.: über die *Notwendigkeit* von Erlösung).

wußtsein zugleich ist dem Menschen „das zum Gottesbewußtsein werdende unmittelbare Selbstbewußtsein (der schlechthinnigen Abhängigkeit)
gegeben" (§ 4,4). Daß man aber aus dieser Relation eine Identitätsglei-
chung machen könnte, ist ja völlig ausgeschlossen; jedenfalls nähme eine
solche Deutung Schleiermachers Meinung nicht auf.

Wir müssen noch einmal auf den oben diskutierten Ansatz von Flückiger[19] zurückkommen, indem wir unterstreichen: Fraglos enthält die Begriffsbestimmung als solche noch nicht eine Abwertung des „wirklichen
Vorkommens" der höchsten Stufe. Eine derartige Annahme wird schon
durch die im 1. Abschnitt aufgewiesene Problemstellung in Zweifel gezogen, noch viel weniger läßt sie sich gegenüber der Lösung selbst durchhalten, zumal dann nicht, wenn man berücksichtigt, daß diese Lösung
in der Ethik ihre „Heimat" hat. Das „Aufeinanderbezogensein" der beiden Stufen ist nicht als solches ein Nachteil, begründet nicht schon an sich
eine immer gegebene „Trübung" der „Reinheit" des frommen Gefühls —
das „Zugleichsein beider in demselben Moment" ist gerade der Grund
der Möglichkeit für die Rede von der „wirklichen" Frömmigkeit. Denn
damit ist die Möglichkeit begründet, „fromme Erregungen" (5.) voneinander zu unterscheiden: sowohl der „Art" als auch der „Stärke" nach,
und sie in der Dauer ihres zeitlichen Verlaufs, gegebenenfalls als „eine
ununterbrochene Folge", zu erfassen[20].

In dieses Urteil haben wir schon die eine wesentliche Aussage der beiden
letzten Abschnitte, welche den zweiten Teil des Satzes ausführen, hineingenommen. Die andere ist Schleiermachers Hinweis auf das möglicherweise „schwierige Hervortreten" des schlechthinnigen Abhängigkeitsgefühls, das er als „Hemmung des höheren Lebens" bezeichnet (4.). Daß
dadurch nicht doch noch ein Zweifel an unserem Grundverständnis aufkommen kann, brauchen wir nur am Rande zu erwähnen. Es geht uns ja
darum, eine von vornherein in den Begriff eingezogene, mit dem Zeitlichwerden notwendigermaßen verbundene „Trübung" des Gottesbewußtseins abweisen zu können. Wie unterschiedlich dieses Zeitlichwerden denkbar und dann auch bewertbar ist, darüber war noch nichts gesagt. Allerdings ist es wichtig, diesen Hinweis auf die Schwierigkeiten, die der „Vollendung" des Selbstbewußtseins im Wege sein können, zu beachten. Denn

---

[19] s. o. S. 35 f., S. 85 ff.

[20] Inwiefern das sich hier zeigende Überspringen gleichsam des Aussagebereiches
„Ethik" möglicherweise ein wesentliches Moment des Verfahrens der Einleitung
bedeutet, wird unten darzulegen und zu erörtern sein: S. 105 f., S. 107 f.,
S. 136 ff.

daraus geht hervor, daß Schleiermacher bei seiner Beschreibung des unmittelbaren Selbstbewußtseins, das zum Gottesbewußtsein „wird", nicht etwa eine mit Naturnotwendigkeit gesetzte Entwicklung des menschlichen Bewußtseins im Blick hat[21]. Die Möglichkeit einer solchen Einschränkung durch die Begriffsbestimmung mitbegründet zu finden, also die andere durch das Zeitlichwerden begründete Möglichkeit, ist deshalb wichtig, weil diese Einschränkung eine wesentliche Teilaussage in der Grundlage für den Lehnbereich „Apologetik" ist. Hier allerdings wird sie nur wie nebenbei aufgenommen, was dem formalen Charakter der ethischen Sätze durchaus entspricht. Eigentlich wesentlich an diesen beiden letzten Abschnitten ist, daß man erkennt, wie das in § 5 durchgeführte, auf das „wirkliche Vorkommen" des frommen Bewußtseins zielende Verfahren schon nicht mehr nur aus dem Zusammenhang mit der Ethik zu verstehen ist.

Ausdrücklich hebt Schleiermacher zu Beginn des 4. Abschnitts, den Hauptteil zusammenfassend, noch einmal hervor, daß Frömmigkeit sich nicht als Verwirklichung des schlechthinnigen Abhängigkeitsgefühls an und für sich und eben nicht ohne Beziehung auf das sinnliche Bewußtsein gestaltet: „Nämlich auf ein als Moment Gegebenes von teilweisigem Freiheits- und teilweisigem Abhängigkeitsgefühl als den Moment mit konstituierend bezogen, wird es [sc. unser frommes Bewußtsein] hierdurch erst eine besondere fromme Erregung, und in einem anderen Moment auf ein anderswie Gegebenes bezogen eine andere, so jedoch daß das Wesen, nämlich das schlechthinnige Abhängigkeitsgefühl, in beiden und so durch die ganze Reihe hindurch dasselbe ist, und die Verschiedenheit nur daraus entsteht, daß dasselbe mit einem andern sinnlich bestimmten Selbstbewußtsein zusammengehend ein andrer Moment wird, aber immer ein Moment der höheren Potenz, während wo gar keine Frömmigkeit ist, das sinnliche Selbstbewußtsein ... auseinandergeht in eine Reihe von Momenten der niederen Potenz ..." (37/30 f.). Denn nur und genau in diese Begriffsbestimmung läßt sich unsere „Erfahrung" (3.) einbringen, das fromme Bewußtsein, wie wir es „wirklich finden" (4.): daß dieses an dem „Wechsel" von „Lust und Unlust", an dem „Gegensatz des Angenehmen und Unangenehmen" teil hat (4.), daß es sich „auch der Stärke nach differentiier(t)" (5.), daß es sich überhaupt in voneinander unterscheidbaren „frommen Erregungen" (4.; 5.) darstellt. Die höchste Stufe trägt einen solchen Gegensatz nicht in sich, gleichwohl ist ihr Wirklichwer-

---

[21] Dies behauptet G. WEHRUNG (Methode, 50 f.) aufgrund seiner Deutung des schlechthinnigen Abhängigkeitsgefühls als des „religiöse(n) Apriori" (aaO, zu § 4: 36—56); vgl. auch u. 6. Kap./Anm. 3.

den nur aus dem Bestimmtsein im Gegensatz zu erfassen: „Dieser Gegensatz . . . bezieht sich auf nichts anderes, als wie sich beide Stufen des Selbstbewußtseins zueinander verhalten in der Einheit des Momentes" (4.). Freude und Lust oder Schmerz und Unlust in der frommen Erregung bestimmen sich dabei keineswegs aus dem sinnlichen Bewußtsein selbst. Dies gerade nicht — es muß Schleiermacher sehr daran gelegen sein, ein derartiges Verständnis auszuschließen, denn er betont noch einmal, daß die beiden Stufen weder als „ineinander verschmolzen oder durcheinander neutralisiert" noch als „zu einem Dritten geworden" aufgefaßt sind. Es ist ja aus der Erfahrung belegt, daß „ein Schmerz des niedrigen und eine Freudigkeit des höhern Selbstbewußtseins" durchaus miteinander verbunden sein können. „Sondern dieser Gegensatz haftet dem höheren Selbstbewußtsein an vermöge seiner Art, zeitlich zu werden . . . indem es nämlich in bezug auf das andere ein Moment wird." „Das erste Hervortreten", „das jedesmalige leichte Hervortreten", „die Leichtigkeit frommer Erregungen als beharrliche(r) Zustand" bedeuten „Lebenserhöhung", geben dem frommen Bewußtsein „das Gepräge der Freude"; dementsprechend muß „das schwierige Hervortreten" des höheren Selbstbewußtseins oder eine „Unstetigkeit" des frommen Bewußtseins „als Hemmung des höheren Lebens gefühlt werden" (4.). Welche Bestimmtheiten des sinnlichen Selbstbewußtseins ein solches als Freude erfahrenes Hervortreten erleichtern, welche es erschweren, hören wir nicht. Schleiermacher stellt nur fest, daß „die verschiedenen Gestaltungen des sinnlichen Selbstbewußtseins in den mannigfaltigsten Mischungen von Freiheitsgefühl und Abhängigkeitsgefühl" das höhere Selbstbewußtsein in ungleichem Maße „hervorlocken oder begünstigen" (5.). Da es hier um die grundsätzliche Erörterung geht, wird man auch keine spezifizierenden Angaben erwarten dürfen; solche wären ja nur von bestimmten Modifikationen des frommen Selbstbewußtseins her zu gewinnen, also aus der Empirie. Grundsätzlich läßt sich keine bestimmt geartete Einschränkung ausmachen, müßten beliebig viele Modifikationen möglich sein, denn „unverträglich ist keine Bestimmtheit des *unmittelbaren sinnlichen Selbstbewußtseins* mit dem höheren, so daß von keiner Seite eine Notwendigkeit eintritt, daß eines von beiden irgendwann müsse unterbrochen werden" (5.).

Von dieser den Erörterungsgang abschließenden Feststellung Schleiermachers aus greifen wir auf den Ausgangspunkt unserer Verhandlung zurück: Wir haben sie als Bestätigung für unsere Grundthese von der in der Einleitung eigenständig erfolgten Ausformung des Begriffs „unmittelbares Selbstbewußtsein" zu werten. Das In-der-Zeit-bestimmbar-sein ist ein

Element des Grundbegriffs, oder, was gleichbedeutend ist, die sinnlichen Gefühle sind miteingeschlossen — das „unmittelbare Selbstbewußtsein" ist als komplexe Größe definiert; nur und genau unter dieser Voraussetzung sind die vorliegenden Ausführungen Schleiermachers schlüssig.

Noch von einer Seite her scheint dieses Verständnis allerdings nicht unbedingt gesichert zu sein: auf den hier durchgehend gebrauchten Zeitbegriff „Moment" sind wir bisher nicht explizit eingegangen. Dies aber deshalb nicht, weil eben aus dem durchgehenden Gebrauch, das heißt implizit, deutlich wird, daß hiermit nicht etwa das aktuale Verständnis der Dialektik, Zeitlosigkeit, aufgenommen ist, daß vielmehr dadurch das Aussageziel der Einleitung, Zeit als Zeit-Kontinuum in den Begriff der Frömmigkeit einlassen zu können, begründet wird[22]. „Moment" meint hier nicht die zeithaft nicht erfaßbare „Identität im Übergang", sondern „Einheit des Momentes" charakterisiert gerade das Zusammensein der beiden Elemente des Selbstbewußtseins, wobei — was wesentlich ist — die Möglichkeit, von „bestimmten" oder von „anderen" Momenten reden zu können, aus der Beziehung auf das sinnliche Bewußtsein gewonnen wird (4.). Die „Momente höherer Potenz" sind als „höhere" durch das „mit konstituierende" Gefühl der schlechthinnigen Abhängigkeit qualifiziert, zu einer „Reihe" von unterscheidbaren Momenten werden sie durch die notwendig mitbestimmenden sinnlichen Gefühle gefügt. Erst unter dieser begrifflichen Voraussetzung wird die Kontinuität „frommer Erregungen" aussagbar.

Mit § 5 ist die Umbildung des Grundbegriffs abgeschlossen; auf dieser Vorlage gründen alle weiteren Ausführungen. Wir werden uns im folgenden wiederholt auf das hiermit erreichte wichtige Teilergebnis unserer Untersuchung, die Differenz im Begriffsverständnis der Einleitung gegenüber demjenigen der Dialektik, zurückbeziehen müssen. Um den Rückbezug zu vereinfachen, fasse ich dieses Ergebnis in einer Skizze zusammen, die, damit die jeweilige Begriffsbestimmung in die je eigene Intention der beiden Disziplinen gestellt werde, deren Ansatz je mit aufnimmt.

---

[22] Von daher klingt es mißverständlich, wenn W. Schultz hierzu sagt: „(Frömmigkeit) verwirklicht sich nur jeweils in einem Moment..." (Prot., 55; aus dem Kap. „Der Zeitbegriff bei Schleiermacher", 25—65). Andererseits betont Schultz auch: „Der Begriff Moment in der Glaubenslehre hat... eine andere Bedeutung wie der Begriff Augenblick in den Reden und Monologen... Frömmigkeit verwirklicht sich nur in der Zeit" (57). „... in der Glaubenslehre bleibt Moment ein Teil des Zeitverlaufs" (59).

DIAL.: *transsz. Grund* ⭠ Denken / Wollen ↔ (*unm. SB.*) ⇦ religiöse Seite / zeitlos ≙ *begleitend* / zeitl. Affektionen

EINL.: *Frömmigkeit* → Gefühl-*unm. SB.:* → (höh. / sinnl.) verw. ⇔ *in-der-Zeit* ≙ *Einheit des Momentes*

Wissen ↑ / ↓ Tun

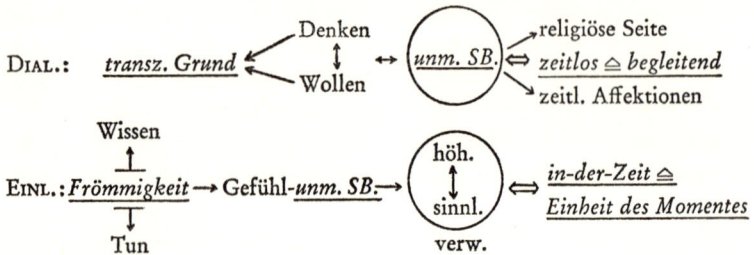

Eines nun läßt sich dieser Verhandlung mit Sicherheit entnehmen: daß Schleiermacher aber auch mit keinem Wort in dem Leser die Vermutung wecken will, das In-der-Zeit-sein bedeute notwendigerweise eine „Trübung" des höheren Selbstbewußtseins durch das sinnliche. Wenn auch mit der Möglichkeit gerechnet wird, daß es Bestimmtheiten des sinnlichen Bewußtseins gibt, die ein Hervortreten des höheren hemmen, so sind eben damit auch „unvollkommene" Zustände in die Überlegungen einbezogen — der „vollkommene" Zustand setzt zwar das „Übergewicht"[23] der höheren Stufe voraus, aber doch in dem Sinne, daß um so klarer das Zugleichsein beider Stufen „in der Einheit des Momentes" hergestellt ist, daß die sinnliche Bestimmtheit des Selbstbewußtseins das Hervortreten des höheren nicht hemmt, sondern gerade veranlaßt, keinesfalls in dem Verständnis, daß diese ausgeschlossen werden müßte[24].

---

[23] Schl. wörtlich: „Denken wir uns aber die Schwierigkeiten allmählich verschwinden, mithin die Leichtigkeit frommer Erregungen als *beharrlicher Zustand*, und zugleich daß allmählich die höhere Stufe des Gefühls ein Übergewicht erlangt, so daß *im unmittelbaren Selbstbewußtsein* dieses, daß die sinnliche Bestimmtheit Veranlassung wird zur zeitlichen Erscheinung des schlechthinnigen Abhängigkeitsgefühls, stärker hervortritt als der Gegensatz innerhalb des Sinnlichen selbst ..." (39/33).

[24] Es wird unten gezeigt werden, daß die Notwendigkeit *und* die Wirklichkeit von Erlösung vom „Vollendungspunkt des Selbstbewußtseins" her begründet sind (§ 11 und § 14).
Zudem sei an dieser Stelle vorgreifend darauf verwiesen, daß § 9 in Parallele zu der hier eingerichteten Position aufgebaut ist: „... unverträglich ist keine Bestimmtheit des unmittelbaren sinnlichen Selbstbewußtseins mit dem höheren" heißt es in 4. dieses § 5 (40/34), und also ist in der Tatsache des Zusammenseins-mit noch keine Wertigkeit angelegt — diese ergibt sich erst aus der inhalt-

Es ist schlechterdings unbegreiflich, wie gegenüber dieser klaren Erörterung FLÜCKIGER die oben dargelegte Meinung vertreten kann. Wir müssen uns deswegen so ausführlich mit ihm auseinandersetzen, weil doch auch eine gewisse Übereinstimmung mit seiner Interpretationsgrundlage besteht. Denn auch Flückiger hat durchgehend betont, daß man, um Schleiermacher gerecht werden zu können, unbedingt die einzelnen Wissenschaftsgebiete auseinanderhalten müsse, daß man zwischen Philosophie und Theologie, und also zwischen Spekulation und Empirie, reinlich zu scheiden habe (90). Nur den Folgerungen, die Flückiger zieht — wonach die „höhere Synthese des philosophisch interpretierten Dogmas" als eine „Angleichung an das philosophische Weltbild" die beiden „gegensätzlichen Aspekte" zusammenbringe (90 f.) — können wir so nicht zustimmen. Das ist eben die Frage, ob die Polarität, die sich Flückiger aus seinem Ansatz ergeben hat — das schlechthinnige Abhängigkeitsgefühl als spekulative (philosophische) Größe, das christlich fromme Selbstbewußtsein als empirische (dogmatische) Bestimmung — Schleiermachers Grundproblem auch nur aufzunehmen, geschweige denn, ob sie dessen Lösung einzubeziehen vermag. Fraglich scheint das deswegen zu sein, weil Flückiger den Begriff „Frömmigkeit", die Definitionsgrundlage des Begriffs „Kirche", nicht in der Weite berücksichtigt, in der Schleiermacher ihn erörtert. Die „gegensätzlichen Aspekte" sind nämlich viel enger ineinander verflochten, als Flückigers gleichsam als Verhältnisgleichung zu verstehende Beziehung „schlechthiniges Abhängigkeitsgefühl : christlich frommem Selbstbewußtsein = Spekulation : Empirie = Philosophie : Dogmatik" ausdrücken kann. Der Einwand dagegen muß sich von dem vorliegenden § 5 her mit Notwendigkeit erheben: Daß das Wesen der Frömmigkeit das schlechthinnige Abhängigkeitsgefühl sei, kann nur als Teilaussage aus dem Bereich der ethischen Sätze gewertet werden; es kommt auch darauf an, die Untersuchung über die Wirklichkeit von Frömmigkeit als der Begriffsklärung zugehörig zu erkennen, und vor allem darauf, die Art und Weise zu beachten, in der Schleiermacher diese Seite des Problems verhandelt. Wir haben oben schon darauf hingewiesen, daß die Erörterungsweise gerade dieses Paragraphen durch die Spannung zwischen einer Gedankenführung als „Spekulation" und der Bezugnahme auf die „Erfahrung" gekennzeichnet ist. Zumal in den beiden letzten Abschnitten wird das mit den einander entgegengesetzten Bezügen von „Denken" und „wirklichem Finden" des frommen Bewußtseins zum Ausdruck gebracht. Wir können diese

---

lichen Bestimmtheit, aus der Weise, in der das Aufeinander-Bezogensein hergestellt ist, wie dann in § 9 dargelegt wird.

Beobachtung jetzt in den Textzusammenhang einfügen und sagen, daß Aussageinhalt und Verfahrensweise sich gegenseitig bedingen: gleichwie die Wirklichkeit von Frömmigkeit nur im Gegensatz der beiden Elemente — schlechthinniges Abhängigkeitsgefühl und sinnliches Selbstbewußtsein — erfaßt werden kann, so ist auch die Erörterung selbst als eine Gehaltenheit im Gegensatz zu verstehen. Aber diese Analogie kann nicht so gedeutet werden, als ob jeweils die Glieder aus den so bestimmten Gegensatzpaaren herauszunehmen und isoliert einander zuzuordnen seien. Dies eben nicht — das Bezogensein im Gegensatz ist in keinem Fall auflösbar. Wir werden unten zeigen können, daß der dritte religionsphilosophische Lehnsatz nicht nur inhaltlich genau an diesen dritten ethischen Satz anschließt, sondern gerade auch von der Gedankenführung her ihm direkt nebengeordnet ist. Dort hat Schleiermacher ausdrücklich von der „kritische(n) Natur" des Verfahrens gesprochen (Th 60ᵃ). Aber auch ohne daß wir diese Selbstinterpretation vorwegnehmen, werden wir die Ausführungen hier unter genau solcher Kennzeichnung fassen müssen. Dazu brauchen wir nur an Schleiermachers Grundlagenerörterung in § 2 zu erinnern: an die dort entwickelte Ansicht über die Notwendigkeit einer vergleichenden, „kritischen" Zusammenschau von Spekulation und Empirie; der vorliegende § 5 ruht deutlich auf diesem Grundverständnis der Möglichkeit von Wirklichkeitserfassung auf.

An diese Einsicht haben wir noch eine weitergehende Folgerung anzuschließen. Dann nämlich, wenn Schleiermacher mit der Erläuterung zu diesem Satz also seine Auffassung über die Notwendigkeit und die Möglichkeit zusammenschauender „Kritik" beispielhaft darbietet, ist dieses Vorgehen für die Beantwortung unserer Ausgangsfrage von höchster Bedeutsamkeit. Und deswegen betonen wir es hier: Schleiermacher hätte dann sein „kritisches Verfahren" nicht nur in der von ihm „kritische Disziplin" genannten Religionsphilosophie durchgeführt, sondern es schon in den Lehnbereich der Ethik vorgezogen. Darin könnte angelegt sein, auf welche Weise im Nacheinander des Gedankenaufbaues der drei Lehnbereiche gleichwohl deren Zueinander festgehalten sein soll. Wir werden unten, wenn wir (in § 8 und dann wesentlich in § 9) unsere Vermutung deutlicher auszudrücken und zu begründen vermögen, auf diese Überlegung und die in ihr möglicherweise enthaltenen Konsequenzen zurückkommen.

6. Kapitel

Kirche, *die geschichtlich bedingte Erscheinungsform von Frömmigkeit* — § 6

Was Dogmatik sei, läßt sich zureichend erst dann klären — so haben wir oben Schleiermachers Ansatz aufgenommen —, wenn man zuvor mit seinem Gesprächspartner „sich über den *Begriff der christlichen Kirche* verständiget hat" (§ 2). Und diese Verständigung wiederum ist nur möglich, wenn in bezug auf den *allgemeinen Begriff der Kirche* ein consensus hergestellt ist. Daß solch ein consensus gesucht werden muß und erreicht werden kann, folgt für Schleiermacher aus der von ihm jeglicher Wissenschaft für unabdinglich notwendig erklärten Grundvoraussetzung: derjenigen der Anerkennung einer allem Wissenkönnen vorherliegenden Zusammenstimmung des Denkens mit dem Sein; wollte man diese Voraussetzung ablehnen, wären Aussagen, für die der Charakter der Allgemeingültigkeit beansprucht werden soll, nicht möglich.

Diesem Ansatz entsprechend sieht Schleiermacher sich vor die Aufgabe gestellt, den allgemeinen Begriff — „wenn es dergleichen wirklich geben soll" — aus der Ethik zu begründen: „da auf jeden Fall die Kirche eine Gemeinschaft ist, welche durch freie menschliche Handlungen entsteht und nur durch solche fortbestehen kann" (§ 2,2).

Nun mag man zwar die Berechtigung einer derartigen Voraussetzung überhaupt bestreiten können oder auch insbesondere eine für die „christliche Kirche" konstitutive Bedeutung „freier menschlicher Handlungen" in Frage stellen wollen, aber man darf wohl nicht außer acht lassen, daß jedenfalls um der für unbedingt notwendig gehaltenen Begriffsbestimmung willen Schleiermacher seine „Lehnsätze aus der Ethik" durchgeführt hat, daß man folglich die vorhergegangenen Paragraphen nur dann recht verstehen und entsprechend der sie ausrichtenden Intention aufnehmen kann, wenn man sie aus ihrer Konvergenz auf den vorliegenden § 6 hin versteht und aufnimmt. Denn hier, im letzten ethischen Satz, wird ja erst der Begriff „Kirche" eigentlich zum Gegenstand der Erörterung gesetzt.

Man könnte meinen, dieser ausdrückliche Verweis auf den Ausgangspunkt der Verhandlung erübrige sich. Schließlich hat Schleiermacher seine Intention deutlich genug angezeigt, und ebenso deutlich liegt zutage — nämlich schon mit dem Wortlaut des Satzes selbst —, daß er ihr an genau dieser Stelle explizit nachzukommen sucht. Es müßte im Grunde selbstverständlich sein, die Einzelaussagen des Verhandlungsbereiches „Ethik" in den Zusammenhang einzuordnen, wie er durch die Zielbestimmung „Begriff der Kirche" beschrieben ist.

Gleichwohl erübrigt sich unser Verweis nicht. Denn gemeinhin wird in der Auslegung solcher dem Gesamtverständnis doch notwendige Aussagezusammenhang gerade nicht beachtet. Ja, es sieht so aus, als ob (jedenfalls in der neueren Literatur) eben darin die Übereinstimmung bestehe, daß dieser letzte Satz, ohne daß etwas Wesentliches aus dem ersten Zyklus der Lehnsätze ausgelassen wird, unberücksichtigt bleiben dürfe. Allerdings wird solche Übereinstimmung, soweit ich finden kann, nirgends diskutiert. Ob sie vielleicht dem fast kanonisch gewordenen Urteil entspricht, daß der Grundbegriff der Theologie Schleiermachers, das „fromme Selbstbewußtsein", nicht der Einleitung selbst, sondern der Dialektik zu entnehmen sei[1]? Oder aber der oftmals vertretenen Auffassung, daß nicht der christliche Glaube den Ausgangspunkt der Dogmatik bilde, sondern der allgemeine Begriff der Religion überhaupt[2]? Beide Deutungen des Schleiermacherschen Ansatzes sind ja direkt miteinander verwandt. Wir können einer Bestätigung der naheliegenden Vermutung eines solchen Zusammenhanges hier nicht nachgehen, dazu bedürfte es einer den Rahmen unserer Verhandlung weit überschreitenden Diskussion der in Einzelfragen noch stark differierenden Positionen. Ich wollte nur auf die doch erhebliche Diskrepanz aufmerksam machen, die sich an dieser Stelle zwischen der von Schleiermacher angegebenen und auch verfolgten Aussageabsicht und der weithin gebotenen Auslegung der ethischen Lehnsätze auftut. Solche Diskrepanz muß ja in dem Verständnis schon des ersten Untersuchungsganges der Einleitung, dann auch in deren Gesamtdeutung und schließlich in der Beurteilung der Glaubenslehre überhaupt ihren Niederschlag finden[3].

---

[1] So nicht erst F. FLÜCKIGER (24 ff.), sondern jedenfalls schon O. RITSCHL (Theorie der Frömmigkeit, 137); ebenso E. BRUNNER (Mystik), allerdings ohne diese Position ausdrücklich anzugeben; vgl. auch K. BARTH (Theologiegeschichte, 404 ff.) und E. HIRSCH (Theologiegeschichte, Bd. V, 293 f., 300 ff.); anders dagegen, wenn auch nicht eigens betont: G. WEHRUNG, W. SCHULTZ, CHR. SENFT (s. o. in 4. Kap./Anm. 2).

[2] z. B. H. SÜSKIND, Christentum, 127.

[3] Gewiß soll hier nicht die Forderung erhoben werden, daß jegliche Darstellung der Theologie Schl.s den § 6 in den Mittelpunkt zu rücken habe — es kommt ja auf die jeweils gewählte Textvorlage an. Nur meine ich, daß eine Untersuchung, die sich grundsätzlich auch auf das Verständnis der Einleitung berufen will, an diesem § 6 nicht vorbeisehen dürfe, daß zumal die Aussage der ethischen Lehnsätze nicht getroffen werden könne, wenn deren letzter nicht beachtet wird.

Der kritische Einwand gegenüber den bisher durchgeführten Interpretationen (ich habe tatsächlich nirgendwo eine Bezugnahme auf § 6 gefunden, die für die Auslegung als Ganzes relevant geworden wäre) stellt sich doch von selbst ein: Wenn man diesen Paragraphen ausläßt, muß man

---

Außerdem vergißt eine derartig isolierende Betrachtungsweise *eine* wesentliche Voraussetzung, die Schl. als überhaupt bestimmend für sein Vorgehen in wissenschaftlichen Abhandlungen angesehen hat, nämlich diejenige seiner Einsicht in die „cyklische Natur des Erkennens" (s. o. S. 32), wonach man doch einen jeweiligen Erkenntnisgang erst vollständig mit zu durchschreiten hätte, ehe man sich ein Urteil über das Aussageergebnis bilden könnte. (In welcher Weise die drei Lehnsätzebereiche je für sich zyklisch aufgebaut sind und dann in ihrer Gesamtheit einen Zyklus höherer Ordnung gleichsam ausmachen, wird im Verlauf unserer Untersuchung dargelegt werden.)
Insofern ist schon der Beitrag von O. RITSCHL (Theorie der Frömmigkeit) kritisch zu betrachten. Ritschl erörtert eingehend und fast ausschließlich die ethischen Lehnsätze, und zwar mit dem Ziel, Schl.s „Ansicht, daß die Religion wesentlich auf ein G e f ü h l s c h l e c h t h i n i g e r A b h ä n g i g k e i t zurückgeführt werden müsse" (161) positiv bewerten zu können. § 6 wird dabei wohl erwähnt (156—158), aber nur unter dem Gesichtspunkt des 2. Abschnitts: die Frage ist für Ritschl, wie man Schl.s Behauptung — „daß das schlechthinige Abhängigkeitsgefühl n i c h t etwas z u f ä l l i g e s ..., sondern ein w e - s e n t l i c h e s oder a l l g e m e i n e s L e b e n s e l e m e n t sei" (156) — zu verstehen habe. Mit dieser Betonung ist im Grunde schon die Aussage verschoben, denn der Direktbezug auf das schlechthinige Abhängigkeitsgefühl als solches, wie Ritschl ihn voraussetzt, kann so von Schl. nicht gemeint sein. Es ist dann nur konsequent, wenn Schl.s „wesentliche(s) Element der menschlichen Natur" (§ 6) von Ritschl mit der Deutung „nicht als a c t u e l l w i r k s a m, sondern lediglich als eine p o t e n z i e l l e A n l a g e (zu verstehen)" (157) belegt und ganz in den Bereich der „t h e o r e t i s c h e n A b s t r a c t i o n," (156) zurückgewiesen wird. Wir werden im Vollzug der Auslegung die Gültigkeit dieser Voraussetzung und deren Konsequenz in Frage stellen müssen; hier ist nur zu notieren, daß Schl.s Begriff der frommen Gemeinschaft von Ritschl nicht erörtert wird; in einem so akzentuierten Gedankengang gibt es für diesen Begriff keine Stelle mehr.
Weiter ist G. WEHRUNG mit seiner theologischen Dissertation (Methode) zu nennen, und zwar deshalb, weil er wohl als den Hauptteil seiner Untersuchung eine ausführliche Interpretation der ersten Lehnsätze, §§ 2—11, liefert, dabei aber § 6 nur am Rande, ohne auf den Begriff „Kirche" Bezug zu nehmen, erwähnt: 35, 53, 57. Auch Wehrung kann die Zielbestimmung Schl.s gar nicht in seine Untersuchung aufnehmen, denn er hat diese von vornherein und nahezu uneingeschränkt auf die Wertung des schlechthinigen Abhängigkeitsgefühls als des auf dem Wege „einer transzendentalen Abstraktion" abgeleiteten „reli-

die Antwort auf die Frage, warum Schleiermacher überhaupt seine Einleitung mit Lehnsätzen aus der *Ethik* beginnt, notwendigermaßen schul-
dig bleiben. Jedenfalls kann man nicht im Sinne Schleiermachers antworten, man muß dem Kern der Sache ausweichen. Denn Schleiermacher
sieht die Rückbindung seiner Grundlegung für die Glaubenslehre in die
„Heimat" Ethik gerade durch den Begriff der *Kirche* hergestellt. Daß der
Begriff des Gefühls oder des frommen Selbstbewußtseins die tragende
Bedeutung gewinnt, die Schleiermacher ihm schließlich beigemessen hat,
ist durch die Notwendigkeit dieser für den Begriff der Kirche aufgesuchten
Rückbindung begründet. Man muß in der Herleitung des „frommen
Selbstbewußtseins" den von der Zielbestimmung „Kirche" abhängigen
und insofern sekundären Vorgang erblicken[4]. Dieser Sachverhalt ist,
soweit er vom Ansatz Schleiermachers aus einsehbar ist, von uns oben
schon, mit der Erörterung des § 2, berücksichtigt worden. Er wird sich
nun, durch Schleiermachers Ausführungen zu diesem das Frageziel direkt
eingrenzenden § 6, als genaue Verständnisgrundlage des ganzen ersten

---

giöse(n) Apriori" (36 ff.) gegründet. Für Wehrung erweist sich an dieser Grundlage — von Schl. „im Geiste Kants" (44) erstellt — der letztlich allein ausschlaggebende spekulative Charakter der Einleitung; nur in diesen Zusammenhang
vermag er die Prädikate „wesentliches Element" und „notwendig" einzuordnen.
Der Zugang zu dem eigentlichen Aussageziel Schl.s ist von Anfang an verschlossen.

Schließlich gehört in diese Reihe (die nur die auffälligsten Beispiele aus der
einschlägigen Literatur bieten soll) noch eine Abhandlung von W. SCHULTZ:
Theorie des Gefühls, ZThK 1956, 75—103. Zwar werden hier die ethischen
Sätze programmgemäß nur u. a. aufgenommen, dennoch erhebt sich auch gegenüber Schultz die Frage, mit welcher Berechtigung er die §§ 3—5 durch eine relativ breite Auslegung (84—87) seiner Grundkonzeption einfügen kann, ohne § 6
auch nur mit einem Wort zu streifen. Sofern die auf diese Weise hergestellte
Isolierung der drei ersten Lehnsätze wohl dem Frageansatz von Schultz entspricht — zu untersuchen (und zu zeigen), ob bzw. „daß Schleiermacher innerhalb der von ihm vorgetragenen Gefühlstheorie festhält an der philosophisch-
wissenschaftlichen Diktion von Wesen und Erscheinung" (100), und dies von
Anfang bis Ende seiner theologischen Arbeit —, scheint sie ja folgerichtig zu
sein; da sie aber Schl.s Aussageabsicht in dem der Ethik zugeordneten Erörterungsgang nicht gerecht werden kann, bleibt sie eben problematisch.

[4] Die Grundlage der Reden — „Anschauung und Gefühl" als „Wesen der Religion" (R[1] 51) — ist kein Widerspruch hiergegen: Die gleichlautenden Begriffe
haben je eine eigene Bedeutung, der andersartige Bezugsort ist hier das „unmittelbare Selbstbewußtsein". In diesem Punkt ist F. FLÜCKIGER, seinem Hinweis auf den Bedeutungsunterschied (26), zuzustimmen.

Satzzyklus erweisen. Und damit werden diese Sätze zugleich als transparent für das eigentliche Ziel der Einleitung, die Klärung des Begriffs der *christlichen* Kirche, zu erkennen sein.

Wenden wir uns jetzt dem Text selbst zu. Neben der Ausgangsthese lesen wir am Rande: „Mit § 6 ist das Geschäft der Ethik auf unserem Gebiet beendigt. Der Paragraph ist ein Beispiel davon, daß die Sätze hier nicht so vorkommen, wie sie in den betreffenden Wissenschaften stehen" (Th 41ᵃ). Diese Notiz ist nach ihren beiden Hinsichten zu beachten: erstens erinnert Schleiermacher damit noch einmal an die „Heimat", in der dieser Satz mit den vorhergegangenen Paragraphen verknüpft ist; zweitens — und dies ist in bezug auf das zu erfragende Gesamtverständnis der wichtigere Gedanke — verweist er mit ihr ausdrücklich auf den Umwandlungsprozeß, dem die Lehnsätze definitionsgemäß unterworfen sind. Wir werden besonders darauf zu merken haben, in welcher Weise das „nicht so vorkommen" zutage tritt und wie es zu begründen ist, das heißt: wir werden danach fragen müssen, warum dieses Moment gerade im Zusammenhang mit dem letzten ethischen Satz von Schleiermacher betont wird.

Wir wir aus der Kurzen Darstellung erhoben haben[5], ist die der Ethik entsprechende Aufgabe dann gelöst, wenn der *Nachweis* über den Notwendigkeitscharakter geschichtlich gewordener frommer Gemeinschaften — „Kirchen" — erbracht ist[6]. Nach dem vorliegenden Text zerfällt der die ethischen Lehnsätze abschließende Lösungsgang in zwei Hauptteile: der eine ist inhaltlich bestimmt, direkt auf das fromme Selbstbewußtsein bezogen (1.), der andere wäre als betont formal zu kennzeichnen, er hat allgemeingültigen Charakter (2.).

Die Grundlage des zweiten Teiles, nämlich der Nachweis, daß überhaupt „jedes wesentliche Element der menschlichen Natur auch Basis einer Gemeinschaft werde", gehört ganz der Ethik selbst zu; diese Aussage, so betont Schleiermacher, „läßt sich nur im Zusammenhang einer wissenschaftlichen Sittenlehre vollkommen entwickeln" (2.). An dieser Stelle wird sich also die für die Lehnsätze gezogene Grenze der Aussagemöglichkeit abzeichnen: Schleiermacher beansprucht gar nicht, den geforderten Nachweis hier vollständig führen zu können. Es ist wohl wichtig, daß wir diese von ihm selbst vorgebrachte Einschränkung gleich zu Anfang zur Kenntnis nehmen. Die Hauptaussage des Satzes dürfte danach kaum in

---

[5] s. o. S. 37 f.; vgl. auch 2. Kap., S. 27 ff.

[6] KD¹ § 23: „Soll es überhaupt Kirchen geben: so muß die Stiftung und das Bestehen solcher Vereine als ein notwendiges Element in der Entwicklung des Menschen können in der Ethik nachgewiesen werden."

dem zu diesem Fragegang gehörenden 2. Abschnitt zu suchen sein. Es sei denn, er wäre als indirekte Aussage zu verstehen, er sollte gerade deutlich machen, warum der Satz als Ganzes in der Ethik selbst nicht so ausgesprochen werden kann, wie er hier, in deren Lehnbereich, ausgesprochen werden muß. Wir werden unten auf diese Überlegung zurückkommen.

Dagegen will Schleiermacher wohl den ersten Teil des Lösungsganges durchgeführt haben. Der 1. Abschnitt zielt darauf, Frömmigkeit — nun entsprechend § 5 zu präzisieren als das „fromme Selbstbewußtsein" im „Bezogenwerden des sinnlich bestimmten auf das höhere Selbstbewußtsein" — als ein „wesentliches Element der menschlichen Natur" zu erweisen.

Wir sagen mit Bedacht: Frömmigkeit, die höchste Stufe „in ihrem wirklichen Vorkommen" (§ 5), also nicht das schlechthinnige Abhängigkeitsgefühl „an und für sich", muß hier von Schleiermacher als das „wesentliche Element" gemeint sein[7]. Ein sogenanntes „religiöses Apriori", etwa als nicht inhaltlich bestimmte, rein formale geistige Anlage verstanden, wäre völlig uninteressant — insofern ist eben fraglich, ob man Schleiermachers Definitionen in den vorhergegangenen Paragraphen so einstellen kann[8] —, es kommt ja darauf an, dieses „Element" als „Basis" je eigentümlich gestalteter — wie es hier heißt: „bestimmt begrenzte(r)" — frommer Gemeinschaften nachzuweisen. Nur in dieser Abzweckung überhaupt ist die Untersuchung eingeleitet und dann auch durchgeführt worden. Schleiermacher redet eben nicht erst im letzten religionsphilosophischen Lehnsatz „unvermutet" vom „eigentümlichen Wesen" einer jeden Religion[9]. Die Begriffsbestimmung, wie sie ja als Ziel des ersten Zyklus klar angegeben ist, läuft genau darauf hinaus, die Aufnahme des „Positiven" oder des „Geschichtlichen in der Religion" zu ermöglichen[10]. Man könnte Schleiermacher vielleicht die Gültigkeit des abgeleiteten Begriffs bestreiten — er vermerkt zum letzten (4.) Abschnitt am Rande: „Erweiterung des Gebrauchs des Ausdrucks ‚Kirche' notwendig für den wissenschaftlichen Gebrauch" (Th 45ᵃ) —, oder man dürfte wohl fragen, ob und unter wel-

---

[7] Gegen O. RITSCHL, Theorie der Frömmigkeit, 156; (s. o. Anm. 3).

[8] So ausführlich u. betont bei G. WEHRUNG, Methode, 36—72; (s. o. Anm. 3).

[9] F. FLÜCKIGER (45) kann dies nur behaupten bzw. beiläufig feststellen, weil er § 6 in seiner Untersuchung nicht berücksichtigt.

[10] Gegen F. FLÜCKIGER, der seine Darlegung von Schl.s Religionsphilosophie in die (allerdings eher auf die Reden gegründete) Aussage münden läßt: „Von einem wirklichen Ernstnehmen des Positiven und Geschichtlichen in der Religion kann daher nicht die Rede sein" (48). Die an den religionsphilosophischen Lehnsätzen abgehobene Einschränkung hat keinen entscheidenden Einfluß auf dieses Urteil. Das Ergebnis ist: „Das allgemeine Prinzip ist das übergeordnete." (ebd.)

chen Bedingungen sich in den hier abgesteckten Bereich auch „christliche Kirche" einstellen ließe; keinesfalls aber ist zu übersehen, daß er „Kirche" überhaupt als „bestimmt begrenzte", als „in der Geschichte hervortretende" fromme Gemeinschaft[11] fixieren will.

Wir unterstreichen es noch einmal: Schleiermacher kann nicht das schlechthinnige Abhängigkeitsgefühl an und für sich zum „wesentlichen Element der menschlichen Natur" erklären wollen[12]. Erstens wäre sonst der vorhergegangene Paragraph, die Erörterung des „wirklichen Vorkommens" von Frömmigkeit, als für den Gesamtzusammenhang völlig unnütz zu beurteilen; zweitens könnte dieses „Gefühl", weil es ja „immer sich selbst gleich" ist, nur eine schlechthin *eine*, in sich selbst gleiche fromme Gemeinschaft begründen — daß dies die Aussageabsicht sei, muß schon nach allem, was wir über die Problemstellung der Einleitung ausgemacht haben, als gänzlich abwegig erscheinen, abgesehen davon, daß eben die Formulierung der These selbst dieses einseitige Verständnis gerade nicht zuläßt; drittens endlich ist die Erläuterung des vorliegenden Paragraphen als in dieser Hinsicht unbedingt eindeutig zu beurteilen, dies gilt sowohl für den Begriffsgebrauch wie für den Gang der Erörterung. In der Aufeinanderfolge dieser drei Gedankenschritte ist die Behauptung enthalten, daß der letzte ethische Lehnsatz als genaue Konsequenz aus den bisher aufgestellten Thesen zu verstehen ist. Gilt diese Behauptung, so bestätigt sie zugleich unsere Auslegung der vorhergegangenen Paragraphen an entscheidender Stelle: sie sichert unser Verständnis des Schleiermacherschen Grundbegriffs, des in der Glaubenslehre als komplexe Größe eingeführten „unmittelbaren Selbstbewußtseins".

Im folgenden haben wir zunächst das unter drittens ausgesprochene Urteil zu begründen; die Aussage des Satzes als solche, wie sie im Nacheinander der vier Abschnitte entfaltet worden ist, nehmen wir erst danach auf.

Wir beginnen mit der Prüfung des Begriffsgebrauchs. In der These selbst wird das „fromme Selbstbewußtsein" genannt. Damit müßte eigentlich schon alles klar sein; einem unbefangenen Leser kann hierbei

---

[11] Entsprechend GL § 7 formuliert.

[12] Im Rahmen dieser Untersuchung ist es nicht möglich, die Frage zu beantworten, ob etwa der spätere Begriffsgebrauch, über die Einleitung hinaus — z. B. GL § 33 —, eine solche Deutung nahelege: vgl. dazu G. WEHRUNG (Methode, 53 f.), weitere Belegstellen dort. Wenn sich allerdings die Festsetzung hier als eindeutig erweisen läßt, müssen wohl auch die Aussagen dort anders klingen, jedenfalls lassen sie sich nicht ohne weiteres mit dem hier kritisierten Verständnis belegen.

nichts anderes einfallen, als diesen Ausdruck im Sinne der Definition des vorigen Paragraphen zu verstehen: das „fromme Selbstbewußtsein" als „Bezogenwerden des sinnlich bestimmten auf das höhere Selbstbewußtsein in der Einheit des Momentes" (35/29). Und genau diese Definition müßte er den weiteren Ausführungen zugrunde legen. Es sei denn, solches Verständnis würde im Laufe der Erörterung korrigiert. Das aber ist gerade nicht der Fall: es wird befestigt! Oder soll man etwa einwenden dürfen, daß schon der Eingangssatz unserer Behauptung im Wege sei? Mit ihm legt Schleiermacher fest, daß der Zielgedanke des 1. Abschnitts — „wesentliches Element der menschlichen Natur" — „das schlechthinnige Abhängigkeitsgefühl, wie es sich als Gottesbewußtsein ausspricht", eben „die höchste Stufe des unmittelbaren Selbstbewußtseins", erfassen soll. Tatsächlich ist dies genau die Stelle, die uns unsicher machen könnte. Wenn nämlich hier vielleicht doch das schlechthinnige Abhängigkeitsgefühl „an und für sich" betont sein sollte; damit wäre dann das spekulativ erhobene, allgemeingültige „Wesen der Frömmigkeit" als Bezugspunkt der Zielaussage angezeigt. Ehe wir in dieser Frage entscheiden, betrachten wir erst die ganze Folge der Nennungen des gefragten Grundbegriffs.

Sofort anschließend erörtert Schleiermacher das möglicherweise gegen seine These zu erhebende Argument, „daß es für jeden einzelnen Menschen eine Zeit gibt, worin dasselbe [sc. dieses Abhängigkeitsgefühl] *noch nicht* ist". Und wenige Zeilen später nimmt er in seinen Gedankengang das Zugeständnis hinein, „daß es noch immer Gesellschaften von Menschen gibt, in welchen dieses Gefühl / *noch nicht erwacht* ist"; am Ende seiner Aufzählung der möglichen Gegenargumente denkt er an diejenigen Einzelnen innerhalb einer religiös bestimmten Gemeinschaft, die sich selbst als nichtreligiös verstehen: er meint, auch diese müßten immerhin zugeben, „in einzelnen Momenten von einem solchen Gefühl ergriffen" zu sein. Er schließt den Beweisgang des 1. Abschnitts mit dem Rückbezug auf die für ihn feststehende Tatsache des „höheren Wert(es)", der „diese(m) Gefühl" ausschließlich (gegenüber anderen Bestimmtheiten des unmittelbaren Selbstbewußtseins) zuzuerkennen sei. An dieser Stelle allerdings bleibt das Verständnis ebenfalls schwebend. Noch schärfer ausgedrückt: Man könnte in der, was die Formulierung angeht, nicht zu übersehenden Anlehnung an den zweiten Abschnitt des vorigen Paragraphen[13] nun doch wieder das

---

[13] Das schlechthinnige Abhängigkeitsgefühl wurde von Schl. mit der Begründung auf der höchsten Stufe eingeordnet, daß in ihm „dieser Gegensatz [sc. der „zwischen einem einzelnen und einem anderen"] wieder verschwindet" (§ 5,1). In § 5,2 wurden „höchstes Wissen" und „höchstes Tun" zum Vergleich herangezo-

schlechthinnige Abhängigkeitsgefühl „an und für sich" hervorgehoben finden. Dann aber bliebe das Problem zu klären, warum Schleiermacher beabsichtigen sollte, hier die eigentliche Zielaussage von § 5 auszuklammern und den Zusammenhang mit einem dort als Vorüberlegung zu verstehenden Aussageteil herzustellen. Andererseits wird die Verständnisrichtung des Rückbezuges eindeutig, wenn dieser in seiner Verknüpfung mit dem Eingangssatz gesehen wird: Schleiermacher muß hier den „höheren Wert" mit der gleichen Akzentuierung wie dort die „höchste Stufe" meinen; es ist ja auch übrigens unsere Unsicherheit durch eben diese Begrifflichkeit bedingt. Unsere noch offene Frage lautet, genau formuliert: Welcher Aussagewert kommt der Betonung des schlechthinnigen Abhängigkeitsgefühls als der „höchsten Stufe des unmittelbaren Selbstbewußtseins" in dem vorliegenden Zusammenhang zu? Kann man hierauf in bezug auf den Eingangssatz eine Antwort finden, klärt diese Antwort zugleich die zuletzt erörterte Stelle. Aber vor solcher endgültigen Klärung sollte die Reihe der Nennungen des gefragten Ausdrucks abgeschlossen sein. Sonst könnte eine vermeintliche Lücke im Untersuchungsgang die Antwort, da diese sich auf die ganze Reihe beziehen soll, als letztlich doch nicht zureichend erscheinen lassen. Wir haben hierzu nur noch den Schlußsatz des 2. Abschnitts anzugeben: „Was aber das schlechthinnige Abhängigkeitsgefühl ... betrifft, so wird jeder wissen, daß es ... durch die mitteilende und erregende Kraft der Äußerung zuerst in ihm ist *geweckt* worden" (43/38).

Im folgenden, im 3. und im 4. Abschnitt, ist dann eindeutig vom frommen Selbstbewußtsein im Sinne der Definition von § 5 die Rede, von der Frömmigkeit in ihrem „wirklichen Vorkommen": „fromme Erregungen" und „religiöse Erregungen" sind durchgehend die verwendeten Ausdrücke; sie sind ja nicht anders als in dem von uns angegebenen Sinne zu verstehen, zumal wenn — ebenfalls durchgehend — von der „Stärke" der Erregungen oder denn von der „Verwandtschaft" (43/38) der verschiedenartigen Erregungen untereinander gesprochen wird.

Sehen wir von hier aus auf die zuerst angezogenen Stellen zurück, so können wir nicht bezweifeln, daß sie sich genau diesem Verständnis einfügen: Schleiermacher muß ebenso dort die „höchste Stufe des unmittelbaren Selbstbewußtseins" in ihrem „wirklichen Vorkommen" im Blick

---

gen: der höhere Wert des schlechthinnigen Abhängigkeitsgefühls ist für Schl. deshalb erwiesen, weil „es kein anderes Selbstbewußtsein gibt, welches über jenen Gegensatz erhoben ist, sondern (...) dem schlechthinnigen Abhängigkeitsgefühl ausschließend dieser Charakter zukommt" (34/28).

haben, denn in „einzelnen Momenten" etwa oder als „noch nicht erwacht" und dann auch als „geweckt" kann das schlechthinnige Abhängigkeitsgefühl nur von seinem „In-der-Zeit-sein" her aufgewiesen werden,
also von seinem Zusammensein mit der mittleren Stufe her, eben als
„fromme Erregung". Schließlich ist klar, daß auch der in seiner Aussagebedeutung in Frage gestellte Eingangssatz nur scheinbar einen Einwand
gegen unsere Behauptung liefert. Wir haben die Ablehnung dieses Einwandes oben schon durch die der Formulierung gerade nicht gerecht
werdende Überbetonung herausgefordert: Schleiermacher redet gar nicht
vom schlechthinnigen Abhängigkeitsgefühl „an und für sich"! Wir müssen
den wohl nicht nur beiläufig gemeinten Einschub mitbeachten: er bezieht
sich auf das schlechthinnige Abhängigkeitsgefühl, „wie es sich als Gottesbewußtsein ausspricht" (41/36). Da kann gar kein Zweifel walten: das
„unmittelbare innere Aussprechen des schlechthinnigen Abhängigkeitsgefühls" geschieht immer nur in der Weise, daß dieses Gefühl „mit einem
sinnlichen Bewußtsein verbunden" ist, und nur in dieser Form „ist" Gottesbewußtsein — das hat Schleiermacher am Ende des vorigen Paragraphen ausdrücklich festgestellt (Zusatz; 40/34).

Somit wäre offenkundig: Mit dem „frommen Selbstbewußtsein" ist hier
das schlechthinnige Abhängigkeitsgefühl in seinem „wirklichen Vorkommen" gemeint, gemäß der in § 5 hergeleiteten Bedeutung als „Vollendungspunkt des Selbstbewußtseins", und insofern als dessen „höchste Stufe".
Eine andere Auffassung kann sich, wenn man den in sich klaren Begriffsgebrauch nicht durch ein von fremden Grundlagen her gewonnenes Vor-
verständnis verzerrt, an der Erläuterung dieses Paragraphen selbst nicht
bilden. Und nur weil dieser Tatbestand der eindeutigen Sprache gemeinhin
nicht oder nicht genügend oder nicht hinsichtlich der in ihm enthaltenen
Konsequenz beachtet wird, bedurfte es dieser ausführlichen Darlegung.

Hieran können wir gleich anschließen: Die Deutung kann auch deswegen nicht in eine andere Richtung weisen wollen, weil der Grundbegriff
nur dann, wenn er in dem angegebenen Verständnis aufgenommen wird,
sich der Gedankenführung dieses letzten ethischen Lehnsatzes folgerichtig
einfügt. Wesentlich daran ist doch, daß die „mitteilende und erregende
Kraft der Äußerung" des schlechthinnigen Abhängigkeitsgefühls (43/38)
zur gemeinschaftsbildenden Potenz erklärt wird. Man wird eine solche
„Kraft" schwerlich dem frommen Selbstbewußtsein in seiner Ausbildung
als „potenzielle Anlage"[14], als „religiöses Apriori"[15] oder denn als „Ewi-

---

[14] O. RITSCHL, Theorie der Frömmigkeit, 158.
[15] G. WEHRUNG, Methode, 36 ff.

ges im Menschen"[16] zuschreiben können. Wie immer man auch Schleiermachers eigenen Ausdruck vom „Postulat" des höheren Selbstbewußtseins aus § 33,1 bewerten will: mag man schon die ethischen Sätze unter den dort zu beobachtenden Aussageakzent bringen, ihn also in der Weise in das Gesamtverständnis der Einleitung vorziehen, daß man den spekulativen Charakter des schlechthinnigen Abhängigkeitsgefühls als grundlegend herausgestellt findet[17] — spätestens an diesem § 6 muß man zur Kenntnis nehmen, daß der Hauptton der Untersuchung nicht auf der These von der Zeitlosigkeit des schlechthinnigen Abhängigkeitsgefühls an und für sich liegt, daß es Schleiermacher vielmehr darum geht, auf dieser allerdings als gültig vorausgesetzten Grundlage die Wirklichkeit des frommen Selbstbewußtseins zu erfassen, das sich immer modifiziert gestaltet und deswegen die Ausbildung von verschiedenartigen frommen Gemeinschaften zu begründen vermag. Nicht von ungefähr wohl müssen die Ausleger, die sich auf das entgegengesetzt ausgerichtete Grundverständnis stützen, diesen letzten ethischen Satz übergehen. An dieser Stelle halten wir erst nebenbei fest, daß die Modifikabilität des frommen Selbstbewußtseins also per definitionem in die Vorlage dieses Paragraphen gehört; zwar wird sie von Schleiermacher nur als notwendige, nicht schon als hinreichende Voraussetzung für die eigentlich intendierte Aussage — bestimmte Begrenztheit einer frommen Gemeinschaft — gewertet, das werden wir unten insbesondere an der Erörterung des dritten Abschnitts ausmachen können, aber daß diese notwendige Bedingung auch erfüllt ist, darf nicht ausgeklammert werden.

Frömmigkeit ist ein „wesentliches Element"; das soll heißen: sie gehört „zur Vollständigkeit der menschlichen Natur" (1.). Diese Behauptung läßt sich nicht etwa dadurch widerlegen, meint Schleiermacher, daß man an diejenigen „Gesellschaften von Menschen" erinnert, die noch kein Gemeinschaftsleben auf diesem Grund entwickelt haben, auch nicht durch den Hinweis darauf, daß sich im Umkreis schon ausgebildeter frommer Gemeinschaften immer noch „einzelne" finden lassen, die augenscheinlich außerhalb des ihre Gemeinschaft charakterisierenden „religiösen" Lebens stehen. Denn solche allerdings nicht zu bestreitenden Erfahrungstatsachen können entweder nur den „noch unentwickelten Zustand der menschlichen Natur" überhaupt belegen, der sich für die jeweils charakterisierte „Gesellschaft" immer auch in deren noch nicht zureichend vollzogener Entwick-

---

[16] W. Schultz, Theorie des Gefühls, 85.
[17] So F. Flückiger, 39; auch G. Wehrung, Methode, 53; schon O. Ritschl, Theorie der Frömmigkeit, 150/Anm.

lung „ander(er) Lebensfunktionen" abzeichnen wird, oder aber die eben „mangelhafte(-) oder gehemmte(-) Entwicklung"[18] des Selbstbewußtseins „einzelner" nichtreligiöser Menschen feststellen. Wie solcher Mangel zu erklären und wie er zu beheben sei, wird hier nicht diskutiert. Man wird jedoch aus der Bestimmung „wesentliches Element" noch nicht folgern dürfen, daß Frömmigkeit von Schleiermacher als sich geradezu mit Naturnotwendigkeit einstellender Entwicklungspunkt des menschlichen Selbstbewußtseins definiert worden sei[19], vielmehr schließt die Rede von den „Schwierigkeiten" in § 5, die dem Zeitlich-werden des schlechthinnigen Abhängigkeitsgefühls im Wege stehen können, wie wir oben schon aufgenommen haben, die Berechtigung einer solchen Folgerung aus. Die Bestimmung läßt sich sehr wohl, da es ja um das „fromme Selbstbewußtsein" geht, das nach seinem „Vollendungspunkt" beurteilt wird, mit der Forderung nach Verwirklichung von Frömmigkeit vereinbaren. Sie ist genau für diese Forderung, seien nun „einzelne" oder auch ganze „Gesellschaften" als Adressaten gedacht, offengehalten worden.

Diese Darlegung kann nun ebenfalls als Bestätigung unseres eingangs diskutierten Standpunktes gewertet werden. Daß Schleiermacher seine These in bezug auf ein „religiöses Apriori" oder eines von den genannten Äquivalenten aussprechen wollte, muß auch wegen der Argumentationsweise ausgeschlossen werden: die Gültigkeit der auf ein Apriori zielenden Behauptung wäre doch durch einzelne, die Aussage nicht bestätigende Erfahrungstatsachen gar nicht zu widerlegen. Schleiermacher hält aber solche durch Erfahrung erhebbaren Momente durchaus für wert, sich mit ihnen auseinanderzusetzen. Er muß das auch tun, denn er bezieht dann seinerseits solche Momente, sofern er sie als positiv begründend auswerten kann, gerade in seinen Beweisgang ein. Seine Behauptung hält er deswegen für unangreifbar, *weil* Frömmigkeit, *wenn* deren wirkliches Vorkommen (sei

---

[18] Nach GL § 33,2 (176/188 f.) aufgenommen; vgl. Th 42ᵇ: daß „Einzelne unfähig" sind, ist nur als „Ausrede" anzusehen.

[19] So G. WEHRUNG, Methode, allerdings schon zu § 4,4, und zwar als Schlußfolgerung aus der Deutung des schlechthinnigen Abhängigkeitsgefühls als des „religiöse(n) Apriori" (50—54): „Wo immer das menschliche Selbstbewußtsein zur Entfaltung drängt, da blüht auch die Blume der Frömmigkeit, — weil sie blühen muß" (50). Für Wehrung liegt der entscheidende Fehler Schl.s darin, daß dieser das „G e m e i n s a m e" der Religionen als deren „W e s e n" erklärt (64; 72). Von daher wird für ihn das „religiöse Apriori" zu einem „n a t u r - n o t w e n d i g   i n   K r a f t   t r e t e n d e(n)   Lebensgesetz,   (zu) e i n (e m)   Z w a n g,   d e m   s i c h   n i e m a n d   e n t z i e h e n   w i r d" (50).

es bei „einzelnen", sei es als verbindendes Element je ganzer „Gesellschaften") nicht zu bestreiten ist, als Bestimmtheit des unmittelbaren Selbstbewußtseins dessen „höchste Stufe" darstellt. Die Prämisse der vorliegenden Schlußfolgerung ist zweifach gebildet, und beide Seiten sind als gleich gewichtig zu beurteilen. Jedenfalls gewinnt erst dann die Konklusion ihre eigentliche Aussagebedeutung; sie ist nur so als inhaltlich folgerichtige und für den Gedankengang notwendige These (was anschließend noch belegt werden muß) zu verstehen: Schleiermacher will gezeigt haben, daß man Frömmigkeit nicht „nur für eine zufällige Form" des Selbstbewußtseins ansehen dürfe, sondern eben „zur Vollständigkeit der menschlichen Natur" zu rechnen habe.

Freilich ist die Zielbehauptung im Grunde schon ganz in dem vorhergegangenen Satz enthalten, insofern nämlich, als sie auf der Behauptung des schlechthinnigen Abhängigkeitsgefühls als der „höchsten Stufe" beruht. Wir haben oben bereits vermerkt, daß Schleiermacher die zugehörige Aussage (aus § 5,2) hier noch einmal betont, jedenfalls im Kern gleichlautend, aufnimmt: er hält den Nachweis „entweder daß dieses Gefühl nicht einen höheren Wert habe als das sinnliche, oder daß es außer ihm noch ein anderes von gleichem Wert gebe" (1. 42/36)[20] für das einzig beweiskräftige, aber eben nicht zu leistende Argument gegen die Schlüssigkeit seiner Überlegung. Nur wird durch diesen deutlichen Rückbezug unsere Grundthese — daß der vorliegende Satz das „fromme Selbstbewußtsein" in der Definition des „Vollendungspunktes" meine — jetzt nicht mehr in Frage gestellt. Wir müssen ja für das Verständnis der Schlußfolgerung die Ausgangsbestimmung mitbeachten: es soll das „schlechthinnige Abhängigkeitsgefühl" charakterisiert werden, „wie es sich als Gottesbewußtsein ausspricht". Indem Schleiermacher sich auf die Grundlage des § 5 zurückbezieht, nimmt er also zugleich dessen Zielaussage mit auf. Die Möglichkeit zu solch umgreifendem Rückbezug hat er durch die zweifache (durch Spekulation und Empirie bestimmte) Redeweise vom „höheren Selbstbewußtsein" begründet[21].

Wieso aber ist die Schlußfolgerung des 1. Abschnitts als inhaltlich notwendige Aussage zu befinden? Diese Frage ist bislang noch offengeblieben. Wenn wir die Erörterung des letzten ethischen Satzes zunächst und so ausdrücklich auf eine Verteidigung der oben angegebenen Grundthese eingeengt haben, sollte damit keineswegs präjudiziert sein, deren Anerkennung lasse den vorliegenden Satz von vornherein einleuchtend werden.

---

[20] s. o. Anm. 13.
[21] s. o. S. 106 ff.

Der Sachverhalt liegt eher umgekehrt. Man wird der Schwierigkeit, die dieser Paragraph dem Gesamtverständnis des der Ethik zugehörigen Untersuchungsganges bietet, erst von der so geklärten Auslegungsposition her ansichtig. Diese Schwierigkeit ist eben darin gegeben, daß die beiden letzten Leitthesen als so eng miteinander verknüpft zu erkennen sind und daß diese Verknüpfung durch den Begriff „frommes Selbstbewußtsein" hergestellt ist. Denn dann wird doch die Frage dringlich, warum Schleiermacher überhaupt in diesem Zusammenhang die Betonung des „wesentlichen Elementes" einbringt. Ist durch die Verbindung dieser beiden Begriffe nicht ein Widerspruch in sich konstruiert?

Daß man die Frage nicht mehr aufwirft, wenn man einmal das schlechthinnige Abhängigkeitsgefühl als solches zur Bezugsstelle der Aussage erklärt hat, liegt auf der Hand. Auf diesem Grunde ist die Aussage als analytisches Urteil zu klassifizieren und insofern als einleuchtend zu befinden[22]. Allerdings wäre damit auch — und nun wirklich als Vorentscheid — der „allgemeine Religionsbegriff" Schleiermachers verabsolutiert oder denn das schlechthinnige Abhängigkeitsgefühl als „Norm" für den Vergleich der verschiedenen Frömmigkeitsgestaltungen eingesetzt. Wir werden diese Ansicht, die insbesondere von Flückiger (von ihm geradezu als Auslegungsprinzip) vertreten wird, erst innerhalb der Erörterung des religionsphilosophischen Satzzyklus diskutieren können; ich halte dafür, daß sie überhaupt nur dann sich erheben kann, wenn dieser Paragraph nicht beachtet oder nicht in seinem Aussagekern aufgenommen wird.

Wir kehren zu der als dringlich gewerteten Frage zurück: Warum eigentlich liegt Schleiermacher so viel daran, Frömmigkeit als ein „wesentliches Element" zu erweisen? Wollte man antworten: er muß dies tun, um die Notwendigkeit frommer Gemeinschaften begründen zu können, so wäre man damit wohl dem Gedankengang Schleiermachers genau gefolgt — im Leitsatz selbst ist die Verbindung deutlich schon so ausgezogen —, aber eine befriedigende Antwort hätte man dennoch nicht gefunden; unser Problem wäre auf diese Weise nur sozusagen um ein Frageglied zurückgeschoben worden: „notwendig" ist ja eben das Stichwort der hier aufkommenden Schwierigkeit. Gewiß soll dieses Stichwort die gestellte Aufgabe eindeutig als eine der Ethik zugehörige kennzeichnen; aber was kann das letztlich besagen, wenn der erforderliche Lösungsgang — wie wir oben schon aus dem zweiten Abschnitt aufgenommen haben — in dem vorliegenden Zusammenhang doch nicht vollgültig durchführbar ist?

---

[22] Vgl. O. Ritschl, Theorie der Frömmigkeit, 156.

Erst recht erhebt sich diese Frage und gewinnt noch besondere Schärfe, wenn man zum Vergleich die 1. Auflage heranzieht. Dort nämlich hat Schleiermacher die Lücke im Gang der Untersuchung ausdrücklich breiter gelassen: den Nachweis der „Notwendigkeit einer frommen Gemeinschaft überhaupt" innerhalb der Einleitung führen zu können, hat er betont für nicht möglich und auch für nicht nötig erachtet[23]. Dementsprechend findet das Stichwort „notwendig" in dem zuerst durchgeführten Erörterungsgang keine Aussagestelle. Der 1. Abschnitt dieses § 6 ist hier völlig neu eingerichtet worden[24]. Und also haben wir zu fragen, ob sich für solche enger als zuvor erstrebte Rückbindung der Lehnsätze in die Ethik selbst eine Erklärung ausmachen lasse, die diese Rückbindung in das Verständnis des ganzen ersten Satzzyklus einzuordnen vermag.

Einmal könnte der vorliegende Versuch einer Verdichtung des „Nachweises" rein äußerlich wohl als folgerichtig beurteilt werden: er entspricht dem deutlicheren Ansatz, mit dem Schleiermacher die 2. Auflage begonnen hat. Erst hier nämlich ist der Begriff „Kirche" so ausdrücklich zum Zielpunkt der Erörterung gesetzt worden[25]. Oder er könnte sich aus Schleiermachers im zweiten Sendschreiben an Lücke dargelegten Absicht erklären, der Einleitung eine gegenüber der Durchführung in der 1. Auflage klarere Form geben zu wollen: die jeweilige „Heimat" der Lehnsätze sollte deutlich hervortreten[26]. Schließlich ist das Verständnis vielleicht durch einen auf § 14 vorausgreifenden Verweis zu erhellen. Ich halte dafür, daß damit die eigentliche Begründung getroffen werde. Sie nimmt die genannten Ansätze mit auf, ist aber nicht mehr nur formaler Natur.

In § 14 spricht Schleiermacher (in der Betonung ebenfalls neu gegenüber der 1. Auflage) von der „Erfahrung", durch die der „Glaube an die Offenbarung Gottes in Christo ..." entsteht, als von dem einzig gültigen „Beweis des Geistes und der Kraft" (103/106); andere Beweise für die Wahrheit des christlichen Glaubens — etwa ein Zurückgehen auf „Wunder" oder auf „Weissagungen" oder auf „Eingebung" — werden danach als weder notwendig noch auch nur möglich kategorisch abgelehnt (98 ff./ 100 ff.). Senft erinnert für diesen Zusammenhang an Lessings Streitschrift „Über den Beweis des Geistes und der Kraft": „Offensichtlich diente diese Schrift Schleiermacher hier als Vorbild."[27] Eine derartige Verbindung läßt

---

[23] GL¹ § 12,1 (75 f./49 f.).
[24] Vgl. GL¹, Ed. Stange: 76¹.
[25] Vgl. GL § 2 mit GL¹ § 6 (36 ff./18ff.)
[26] Mul. 58/640.
[27] Chr. Senft, Wahrhaftigkeit, 29/Anm. 2.

sich zwar nur vermuten — der Text enthält keinen direkten Bezug —,
immerhin verdiente diese Vermutung, beachtet zu werden; sie könnte
wohl eine Verstehenshilfe hergeben. Allerdings, das sei schon nebenbei
notiert, bleibt Senfts Bemerkung unscharf. Sollte mit der Kennzeichnung
„Vorbild" ausgedrückt sein, daß Schleiermacher der Intention Lessings
genau folge, müßte dem widersprochen werden; ich würde eher sagen,
daß er die genannte Vorlage gleichsam als Gegenbild (wenn überhaupt)
benutzt. Jedenfalls kommt Schleiermacher insofern zu einem konträren
Ergebnis, als er die „Erfahrung" in ihrer Bedeutung gerade einsetzt. Doch
das wird unten[28] zu erhärten sein. Hier geht es darum, die von Senft
angegebene Verbindungslinie aufzunehmen und, was sie erst von Belang
werden läßt, sie auf den vorliegenden Paragraphen hin auszuziehen[29].

Die Antwort auf Lessings Frage wäre dann nicht erst in § 14 und nicht
direkt gegeben, sondern eben schon hier und eigentlich als Korrektur der
Frage. Schleiermacher nämlich kann die Lösung des von Lessing aufge-
worfenen Problems (angenommen also, er ginge darauf ein) keineswegs,
wie dieser, in der Behauptung allgemeingültiger „notwendiger Vernunft-
wahrheiten" ansetzen, die sich als Ablehnung vermeintlich nicht beweisfä-
higer „zufälliger Geschichtswahrheiten" versteht. Es muß ihm gerade
daran gelegen sein, die eigene Untersuchung vor solch einem Verständnis
zu schützen. Nach seiner Denkvoraussetzung beurteilt, geht diese Behauptung von einer falschen Antithese aus. Seine Problemstellung ruht auf
dem Grunde, daß das „eigentümliche Wesen" des Christentums (wie das
einer frommen Gemeinschaft überhaupt) nicht abgelöst von der geschichtlich bedingten Wirklichkeit verstanden werden kann[30], nur oder eben
deswegen will er die „Geschichtswahrheit" nicht als „zufällig" deklariert
wissen. Für den vorliegenden Zusammenhang heißt das: „Kirche" ist
immer bloß als jeweils „bestimmt begrenzte" fromme Gemeinschaft nachweisbar; das darf aber nicht zu der Folgerung verleiten, daß das Vor-

---

[28] s. bes. S. 320 f.

[29] Daß hiermit nicht etwa eine rein willkürliche Verbindung zwischen zwei auseinanderliegenden Aussageörtern hergestellt wird, mag zunächst durch den
Hinweis auf die in § 6 und § 14 gleichartige Thematik — „Gemeinschaft" —
belegt sein. Wir werden unten ausführlich die in methodischer Hinsicht bedeutsame, quer verlaufende Zuordnung der einzelnen Paragraphen zueinander
erörtern: S. 194 ff., und von dort an durchgehend.

[30] GL § 14: Die Relevanz dieser Bedingtheit ist für das Christentum mindestens
auch wegen der in die Geschichte eingebundenen „Wirksamkeit" Christi anzuerkennen (s. u. S. 316 f.; vgl. auch GL § 13: s. u. S. 288 ff., S. 293).

kommen je solcher Gemeinschaften als „zufällig" erachtet wird! Sonst jedenfalls ist nach Schleiermachers Ansicht ein Erkennen geschichtlich gegebener Größen nicht möglich.

Unsere Versuche, auf die oben gestellte Frage eine Antwort zu finden, laufen dahin zusammen, daß wir uns erneut darauf hingewiesen sehen, den Begriff „Kirche" als den Angelpunkt des Ganzen verstehen zu müssen. Man mag der dargelegten Vermutung einer Beziehung dieses letzten ethischen Satzes zu Lessings Problemstellung skeptisch gegenüberstehen, man mag insbesondere die hier durchgeführte Akzentuierung dieser Beziehung ablehnen, das eine läßt sich wohl nicht bestreiten: daß allein die Tatsache der stärkeren Betonung des Begriffs der Kirche den erfragten Gedankengang verständlich macht! Das will sagen: eben weil Schleiermacher die zweite Bearbeitung der Einleitung entschiedener als die erste an diesem Begriff orientiert hat, muß er das Aussageelement „notwendig" betonen; dies in seiner eigenen Charakterisierung der Verfahrensweise ausgedrückt: er muß im Hinblick auf das erstrebte „Gleichgewicht" die Komponente der *Spekulation* verstärken, denn diejenige der *Empirie* erhält von selbst — gleichsam zwangsläufig, wie wir es schon in § 5 bemerkt haben — ein größeres Gewicht. Freilich wird durch die hier von Schleiermacher versuchte Verdichtung des „Nachweises" auch die Spannung vertieft, die zwischen den beiden je zugehörigen Aussagereihen besteht. Vielmehr: diese Spannung bestimmt den vorliegenden Erörterungsgang stärker, als dies in der 1. Auflage der Fall sein konnte. Die Grenze dessen, was die Ethik in bezug auf die spezifische Aufgabe der Einleitung zu leisten vermag, tritt in der 2. Auflage deutlicher als zuvor heraus. Aber dieser Umstand kann ja wieder nur zur Sicherung unserer Auslegungsposition dienen: Es geht Schleiermacher darum, den Grund für die Beschreibung „bestimmt begrenzter" frommer Gemeinschaften zu legen. Eine andere Erklärung für die hier sichtbar gemachte Spannung zwischen „Empirie" und „Konstruktion" gibt es nicht. Auf welche Weise Schleiermacher diese Spannung in seinen Gedankengang einbezieht, das heißt, wie er sie methodisch auswertet, wird an den Ausführungen der weiteren Abschnitte darzulegen sein.

Wir haben oben schon angemerkt, daß Schleiermacher den zweiten Teil des „Nachweises" für die Notwendigkeit frommer Gemeinschaften (2.) ausdrücklich für nicht vollständig erklärt; zureichend läßt sich dieser Teil nur innerhalb einer „wissenschaftlichen Sittenlehre" erbringen. Dennoch — und das ist gerade beachtenswert — hat er auch in bezug auf die an dieser Stelle intendierte Aussage in der zweiten Bearbeitung eine in sich geschlossene Erörterung durchgeführt und diese wiederum enger mit den Prinzipien der Ethik verbunden, als er es für den entsprechenden Zusammenhang in der Urauflage für notwendig erachtet hat. Freilich ist diese engere Verbindung erst durch den neu eingesetzten ersten Abschnitt möglich geworden, aber wir halten ja eben die Erkenntnis für wichtig, daß sie überhaupt beabsichtigt worden ist.

Nach der bereits aufgenommenen Einschränkung Schleiermachers und vor allem nach der Erläuterung des vorigen Abschnitts muß es erlaubt sein, den Eingangssatz (2.) schon spezifiziert, das heißt mit dem hier eigentlich interessierenden Verständnis, zu lesen: es soll dargelegt werden, daß das fromme Selbstbewußtsein „wie jedes wesentliche Element der menschlichen Natur ... notwendig auch Gemeinschaft" wird. (So im Leitsatz selbst formuliert.) Um so auffallender ist dann, daß die Ausführungen auf das fromme Selbstbewußtsein als solches an keiner Stelle direkt zurückgehen; in dem 2. Abschnitt ist ausschließlich vom „Gefühl" in seiner allgemeinen Bedeutung die Rede, das „schlechthinnige Abhängigkeitsgefühl" wird mit dem letzten Satz als Sonderfall in die Überlegung einbezogen. Offensichtlich beansprucht Schleiermacher für die hier erhobene Aussage den Charakter der Allgemeingültigkeit, wie er nur durch eine enge Anlehnung an die Ethik selbst erworben werden kann. So läuft von Anfang an die Erörterung gleichsam in zwei Spuren. Das gilt auch in methodischer Hinsicht. Zwar will Schleiermacher die These nicht „vollkommen entwickeln", es soll — wie er sich ausdrückt — allein der „Hergang" einsichtig gemacht werden, in dem eine auf dem Gefühl basierende Gemeinschaft entsteht; dies geschieht durch ein Verfahren, dessen wesentlicher Kern die Beschreibung ist. Gleichwohl stützt er die Aussage letztlich auf eine allgemeingültige Beziehung. Wenn er auch einleitend meint, sich dieses „Herganges" als einer „Tatsache" versichern zu können, deren Anerkennung „jedem zu(zu)muten" sei, so hält er es dennoch für notwendig, die Gültigkeit seiner Forderung ausdrücklich, nämlich mit dem Hinweis auf das „jedem Menschen innewohnende Gattungsbewußtsein", zu belegen. Dieser Beleggrund wird nicht etwa nebenbei erwähnt, vielmehr ist er der eigentlich tragende der Erörterung. Bei der Beschreibung des „Herganges" bezieht sich Schleiermacher eben an den wesentlichen Stellen auf dieses „Gattungsbewußtsein". Und damit ist nun allerdings eine enge Verbindung zur Ethik selbst hergestellt, wenn auch vielleicht weniger durch den Begriff als solchen, so doch jedenfalls seinem Inhalt nach. Dieser Grundlegung entspricht die ausschließliche Bezugnahme auf das „Gefühl" bei der Beschreibung des „Herganges". Hieran wiederum ist der wie nirgend sonst in diesem Untersuchungsgang enge begriffliche Anschluß an die in der Ethik abgeleiteten Bestimmungen auffallend. Nach der philosophischen Grunddisziplin ist das „Gefühl" dadurch definiert, daß ihm wesentlich der „Charakter der Unübertragbarkeit" zukommt und es doch „zugleich" der „Tendenz sich mitzuteilen" folgen muß; nur unter dieser Voraussetzung wird es als „sittliche(-) Potenz" gewertet[31]. Diese beiden Bedingungen sind hier übernommen worden, wenn auch nicht in einem begründenden Beweisgang, sondern eben eingezogen in den Hilfsbegriff „Gattungsbewußtsein". Daß in der so angelegten Untersuchung im Vollzug notwendigerweise die andere Spur (um unser Bild von oben aufzunehmen) vertieft wird, nämlich diejenige, in welcher der „Nachweis" geschieht, versteht sich am Rande.

Blicken wir noch einmal auf die Urauflage zurück, und zwar auf deren Ausführungen zu diesem Thema in ihrer Gesamtheit[32], so stellen wir fest, daß die Abweichungen des vorliegenden letzten ethischen Lehnsatzes sich genau auf die von uns hier hervorgehobene Aussagerichtung hin zusammenfassen lassen: Es sind ganze Passagen der Urauflage ausgelassen — nämlich solche, die schon auf die Eigentümlichkeit des Christentums gegenüber anderen Glaubensweisen eingehen — und Abschnitte vollständig hinzugefügt worden — eben diejenigen, welche die „Notwendigkeit" des Bestehens frommer Gemeinschaften begründen. Die Erläuterungen in der 1. Auflage sind an zahlreichen Stellen auf die „christliche Frömmigkeit" (und auf die dieser besonderen Darstellung der Frömmigkeit entsprechenden Bestimmungen) bezogen, während die 2. Auflage streng an dem Begriff „frommes Selbstbewußtsein" (und an den diesem Begriff zuzuordnenden Charakteristika) orientiert ist. Diese Differenz ist deswegen zu beachten, weil in ihr die zweite Bearbeitung sich als die ohne Zweifel deutlichere Fassung hervorhebt. Denn erstens kann nur hier die der Ethik zugehörige Aufgabe, die Ableitung des allgemeinen Begriffs, genau im Blick behalten werden; die das Christentum betreffenden Aussagen gehören nicht hierher und werden folgerichtig für den Untersuchungsgang der Apologetik aufgespart. Und zweitens tritt hier um so klarer (wie schon in § 5) die von Schleiermacher in seinen Vorüberlegungen betonte Grenze des Bereichs der spekulativen Erörterung hervor: sie reicht allenfalls an das geschichtlich Aufzufindende heran, umgreift es aber nicht mehr.

An dem vorliegenden 2. Abschnitt ist diese Feststellung dahingehend zu spezifizieren, daß mit der Aufnahme des Begriffs des Gattungsbewußt-

---

[31] Phil. Ethik, ed. Braun, 180 f. (1805/06); vgl. auch ebd. 596 ff. (1816).
[32] GL¹ §§ 12 und 13 (74—83/48—57).

seins einerseits wohl eine zusätzliche Schwierigkeit verbunden ist — sie ist analog derjenigen, die sich mit dem Stichwort „notwendig" im ersten Abschnitt ergab —, daß andererseits aber diese Schwierigkeit zur Klärung der Position der Einleitung dient: strenggenommen vermag das „Gattungsbewußtsein" nur das Bestehen einer „unglcichmäßig fließende(n)"[33] frommen Gemeinschaft verständlich zu machen, aber es kann gerade nicht den „wirklichen Zustand der Menschen" (4.) ausreichend begründen.

Wir verdeutlichen die in methodischer Hinsicht also doppelte Funktion, die dem hier eingeführten Begriff zukommt, an der Erläuterung des 2. Abschnitts; deren Konsequenz ist nämlich, daß die Definition der „bestimmt begrenzten" Gemeinschaft hier offenbleiben muß. Und dies ist eine für das Gesamtverständnis notwendige Konsequenz.

Das „jedem Menschen innewohnende Gattungsbewußtsein" soll den „Hergang" einsichtig machen, durch den das Gefühl gemeinschaftsbildend wird. Dieses „Gattungsbewußtsein" ist dadurch definiert, daß es „seine Befriedigung nur findet in dem Heraustreten aus den Schranken der eigenen Persönlichkeit und in dem Aufnehmen der Tatsachen anderer Persönlichkeiten in die eigene". „So" auch das Gefühl: es ist zwar „ein in sich abgeschlossenes Bestimmtsein des Gemütes", jedoch gehört ihm wesentlich zu, „nicht ausschließlich für sich sein" zu wollen. Dies gilt sowohl hinsichtlich der notwendigen „Äußerung" des Gefühls auf der einen Seite als auch hinsichtlich der möglichen „Wahrnehmung" solcher Äußerung auf der anderen Seite. Ein bestimmtes Gefühl begründet die Möglichkeit von mehr oder minder enger „Gemeinschaft des Gefühls" zwischen solchen einzelnen, die in bezug auf diese Bestimmtheit mehr oder minder nahe miteinander verwandt sind. Das Gefühl als solches wird von Schleiermacher zum Träger des Wechselverhältnisses erklärt, welches zwischen einem „Äußernden" und einem „Vernehmenden" entsteht. In der Schließung des Kontaktes zwischen den beiden Seiten wird aber nicht etwa das Gefühl selbst mitgeteilt; diese Vorstellung ist in der angegebenen Festlegung nicht enthalten; der Satz der Ethik von der Nichtübertragbarkeit wird keineswegs aufgegeben. Es geht dabei auch nicht um die Mitteilung eines bestimmten Gefühlsinhaltes, der von der „innerlichen Bewegtheit" ablösbar wäre — daß das Gefühl „auf der andern Seite in Gedanken oder Tat übergeht", ist hier nicht das Wesentliche —, das Kennwort dieses Vorgangs ist „ursprünglich": die „Äußerung des Gefühls" geschieht „ursprünglich ... durch Gesichtsausdruck, Gebärde, Ton, und mittelbar durch das Wort, und (wird) so anderen eine Offenbarung des

---

[33] So im Lehnsatz selbst formuliert!

Inneren". Solcher ursprünglichen „Äußerung" auf der einen Seite korrespondiert die auch als ursprünglich zu kennzeichnende „Wahrnehmung" auf der anderen Seite. Deren eigentlich bedeutsame Komponente ist die „lebendige Nachbildung", durch welche der wahrgenommene „Gemütszustand des Äußernden" von dem „Vernehmenden" für sich selbst „hervorgebracht" wird. Diese „Nachbildung" ist grundsätzlich möglich, wenn auch für die einzelnen Vernehmenden mehr oder minder leicht, je nachdem nämlich, ob es ihnen überhaupt — wegen der größeren oder geringeren „Lebendigkeit" der wahrgenommenen Gefühlsäußerung und auch wegen ihrer mehr oder minder engen „Verwandtschaft" des Gefühls mit dem Äußernden — mehr oder minder leicht möglich ist, „in denselben Zustand überzugehn".

Die tragende Bestimmung der ganzen Verhandlung ist der Begriff des Gattungsbewußtseins: „vermöge des Gattungsbewußtseins" ist sowohl die Äußerung des Gefühls notwendig als auch die Wahrnehmung der Äußerung, das heißt: die Nachbildung des Gefühls, möglich.

Zweierlei ist an der Beschreibung dieses „Herganges" wichtig: einmal der implizierte Rückbezug auf den Ausgangspunkt der ganzen Verhandlung, und zum andern der auch implizierte Verweis darauf, daß diese Erörterung die Frage nach der Verwirklichung von „bestimmt begrenzter" Gemeinschaft offenlassen muß.

Das eine ist apodiktisch so auszudrücken: es ist erst jetzt möglich, den von Schleiermacher in § 3 eingeführten Begriff des unmittelbaren Selbstbewußtseins in seiner Bedeutung vollständig zu erfassen; die Darlegung hier ist so genau auf die Ausgangsbestimmung dort bezogen, daß es im Grunde unbegreiflich ist, wie man etwa auch nur Schleiermachers „Gefühlstheorie" darzustellen suchen kann, ohne mindestens auf diesen 2. Abschnitt aus § 6 mit einzugehen. Wenn man allein die vorhergegangenen Paragraphen als ausschlaggebend betrachtet und diese dann noch unter das Vorzeichen gleichsam der rein formalen Erörterung in § 3 setzt, wird man wohl zwangsläufig zu der Ansicht kommen, Frömmigkeit sei als eine den Einzelnen in seinem Für-sich-sein isolierende Funktion des Selbstbewußtseins verstanden[34]. Und das ist, vom Ganzen aus geurteilt,

---

[34] Nur unter dieser Voraussetzung könnte z. B. W. SCHULTZ (Theorie des Gefühls) die eine Seite des Ergebnisses seiner Untersuchung halten, wonach Schl. „mit seiner Gefühlstheorie ... auf die menschlichen Möglichkeiten in seinem [sc. des Menschen ‚an sich'] Verkehr mit dem Göttlichen im allgemeinen hinweisen" wollte (92). Es fehlt in dieser Darstellung die ganze andere Aussagerichtung der „Theorie" oder kommt höchstens verkürzt vor: daß das Gefühl nämlich auch die Möglichkeit des „Verkehrs" mit anderen in spezifischer Weise begründet.

ein Mißverständnis. Die genau entgegengesetzte Aussageabsicht ist in dem
Grundbegriff wenigstens mitenthalten, und zwar eben in dem Begriff
des unmittelbaren Selbstbewußtseins, wie er hier in der Einleitung — im
Gegenüber oder auch in Ergänzung zur Dialektik — entwickelt worden ist.

Auch E. Brunner (Mystik) kann im Grunde nur deshalb, weil er auf § 6
nicht eingeht, die ethischen Lehnsätze gänzlich von der an § 3 erhobenen Gleichung „Gefühl = reine Passivität" her auslegen und insofern die „inhaltsleere
Mystik" zur Grundlage von Schl.s Theologie erklären (s. o. S. 48 f.). Allerdings
ist hier, scheinbar einschränkend, zu vermerken, daß für Brunner der psycholo-
gistisch begründete „rein subjektive Religionsbegriff" Schl.s (63) gerade kein
Für-sich-sein des Einzelnen vor Gott zum Ausdruck bringen kann: Das „Gefühl", die „reine Subjektivität", bestimmt Frömmigkeit als ein „Beisichselbst-
Sein", das kein Verständnis des Glaubens als ein „Zum-Andern-Streben" zuläßt; das heißt zunächst, daß Gott nicht Gegenüber des Glaubenden sein kann
— Schl.s Gotteslehre sei reine Immanenzlehre: „Immanenz im Zustand, nicht
bloß im Akt" (192) —, aber dann auch, daß der Glaubende überhaupt kein
Gegenüber hat, auch nicht dasjenige des mit ihm Glaubenden. Nach Brunner
weiß Schl. nichts von dem Einzelnen, der durch seine Freiheit zur sittlichen Entscheidung qualifiziert ist. Auch in dieser Betonung führt Brunners Aussagelinie
an § 6 vorbei, die „Gemeinschaft" des Gefühls wird von ihr nicht berührt. Das
Verständnis von § 3 gibt den Ausschlag: die „naturalistische" Auffassung Schl.s
vom Menschen — das „Individuum" geht auf in der „höheren" Kategorie der
„Gattung" (322 ff.: „Das Individuum und der Einzelne") — wird von Brunner
als notwendige Konsequenz aus Schl.s Ansatz bei der „reinen Subjektivität"
dargelegt. (Vgl. dazu Brunners Aufnahme von GL § 10 — 127 f. — und unsere
Kritik — u. S. 228 f.)
F. Flückiger kommt zu einem ähnlichen Ergebnis wie Brunner, und zwar
insofern, als er letztlich unter dem „christlich frommen Selbstbewußtsein" „nicht
das individuelle fromme Bewußtsein eines Einzelnen für sich, sondern das
Selbstbewußtsein des unendlichen Geistes, welches in dem Einzelnen immer nur
soweit rein zum Ausdruck kommt, als dieser selbst eins ist mit dem Gemeingeist
der Kirche" verstehen will (175). Wir kritisieren hieran den eingebrachten ausschließenden Gegensatz. Angelegt ist dieses Verständnis Flückigers in der Deutung von Schl.s Ethik und dann in der Anwendung auf § 4: „Streng genommen
müßte man ... sagen, das [!] Einzelne sei schlechthin abhängig i m Absoluten,
nicht aber, es sei schlechthin abhängig v o m Absoluten" (30) (s. o. 5. Kap./
Anm. 10).
Besonders deutlich zeigt sich die von uns behauptete Konsequenz des Aus-
legungsansatzes bei Chr. Senft (Wahrhaftigkeit), der die Isolierung im
Grunde schon thematisch zum Ausdruck bringt: er faßt die ethischen Lehnsätze
unter der Überschrift: „Das Selbst als Ort und als Subjekt des Glaubens" zusam-

Die Erörterung in § 6 hält konsequent an der Aussageabsicht von § 3 fest: wenn Frömmigkeit „weder ein Wissen noch ein Tun" ist, kann auch die Entstehung frommer Gemeinschaften nicht auf der Mitteilung und Übernahme von Denkinhalten beruhen oder von der Aufstellung und Anerkennung sittlicher Maximen her abgeleitet werden, auch nicht, wenn das Gefühl selbst als Grundlage des „Wissens" oder der Forderung zum „Tun" verstanden würde. Für Schleiermacher wären damit immer nur Teilaspekte angegeben, die auch in der Summe nicht die ganze Wirklichkeit des frommen Menschen erfassen. Man wird freilich den Zusammenhang nach vorn hin ebensogut umgekehrt akzentuieren können: weil nämlich das Entstehen frommer Gemeinschaften nicht auf die Mitteilung von objektiviert erfaßbaren Tatbeständen gegründet sein soll, mußte Frömmigkeit als „weder ein Wissen noch ein Tun" verstanden werden. Das heißt dann: Frömmigkeit ist notwendigerweise als eine „Bestimmtheit des Gefühls" erklärt worden; und dies nicht nur deswegen, weil sie allein so als eine den ganzen Menschen in all seinen Lebensäußerungen tragende Wirklichkeit begriffen wird, sondern zumal deswegen, weil auf genau diese Weise die Besonderheit ihrer gemeinschaftsbildenden Funktion zu erfassen ist. Besonders, ja einzigartig ist die „Kraft" der Äußerung des frommen Gefühls insofern, als jedenfalls die Grenzen bestimmter frommer Gemeinschaften nicht durch sprachliche oder völkische Differenzen gezogen sein sollen; dieser Abweis ist in der vorliegenden Erörterung mitenthalten.

„Unmittelbar", „nicht gegenständlich" und „schlechthinnig" sind also die Bestimmungselemente des frommen Gefühls nur in der einen Hinsicht; „ursprünglich" — der Äußerung wie der Wahrnehmung nach — muß der Reihe der Kennzeichen hinzugefügt werden. Sonst bliebe die Charakterisierung nicht nur unvollständig, sie wäre im Grunde sogar als ungültig zu beurteilen. Denn diese Bestimmungselemente gewinnen ihren Aussagewert erst aus ihrer wechselseitigen Ergänzung. Dieses Urteil trifft jedenfalls dann zu, wenn „Gemeinschaft" der Zielpunkt ist, der von Anfang an die Erörterungsrichtung der ethischen Lehnsätze bestimmt.

Mit den vorliegenden Ausführungen ist also Schleiermachers oben angegebene Selbstinterpretation — daß er „frommes Gefühl" als „die

men (6—12). In diesem Kapitel wird § 6 nicht erwähnt — Senft geht nirgendwo auf die von Schl. doch als wesentlich herausgestellte gemeinschaftsbildende Funktion von Frömmigkeit ein. Daran kann dann nur ein ebenfalls einseitiges Verständnis der apologetischen Sätze anschließen: § 14 wird im wesentlichen unter der Frage: „Wie entsteht der Glaube?" (26) erörtert (25—30); dagegen s. u. zu § 14: S. 295 ff.

ursprüngliche Aussage (. . .) über ein unmittelbares Existentialverhältnis"[35]
verstehe — erst vollständig geklärt. In diese Bestimmung müssen die
beiden von uns erörterten Aussagemomente als gleich wesentlich und als
aufeinander bezogen hineingenommen werden. Frömmigkeit betrifft den
Einzelnen als ganzen Menschen, sie bestimmt sein Ich nicht in einer gedachten Allgemeinheit, sondern in dem konkreten, ganz nur ihm, dem
Einzelnen, zugehörenden Für-sich-sein, und sie überwindet zugleich eine
Isolierung des Einzelnen, die auf diesem Grund ebenfalls nurmehr eine
gedachte sein könnte, in den konkreten Zusammenschluß des Wir der
frommen Gemeinschaft.

Wir können hier nicht untersuchen, wieweit diese Erörterung, die
Schleiermacher gemäß der Grundlegung in der Ethik durchgeführt zu
haben meint, schon oder nur von dem Verständnis der letztlich, für die
Glaubenslehre selbst, allein wesentlichen Modifikation der Frömmigkeit,
der christlichen, getragen ist. Um in dieser Frage entscheiden zu können,
hätten wir zu prüfen, ob und wieweit die Ethik, oder etwa die Philosophie
überhaupt, in dem Verhältnis von Theologie und Philosophie nicht die
bestimmende, sondern die abhängige Größe ist, das würde bedeuten: mit
Rücksicht auf die christliche Glaubenslehre erstellt worden ist. Eine derartige Untersuchung ist in dem vorliegenden Zusammenhang ja nicht
möglich, aber auch nicht nötig. Wir haben nur die Aussage der Einleitung
zu erheben, und die ist allerdings eindeutig: Das fromme Selbstbewußtsein
— als eine „Bestimmtheit des Gefühls" — begründet die Bildung der
frommen Gemeinschaft; und ebensogut ist der Zusammenhalt umgekehrt
zu beschreiben: Die fromme Gemeinschaft ist Träger des so eingeführten
frommen Selbstbewußtseins.

Der Ort der Frömmigkeit ist „das" Gefühl — damit ist nicht ein Tatbestand der Psychologie erhoben, das haben wir bereits an den Ausführungen zu § 3 gesehen. Diese Ausgangsbestimmung ist im wesentlichen
formal begründet worden, und sie bleibt — wie die Erläuterung in § 6
bislang, eben im 2. Abschnitt, deutlich gemacht hat — auf den Grund der
Ethik bezogen. Aber die weiterführende Aussage — das fromme Selbstbewußtsein „wird" Gemeinschaft — ist nicht rein als Ergebnis einer spekulativen Erörterung zu begreifen. Sofern nämlich das fromme Selbstbewußtsein in seinem „wirklichen Vorkommen" erfaßt werden soll, muß die
Schranke, die von der Ethik her gesetzt ist, notwendigerweise überschritten
werden. Daß diese Überschreitung nicht nur eine unvermeidbare ist, daß

---

[35] Mul. 15/586; s. o. S. 47.

sie vielmehr als ein bestimmendes Element des allein durch die besondere Aufgabenstellung der Einleitung begründeten Verfahrens innerhalb der ethischen Lehnsätze gerade eingesetzt ist, war ein wichtiges Teilergebnis unserer Auslegung des vorigen Paragraphen. Wenn nun das dort einge- führte „fromme Selbstbewußtsein" wirklich genau die Vorlage dieses letzten ethischen Satzes ausmacht, müßte auch hier die Grenze, die der spekulativen Erörterungsweise — sagen wir entsprechend § 5: in bezug auf das „wirkliche Vorkommen" einer frommen Gemeinschaft — gezogen ist, deutlich hervortreten. Dies ist in der Tat der Fall, und das ist das zweite, was wir als wesentlich an der Beschreibung des „Herganges" unterstreichen.

Ziehen wir nämlich die Konsequenz aus, die in dem hier eingeführten Begriff des Gattungsbewußtseins angelegt ist, so müssen wir feststellen, daß die Möglichkeit einer Mitteilung des frommen Gefühls, das heißt die Entstehung von Frömmigkeit, durch die in diesem Begriff gefaßte „Tat- sache" kaum vollständig begründet sein kann. Was durch „Gebärde" oder „Ton" oder wie auch immer, jedenfalls erst „mittelbar durch das Wort", als Gefühlsäußerung lebendig wird, kann ja nur deswegen und dann auf- genommen werden, weil beziehungsweise wenn es aufgrund einer wesen- haften Gleichheit im Menschsein verstanden, das meint: nachempfunden, und so auch „nachgebildet" werden kann. Nur und genau wegen seiner „Verwandtschaft" mit dem Sich-Äußernden ist der Wahrnehmende fähig, in „denselben" Zustand überzugehen; ein überhaupt neues oder unbe- kanntes „Gefühl" bliebe ihm schlechterdings verschlossen. Man wird dann aber fragen müssen, ob auf diese Weise „Frömmigkeit" oder gar „christ- licher Glaube" entstehen könne. Mit einer solchen Erklärung käme man aus dem Bereich der Möglichkeit nur menschlichen Vermittelns nicht heraus. Was hier nicht allein möglich, sondern zudem notwendig ist, muß auch Wirklichkeit werden. Wie wäre aber dann — um das Problem nur an der hier interessierenden Stelle zu verdeutlichen — die bestimmte Be- grenztheit einer frommen Gemeinschaft zu begründen? Diese Begrenztheit müßte entweder grundsätzlich zu überwinden sein oder denn jeweils absolut gelten. Aber sowieso ist die zweite Möglichkeit nur eine hypo- thetische: daß es Gefühlsäußerungen geben könne, die einander gänzlich fremd sind, ist eben wegen der Gültigkeit des umgreifenden Gattungs- bewußtseins ausgeschlossen. Das heißt, die Einführung dieses Begriffs kann nur das Entstehen einer letztlich „unbegrenzten" Gemeinschaft be- gründen. Schleiermacher zieht jedoch diese Konsequenz nicht vollständig aus, und wohl mit Absicht nicht: sie ließe sich mit seinem eigentlichen Ziel

nicht vereinbaren. Er kann sie aber nur durch einen Bruch in seiner
Gedankenführung aufhalten, dadurch nämlich, daß er sich auf das Gegebene festlegt, das nun einmal in der Reihe, die vom Allgemeingültigen
herkommt, keine Fortsetzung ist.

Wenn Schleiermacher auch im folgenden (3.) Abschnitt die theoretische
Unbegrenztheit der Frömmigkeitsgemeinschaft selbst erörtert — „ungleichmäßig fließend(-)" ist schon im Leitsatz angegeben —, so widerspricht dies
doch nur scheinbar unserer Behauptung. Dieser Erörterung kommt eher
formale als inhaltliche Bedeutung zu. Mit ihr wird, ähnlich wie im 1. Abschnitt, die Spannung verschärft, die zwischen Spekulation und Empirie
besteht. Am Ende kennzeichnet Schleiermacher sein Ergebnis als ein nur
gedachtes, das den „wirklichen Zustand" (4.) nicht umgreifen kann.
„Bruch" in der Gedankenführung sollte ja auch nicht so etwas wie einen
Unglücksfall meinen, dieser Übergang von dem einen in den anderen
Bereich bestimmt wesentlich das Verfahren, nach dem die ethischen Lehnsätze durchgeführt worden sind; er macht deutlich, warum dieser Satz
in der Ethik selbst „nicht so vorkommen" könnte. Ausdrücklich angegeben
ist der Übergang erst zum Schluß, aber der Sache nach ist er in den
Untersuchungsgang dieses Paragraphen überhaupt hineingenommen.

Es ist ja auffallend, daß Schleiermacher schon im zweiten Abschnitt
— also in dem Zusammenhang, in dem allgemein die „Gemeinschaft des
Gefühls" vom „Gattungsbewußtsein" her begründet wird — das fromme
Gefühl herausstellt: „Was aber das schlechthinnige Abhängigkeitsgefühl
insonderheit betrifft, so wird jeder wissen, daß es auf demselben Wege
durch die mitteilende und erregende Kraft der Äußerung zuerst in ihm
ist geweckt worden" (43/38). Gewiß umgreift die vorhergegangene Erklärung auch zunächst das „fromme Selbstbewußtsein"; es ist hier als
Sonderfall gemeint, und deswegen konnten wir die als allgemein gültig
formulierten Aussagen auf diesen Sonderfall hin auslegen. Aber auffallend ist der singuläre Gebrauch des Ausdrucks „wecken"; er wird allein,
und so schon im ersten Abschnitt, mit dem schlechthinnigen Abhängigkeitsgefühl in Verbindung gebracht; die sonst verwendeten Begriffe liegen im
Wortfeld „nachbilden". Allerdings können wir diesen Tatbestand lediglich
zur Kenntnis nehmen, daran weitergehende Folgerungen anzuschließen,
dürfte kaum erlaubt sein. Denn Schleiermacher hat sich selbst nicht deutlich
dazu geäußert. Er mag seine Ausführungen an dieser Stelle wohl absicht-
lich in der Schwebe gehalten haben. Aber überhaupt nimmt dieser Satz
einen merkwürdig isolierten Rang innerhalb der Gesamterörterung ein:
wenn man ihn genau liest, fällt auf, daß er im Grunde nicht in der Kon-

struktion bleibt. Schleiermacher bezieht sich hier, wenn er daran erinnert, wie das schlechthinnige Abhängigkeitsgefühl je bei einem Einzelnen „geweckt" wird, ausdrücklich auf dessen Erfahrung, und damit verläßt er genau die Grundlage der Erörterung des zweiten Abschnitts. Mehr noch: Diese Erinnerung betont die vorhergegangenen Ausführungen an einer Stelle, die keineswegs deren leitendem Gesichtspunkt entspricht. Hier nämlich wird plötzlich die Frage in den Vordergrund gerückt, auf welche Weise das „fromme Selbstbewußtsein" entstehe, während die Untersuchung selbst darauf ausgerichtet war, das Entstehen der „frommen Gemeinschaft" zu begründen. Gewiß ist diese Trennung nur formal gültig; die Antworten sind, sofern sie die Wirklichkeit treffen sollen, voneinander abhängig. Aber, das ist wesentlich, erst unter dem Bezug auf die Wirklichkeit kann überhaupt das *Entstehen von Frömmigkeit* verhandelt werden, im Bereich der rein formalen Erörterung hat diese Frage keinen Platz. Dies zu erkennen ist deswegen wichtig, weil wir sonst, bei Nichtbeachtung dieses Sachverhaltes, den Begriff des Gattungsbewußtseins möglicherweise an der falschen Stelle einsetzen. Das geht nun mit Eindeutigkeit aus der Erläuterung im folgenden (3.) Abschnitt hervor: dieser Begriff gehört ganz in die Aussagelinie, die diese Lehnsätze als ethische charakterisiert! Er kann gar nicht — und soll es auch nicht — den Möglichkeitsgrund für die eine Erregung verursachende Mitteilung einer Gefühlsbestimmtheit hergeben, jedenfalls nicht derjenigen, die Frömmigkeit genannt wird. Vielmehr soll er allein die Möglichkeit des Zusammenstimmens der einzelnen miteinander zu einer frommen Gemeinschaft begründen. In ihrem frommen Selbstbewußtsein „erregt" werden die einzelnen je für sich, auf eine Weise, die zu erörtern hier nicht beabsichtigt sein kann, und dies insofern nicht, als nicht das nur empirisch nachweisbare „wirkliche Vorkommen" zum Gegenstand der Verhandlung gesetzt ist.

Die „frommen Erregungen" als solche werden gemäß der Definition von § 5 als gegeben angenommen. Danach gehört die Modifikabilität des frommen Selbstbewußtseins zur Grundlage des 3. Abschnitts: einmal unterscheiden sich die einzelnen voneinander in der „Stärke ihrer frommen Erregungen", und dann sind sie auch als „ungleichmäßig ähnlich ... in Beziehung auf die Region des sinnlichen Selbstbewußtseins, mit welcher sich am leichtesten das Gottesbewußtsein eines jeden einigt" anzusehen. So ergeben sich unterschiedliche Grade der „Verwandtschaft" hinsichtlich des frommen Gefühls, und folglich ist auch die „Gemeinschaft" in bezug auf einen frommen Gemütszustand als mehr oder minder leicht zu verwirklichen anzunehmen.

Frömmigkeit wäre also die jeweils eigentümliche Bestimmtheit des Gefühls eines Einzelnen, deren Entstehen der von der Individualität eben
des Einzelnen und möglicherweise von noch nicht erwogenen Erregungs-
momenten mitgeprägte primäre Vorgang; das Eingehen in eine fromme
Gemeinschaft mit anderen von verwandter Frömmigkeit wäre das zwar
notwendigermaßen folgende, aber doch erst folgende und insofern sekundäre Ereignis. In diesem Zusammenhang kann im Grunde nicht die Rede
davon sein, daß einer dem anderen die fromme Erregung etwa mitteile.
Die Erörterung ist allein darauf gerichtet, die Möglichkeit der Bildung
frommer Gemeinschaften zu begründen. An dieser Stelle — und nur hier —
ist der Hilfsbegriff der Ethik eingesetzt: aufgrund des Gattungsbewußtseins gibt es „innigste Gemeinschaft" zwischen solchen einzelnen, die in
ihren frommen Erregungen gegenseitig eine möglichst große Ähnlichkeit
wahrnehmen, oder nur „schwächste" Zusammenstimmung und also relative Abstoßung zwischen denjenigen, die einander hinsichtlich ihrer
frommen Erregungen am meisten fremd sind. Die Trennung kann „nicht
. . . absolut" sein: „Denn es kann / nicht leicht einen Menschen geben, in
welchem ein anderer gar keinen frommen Gemütszustand als in einem
gewissen Grade den seinigen gleich anerkennen . . . sollte"[36].

Wenn also das Gattungsbewußtsein die gemeinschaftsbildende Potenz
von Frömmigkeit erklären soll, kann dadurch nur eine „ungleichmäßige
und fließende" (43/38) Gemeinschaft begründet sein. Die bestimmte Begrenztheit läßt sich auf diese Weise nicht definieren: es gibt „beliebig
viele Zwischenstufen" im Gegenüber der „äußersten Punkte", zwischen
dem Punkt der „innigsten" und demjenigen der „schwächsten" Gemeinschaft. Das stimmt mit unserer obigen Feststellung überein, nach der dieser
Begründungsgang lediglich das Bestehen einer „unbegrenzten" Gemeinschaft verständlich macht.

---

[36] Vollständig heißt es bei Schl.: „Denn es kann / nicht leicht einen Menschen geben,
in welchem ein anderer gar keinen frommen Gemütszustand als in einem
gewissen Grade den seinigen gleich anerkennen, *und welchen einer durch sich
oder sich durch ihn für ganz unerregbar erkennen sollte*" (43 f./38). Wir nehmen
diesen Zusatz hier anmerkungsweise auf, weil er scheinbar unserem oben
(S. 135) betonten Grundverständnis widerspricht, nach dem in dem rein ethischen Aussagebereich das *Entstehen* von Frömmigkeit nicht erörtert werden
kann. In Wirklichkeit handelt es sich allerdings nicht um einen Widerspruch,
denn es geht hier nicht um die spekulative Begründung einer zu denkenden
Möglichkeit, vielmehr um die Forderung der Anerkennung einer tatsächlichen
Gegebenheit.

Daß diese Konsequenz wohl in dem Ansatz enthalten ist, andererseits aber nicht das eigentliche Ziel der Untersuchung ausmacht, wird auch von Schleiermacher zugegeben. Ja, man muß eben sagen: von ihm betont. Der letzte (4.) Abschnitt hebt den notwendigen Bruch in der Gedankenführung hervor: „So erscheint uns der Austausch des frommen Selbstbewußtseins, wenn wir an das Verhältnis vereinzelter Menschen zueinander *denken. Sehen* wir aber auf den *wirklichen Zustand* der Menschen, so ergeben sich doch auch feststehende Verhältnisse in dieser fließenden und eben deshalb streng genommen unbegrenzten Gemeinschaft." Mit der hier angegebenen Randnotiz ausgedrückt: „... NB. Daß diese [sc. die feststehende Gemeinschaft] *nur nachgewiesen* werden kann" (Th 44ᵇ). Und das bedeutet, daß in der Beschreibung des „Herganges" die Frage offenbleibt, offenbleiben muß, wie denn die bestimmte Begrenztheit einer „relativ abgeschlossene(n) fromme(n) Gemeinschaft" — diese soll „durch den Ausdruck K i r c h e" erfaßt werden (45/40) — zu erklären sei. Sie kann überhaupt nicht erklärt werden, sie wird „aufgefunden"[37].

Es sieht so aus, als ob die Eindeutigkeit der Aussagelinie durch den anschließend für diese „Nachweisung" angegebenen Rückgang auf die ethische Grundform der „Gemeinschaft in allem", die „Familie" (Th 44ᶜ), gestört werde. Auch dieser Abschnitt ist in der zweiten Auflage neu eingerichtet worden; in der Urauflage erscheint an der zugehörigen Stelle nur die Anmerkung — und zwar vor der Erläuterung —, daß „Kirche" als „eine bestimmte und begrenzte Gemeinschaft der Frömmigkeit" verstanden werde und daß die innerhalb der Gemeinschaft anerkannte „Gleichheit der religiösen Zustände" die Grundlage für die Feststellung abgebe, „wer dazu gehöre und wer nicht" (GL¹ § 12, Anm. c.). Doch anders kann auch die hier durchgeführte Erörterung nicht gemeint sein: „nachweisen" zielt an dieser Stelle jedenfalls nicht auf den oben diskutierten spekulativen „Nachweis", im Sinne des Beweises von Allgemeingültigkeit und Notwendigkeit, sondern eben auf die nur empirisch erhebbare „Nachweisung feststehender Gemeinschaft" (Th 44ᵇ), die einen Vergleich eigentümlicher Differenzen einschließt[38].

---

[37] Das Verb „auffinden" wird von Schl. im Zusammenhang von § 6 zwar nicht gebraucht, aber es kann hier (entsprechend Schl.s Grunddiktion) eingestellt werden. Wir kennzeichnen damit die Aussageweise als schon von der religionsphilosophischen Methode bestimmt; vgl. Schl.s Ansatz für den II. Untersuchungsgang: „Doppelter Ausgangspunkt. Konstruktion und Auffindung." (Th 47ᵃ).

[38] KD² §§ 22 und 23.

Damit ist die Grenze dessen, was die Ethik zu leisten vermag, von
Schleiermacher nicht nur anerkannt, sondern deutlich in den Gedankengang einbezogen worden. Er hat seine Grundeinsicht expliziert, die da
hieß: „. . . keine Wissenschaft kann das Individuelle durch den bloßen
Gedanken erreichen und hervorbringen, sondern muß immer bei einem
Allgemeinen stehenbleiben" (§ 2,2). Da die vorliegende Untersuchung
durch eine spezifische Aufgabe bestimmt ist — den „Zusammenhang" der
christlichen Glaubenslehre mit den allgemeinen Wissenschaften herzustellen
—, kann also die spekulative Erörterung das Allgemeine — hier: den
„Begriff der Kirche" — nur mit Rücksicht auf die Konkretion, die ja
vorgegeben ist, ableiten. Dies zu tun, hatte Schleiermacher als Ziel seiner
ethischen Lehnsätze angegeben. Von daher sah er sich dazu genötigt,
darauf hinzuweisen, daß die Thesen „hier nicht so vorkommen" (Th 41[a])
wie in der Ethik selbst. Wir haben gesehen, wie in besonderer Weise dann,
wenn die Wirklichkeit, die hinter dem Begriff steht, in den Blick rückt
(§§ 5 und 6), die Ausführungen sich nicht als rein spekulative verstehen,
vielmehr schon mitbestimmt sind durch den Bezug auf das empirisch
Gegebene. Das heißt: das „kritische Vergleichen", das eigentliche Kennzeichen der religionsphilosophischen Methode, gewinnt schon Bedeutung
für das Verfahren des der Ethik zugehörigen Untersuchungsganges. Das
macht die Zweispurigkeit des letzten Paragraphen verständlich, wir können sie auch als ein Gehaltensein der Aussageweise in dem das kritische
Vergleichen kennzeichnenden Sowohl-Als-auch verstehen. Konsequenterweise mußte diese Anlage auch in unserer Darstellung ihren Niederschlag
finden, zumal bei der Erörterung des zweiten Abschnitts. An der Doppelt-
gerichtetheit der Aussageweise, der Spannung zwischen „Spekulation" und
„Empirie", ist vor allem wichtig, daß sie als begrifflich gerade nicht geschlossen zu erkennen ist: die Modifikabilität des „frommen Selbstbewußtseins" geht wohl als notwendige, nicht aber als hinreichende Bedingung
in die Vorlage des religionsphilosophischen Untersuchungsganges ein. *Wie*
sich die bestimmte Begrenztheit der „frommen Gemeinschaft" verwirklicht
— diese Frage bleibt offen.

II.

Die „Lehnsätze aus der Religionsphilosophie"

Einleitendes

Das Verfahren der „kritischen Disziplin"

Ehe wir die Einzelaussagen des zweiten Untersuchungsganges aufnehmen, haben wir zu klären, wie wir von unserem Ansatz her (1. Kapitel) und als Folge aus unserem Grundverständnis der Einleitung (2. Kapitel) die Aufgabe der Religionsphilosophie überhaupt, insbesondere die der religionsphilosophischen Lehnsätze, und dann das solcher spezifischen Aufgabenstellung zugehörige Verfahren verstehen müssen.

Zwar ist diese Klärung insofern schwierig, als wir hier das Problem in seiner Allgemeinheit nicht erörtern können: Wie andere Lösungsansätze gemeint sind — hier wären die verschiedenen Versionen der Ethik und die Reden zu untersuchen —, ob sie zum Ziel führen, und wie sich die einzelnen Ansätze zueinander verhalten, muß offenbleiben. Wir haben aber zur Kenntnis zu nehmen, daß Schleiermacher in seinen Vorüberlegungen zum ersten Hauptteil der Einleitung, und zwar in § 2, die religionsphilosophische Aufgabe doch unter einem umfassenderen Aspekt erläutert, als er ihn dann innerhalb des zugehörigen Bereiches der Lehnsätze leitend sein läßt. Ferner müssen wir die oben schon genannte Aussage Schleiermachers berücksichtigen, daß wohl die Glaubenslehre selbst ihren Verstehensgrund in sich trage, der Einleitung dagegen die Kurze Darstellung als Voraussetzung impliziert sei[1]. Folglich haben wir diejenigen Paragraphen der Kurzen Darstellung, welche die Aufgabe der Religionsphilosophie zusätzlich erläutern, zur Grundlage unseres Textes zu rechnen. Soweit unter diesen Bedingungen eine Klärung als möglich erscheint, müssen wir sie für unbedingt notwendig ansehen. Denn die Unterschiede in den Antworten, die man dem religionsphilosophischen Untersuchungsgang der Einleitung abhört, gründen ja in den schon unterschiedlichen Verständnissen der Frage, von der man Schleiermacher ausgehen sieht[2].

---

[1] Mul. 52/632.

[2] Die Spannweite der Einordnungsversuche kann von den Auslegungen her gekennzeichnet werden, auf die wir uns im Laufe unserer Untersuchung am häufigsten beziehen müssen: F. FLÜCKIGER und CHR. SENFT nehmen an dieser Stelle Standorte ein, die einander weitgehend ausschließen.

F. FLÜCKIGER erwartet von den religionsphilosophischen Sätzen, daß in

Wir greifen noch einmal die oben erst kurz erwähnte, am Ende der
Vorüberlegungen (§ 2) zu lesende Definition auf: „Religionsphilosophie"
sei zu verstehen als „kritische Darstellung der verschiedenen gegebenen
Formen frommer Gemeinschaften, sofern sie in ihrer Gesamtheit die voll-

---

ihnen „die positiven Religionen zur Darstellung gelangen (sollen)" (42); charakteristisch ist sein Zusatz: „Hierbei soll auch [!] das Verhältnis des Christentums zu den übrigen Religionen bestimmt werden." (ebd.) Er findet dann
die „Norm", die nach seinem Verständnis für die von Schl. (in § 7) durchgeführte Stufenordnung notwendig ist, in dem aus der Ethik herübergeholten
„Prinzip des schlechthinigen Abhängigkeitsgefühls" (ebd.); in der Religionsphilosophie werde „die der Ethik entnommene Formel als kritische Norm zur
Unterscheidung des Gegebenen verwendet" und insofern sei die religionsphilosophische Methode „als ‚kritische Empirie' (zu) bezeichnen" (44). Die
Erörterung läuft auf die Feststellung hinaus (deren Gültigkeit allerdings an den
Reden erst eigentlich erhärtet worden ist): „Die religiöse Individualität wird
. . . nur in einem sehr relativen Sinn anerkannt . . . Das allgemeine Prinzip ist
das übergeordnete" (48).
Was das Verständnis der Zielbestimmung angeht, steht eben CHR. SENFT
(Wahrhaftigkeit) auf der genau entgegengesetzten Seite. Denn er sieht Schl.
in den religions-philosophischen Thesen allein mit der Frage befaßt: „Wie kann
die christliche Offenbarung als wahr erkannt werden?" (12). Er versteht geradezu als den „Zweck" dieser Sätze, „die Wahrheitsfrage im Bereich der Theologie wieder in Bewegung zu bringen" (40). Dieser Leitgedanke bestimmt die
Auslegung durchgehend, wobei die Berechtigung der Fragestellung anerkannt
und zugleich das Unzureichende an Schl.s Antwort aufgedeckt wird: Schl. habe
zwar „die Notwendigkeit, die Geschichte wieder zum Reden zu bringen, deutlich erkannt", es sei jedoch „von einer Erwartung, daß aus der Beschäftigung
mit der Geschichte Erkenntnis der Wahrheit entspringe, (. . .) bei ihm nichts
zu spüren" (40). Das Ergebnis der abschließenden, kritischen Betrachtung
lautet: „Die Wahrheitsfrage ist nun zwar, im Raum der geschichtlichen Wirklichkeit gestellt, vom dogmatischen Formalismus befreit; aber sie hat zugleich
ihren Sinn verloren" (42).
Gegenüber dieser Darlegung erhebt sich unwillkürlich die Vermutung, daß die
„Wahrheitsfrage" schon von vornherein eine für den religionsphilosophischen
Gedankengang fremde Frage sein könnte; SENFT gründet seinen Ansatz nämlich nicht auf Schl.s Aussagen direkt, sondern auf „die damalige theologische
Situation", durch die Schl. dazu gezwungen gewesen sei, nach einem „Ausweg"
aus der eben hinsichtlich der Wahrheitsfrage „sterilen Diskussion zwischen der
Orthodoxie und der Aufklärung" zu suchen (12).
Auch FLÜCKIGER gewinnt sein Verständnis von der „normativen" Funktion
des „spekulativen" Prinzips der Frömmigkeit nicht so sehr an den religions-
philosophischen Ausführungen selbst (da kommt er gerade an entscheidender
Stelle, wie wir unten — zu § 8 — sehen werden, zu der Folgerung, daß eben

kommene Erscheinung der Frömmigkeit in der menschlichen Natur sind"
(14/7). Warum diese „kritische Darstellung" von Schleiermacher für notwendig erachtet wird, wieso für ihn die Forderung nach einer Verknüpfung
von „Spekulativem" und „Geschichtlichem" aus seiner erkenntnistheoretischen Position folgt, brauchen wir nach dem im zweiten Kapitel Gesagten nicht mehr zu erörtern. Aber: was heißt denn „kritische Darstellung"? Oder deutlicher: wie vollzieht sie sich? Diese Frage müssen wir noch
zu beantworten suchen.

diese Ausführungen nicht in der Intention des Ansatzes liegen können), überhaupt erläutert er weniger die eigentlich religionsphilosophische Aufgabe, vielmehr geht es ihm darum, die „spekulative" Grundlage der „Darstellung der
Religionen" aufzudecken; er zieht lediglich die Konsequenz aus seinem an den
ethischen Lehnsätzen — unter Ausklammerung eines wesentlichen Teiles von
§ 5 und des ganzen § 6 — erhobenen Frömmigkeitsbegriffs.
Im Grunde hat schon H. Süskind in seiner eingehenden Untersuchung der
„geschichtsphilosophischen" Grundanschauung Schl.s die Kritik an den beiden
angegebenen Positionen vorweggenommen; jedenfalls sind dessen Einzel-
ergebnisse (zu dem uns hier angehenden Text) nicht (ausdrücklich) widerlegt
worden.
Nach Süskind sind die religionsphilosophischen Paragraphen in der Anlage
(und auch in der Durchführung) nicht an der „Wahrheitsfrage", vielmehr an
der „Wesensfrage" orientiert, und dabei kommt es letztlich, mindestens in der
Einleitung, genau darauf an, das „Eigentümliche" des Christentums erfaßbar
zu machen; Schl.s Aufweis eines Zusammenhanges des Christentums mit den
anderen Religionen ist in dieser Sicht gleichsam nur Mittel zum Zweck (Christentum, 104 ff.).
Wir werden uns in der Deutung der religionsphilosophischen Sätze am ehesten
an Süskind anschließen können, allerdings nicht in der Bewertung des Ergebnisses. Die Differenz in der Bewertung gründet in der Differenz der Ansätze: Süskind geht von der Voraussetzung aus, die Religionsphilosophie müsse,
wenn sie sich als wissenschaftliche Grundlegung der Theologie legitimieren wolle,
den „Wahrheitsbeweis für das Christentum" (111 ff.) leisten; ferner meint er,
daß Schl. grundsätzlich die gleiche Ansicht vertrete (118 ff.). Da er jedoch an
dieser Stelle nur einen „Verzicht auf den Wahrheitsbeweis" (113 ff.) für Schl.
konstatieren kann, kommt er zu dem Schluß, die Einleitung in die GL, insbesondere der zweite Untersuchungsgang, sei „in Wahrheit . . . s e l b s t   s c h o n
D o g m a t i k : also nicht Religionsphilosophie, nicht wissenschaftliche Theologie, sondern kirchliche Theologie . . ." (130) und wolle auch nichts anderes sein.
Wenn wir auch diesem Verständnis von „wissenschaftlicher Theologie" nicht
folgen und es auch für Schl. (nach Kap. 1 und Kap. 2) nicht voraussetzen,
werden wir doch Süskinds Aussagen (bes. zu §§ 8 u. 9) zu beachten haben (s. u.
S. 193 ff. und S. 211 f.).

Das „Geschäft" der Religionsphilosophie bestehe darin — so hat Schleiermacher zuvor, im Anschluß an die Bestimmung derjenigen Aufgabe ausgeführt, die der Ethik zugehört: in diesem Zusammenhang ist es ja die, den „Begriff der Kirche" abzuleiten —, „die Gesamtheit aller durch die eigentümliche Verschiedenheit ihrer Basen voneinander gesonderten Kirchengemeinschaften nach ihren Verwandtschaften und Abstufungen als ein geschlossenes den Begriff erschöpfendes Ganze darzustellen" (13/5). Das ist zwar klar, daß es sich hierbei nicht um eine bloße Aufzählung oder um eine nur summierende Zusammenschau der verschiedenen geschichtlich gegebenen „Kirchengemeinschaften" handeln soll; positiv ausgedrückt: daß eben „Gesamtheit" als „geschlossenes Ganze" in dieser Aussage den Ton trägt. Die Ausschöpfung des Begriffs kann also nicht einfach so geschehen, daß nacheinander die verschiedenen „individuellen Gestaltungen" der Frömmigkeit beschrieben werden; dabei bliebe man wieder bei der reinen Empirie, und es wäre nichts gewonnen. Die „Darstellung" muß sowohl das gegenseitige Zueinander der einzelnen „Gestaltungen" als auch deren Bezogensein auf das „Ganze" in den Blick bringen. Es fragt sich nur, wie das geschehen kann, wie es möglich ist, das „Ganze" zu gewinnen, das mehr ist als die Summe der einzelnen Teile. Welches ist das integrierende Moment, das hierbei notwendig ins Spiel kommen muß? Hier liegt der Angelpunkt des Problems, und genau den müßte Schleiermacher mit seiner Lösung visieren.

Man könnte einwenden, daß diese Frage sich nur bei einer Überbetonung des Begriffs „geschlossenes Ganze" stelle; es sei doch eigentlich klar: der „Begriff der Kirche" schaffe eben dieses Ganze als vorgegebene, allgemeingültig konstruierte feste Größe; das an diesem Begriff abgehobene Grundelement der „Frömmigkeit" ermögliche die „Einteilung des ganzen Gebietes", eben der frommen Gemeinschaften insgesamt, nämlich nach niederen beziehungsweise höheren Graden der Gestaltung von Frömmigkeit; danach sei den „geschichtlich aufgefundenen" Frömmigkeitsformen der je zugehörige Einstellungsort zuzuweisen, die verschiedenen Religionen (von denen Schleiermacher hier allerdings nicht spricht) seien eben dem Allgemeinbegriff Religion (den zu gebrauchen er, wiederum als Einschränkung zu vermerken, in § 6, Zusatz ausdrücklich abgelehnt hat) zu „subsumieren"[3]. Aber unsere Frage ist damit keineswegs erledigt, sie stellt sich

---

[3] So erläutert H. Süskind (Christentum) ganz allgemein die Aufgabe der „Geschichtsphilosophie der Religion" (59 ff.); aber diese Verhältnisbestimmung, daß das Besondere dem Allgemeinen in der „kritischen" Betrachtungsweise untergeordnet werde, charakterisiert allenfalls den Ansatz der Ethik, jedoch

nur um so dringlicher: Wieso soll denn der Frömmigkeits- oder Religions-
begriff einen Maßstab gleichsam zur Einteilung der verschiedenen *Formen*
der Frömmigkeit hergeben können? Widerspricht nicht die Vorstellung von
einer solchen „Norm" als Bewertungsgrundlage für ein Ein- oder Unterordnen der „geschichtlich gegebenen" Gemeinschaften Schleiermachers Erkenntnisgrundsatz, nach dem keinesfalls „das Individuelle durch den
bloßen Gedanken erreich(t)" werden könne? Nach dem jede Wissenschaft
„immer bei einem Allgemeinen stehenbleiben" müsse? Diesen Grundsatz
hat Schleiermacher schon in der ersten Auflage der Reden ausgesprochen,
und auch dann, wenn er ihn in seinen Vorüberlegungen hier, eben in § 2
(12/4) nicht noch einmal deutlich formuliert hätte, dürfte an dieser Stelle
keine Diskussion nötig sein: Die Religionsphilosophie ist in keinem Sinne
als „normative" Disziplin zu verstehen; dies mit den Worten der Reden
gesagt: „um aber den Charakter der Einzelwesen selbst zu finden muß
man aus dem allgemeinen Begriff und seinen Merkmalen herausgehen"
(R[1] 256). FLÜCKIGERS Ansatz etwa, nach dem das „Prinzip des schlechthinigen Abhängigkeitsgefühls" als „für alle (Religionen) geltende Norm"
(42) aus der Ethik in die Voraussetzung der religionsphilosophischen
Untersuchung eingehe, läßt diesen Erkenntnisgrundsatz Schleiermachers
schon außer acht, abgesehen davon, daß die ethischen Sätze — wie wir
oben gezeigt haben — nicht darauf zielen, das schlechthinnige Abhängigkeitsgefühl als normatives „Prinzip" abzuleiten, sondern darauf, den
„Begriff der Kirche" im Rückgang auf das „Wesen der Frömmigkeit" zu
definieren[4]. Wir müssen uns eben doch darum bemühen, eine Antwort auf
die Frage nach dem integrierenden Moment in der „kritischen Darstellung"
zu finden.

---

gerade nicht den spezifischen der Einleitung. An der angegebenen Stelle befaßt
sich Süskind ausführlich mit der Ethik, und so wird man ihm dort kaum
widersprechen wollen. Schwierig wird es, wenn er dieses Verständnis in die
Diskussion des religionsphilosophischen Ansatzes der Einleitung hineinnimmt
— andererseits entspricht sein Vorgehen freilich seiner Definition von „Wissen-
schaftlichkeit": vgl. bes. 65 ff., 77, 79 f. und dazu 111—141.

[4] F. FLÜCKIGER hat sich den Zugang zu den religionsphilosophischen Sätzen dadurch versperrt, daß er als Grundbegriff aus den ethischen Sätzen den der
„reinen Frömmigkeit" abgeleitet hat (s. o. I.-Einl./Anm. 6). Zwar ruht seine
Konstruktion des für den zweiten Untersuchungsgang angeblich tragenden Gegensatzes — auf der einen Seite „die vollkommene, aber als solche nie vor-
kommende Religion", auf der anderen „die wirkliche, aber (vom allgemeinen
Begriff aus beurteilt) nie vollkommene Religion" (22) — schon auf § 2, doch
wird diese Konstruktion erst eigentlich verständlich nach der Einsicht in seine

Die Schwierigkeit scheint mir darin zu liegen, daß Schleiermachers direkte Aussage zu diesem Problem nicht unbedingt eindeutig oder doch mißverständlich klingt. Jedenfalls in dem uns vorliegenden Text: Zuerst spricht er davon, daß die „bloß empirische Auffassung" zum Erkennen einer geschichtlich gegebenen Größe deswegen nicht genüge, weil man ein „Maß" oder eine „Formel" brauche, „um das Wesentliche und *Sich-gleich-bleibende* von dem Veränderlichen und Zufälligen zu unterscheiden" (12/ 4 f.); er führt also selbst Bezeichnungen ein, die wir eben, als nicht mit seinem Ansatz zu vereinbaren, meinten ablehnen zu müssen. Und dann fährt er fort: „Wenn nun aber die Ethik den Begriff der Kirche aufstellt; so kann sie allerdings auch an dem, was die Basis dieser Gemeinschaften ist, das *Sich-überall-Gleiche* von dem, was sich als eine veränderliche Größe verhält, / absondern, um so ... die Örter zu bestimmen, in welche die individuellen Gestaltungen ... eingestellt werden könnten" (12 f./5). Das Verständnis des Gesamtzusammenhanges muß wesentlich davon abhängen, wie man das Verhältnis dieser beiden Aussagen zueinander bestimmt.

Zunächst scheint es so, als ob Schleiermacher doch von der Ethik her ein normatives Prinzip in die Religionsphilosophie einholen wolle, nämlich als das „Maß" oder die „Formel" zur Ordnung des empirisch Aufgefaßten das „Sich-überall-Gleiche" in Absonderung von demjenigen, „was sich als eine veränderliche Größe verhält", also — wenn wir auf die inzwischen eingesehenen ethischen Sätze zurückgehen — das „schlechthinnige Ab-hängigkeitsgefühl" als das allen verschiedenartigen frommen Gemein-schaften gemeinsame, identische Element der Frömmigkeit. Dann bleibt aber die Frage, inwiefern „so" die *verschiedenen* „Örter" gegeneinander abgegrenzt werden können, oder: wieso dieses „Sich-überall-Gleiche" die „Formel" abgeben kann, die dem empirischen Erkennen notwendig ist, damit es das jeweils „Wesentliche" einer *individuell* gegebenen Gestaltung, deren „Sich-gleichbleibendes" von deren „Veränderlichem und Zufälli-gem" unterscheiden könne. Will man hier eine Verknüpfung in dem Sinne herstellen, daß man die gleichlautenden Bezeichnungen miteinander zur Deckung bringt, ergibt sich der vollständige Widerspruch. Sie sind aber nicht in ein Verhältnis zueinander gerückt, das als Kongruenz zu deuten wäre; vielmehr müssen sie als einander überkreuzend verstanden werden. Das will sagen: im einen Fall, beim Begriff der Kirche, geht es darum, an

---

Auslegung der ethischen Thesen. Durchgehend sucht Flückiger das Moment der Normierung und Bewertung in den Vordergrund zu schieben — mindestens die religionsphilosophischen Sätze lassen sich unter diesem Gesichtspunkt nicht gültig erfassen.

der „Basis" die in begrifflicher Hinsicht geltende Identität abzusondern, im andern, bei der Bestimmung des geschichtlich Gegebenen, dagegen darum, in das „Maß" oder die „Formel" das „Wesentliche" eben dieser Gegebenheit, das „Sich-gleichbleibende" des Individuellen aufzunehmen. Es ist also die „Formel" für das Einzelne nicht als durch den Allgemeinbegriff direkt festlegbar zu verstehen; das „Sich-gleichbleibende" ist nicht mit dem „Sich-überall-Gleichen" zu verknüpfen, vielmehr ist in dem gedanklichen Gefüge der beiden Sätze das „was-sich-als-eine-veränderliche-Größe-verhält" das vermittelnde Glied. *Dieses* Veränderliche trägt keineswegs den Stempel des Zufälligen, sondern hält sowohl gegenüber dem empirisch Wechselvollen als auch gegenüber dem spekulativ Allgemeinen das je „Eigentümliche" einer individuellen frommen Gemeinschaft fest. Danach gehört es gerade zur Aufgabe der Ethik, den Allgemeinbegriff (hier also den der Frömmigkeit als „Basis" einer jeden frommen Gemeinschaft) auch in bezug auf die ihm notwendig zukommenden *inneren Differenzen* zu bestimmen. So aufgenommen, sind die Aussagen Schleiermachers nicht mehr mißverständlich, sondern durchaus folgerichtig. Die Möglichkeit einer Auslegung, welche die Verbindung zwischen Empirie und Spekulation über eine allgemeingültige „Norm" hergestellt finden will, wäre somit von vornherein ausgeschlossen. Jedenfalls dann, wenn die „Norm" als feste unveränderliche Größe verstanden sein soll. Offensichtlich kommt es Schleiermacher darauf an, in den Vorüberlegungen deutlich zu machen, daß in den zu konstruierenden Begriff auch das Element der Variabilität einzulassen ist. Nach unserer inzwischen an den ethischen Lehnsätzen gewonnenen Einsicht ist er dann genau diesem Ansatz entsprechend verfahren: die Modifikabilität gehört deswegen in die Definition des „frommen Selbstbewußtseins", weil von einer „frommen Gemeinschaft" nur als von einer „bestimmt begrenzten" die Rede sein kann und sein soll.

Ob ganz allgemein gilt, daß in der „geschichtskundlichen Kritik" als der Vermittlung zwischen Spekulation und Empirie nicht der identische Faktor des konstruierten Begriffs der wesentliche Bezugspunkt ist, sondern eben das Element der Variabilität, können wir hier nicht entscheiden. Uns muß es genügen, die Gültigkeit dieses Zusammenhanges hinsichtlich der uns allein interessierenden Disziplin „Religionsphilosophie" ausgemacht zu haben. Wir brauchen hierfür nur noch die Bestätigung aus der Kurzen Darstellung einzuholen. Dort heißt es an dem zu diesem Problem zu befragenden Ort: „Die weitere Entwicklung des Begriffs frommer Gemeinschaften muß auch ergeben, auf welche Weise und in welchem Maß die eine von der andern verschieden sein kann, imgleichen, wie sich auf

diese Differenzen das Eigentümliche der geschichtlich gegebenen Glaubens-
genossenschaften bezieht. Und hiezu ist der Ort in der Religionsphilosophie" (KD² § 23)[5]. Ebenso eindeutig ist der die Philosophische Theologie
einleitende Paragraph der Kurzen Darstellung, in dem „kritisch bestimmen" als „Gegeneinanderhalten dessen, was im Christentum geschichtlich
gegeben ist, und der Gegensätze, vermöge deren fromme Gemeinschaften
können voneinander verschieden sein" verstanden wird (KD² § 32)[6].

Die für diese Überlegungen leitende Frage war: Auf welche Weise *kann*
die Religionsphilosophie die „Gesamtheit" der Frömmigkeitsformen als
ein „Ganzes" darstellen? Das Ergebnis — die Bezugsgröße ist nicht eine
Konstante, sondern eine Variable — ist nun allerdings erst als Teilantwort
zu werten. Zunächst wird daran deutlich, daß die Aufgabe, aufs „Ganze"
gesehen, nicht abschließbar ist. Sie hat ihr Ziel nicht in sich selbst; sie ist
darum gestellt und muß deswegen gelöst werden, damit die einzelne
fromme Gemeinschaft, deren eigentümliches Wesen, das sich dem nur
empirischen Auffassen nicht erschließt, verstanden werde. Es geht dabei
nicht um Bewertung, nicht um Wahrheitsfindung — es gibt ja keinen
festen Standort außerhalb, von dem aus ein absolutes Urteil möglich
wäre. Nicht die „Wahrheit"[7] wird gesucht, sondern der Grund für die
Beschreibbarkeit von „Wirklichkeit"; es kommt darauf an, auszumachen,
wie das Verstehen, und zwar das der einzelnen frommen Gemeinschaft,
möglich ist. Aber der Erkenntnisgang muß sich auch auf die anderen
Gemeinschaften richten, denn das Einzelne ist nicht für sich da; er muß
die Zuordnung der „geschichtlich gegebenen" Formen zueinander zu erfassen suchen, weil nur aus diesem Zueinander-sein das Einzelne in seinem
Für-sich-sein erkannt werden kann. Die verschiedenen individuellen Formen sind an ihren „Ort" innerhalb des „Ganzen" zu bringen, aber dieser
„Ort" ist erst aus der gegenseitigen Abgrenzung der einzelnen „aufgefundenen" Formen jeweils nachweisbar. Die Ortung zielt dabei nicht nur
und nicht zuerst auf einen Aufbau des Ganzen, sondern ebensosehr und
vor allem dient sie dem Verständnis der einzelnen Gemeinschaft, sie soll
gerade das schärfere Erfassen des Einzelnen ermöglichen. Dieser Vorgang
also, in dem der Zusammenhang der verschiedenen Frömmigkeitsformen

---

[5] KD¹ § 24: „Die lebendige Darstellung dieser Idee muß auch das Gebiet des
  Veränderlichen darin nachweisen, welches die Keime alles Individuellen enthält."
[6] Der entsprechende Paragraph der KD¹ ist in den Anmerkungen zu GL § 2 ausdrücklich genannt worden: I. Teil (Einleit.) § 2 (GL 10 f., Anm. β).
[7] Gegen den Frageansatz von CHR. SENFT (s. o. Anm. 2).

untereinander, ihre Bezogenheit aufeinander, von dem Verständnis des Einzelnen her und auf das Verständnis des Einzelnen hin erstellt wird, schafft erst in der Ausfüllung des Allgemeinbegriffs die Konkretion des „Ganzen". Er läßt sich nur als Progreß beschreiben, er ist demjenigen Vorgang vergleichbar, der den Zusammenhang zwischen Denken und Sein nachvollzieht: Das Verstehen des Einzelnen bleibt, wie das Wissen überhaupt, immer im Werden. Wir können unsere Darlegung auch durch Schleiermachers eigenen Ausdruck verdeutlichen: in seiner Ethik (von 1812/13) bestimmt er die Aufgabe der Religionsphilosophie dahingehend, daß diese „die individuelle Differenz der einzelnen Kirche in comparativer Anschauung zu fixiren"[8] habe. Genau dies sollte hier herausgestellt sein.

Damit ergibt sich ein weiteres Moment zur Beantwortung unserer Ausgangsfrage. So einleuchtend das religionsphilosophische Programm als Theorie ist, in dieser reinen Form kann es nur idealen Wert haben; in dem fortschreitenden Zirkel des Verstehens muß, sofern die „Formel" für eine bestimmte Glaubensweise gesucht wird, ein fester Ausgangsort gewählt oder mindestens als vorläufig verabredet werden. Schleiermacher hat gewiß seine Grundbestimmung in § 11, mit der er die in den apologetischen Sätzen beabsichtigte „Darstellung des Christentums seinem eigentümlichen Wesen nach" einleitet, nicht als eine nur näherungsweise geltende Lösung für die nichtabschließbare Grundaufgabe angesehen. Und von dieser Stelle aus, da wir nach dem Ausgangsort der Untersuchung fragen müssen, gewinnen wir die Einsicht in die Bedeutung der religionsphilosophischen *Lehnsätze*.

Daß diese Frage wohl berechtigt ist, mag noch durch eine Notiz Schleiermachers, die wir der Ethik (von 1816) entnehmen, unterstrichen sein. Darin wird ganz allgemein die „Kritik der Geschichte" von der „realen Wissenschaft", das sind Ethik und Geschichtskunde je für sich, betont abgehoben: jener fehle es in ihrem Verfahren „an der Gemeingültigkeit und an der festen Gestaltung", denn sie sei „immer in einem höheren Grade als die Darlegung eines realen Wissens das Werk des Eigenthümlichsten in dem Menschen"[9]. Schleiermacher begründet diese seine Meinung dort nicht näher, wir brauchen dem auch nicht weiter nachzugehen; es ist aber wichtig für uns zu bemerken, daß er den Standort des Einzelnen als entscheidend für die praktische Ausführung einer geschichtskundlichen Kritik ansieht. Denn genau diesem Grundverständnis ist der vorliegende Ansatz zuzuordnen.

---

[8] Phil. Ethik, ed. Braun, 365 (1812/13).
[9] Phil. Ethik, ed. Braun, 549 (1816).

Schleiermacher will mit seiner Einleitung die Dogmatik der christlichen Kirche (§ 1) eröffnen, deswegen muß ihm allein daran gelegen sein, das „Eigentümliche der christlichen (Gemeinschaft)" (12/4) erfaßbar zu machen; die Festgelegtheit des Zieles wird von Anfang an, nämlich bei der Wahl des Ausgangsortes für die religionsphilosophische Untersuchung, berücksichtigt. Um diese Behauptung zu belegen, könnten wir uns darauf berufen, daß Schleiermacher in der zweiten Auflage nicht mehr, wie noch in der Urauflage, ausdrücklich einen Standpunkt „über" dem Christentum postuliert (GL^1 § 6). Doch würde dieser Beleg nicht ausreichen, denn in der Kurzen Darstellung hat er die dort in bezug auf die Philosophische Theologie aufgestellte entsprechende Forderung eben betont, wenn auch durch den Zusatz „in dem logischen Sinne des Wortes" erläutert (KD^2 § 33), beibehalten. Aber es liegt auch nicht viel an dieser Formulierung, es kommt darauf an, ob die Sache der Lehnsätze auf solcher Forderung stehe; und das ist gerade schon in der ersten Auflage für die analogen Aussagen nicht der Fall. Dort nämlich wird mit dem Postulat des „über das Christentum" Hinausgehens die Notwendigkeit einer allgemeinen Religionsphilosophie dargelegt. Das kann oder muß deswegen in der vorgebrachten Formulierung ausgedrückt werden, weil dort von Anfang an stärker schon der Bezug auf die eigentliche Aufgabe — „auszumitteln, worin das Wesen der christlichen Frömmigkeit bestehe" (GL^1 § 6) — in die Erörterung hineingenommen ist. In der zweiten Auflage werden die nur das Christentum betreffenden Aussagen deutlicher abgesondert und für den apologetischen Untersuchungsgang aufbehalten. Das erweckt den Anschein, als ob die zweite Bearbeitung konsequent den Ausgangspunkt bei dem Allgemeinbegriff Religion setze — dies gilt aber nur scheinbar. In Wirklichkeit ist auch hier die angestrebte Zielbestimmung dem Ansatz impliziert; das werden wir im Verlauf der Auslegung selbst bestätigen können.

Was die Sache anbetrifft, stimmen beide Ausführungen überein; die Urauflage spricht aber die notwendigerweise zu beachtende Einschränkung der Allgemeingültigkeit einer religionsphilosophischen Untersuchung deutlicher aus. Schleiermacher stellt nicht nur ausdrücklich fest, daß es eine allgemeine Religionsphilosophie noch nicht gäbe, sondern er betont zugleich, daß er nicht beabsichtige, eine solche zu erstellen: „um so mehr als diese von einem rein geschichtlichen Streben, dem jede Religionsform gleich wichtig und wert ist, ausgehen müßte und eben deshalb nicht vollständig genug sein könnte in ihrem vergleichenden Verfahren, um nach allen Seiten hin für jede eigentümliche Glaubensweise den Ort auszumitteln und zu sondern, wie wir ihn für das Christentum zu bestimmen suchen müssen" (GL¹ § 7,3). Er sieht sich daher „genötigt", auf einem abkürzenden Weg — wenn erst „das gemeinsam allen Glaubensweisen zugrunde liegende Wesen der Frömmigkeit" ausgemacht ist — „das vergleichende Verfahren gänzlich / darauf (zu) richten, nur das Eigentümliche des Christentums zu finden" (ebd.); und eben diese Bestimmung wird von Schleiermacher in der zweiten Auflage zu der Themaangabe des mittleren Untersuchungsganges als Randnotiz aufgenommen (Th 47ᵃ).

Wenn dieses Finden nicht dem Zufall anheimgestellt sein soll, kann das Suchen nicht ein gänzlich planloses sein: es muß zumindest die Richtung bekannt sein, und man muß sozusagen einen Kompaß besitzen, damit ein Verirren in dem weiten Feld der vielen, noch unbekannten oder doch kaum bekannten Frömmigkeitsformen vermeidbar werde. Das bedeutet also: wie die Dinge nun einmal stehen, weil die Aufgabe der Religionsphilosophie eine nicht abschließbare ist, muß das „Eigenthümlichste in dem Menschen" als Voraussetzung zur wenigstens teilweisen Lösbarkeit zugegeben werden; der Zielort ist von Anfang an fixiert, und der Ausgangspunkt des Weges ist von vornherein auf das angestrebte Ziel bezogen. Anders ausgedrückt: Der Ort, auf den die Untersuchung zulaufen soll, ist nicht unbekannt, wohl aber seine weitere und auch die nähere Umgebung; es kann auf nichts anderes ankommen als darauf, daß diese Umgebung erhellt werde, damit der gesuchte Ort sich um so deutlicher heraushebe. Der Ausgangspunkt der Untersuchung ist zwar innerhalb des weiten Feldes der sich in nicht zu überblickender Mannigfaltigkeit darstellenden Glaubensweisen einzunehmen — und insofern „über" dem Christentum —, aber die Aufgabe ist nun nicht, dieses ganze Gebiet zu beschreiben, sondern einen Sektor gleichsam nur auszuleuchten, in dessen hellstem Kern der eine gesuchte „Ort" sich gegen andere, benachbarte „Örter" deutlich abgrenze.

Heißt das nun, das sich die ganze, weit angelegte Verhandlung als ein Scheingefecht erweist, weil man ja schon weiß, was zu „finden" und wo es zu „finden" ist? Haben wir Schleiermachers Plan, indem wir ihn als solchen für undurchführbar erklären, in sich aufgelöst? Oder hat er selbst dessen Auflösung betrieben, wenn er ihn, im Zusammenhang mit der Grundlegung für die Glaubenslehre, nur in der angegebenen einschränkenden Weise gelten lassen will? Diese Schlußfolgerung wäre gewiß falsch, denn es ist ja andererseits nicht zu übersehen, daß Schleiermacher die religionsphilosophischen Lehnsätze gleichwohl in die Mitte seiner Einleitung rückt. Er kann sie dann doch nicht als ein im Grunde überflüssiges

Zwischenspiel erachtet haben. Also müssen wir fragen, ob denn etwas — und was — von der grundlegenden Aufgabenstellung übriggeblieben sei. Ich halte dafür, dieses Gebliebene lasse sich in vier Punkten zusammenfassen:

Erstens ist nicht die Voraussetzung preisgegeben worden, daß überhaupt die verschiedenen Glaubensweisen in ein gemeinsames Gebiet einzustellen sind;

zweitens bleibt bestehen, daß dieses Gebiet durch den konstruierten Begriff umrissen ist, während die einzelnen Formen selbst nur empirisch wahrzunehmen sind;

drittens ist das Problem als solches, daß Konstruktion und Wahrnehmung, Spekulation und Empirie, hier also Ethik und Apologetik, miteinander zu verbinden sind, wenn denn überhaupt Gedachtes und Wahrgenommenes zum Gewußten sich vereinigen sollen, nicht in sich zusammengefallen;

viertens endlich — und das ist das Wesentliche — bleibt die Forderung, daß diese Verbindung nur als „comparative Anschauung" geleistet werden kann.

Aufzugeben ist die Vorstellung, als ob das Ergebnis des religionsphilosophischen Untersuchungsganges allgemeingültige Bedeutung haben könnte oder auch nur haben sollte, als ob von daher ein Werturteil über die anderen Religionen auszusprechen beabsichtigt oder auch nur möglich sei — Gültigkeit kann das Ergebnis überhaupt nur für das Selbstverständnis des Christentums haben! Um noch einmal das Wesentliche hervorzuheben: Das *Verfahren* innerhalb des religionsphilosophischen Untersuchungsganges ist das der allgemeinen „geschichtskundlichen Kritik" entsprechende, es muß *entliehen* werden.

Dann also ist die zentrale Bedeutung der religionsphilosophischen Sätze gerade nicht in Frage gestellt, vielmehr erst recht unterstrichen: durch den mittleren Satzzyklus soll die Brücke geschlagen werden von dem gemäß der Ethik konstruierten „Begriff der Kirche" her zu der in der Geschichte gegebenen „christlichen Glaubensweise" hin. Die Methode, das kritische Vergleichen, ist das wesentliche Element. In dieser Feststellung liegt zugleich die Anerkennung der Tatsache beschlossen, daß in dem Zueinander der zu vergleichenden Verhandlungsbereiche — Ethik und Apologetik — nicht der eine dem anderen übergeordnet sein kann.

Wir wurden bei der Bestimmung der „Stelle", die der Einleitung in ihrem Verhältnis zur Dogmatik einerseits und zur Philosophie andererseits zukommt (2. Kapitel), zu der Annahme geführt, daß die besondere Bedeu-

tung dieser Grundlegung in deren „kritischer" Funktion liegen müsse;
und „kritische Disziplin" war ja das Stichwort, das die Notwendigkeit
dieses Versuchs einer Aufgabenklärung kennzeichnete. Wir nehmen deswegen hier den besonderen Zusammenhang des einen Teiles zum Ganzen
auf, weil nun deutlich ist, daß die Problematik beider Aufgabengebiete in
methodischer Hinsicht wirklich ganz gleichartig ist, daß beide Bereiche
also, wenn wir nach dem angewendeten Verfahren fragen, als analog
zueinander zu verstehen sind. Dies ist um so bedeutsamer, als sie in bezug
auf die je inhaltliche Bestimmtheit gerade nicht gleichgerichtet sind. Die
materiale Unterschiedenheit und die formale Gleichheit lassen sich in
einem Gang schematisch erfassen:

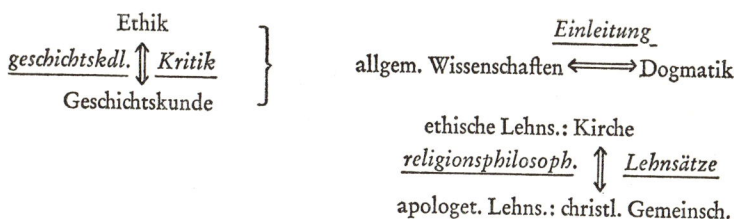

$$
\left.
\begin{array}{c}
\text{Ethik} \\
\textit{geschichtskdl.} \Updownarrow \textit{Kritik} \\
\text{Geschichtskunde}
\end{array}
\right\}
\qquad
\begin{array}{c}
\textit{Einleitung} \\
\text{allgem. Wissenschaften} \Longleftrightarrow \text{Dogmatik}
\end{array}
$$

$$
\begin{array}{c}
\text{ethische Lehns.: Kirche} \\
\textit{religionsphilosoph.} \Updownarrow \quad \textit{Lehnsätze} \\
\text{apologet. Lehns.: christl. Gemeinsch.}
\end{array}
$$

Für uns ist an dieser Darstellung wichtig, die Bedeutung der „Kritik"
unterstreichen zu können: In jedem Fall sind zwei Aussagegebiete miteinander zu verbinden, die von der je eigenen Bestimmtheit her die Möglichkeit eines direkten Überganges aus dem einen in das andere notwendigerweise ausschließen. Wenn der Brückenschlag überhaupt gelingt, dann nur,
indem beide Seiten ins „Gleichgewicht" zueinander gebracht werden. Das
Bild von der Brücke ist deswegen nur im eingeschränkten Sinne treffend,
es wird gerade kein fester Übergang gebaut. Besser müßte man vielleicht
von einem „Spannungsbogen" reden, womit sowohl die Gegebenheit des
grundsätzlichen Auseinanderseins als auch die Möglichkeit des übergreifenden Kontaktes ausgedrückt wäre.

Aus unserer Vorklärung hat sich ergeben, daß wir bei der Aufnahme
der religionsphilosophischen Sätze besonders auf die Verfahrensweise werden achten müssen. Wesentlich ist an diesem „kritischen" Verfahren vor
allem — wie das obige Schema schon erkennen läßt und was im Vollzug
der Auslegung noch zu bestätigen sein wird —, daß es, entsprechend dem
Zirkelcharakter des Verstehensvorganges, fortgesetzt angewendet wird.

Daher muß sich von der Einsicht in die Durchführung desjenigen Gedankenganges, der dem engeren Bereich zugehört, zurückweisend das Verständnis der Untersuchung vertiefen, die das jeweils größere Gebiet umfaßt, wie umgekehrt auch unsere Einsicht in die „kritische" Funktion der Einleitung als Ganzes uns erst recht die zentrale Bedeutung der religionsphilosophischen Sätze wahrnehmen läßt.

Schließlich hat sich dabei auch ergeben, wieso wir erneut insbesondere den Deutungsansatz Flückigers in Frage stellen müssen. Wir werden unsere Position im einzelnen unten auszuführen haben; doch können wir hier schon festhalten, daß die Zusammenschau von Spekulation und Empirie, wie sie von Schleiermacher in dem religionsphilosophischen Untersuchungsgang als in einem Grundmodell vollzogen ist, nicht als „Synthese" gedeutet werden kann. Jedenfalls ist diese Deutung dann abzuweisen, wenn in der Synthese das Auseinandersein der beiden Seiten und dann auch der beziehungsweise geltende Gegensatz der Einzelaussagen (wie er durch die durchgehend dialektische Redeweise zum Ausdruck gebracht ist) als in eine „höhere" Einheit aufgehoben verstanden wird. Daß gerade das spannungsvolle Gegenüber der je aufeinander bezogenen Aussagebereiche in das Gehaltensein im „Gleichgewicht" hineingenommen und insofern nicht aufgelöst sein soll, muß wenigstens als Absicht Schleiermachers eingesehen werden.

7. Kapitel

Die Konstruktion eines zweidimensionalen K o o r d i n a t e n s y s t e m s: die Grundlage für die Beschreibung des ganzen Gebietes der geschichtlich bedingten Erscheinungsformen von Frömmigkeit — § 7

Wir haben oben, beim Abschluß der ethischen Sätze, gesehen, daß diese notwendigermaßen die eine wesentliche Frage offenlassen: auf welche Weise denn „Kirche" als „bestimmt begrenzte" fromme Gemeinschaft sich fixiere oder zu fixieren sei. Meinen wir nun, daß Schleiermacher zu Beginn der religionsphilosophischen Lehnsätze die Antwort geben müsse, so sehen wir diese Erwartung keineswegs erfüllt: Wiederum setzt er die Gegebenheit voraus, nicht nur in der Formulierung seiner ersten These — wo er summarisch von den „in der Geschichte hervortretenden" frommen Gemeinschaften redet, und diese sind eben je „bestimmt begrenzt" —, sondern als Grundlage seiner religionsphilosophischen Erörterungen überhaupt. Sofern man die Aufgabe, die diesem mittleren Zyklus der Lehnsätze zugewiesen ist, im Blick hat, mag man diese Voraussetzung ja als berechtigt anerkennen; aber es ist doch zu fragen, wie sich denn der Fortschritt des Gedankenganges innerhalb der Einleitung verstehen soll. Äußerlich scheint die Verbindung des zweiten Verhandlungsbereiches mit dem ersten dadurch hergestellt zu sein, daß anhangsweise zu § 6 der „Ausdruck Religion" erläutert worden ist. Wir müssen darauf kurz zurückgehen.

Schleiermacher notiert zwar eingangs am Rande, daß er „für den Gebrauch in diesem Buche" (Th 45ᵇ) nicht auf diesen Ausdruck angewiesen sein will, gleichwohl hält er es für notwendig, sein Begriffsverständnis darzulegen. Er meint im Grunde nichts Besonderes einzubringen, denn — das ist sein Ausgangspunkt — „wenn man von einer bestimmten Religion redet, geschieht dies immer in Beziehung auf eine *bestimmte Kirche*"; das heißt dann allerdings, daß die Rede von einer „natürlichen Religion"[1] nur als Verwirrung des Sprachgebrauchs beurteilt werden kann, „weil es keine natürliche Kirche gibt". Wir brauchen den verschiedenen Begriffsverbindungen, die hier diskutiert werden, nicht nachzugehen. Wichtig für unseren Zusammenhang — aber natürlich ebenso für eine Beurteilung von Schleiermachers Stellung zur Religionsphilosophie überhaupt — ist nur, daß Schleiermacher sich betont auf seine Definition von „Kirche" als einer „bestimmt begrenzten" Glaubensgemeinschaft bezieht und daß er zudem hervorhebt, seine Abhandlung von dem sonst in diesem Fragebereich verwendeten Ausdruck „Religion" freihalten zu wollen (47/40). Zwar hat er seine in der ersten Auflage angegebene Begründung für die Einführung von „Glaubensart oder Glaubensweise" statt „Religion" nicht wiederholt — dieses Wort stamme „aus dem Heidentume" und sei deshalb ein „so schwer befriedigend zu erklärende(s)" (GL¹ § 6, Anm.) —, aber es ist kaum anzunehmen, daß die mehr zurückhaltende Formulierung in der späteren Auflage — „zumal der Ausdruck in dem Gebiete des Christentums in unserer Sprache sehr neu ist" (47/40) — eine grundsätzliche Meinungsänderung kennzeichnen soll. Gewiß handelt es sich im folgenden um eine Erörterung „der" Religionen, dennoch darf man ja die von Schleiermacher so bestimmt angegebene Abgrenzung nicht einfach ausklammern; das heißt, es scheint auch von dieser Verwahrung her fraglich zu sein, ob man den mittleren Zyklus der Einleitung so schlechthin als „Darstellung der Religionen" verstehen kann, wie es fast durchgängig versucht wird[2]. Einmal spricht schon gegen diese Auffassung,

---

[1] Entgegen Schl.s Darstellung nicht hervorgehoben, weil wir hier die weiteren Abgrenzungen nicht aufnehmen.

[2] Ähnlich wie F. FLÜCKIGER (s. o. II.-Einl./Anm. 2) schon W. BENDER, Schl.s Theologie Teil I, 265—295: „Die Religion und die Religionen" (bes. 272—289).

daß — wie wir einleitend geklärt haben — der Gedankengang insbesondere darauf gerichtet ist, das „eigentümlich Christliche" ausmachen zu
können. Und außerdem müßte man jedenfalls berücksichtigen, daß Schleiermacher unter „Religion" das „Ganze der einer solchen [sc. „bestimmten"
frommen] Gemeinschaft zum Grunde liegenden und in ihren Mitgliedern
anerkanntermaßen identischen frommen Gemütszustände seinem besonderen Inhalte nach" (45/40) versteht. In der religionsphilosophischen Erörterung hat er eben von Anfang an und durchgehend diese Gemeinschaften selbst im Blick. Wollte man davon abstrahieren, hinge die ganze
Verhandlung in der Luft.

Die „Verständigung" über den Gebrauch des Ausdrucks „Religion" und
über die Bedeutung der differenzierenden Zusatzbestimmungen ist also
wohl dem äußeren Zusammenhang nach als eine Überleitung zu der religionsphilosophischen Untersuchung zu verstehen, im Grunde unterstreicht
aber dieser Zusatz zu § 6 nur die Bedeutsamkeit der Tatsache, daß die
Antwort auf die aus der Definition des Begriffs „Kirche" sich ergebende
Frage nach dem Entstehen, dem „geschichtlichen Hervortreten" einer
solchen, an die Frömmigkeit gebundenen Gemeinschaft noch nicht geleistet
worden ist. Wie wir bei einem ersten Aufnahmen der vier Leitsätze feststellen können, bleibt diese Frage unbeantwortet bis zum letzten Satz,
§ 10, hin. Danach ließe sich vermuten, der also offene Begriff solle gleichsam den „Motor" der ganzen Untersuchung abgeben. Jedenfalls gilt für
unsere eigene Verhandlung, daß sie durch die Suche nach der noch aus-
stehenden Antwort in Bewegung gehalten wird.

Gehen wir jetzt auf die Ausgangsthese selbst ein. Eines ist hier von
vornherein abzusichern: daß Schleiermacher mit dem zur Vergleichung der
Religionen eingeführten Schema der „Entwicklungsstufen" nicht etwa
doch darauf ziele, die christlich fromme Gemeinschaft als die überlegene
und die vollkommene gegenüber allen anderen herauszustellen oder gar
zu beweisen. Dies kann nicht seine Absicht sein — das ist nach dem, was
wir einleitend aus seinen grundsätzlichen Erwägungen erhoben haben,
unbedingt gewiß. Daß diese Darstellung solch einen Beweis auch wirklich

---

Vgl. auch W. Schultz, Religionsgeschichte (ZThK 1959, 55—82), 62: „die große
religionsgeschichtliche Untersuchung (der Glaubenslehre)".
Anders dagegen Chr. Senft, der Schl.s Bemühen um das geschichtliche Verstehen des Christentums betont: Schl. „stellt (...) deutlich das Problem der
Hermeneutik: seine Überlegungen zeigen die Dringlichkeit lebendigen Fragens
nach der geschichtlich gegebenen Offenbarungswirklichkeit..." (Wahrhaftigkeit, 19).

nicht trägt, geht aus der Erörterung — wie wir dann sehen werden — mit Eindeutigkeit hervor.

Wir nehmen aus dem 3. Abschnitt gleich vorweg: Für Schleiermacher bezeichnet der Entwicklungsgedanke nicht primär oder überhaupt nicht ein Argument in einer auf die Höchstgeltung des Christentums sich richtenden Beweisführung. Eher wäre er, sofern eben damit „Stufen" der Entwicklung intendiert sind, als ein solch eine Untersuchung störendes Element zu bewerten. Denn die Vorstellung, die für Schleiermacher eigentlich mit dem Gedanken der „Entwicklungsstufen" ausgedrückt ist, ist die, daß verschiedenartige fromme Gemeinschaften in ihrem Nebeneinander gesehen werden. Das heißt eben, daß das Christentum als mit anderen Glaubensweisen — auf einer Stufe — zusammengestellt betrachtet wird. Deswegen nur muß Schleiermacher in dem die Erläuterung dieses Paragraphen abschließenden Passus den Hinweis für nötig halten, das von ihm eingeführte Ordnungsschema sei *nicht im Widerspruch* mit der bei jedem Christen vorauszusetzenden Überzeugung von der ausschließenden Vortrefflichkeit des Christentums"; die christliche Glaubensweise *„kann ... doch vollkommener sein"* als die anderen ihr auf gleich hoher Stufe nebengeordneten frommen Gemeinschaften (50/45 f.) — diese Aussage wird betont gegen die aus dem Stufenprinzip möglicherweise abzuleitende Folgerung, nämlich die einer Bestreitung des Ausschließlichkeitsanspruchs[3] des Christentums, gesetzt. Wenn man also — entgegen Schleiermachers Intention — in dieser Untersuchung die Basis für den Wahrheitsbeweis gelegt finden will, kann man notwendigerweise nur ein relativierendes Ergebnis erwarten. Man hätte damit jedoch von vornherein in Frage gestellt, was Schleiermacher bei „jedem Christen" vorausgesetzt wissen will: daß die eigene Vollkommenheit des Christentums unbezweifelbar gilt; aber dieses Urteil ist ein Postulat des Glaubens, es kann nicht auf einem allgemeingültigen Beweis ruhen. Andererseits soll natürlich nicht abgeleugnet werden, daß Schleiermacher in dem von ihm eingeführten beziehungsweise übernommenen Entwicklungsschema auch eine Grundlage zur Bewertung der verschiedenen frommen Gemeinschaften gegeben sieht. Nur wird damit nicht die eigentliche Bedeutsamkeit dieses Paragraphen angezeigt. Diese ist vielmehr darin zu erkennen, wie Schleiermacher jene Bewertungsmöglichkeit grundsätzlich einschränkt.

---

[3] Schl. „wehrt sich" nicht so schlechthin „gegen den Ausschließlichkeitsanspruch", wie W. SCHULTZ (Religionsgeschichte, 63) es darstellt: er unterscheidet zwischen „ausschließende(r) Vortrefflichkeit" und „ausschließende(r) Wahrheit" (Th 50[a u. b]).

Zunächst muß er zwar, wenn er schon von „Entwicklungsstufen" redet,
die mit diesem Begriff verknüpfte Vorstellung des Fortschreitens zu einem
Höheren hin in seine Untersuchung hineinnehmen wollen. Es sei denn,
er widerspräche ausdrücklich solchem in seiner Zeit gegebenen Grundverständnis. Aber das kann ja gar nicht strittig sein, daß — nehmen wir
die Bestimmung des folgenden Paragraphen vorweg — die auf der „höchsten" Entwicklungsstufe stehenden „monotheistischen" Glaubensweisen als
die „vollkommensten" Gestaltungen der Frömmigkeit aufgefaßt sein
sollen. Eine andere Deutung läßt der von Schleiermacher in diesem ersten
Leitsatz angezogene Vergleich mit der „auf dem Gebiet der Natur" (3.)
gegebenen Entwicklung nicht zu. Es ist jedoch zu bezweifeln, ob er wirklich
„(s)pontan und ungewollt" erst am Ende der Erörterung dieses Paragraphen „auf das Problem der Bewertung" stößt, ob also die in der
Grundthese angegebenen „Stufen" „zunächst rein geschichtlich" gemeint
sind und dann „unversehens zu Wertstufen" werden[4]. Der Zweifel ist
deswegen anzumelden, weil der Vergleich nur beiläufig und wie selbstverständlich eingebracht wird. Wider die Gültigkeit solcher Deutung
spricht aber schon und erst recht Schleiermachers Einstieg im 1. Abschnitt
seiner Erläuterung: Gegenüber der anfänglichen Ausprägung einer frommen Gemeinschaft als „bloße(r) isolierte(r) Hausgottesdienst" sei „das
geschichtliche Hervortreten selbst" bereits eine „höhere" Entwicklungsstufe und — so müssen wir der Redeweise an dieser Stelle entnehmen —
insofern in größerer Annäherung an die als vollkommen zu denkende
Form der Frömmigkeitsgestaltung[5]. Daß Schleiermacher von Anfang an
den vorgegebenen Sinn der Stufenbetrachtung, nämlich den, die verschiedenen Glaubensweisen als niedriger- oder als höherstehend beurteilen
zu können, mit aufnimmt, wird nicht zu leugnen sein. Gleichwohl — und
dies gilt ebenso unbezweifelbar — liegt darauf nicht der Akzent der Erörterung. Vielmehr ist die Besonderheit dieses Ansatzes darin zu sehen,
daß die Beschreibung der Gesamtheit der Glaubensgemeinschaften nicht
allein in dem Stufenschema geschehen soll, daß die Darstellung die „verschiedenen Formen" in den „Rahmen" eben der „zwiefachen Unterscheidung" — Stufen und Arten — spannen will (2.). Denn die Betrachtung
der Religionen nach deren gegenseitiger Zuordnung innerhalb einer Stufen-
folge kann nur eine grob umgrenzende sein; sie erfaßt lediglich Gruppen

---

[4] So W. Schultz, Religionsgeschichte, 62.
[5] Schl. weist zum Vergleich auf den „bürgerliche(n) Zustand" hin, der eben auch
schon „in seinen unvollkommensten Formen über der gestaltlosen Zusammengehörigkeit des vorbürgerlichen Zustandes steht" (48/43).

von Frömmigkeitsgestaltungen, nicht die Gestaltungen je als einzelne, die als „sehr bestimmt voneinander verschieden" (48/44) angenommen werden müssen. Schleiermacher erachtet es für das „Natürlichste", die Gegebenheit der trennenden „innere(n) Differenzen" dadurch auszudrücken, daß er die auf derselben Stufe stehenden Glaubensweisen als „Gattungen oder Arten" gegeneinander absetzt (ebd.).

„Angabe zweier Differenzen" — dieses Ziel bestimme die Ausführungen des ersten religionsphilosophischen Lehnsatzes, so hat Schleiermacher es eingangs am Rande (Th 47ᵃ) notiert. Er will also mit der Einteilung nach „Entwicklungsstufen" wie mit der nach „Arten" den Grund dazu legen, in der Gesamtheit der Glaubensgemeinschaften deren Geschiedensein voneinander auf eine je bestimmte Weise festhalten zu können. Dabei ist die eigentliche Bedeutung dieser „Konstruktion" darin zu erkennen, daß die beiden Unterscheidungsgrundsätze nicht gleichgerichtet angewendet werden sollen. Die dem Entwicklungsgedanken folgende Aussagelinie wird von derjenigen, die der Bestimmung des Artcharakters entspricht, gekreuzt. Deshalb könnte man die Intention dieses Leitsatzes so aufnehmen, daß man das von Schleiermacher eingerichtete Ordnungsfeld, in welchem die einzelnen frommen Gemeinschaften an dem ihnen je zugehörigen Ort einzustellen sind, als echt zweidimensionale Mannigfaltigkeit beschreibt. Damit soll sowohl die wesentliche Unterschiedenheit der Differenzierungsbestimmungen als auch deren Aufeinander-Bezogensein ausgedrückt sein. Schleiermacher hat neben dem Leitsatz selbst vermerkt: „Prinzip der Zusammenstellung und Unterscheidung" (Th 47ᵇ). Nach der von uns bereits aufgenommenen Erläuterung können wir diese Notiz nur so verstehen, daß die damit gekennzeichnete Doppelheit der Einteilungstendenz je beiden Differenzierungsgrundsätzen zukommen soll, aber doch müßte die Einteilung nach „Stufen" als primär unter dem Gesichtspunkt der „Zusammenstellung" zu vollziehen gedacht sein, während die Sonderung nach „Arten" erst wesentlich die Behauptung der „Unterscheidung" sichern kann. Oder, in bezug auf die Verknüpfung der beiden Aussagerichtungen formuliert: Einerseits wird gegenüber der Geschiedenheit die Zusammengehörigkeit betont, festgehalten nämlich, daß jede geschichtlich hervortretende fromme Gemeinschaft immer auch anderen nebengeordnet ist, andererseits gegenüber der Zusammengehörigkeit das Getrenntsein herausgestellt, deutlich unterstrichen also, daß jede solche Gemeinschaft letztlich nur als Individuation begriffen werden kann.

Wieweit hierbei von Schleiermacher die Grenzen dieser Verfahrensweise berücksichtigt werden, wonach in der Betrachtung einer Religionsgemein-

schaft deren „Gattungscharakter" nicht immer so deutlich zu fixieren ist
oder auch der „Begriff der Stufen" zurücktreten muß — weil nämlich
diese Differenzierungsgrundsätze „auf dem geschichtlichen Gebiet ... nicht
so bestimmt festzuhalten und so sicher / durchzuführen (sind), als auf dem
Naturgebiet" (48 f./44) —, ist weniger erheblich; diese Überlegung ist
kaum so gemeint, daß der Unterschied zwischen „Stufen" und „Arten"
hinsichtlich deren klassifizierender Bedeutung am Ende doch sich ausgleichen könnte. Es bleibt dabei: die Einordnung der einzelnen frommen
Gemeinschaft unter dem Gesichtspunkt der Entwicklungsstufen will die
Verbundenheit mit anderen solchen Gemeinschaften erfassen, die Einteilung nach Arten aber das Für-sich-Sein einer jeden beachten, das nicht
als Übergang-aus oder als Entwicklung-zu relativiert werden kann: „denn
jede geschichtlich hervortretende fromme Gemeinschaft wird doch immer
zu den übrigen in diesem zwiefachen Verhältnis stehen, daß sie einigen
beigeordnet ist, anderen aber über- oder untergeordnet, von der einen
also auf die eine, von der andern aber auf die andere Weise unterschieden
... Uns kann / es hier genügen, den zwiefachen Unterschied überhaupt nur
festgestellt zu haben, da es uns lediglich darauf ankommt zu untersuchen,
wie sich das Christentum in beider Hinsicht zu anderen frommen Gemeinschaften und Glaubensweisen verhält" (2.).

Wir unterstreichen aus dieser Zusammenfassung Schleiermachers noch
einmal das Ergebnis: „zwiefacher Unterschied"! Danach dürfte evident
sein, daß dieser Leitsatz letztlich weder darauf gerichtet ist, eine Koordi-
nationsmöglichkeit der verschiedenen Religionen als Grundlage für deren
Bewertung anzugeben — die Konsequenz des etwa aus einer solchen
Absicht verstandenen Stufenschemas wird ja schon durch die Einführung
des Artbegriffs gestört —, noch das Ziel angeht, „die ganze Religionsgeschichte als eine stetige Entwicklung von niedriger, sinnlicher Frömmigkeit zur reinen Frömmigkeit" darstellen zu können. Wie es sich mit den
„Stufen" der Frömmigkeitsgestaltungen eigentlich verhalte, können wir
hier noch nicht sagen — FLÜCKIGER, der den religionsphilosophischen Ansatz Schleiermachers in der angegebenen Weise interpretiert (42), bezieht
sich dabei entscheidend auf § 8 —, aber doch ist deutlich, daß in dieser
Hinsicht, eben als Ausdruck des Stetigkeitsprinzips, der Entwicklungsgedanke von Schleiermacher gerade nicht aufgenommen worden ist. Es
muß in diesem ersten religionsphilosophischen Lehnsatz einfach darum
gehen, daß die Prinzipien dargelegt würden, nach denen in der Zusammenschau der Religionen zu einer Gesamtheit doch auch jede als je einzelne
zu erfassen ist; die Absicht ist allerdings ebensogut als umgekehrt gerichtet

auszusagen: es geht darum, zu begründen, wie die Einzelheit aus ihrem Zusammenhalt mit dem Ganzen beschrieben werden könne. Zusammengehörigkeit-miteinander und Verschiedenheit-voneinander — dieses in der Ethik als Möglichkeitsgrund des Verständnisses von „Person" aufgestellte Prinzip bestimmt den Ausgangspunkt der religionsphilosophischen Erörterung[6].

Oben haben wir nur wie nebenbei das Verfahren, nach dem Schleiermacher das in zwei einander kreuzende Richtungen sich ausspannende Ordnungsfeld erstellt, „Konstruktion" genannt. Wir müssen diese Charakterisierung noch einmal hervorheben, denn sie soll ein wesentliches Moment der Erörterungsweise dieses ersten religionsphilosophischen Satzes aussagen. Zu Beginn der Untersuchung finden wir als handschriftliche Anmerkung neben der Themaangabe für den zweiten Zyklus der Einleitung: „Doppelter Ausgangspunkt. Konstruktion und Auffindung" (Th 47[a]). Zwar haben wir die so gekennzeichnete Methode in ihrer grundsätzlichen Bedeutung schon verschiedentlich und zumal in den Vorüberlegungen zu diesem religionsphilosophischen Gedankengang herausgestellt, es kommt aber noch darauf an, im einzelnen, das heißt innerhalb des Zusammenhanges der Lehnsätze selbst, je den Ort zu bestimmen, an dem Schleiermacher sein Verfahren, das nach seiner Ansicht allein die „geschichtliche Betrachtung" ermöglicht, von der einen oder von der anderen Seite her, gegebenenfalls auch im direkten Zusammenspiel der beiden Komponenten, ansetzt.

Die Bestimmungen dieses § 7 sind als „konstruiert" aufzunehmen, darüber braucht man nicht zu diskutieren. Das geht zumal aus Schleiermachers Rückbezug auf die Ausgangsthese des ethischen Zyklus hervor: Die „Verschiedenheit" der frommen Gemeinschaften voneinander, die zum Ein-

---

[6] Phil. Ethik, ed. Braun, 448 f.;
vgl. auch Phil. Ethik, ed. Schweizer, §§ 156—176, ferner § 193: über den „Begriff einer Person": „. . . Keinesweges aber ist der Begriff so beschränkt auf den einzelnen Menschen, daß er auf anderes nur in uneigentlichem Sinne könnte angewendet werden; sondern ganz auf dieselbe Weise ist eine Familie eine Person und ein Volk eine Person . . Sondern man kann nur sagen, der einzelne Mensch ist das kleinste persönliche ganze, das Volk im größten Umfange das größte; denn eine Race sezt schon sich selbst nicht als Einheit" (aaO 166). Diese Aussage gründet auf dem hier abgeleiteten Verständnis von „Person": „Die Begriffe Person und Persönlichkeit sind . . . ganz auf das sittliche Gebiet angewiesen, und dort die Weise zu sein des Einen und Vielen; denn das Andere neben sich sezen ist dem Begriff ebenso wesentlich als das sich unterscheiden" (aaO 165).

teilungsgrund erhoben werden soll, „betrifft (...) keineswegs nur die
Gestaltung oder gar den Umfang der Gemeinschaft selbst, sondern die
Beschaffenheit der ihr zum Grunde liegenden frommen Gemütszustände
selbst" (48/43). Zwar ist dieser Hinweis nur (oder schon) ausdrücklich in
bezug auf den Stufenunterschied gemeint, aber fraglos soll auch (und erst
recht) die Trennung nach Arten, die Abgrenzung nach „inneren Differenzen", auf eben diese Grundlegung zurückgeholt werden. Wenn Schleiermacher hier auch die Möglichkeit, wie von einer „Entwicklung" der
„frommen Gemütszustände" her die verschiedenen Glaubensweisen je sich
bestimmen lassen, erst andeutet — „je nachdem sie [sc. diese Gemüts-
zustände] sich im bewußten Gegensatz mit den Bewegungen des sinnlichen
Selbstbewußtseins zur Klarheit herausarbeiten" (ebd.) —, wesentlich ist
der Ansatz überhaupt: Die charakteristischen Unterscheidungsmerkmale
sollen aus einer Differenzierung der je zugehörigen Bestimmtheiten des
„unmittelbaren Selbstbewußtseins" allein gewonnen werden.

Damit wird der erste religionsphilosophische Lehnsatz auf die in der
ersten ethischen These erstellte Grundlage zurückgeführt; und diese Zuordnung ist nicht allein materialiter gegeben, durch den Rückgang auf die
Definition des Grundbegriffs, sondern ebenso in formaler Hinsicht, mit
der je gleich geführten Akzentuierung des methodischen Ansatzes. Wie
dort, zu Beginn des ethischen Zyklus, erst der Ort der Frömmigkeit (§ 3)
ausgemacht wurde — an dem dann deren Wesen (§ 4) und weiter deren
wirkliches Vorkommen (§ 5) erfaßt werden konnte —, so wird auch hier,
als Einstiegsmöglichkeit des religionsphilosophischen Vergleichs, zunächst
das Koordinatensystem nur gezeichnet, das seine „Ausfüllung" (Th 47ª)
gemäß der „Entwicklungsdifferenz" beziehungsweise der „Koordinations-
differenz" erst in den folgenden Paragraphen findet, und zwar mit der
Ortung der verschiedenen frommen Gemeinschaften. Im Vorgriff auf diese
weiteren Ausführungen vermerken wir schon hier, daß auch der § 8 wesentlich noch in abstrahierender Erörterungsweise durchgeführt ist, während der eigentliche Bezug auf die geschichtlich gegebenen Formen dann
mit dem § 9 hergestellt wird. Auf die Tatsache der in beiden Unter-
suchungsgängen analogen Gedankenführung und auf ihre Bedeutung für
den Gesamtzusammenhang werden wir unten eingehend zurückkommen.

Man könnte freilich gegen die Betonung des „Konstruktions"-Charak-
ters dieses § 7 einwenden, damit sei keine überraschende Besonderheit
herausgestellt; dieser ergebe sich geradezu mit Selbstverständlichkeit, weil
auf eine andere Weise eine Anknüpfung an die in den ethischen Sätzen
erstellte Begrifflichkeit gar nicht möglich sein könne. Gleichwohl halte ich

es für nötig, eben diese Selbstverständlichkeit hervorzuheben. Ich möchte nämlich behaupten, daß nur bei Beachtung des spekulativ bestimmten Aspektes der Verhandlungsweise dieses Paragraphen die abschließende Aussage Schleiermachers (3., 2. Hälfte) in der ihr zukommenden grundsätzlichen Bedeutung aufgenommen werden kann.

Schleiermacher sieht seinen Leitsatz nicht im Widerspruch zu der „Überzeugung von der ausschließenden Vortrefflichkeit des Christentums"; den hierauf bezogenen ersten Teil des 3. Abschnitts haben wir oben schon berücksichtigt. Anders aber soll es sich mit der meist als gleich gültig und gleich wesentlich erachteten Behauptung „von der ausschließenden Wahrheit" (Th 50^b) verhalten: diese allerdings vertrage sich nicht mit seiner Ausgangsthese. Eigentlich wichtig für das Gesamtverständnis ist nun nicht der Abweis als solcher, zumal er, eben als Negation ausgesprochen, schon dem Leitsatz impliziert ist, sondern die Begründung, die Schleiermacher dafür angibt, die Position, die er mit seiner Begründung einzunehmen sucht. Denn diese Position läßt wohl allererst den — für Schleiermacher — zureichenden Grund der ersten religionsphilosophischen These, des Ansatzes des religionsphilosophischen Vergleichs überhaupt erkennen.

Der Anspruch also, das Christentum verhalte sich zu den anderen Gestaltungen von Frömmigkeit „wie die wahre zu den falschen", wird von Schleiermacher bestimmt zurückgewiesen. Mindestens nämlich müssen die Religionen, die mit dem Christentum auf derselben Stufe einzuordnen sind, nicht „durchaus falsch" sein; aber auch diejenigen, die als niedriger stehend zu beurteilen sind, können nicht „lauter Irrtümer" enthalten. Sonst dürfte schon eine Gleichstellung — also die der monotheistischen Religionen — nicht angenommen werden, und ein Übergang aus den niederen Glaubensweisen in das Christentum wäre gar nicht denkbar: „da doch nur in dem Wahren und nicht in dem Falschen die Empfänglichkeit für die höhere Wahrheit des Christentums gegründet sein kann". Gegen die absolute Trennung von wahr und falsch bringt Schleiermacher die „Maxime" ein, „daß der Irrtum nirgend an und für sich ist, sondern immer / nur an dem Wahren, und daß er nicht eher vollkommen verstanden worden ist, bis man seinen Zusammenhang mit der Wahrheit, und das Wahre, woran er haftet, gefunden hat".

Freilich wird man hier fragen müssen, wieso — nach welchem Maßstab — die Wahrheit des Christentums eine „höhere" zu nennen sei, aber ob man die Ausführungen dahingehend zusammenfassen kann, daß für Schleiermacher „der Irrtum in den nichtchristlichen Religionen im Grunde nur unentwickelte oder anders gestaltete Wahrheit" sei — so SENFT (15) —,

erscheint doch mehr als zweifelhaft. Ich halte dafür, der allerdings miß-
verständliche Ausdruck erkläre sich aus dem die Aussage des Satzes bestimmenden Gegenüber der Religions*stufen; man müßte, um das eigentlich
Gemeinte zu erfassen, etwa paraphrasieren: da doch nur in dem Wahren
selbst, mit dem das Falsche auch der Religionen auf der unteren Stufe
zusammenhängt, die Empfänglichkeit für die Wahrheit, wie sie auf der
höheren Stufe im Christentum offenbar wird, gegründet sein kann. Dieses
Verständnis hätte zumindest für sich, durch die folgende „Maxime"
gehalten zu sein, was Senft für seine Auslegung kaum wird beanspruchen
können. Deren Fehler liegt allerdings schon in der Verkehrung der
Problemstellung. Senft geht davon aus, daß Schleiermacher „inhaltlich"
frage, „warum das Christentum wahr ist" (14). Damit folgt er zwar genau
seinem Ansatz für das Verständnis der religionsphilosophischen Untersuchung überhaupt[7], aber gerade an diesem Ort ist der Bezug im Grunde
gar nicht begreiflich (und insofern ist gerade von hier aus die Gültigkeit
des Ansatzes anzufechten), denn Schleiermacher will doch in dem abschließenden Abschnitt darlegen, warum die *nicht*christlichen Religionen
nicht die schlechthin „falschen" genannt werden dürfen. Seinem Ausgangspunkt entsprechend kommt Senft zu dem Ergebnis, das Christentum sei
nach diesem Gedankengang dann als „die wahre Religion ... erkannt ...
wenn man dasjenige, was im Heidentum in einer Verkehrung zum Ausdruck kommt, die schlechthinnige Abhängigkeit des Menschen, in ihm
richtig ausgedrückt findet und zu erkennen vermag" (15). Dagegen hat
Schleiermacher ohne Zweifel das Ziel, eben diese „Verkehrung" zu bestimmen, denn seine Untersuchung läuft darauf hinaus, die Verkehrtheit
der Heiden in den Zusammenhang mit dem „ursprünglichen" Gottesbewußtsein einstellen zu können: er beschreibt diesen Zusammenhang als
„eine dunkle Ahndung des wahren Gottes", und er meint sich dabei sogar
in Übereinstimmung mit den „Äußerungen des Apostels" von Röm. 1,21 ff.
und Acta 17,27—30 zu wissen. Auf diesen Ausdruck wiederum geht Senft
nicht ein; er betont nur, daß Schleiermacher sich zu Unrecht auf das
Pauluswort des Römerbriefes (die andere Stelle wird von Senft nicht
genannt) berufe, wenn er es zur Grundlage dafür nehme, „den Irrtum
der Heiden zu relativieren" (15).

Es ist nun schwer auszumachen, ob Senft solche „Relativierung" aus
Schleiermachers angeblichem Versuch des Wahrheitsbeweises, aus dem
ausdrücklich formulierten Erkenntnisgrundsatz oder schließlich aus der

---

[7] s. o. II.-Einl./Anm. 2.

„dunklen Ahndung" folgern will; er stellt nur fest, sie hinge damit zusammen, „daß Gott, nach seinem [Schleiermachers] Begriff der Religion, eigentlich nur das Unendliche des Menschen selbst ist" (15). Gleichwohl bleibt diese „Relativierung" eine Behauptung, die erst noch bewiesen werden müßte; aus dem vorliegenden Text ergibt sie sich keineswegs mit Eindeutigkeit. Denn: die „Wahrheit des Christentums" ist jedenfalls nicht Gegenstand dieser Untersuchung — daran kann gar kein Zweifel sein. Ferner: daß der „Irrtum" von Schleiermacher gleichsam als Vorstufe der Wahrheit verstanden werde, ist an dem genannten Grundsatz kaum zu belegen — wie wir unten, durch dessen genauere Betrachtung, werden zeigen können. Schließlich: wenn Schleiermacher hier den Begriff „dunkle Ahndung" — offensichtlich im Zielpunkt der Erörterung — einbringt, müßte man versuchen, diesen Zielbegriff zu erläutern — obwohl oder gerade weil er singulär gebraucht wird —, ehe man aus einer vermeintlich von Schleiermacher behaupteten „Relativierung" des „Irrtums der Heiden" die Bestätigung der vermeintlich von ihm vertretenen „Theologie ohne Gott" schlußfolgert[8]. Ich denke, das Verständnis des zunächst fremden Begriffs aus der Anknüpfung an die grundlegende „Maxime" erhellen zu können, wobei diese Verbindung allerdings nur aus dem Fragezusammenhang überhaupt — warum die nichtchristlichen Religionen nicht „durchaus falsch" genannt werden sollten — einsichtig wird.

Schleiermacher will also seine abschließende Aussage auf die Behauptung gründen, daß der Irrtum nicht isoliert werden dürfe, daß er jedenfalls „vollkommen verstanden" werde allein aus seinem „Zusammenhang mit der Wahrheit". Wir werden aber gleich ergänzen müssen: nicht die Schlußaussage für sich, der erste religionsphilosophische Lehnsatz selbst wird hiermit auf seinen „Grund" gebracht. Ja, wir haben wohl noch weiter auszuholen: nicht ohne Absicht kann Schleiermacher betonen, daß diese „Maxime" zur Grundlage „der ganzen Darstellung, welche hier eingeleitet wird" gehöre. Das bedeutet dann, daß dieser Satz nicht als ein spezifisch religionsphilosophischer gemeint ist, daß er vielmehr auf die dem Ganzen zugrunde liegende erkenntnistheoretische Position zurückführen soll. Die Folgerung, die für die Auslegung aus diesem Sachverhalt gezogen werden muß, ist zweifach auszusprechen. Einmal, negativ ausgedrückt: Man darf sich nicht ohne weiteres auf diesen Grundsatz berufen, wenn man die Ansicht bestätigt haben möchte, Schleiermacher gehe davon aus, „daß die religiöse Wahrheit im Christentum gerade das sei, was

---

[8] So Chr. Senft (Wahrhaftigkeit, 38; hervorgehoben) in seiner abschließenden Kritik zu den ethischen Lehnsätzen (37—39); s. auch o. S. 61 f.

dieses mit allen andern Religionen gemeinsam hat"[9], man müßte denn erst herausfinden und erläutern, was mit „religiöser Wahrheit" gemeint sein könne; die „Wahrheit des Christentums" ist ja für Schleiermacher nur als „eigentümliche" aussagbar — darüber geben die apologetischen Sätze Auskunft. Der Ausdruck „religiöse Wahrheit" kommt in der Einleitung nicht vor. Zum zweiten, positiv formuliert: Die Anführung der „Maxime" kann zunächst nichts anderes besagen, als daß Schleiermacher an seine „Grundvoraussetzung" für das Denken überhaupt zu erinnern sucht und daran, daß die Einleitung auf dieser Grundlage aufruht, deren Gültigkeit seiner Meinung nach jedes Denken anerkennen muß, das zum Wissen werden will. Eine Erinnerung nur und also nicht die Errichtung einer neuen Position besagt dies insofern, als ja das Problem der Einleitung sich erst von dieser Grundvoraussetzung her ergab.

Die innere Verknüpfung zwischen der hier ausgesprochenen „Maxime" und dem als allgemeingültig postulierten „Prinzip" des Wissens ist direkt in der Dialektik hergestellt worden[10]. Ich greife diesen Bezug hier nicht auf, um mit ihm für den vorliegenden Abschnitt einen eigenen und stärkeren Akzent zu gewinnen. Dies gerade nicht; vielmehr: um damit deutlich zu machen, daß es sich bei Schleiermachers Verweis auf die Grundlage seiner Erörterung nicht um eine Aussage von besonderer Wertigkeit handeln kann, daß es also abwegig sein muß, an dieser Stelle eine außerordentliche, zwar spekulativ begründete, aber erst hinsichtlich der „religiösen Wahrheit" erhobene Behauptung ausgesprochen zu hören. Denn selbstverständlich muß die genannte „Maxime" der „ganzen Darstellung" zugrunde liegen, sofern nämlich diese Darstellung — nach Schleiermachers Ansatz ja notwendigerweise — auch von einer allgemein-spekulativen Komponente gehalten wird.

In der Dialektik heißt es an dem hier anzuführenden Ort, daß der Irrtum als „nie vollkommen isoliert" anzunehmen sei; andernfalls werde

---

[9] F. Flückiger, 71.
[10] Dialektik, ed. Odebrecht, 324—336 (—338) bzw.
Dialektik, ed. Jonas, §§ 236—245 (—247).
Vgl. auch Erl. 8 zur 2. Rede (R[4] 128 f.), wo Schl. diese These allerdings rein von ihrer religiösen Grundlage her darlegt: „Was nun zuerst den Gegensatz von wahrer und falscher Religion betrifft: so berufe ich mich zunächst auf das, was in meiner Glaubenslehre 2te Ausg. u. a. § 7. u. 8. ausgeführt ist, und füge nur noch für diesen Ort hinzu, daß auf dem religiösen Gebiet nicht nur ebenfalls der Irrthum nur an der Wahrheit ist, sondern mit Recht gesagt werden kann, daß jedes Menschen Religion seine höchste Wahrheit ist; sonst wäre der Irrthum daran nicht nur Irrthum, sondern Heuchelwesen."

die „Grundvoraussetzung der Zusammengehörigkeit des Seins und Denkens" aufgehoben: „Der Irrtum ist immer nur an der Wahrheit, nie für sich; denn es muß etwas sein, was im Gedanken dem
Sein entsprechend ist, aber auch wieder etwas, welches es nicht ist" (O 334).

Man kann hier, und dann auch an der zugehörigen Stelle der Einleitung,
kaum die Ansicht angelegt finden, Irrtum sei „im Grunde nur unentwickelte oder anders gestaltete Wahrheit"[11], denn die „Wahrheit" beziehungsweise, nach § 7, das „Wahre" ist ja nicht das Denken als solches,
sondern das „Sein", an dem das Denken auch als Irrtum haftet, oder denn:
daß das Denken auch als Irrtum an dem Sein haftet. „Irrtum" und „Wahrheit" stehen keineswegs in einer Linie, und schon gar nicht in einer Ent-
wicklungslinie. Allerdings ist für Schleiermacher der Irrtum immer unvollkommen, aber nicht als Wahrheit: er ist das „unvollkommenste Wissen",
er bedeutet nicht nur ein Nichtwissen, sondern das „nicht gewußte
Nichtwissen" (O 327), das heißt, er trägt das „Überzeugungsgefühl"
des Wissens an sich — dieses kennzeichnet das „Nichtwissen" gerade als
„Irrtum" —, aus sich selbst ist er keineswegs entwicklungsfähig; er ist
in jeder Beziehung des menschlichen Daseins „das, was nicht sein soll"
(O 335), er „muß ausgemerzt werden" (O 331). „Auf dem Gebiet des
Lebens ist er Krankheit unter dem Gesichtspunkt der Natur. Fassen
wir das Leben unter dem Gesichtspunkt der Freiheit, so ist er Sünde;
aber beides ist unvermeidlich" (O 335).

Wir können hier den Zusammenhang der Dialektik ja nur andeuten.
Das genügt aber auch. Wir brauchen lediglich aufzunehmen, daß die skizzierte Erörterung des Irrtums in dem anderen, „formalen" Teil der philosophischen Grunddisziplin durchgeführt wird, daß sie also von dessen
Thema her verstanden werden muß: „Wir suchen das Werden
des Wissens" (O 317). Die Frage danach, wie dieses Ziel erkannt und
— durch „Konstruktion" und „Kombination", in der gegenseitigen Durchdringung von „Deduktion" und „Induktion" — erreicht werden kann, ist
für Schleiermacher dann und nur dann sinnvoll gestellt, wenn die Voraussetzung, die im „transzendentalen" Teil der Dialektik dargelegt worden
ist, als gültig anerkannt wird: eben die der Zusammenstimmung des
Denkens mit dem Sein. Wir mögen aus der Grundlagenerörterung noch
aufnehmen, daß Schleiermacher das „Verhältnis des Denkens zur Idee
des Wissens" als vierfach sich ausbildend beschreibt (O 325 f.); wichtig ist
dabei für uns, mit „Erkenntnis" als dem „gewußten Wissen" und „Irrtum"

---

[11] s. o. S. 161 (CHR. SENFT, 15).

als dem „nicht gewußten Nichtwissen" die „am meisten entgegengesetzten" (O 327) Formen des Wissens angegeben zu finden. Die Einsicht in diese Definitionsweise, nach der die Begriffe aus ihrer Polarität zueinander und zugleich aus dem sie umgreifenden Bezug auf den „Grund" des Wissens bestimmt werden, kann dazu helfen, das Verständnis des Ausdrucks „dunkle Ahndung" zu gewinnen. Wir werden unten darauf eingehen.

Mit diesem Rückgang auf die philosophische Disziplin selbst wollten wir zunächst belegen, warum und in welcher Weise die von Schleiermacher als zugrunde liegend genannte „Maxime" von unberechtigten Schlußfolgerungen freizuhalten ist. Dabei beabsichtigen wir aber keineswegs, die in der Dialektik über den Irrtum gesprochenen Urteile einfach oder auch nur überhaupt in die Einleitung einzutragen; wir wollen nicht etwa behaupten, die oben angegebene Interpretation von Senft — „Relativierung" des „Irrtums der Heiden" — sei deshalb ungültig, weil Schleiermacher diesen Irrtum ja „Sünde" nenne. Das kann nicht erlaubt sein, denn damit wäre der vorliegende Gedankengang wiederum gleichsam zu kurz geschlossen, wenn auch nun unter entgegengesetztem Vorzeichen. Doch können wir wohl behaupten, daß der § 7 gar nicht auf ein Urteil über den „Irrtum der Heiden" hinausläuft — wobei dahingestellt sein mag, ob es überhaupt zweckmäßig ist, die beiden unterschiedlichen Aussagegrundlagen dieser Erörterung in den einen Ausdruck einzuziehen —, weder auf ein relativierendes noch auf ein verschärfendes[12]. Die Absicht, die Schleiermacher mit seiner Erinnerung an die Grundlage seiner Untersuchung verfolgt, muß darin liegen, die Position — „Zusammenhang mit der Wahrheit" — aufzudecken. Es ist ja nicht etwa der Irrtum um dieses seines Zusammenhanges willen weniger Irrtum, auf irgendeine Weise doch ein Wissen, vielmehr wird er erst von daher „vollkommen verstanden", und das heißt ja wohl: als Irrtum. Geradeso bleibt die „Verkehrung", in der das Gottesbewußtsein in den anderen Religionen zum Ausdruck kommt, „Verkehrung". Aber doch kann dadurch die „Empfänglichkeit für die höhere Wahrheit des Christentums" nicht aufgehoben sein, denn diese Empfänglichkeit gründet sich in dem „Wahren" selbst, an dem die anderen Religionen „verkehrt" sind, gegenüber dem sie sich als „Verkehrungen", und zwar als solche des „ursprünglichen" Gottesbewußtseins, erweisen.

---

[12] D. h., man kann hier auch nicht die Folgerung anschließen, daß ebenso „die höchste Stufe nicht ohne Irrtum sei" (W. Schultz, Religionsgeschichte, 63). Eine entsprechende Aussage wäre auf § 10, Zus. zu gründen, müßte aber dann in den dortigen Zusammenhang eingestellt werden (s. u. S. 233 f.).

Es kann wohl nicht bezweifelt werden, daß es Schleiermacher genau darum geht, mit dem ersten religionsphilosophischen Paragraphen den beabsichtigten „kritischen" Vergleich der verschiedenen Frömmigkeitsgestaltungen auf die in den ethischen Lehnsätzen erstellte Grundlage zu bringen. Aber dies geschieht eben nicht durch einen direkten Anschluß an den Begriff der Frömmigkeit, nicht durch die einfache „Herübernahme der spekulativen ‚Wesensbestimmung' in der Religionsphilosophie"[13]. Abgesehen davon, daß Schleiermacher sowieso, wie wir oben dargelegt haben, nicht normativ verfahren will, gibt auch der vorliegende Text keinerlei Anhalt dazu, hier das Gefühl der schlechthinnigen Abhängigkeit als „Norm" eingesetzt zu finden[14]. Allerdings ist diese Negation, weil sie so eindeutig belegt ist, entschieden leichter auszumachen als die entsprechende Position; die Frage nämlich, wie denn Schleiermacher die Zurückführung des religionsphilosophischen Gedankenganges auf die Grundlagenbestimmung der ethischen Lehnsätze erreiche, scheint nicht so unmißverständlich klar beantwortet werden zu können.

Ich halte dafür, die Lösung des damit aufgegebenen Problems sei eben aus dem 3. Abschnitt der Erläuterung zu nehmen, und zwar aus dessen Schlußpunkt: „dunkle Ahndung des wahren Gottes" ist als religionsphilosophische Interpretation der zuvor erörterten erkenntnistheoretischen Grundlage „Zusammenhang mit der Wahrheit" aufzufassen. Diese Charakterisierung soll zweierlei zum Ausdruck bringen: einmal, daß mit dem Zielbegriff des § 7 der Zyklus der religionsphilosophischen Sätze seine ihm eigene Ausgangsposition zugeschrieben erhält, und zum andern, daß dieser Begriff selbst auf „kritische" Weise gebildet ist. Die Bestimmungen der voraufgegangenen Untersuchung aufnehmend, können wir auch sagen: Hiermit wird in dem gemäß den Dimensionen „Stufen" und „Arten" konstruierten Koordinatensystem gleichsam der Anfangspunkt markiert, und das Wesentliche daran ist, daß in diesem Anfangspunkt „Konstruktion und Auffindung" miteinander verknüpft sind und insofern als durcheinander bedingt aufgewiesen sind.

Gewiß könnte man fragen, ob „Zielbegriff" überhaupt eine sachentsprechende Deutung sei. Man mag einwenden, daß dieser Ausdruck hier nur wie am Rande — einmal genannt, zudem neu gegenüber der ersten Auflage — eingeführt werde und daher nicht überbewertet werden dürfe. Dagegen ließe sich direkt nichts vorbringen, denn die Singularität des Begriffsgebrauchs muß ja zugegeben werden. Allerdings spricht sie doch nicht

---

[13] F. Flückiger, 42.
[14] s. o. S. 143 ff.

von vornherein für eine relative Bedeutungslosigkeit des gefragten Ausdrucks. Vielmehr zwingt sie uns dazu, dessen Verständnis zu erhellen zu suchen. An dieser Stelle greifen wir noch einmal auf die Dialektik zurück, und zwar auf deren oben schon angegebene spezifische Weise der Begriffsbildung[15].

---

[15] Der Versuch, den zunächst fremd klingenden Einschub von anderen Zusammenhängen her zu klären, hat nicht zum Ziel geführt. Ich gebe im folgenden die wichtigsten Belegstellen an.

Scheinbar am ehesten könnte man die *Reden* mit heranziehen, aber der durchgehende Gebrauch von „ahnden" = „ahnen" und dementsprechend von „Ahndung" (R^1 54, 84, 105, 186, 194, 195 u. ö.) zeigt, daß Schl. hier diesen Begriff nicht mit einem besonderen, über das Verständnis seiner Zeit hinausgehenden Aussagewert belegt. Das wird z. B. in dem Zusammenhang deutlich (4. Rede), in dem Schl. den mangelnden „Sinn" für religiöse Erfahrungen bei denjenigen beklagt, die nicht aktiv am Entstehen einer „religiösen Geselligkeit" beteiligt sind; er nennt diese „negativ religiös" (194): „sie ... drängen sich in großen Haufen zu den wenigen Punkten hin, wo sie das positive Prinzip der Religion ahnden um sich mit diesem zu vereinigen." (ebd.) Aber bei ihnen bleibt von den auf vielerlei Weise erfahrenen Affektionen des „religiösen Sinnes" „nur eine dunkle Ahndung, ein schwacher Eindruck auf einer zu weichen Masse, dessen Umrisse gleich ins Unbestimmte zerfließen" (195). Daß Schl. dennoch „Ahndung" als einen seinem Ansatz beim „Gefühl" zugehörigen Grundbegriff versteht, geht aus der *Ethik* hervor: „Das Gefühl und dieses Verhältniß des Andeutens und Ahndens sind wesentlich Correlata" (ed. Braun, 447). Hier meint „ahnden" nicht das unbestimmte, eher verschwommene Spüren eines unbekannten Etwas, sondern es charakterisiert das dem Menschen als Menschen wesentliche Vermögen, den Kontakt mit anderen auf einem Weg zu finden, der nicht durch Sprechen, Denken, Lernen, nicht durch einen der intellektuellen Funktion entsprechenden Erkenntnisakt eröffnet wird. Wichtig ist in diesem Verständnis, daß „ahnden" zielgerichtet ist, daß es Aktivität voraussetzt: das Gefühl des anderen äußert sich als Gefühlserregung „ursprünglich", durch Gebärden des Gefühls, und diese werden „ahndend" aufgenommen, d. h. „weil und inwiefern jeder weiß, daß eine bestimmte Erregung in ihm auf ähnliche Weise äußerlich wird, schließt er, daß der andere in der ähnlichen Erregung begriffen ist, die aber in ihrer Bestimmtheit ihm verborgen bleibt. Hier ist also kein Aussprechen und Nachbilden sondern nur ein Andeuten und Ahnden ..." (ed. Schweizer, 154). Die Aktivität der Einzelnen in diesem Verhältnis von Andeuten und Ahnden ist für Schl. das qualifizierende Moment, sie ermöglicht die „Gemeinschaft" des Gefühls: „Denn wie kein Act des Gefühls ein ganzer und sittlicher ist, wenn er nicht Andeutung wird für jeden der ahnden will, und wenn er nicht zugleich Ahndung ist dessen, daß andere andeuten wollen: so kann auch keiner entstehen als nur im Zusammenhang mit der Gemeinschaft des Andeutens und

„Erkenntnis" und „Irrtum" erläutern sich wechselseitig als die „am meisten entgegengesetzten" Formen — diese Polarität können wir freilich nicht direkt übernehmen, denn sie ist in dem angegebenen Zusammenhang

Ahndens, die für jeden einzelnen Act schon muß vorausgesetzt werden" (aaO 155).

Aber auch diese, für Schl.s Verständnis charakteristischen Aussagen der Ethik können hier, im Zusammenhang des § 7, nur wenig zur Klärung des gefragten Begriffs beitragen. Zwar lassen sich einzelne Aussageelemente übernehmen, zumal das der Aktivität, aber gerade das in § 7 gebrauchte Adjektiv „dunkel" bliebe dabei offen; „dunkle Ahndung des wahren Gottes" kann auch deswegen nicht direkt auf der Verständigungsgrundlage der Ethik bestimmt werden, weil jener Ausdruck nicht die Möglichkeit der Gemeinschaft von Einzelnen untereinander beschreibt, sondern den Grund einer solchen Gemeinschaft, eines Individuums im großen gleichsam, als von außen her gegeben aufweist. Man könnte versucht sein, von einer analogischen Gleichheit der beiden Begriffe zu reden: Gleichwie das „Ahnden" die Grenze im Verkehr einzelner Individuen untereinander, welche wegen der Unübertragbarkeit des Gefühls grundsätzlich gezogen sein soll, doch auf eine „geheimnißvolle" (aaO 155) Weise zu überschreiten möglich macht, so eröffnet die „dunkle Ahndung" dem Individuum im großen gleichsam die Möglichkeit zum Verkehr mit dem Gegenüber im großen. Aber doch geht diese Analogie nicht auf: „dunkel" läßt sich hier nicht sinnvoll einstellen, und dem entspricht, daß hier die „Ahndung" nicht reziprok (wie in der Ethik) gemeint sein kann. Schl. hebt den Ausdruck durch seinen Gebrauch in § 7 gewissermaßen auf eine höhere Ebene, die in einem Vergleich, der sich auf den Aussagebereich der Ethik gründet, nicht erfaßt wird.

Schließlich ist noch ein letzter möglicher Bezugsort zu berücksichtigen: in GL § 14, Zusatz greift Schl. das gefragte Grundwort, allerdings nur beiläufig, auf: „Und dies ist die eigentliche ... Bedeutung der messianischen Weissagungen, wo auch und in wie dunkle Ahndung verhüllt sie vorkommen, daß sie uns ein Hinstreben der menschlichen Natur entdecken ..." (102 f./105). Jedoch kann dieser Verweis, eben weil er unbetont bleibt, kaum als Verstehenshilfe gewertet werden; allenfalls könnte man von dem Aussagezusammenhang her, in den der Ausdruck hier hineingenommen ist, schließen, daß das Urteil, welches „eine dunkle Ahndung des wahren Gottes" in anderen Religionen feststellt, ein Glaubensurteil ist, daß es aus dem „Glauben an Jesum als den Erlöser" (§ 14) gesprochen ist. Damit mag der so schwer verständliche Begriff vielleicht nach außen hin abgegrenzt sein, in der Weise, daß man ihm keine allgemeinphilosophische Grundlage geben dürfte (was im übrigen der Tatsache entspräche, daß Schl. die religionsphilosophische Problemstellung als eine spezifisch christliche verstanden hat), aber mehr als eine Negation hätte man für die Begriffsbestimmung damit nicht gewonnen. Positiv (wenn überhaupt) kann man die Definition nur am Aussageort selbst erfassen, und da finden wir uns eben auf den Zusammenhang mit der Dialektik hingewiesen.

rein formal-dialektisch begründet; wir müssen also fragen, wie solche
Polarität heißen könnte, die entsprechend der transzendentalen Seite der
Dialektik gebildet wäre. Der Grundbegriff dort ist der der „Anschauung",
womit der Ort der Integration von „Wahrnehmen" und „Denken" beschrieben sein soll[16]. Wichtig daran ist, daß in der „Anschauung" sich nicht
nur das Gleichgewicht (approximativ) zwischen den beiden Funktionen
des menschlichen Erkennens einstellt, sondern zugleich (und ebenso näherungsweise) die Einigung zwischen „Sein" und „Denken". In der „Anschauung" also vollzieht sich — wenn wir den charakteristischen Begriff
des vorliegenden Textes aufnehmen — der umgreifende „Zusammenhang
mit der Wahrheit". Zu dieser Erinnerung an die Grunddefinition der Dialektik und zu deren Aufnahme sogar in die Vorlage unseres Textes sind
wir deswegen berechtigt, weil Schleiermacher selbst die Möglichkeit seiner
kritischen Disziplinen auf diesen Grund stellt. „Comparative Anschauung" ist das Stichwort, mit dem er ausdrücklich die Arbeitsweise der
Religionsphilosophie kennzeichnet[17]. Ich meine nun, an diesem Punkt
könne der Vergleich einsetzen: wie „Irrtum" sich als Gegenbegriff zu
„Erkenntnis" erläutert, so wird „dunkle Ahndung" aus der Polarität zu
„Anschauung" verständlich. Wenn man diesem Verständnis folgt, kann
man den gefragten Ausdruck aufnehmen, ohne daß man die Aussageabsicht
als eine vermeintliche Verletzung des christlichen Anspruchs auf Wahr-
heitserkenntnis — mindestens ist es ja der auf Erkenntnis einer unver-
gleichbaren Wahrheit — sofort zurückweisen muß. Die Frage nach der
„Wahrheit" selbst kann und soll hier gar nicht gestellt werden — die
Erörterung über den Irrtum liegt auf einer anderen Ebene, der religionsphilosophisch relevante Begriff ist der der dunklen Ahndung. Dieser Begriff fügt sich genau der Intention dieses Paragraphen ein: es ging allein
darum, das Koordinatensystem zu konstruieren, in dem die Wirklichkeit
der verschiedenen, aufzufindenden Glaubensgemeinschaften — im kritisch-
vergleichenden Bezug auf den „Zusammenhang mit der Wahrheit" —
beschreibbar wird.

8. Kapitel

Zur Bestimmung des Wesens einer Frömmigkeitsform — § 8

Der Ansatz dieses mittleren Verhandlungsbereiches, die im vorigen
Paragraphen zur Deutung der Religionsgeschichte eingeleitete Konstruk-

---

[16] Dialektik, ed. Odebrecht, 157 ff.
[17] Phil. Ethik, ed. Braun, 365; s. o. 145 f.

tion des zweifach gerichteten Ordnungsfeldes, hat uns feststellen lassen, daß gegenüber der Einführung desjenigen Einteilungsprinzips, welches die quer verlaufende Zuordnung begründet, die Aufnahme des bekannten Entwicklungsschemas für weniger wesentlich gehalten werden muß. Es hat nun allerdings den Anschein, als ob mit dem vorliegenden Lehnsatz doch der Gedanke der Entwicklungsstufen zum eigentlich tragenden erhoben werde, als ob danach doch das Moment des Überganges von der niederen zur jeweils höheren Stufe, das heißt also — nehmen wir noch einmal FLÜCKIGERS Auslegungsrichtung auf — das Prinzip der Stetigkeit, zum grundlegenden erklärt werde. Diese Vermutung sollte sich nicht so sehr darauf stützen, daß hier die monotheistischen Glaubensweisen den höchsten Rang zugeteilt erhalten, denn solche Einstufung versteht sich im Grunde von selbst, sondern sie mag sich vor allem deshalb einstellen, weil in der Ausgangsthese ausdrücklich angegeben ist, daß „den Menschen bestimmt ist, (von den untergeordneten Gestaltungen der Frömmigkeit) zu jenen höheren überzugehen". Gleichwohl fragt sich, ob diese Aussage wirklich den Akzent trägt, oder denn: in welche Richtung eine so ausgemachte Akzentuierung weisen könnte, ob tatsächlich — wie Flückiger seine Deutung dieses zweiten religionsphilosophischen Lehnsatzes zusammenfaßt — die innere Konsequenz dieser These verlangt, daß im Fortgang der Entwicklung auch die hier definierte „höchste Stufe" noch überschritten werde, daß man „als Endergebnis der Entwicklung schließlich eine allgemeine, natürliche Religion zu erwarten [hätte], die sich im ganzen Menschengeschlecht mit Notwendigkeit überall ergeben müßte" (43).

Natürlich wird eine solch weitgehende Folgerung nicht allein aus der Interpretation dieses Paragraphen selbst gewonnen; die Notwendigkeit der Konsequenz, daß am Ende auch der Monotheismus „noch überwunden und abgestreift werden (müßte)" (ebd.), ist von Flückiger nicht an dem Entwicklungsgedanken als solchem erhoben worden, sondern an dessen Bestimmtsein durch das Prinzip des schlechthinnigen Abhängigkeitsgefühls; aus dem Ansatz werde deutlich, wie Schleiermacher jene die Frömmigkeit begrifflich erfassende „spekulative ‚Wesensbestimmung' " aus der Ethik in die Religionsphilosophie herübernehme (42) und als „kritische Norm zur Unterscheidung des Gegebenen" (44) gebrauche. Das heißt, im wesentlichen ist diese Folgerung mit der Interpretation der Ethik ermöglicht worden und mit der Weise, in der diese Interpretation das Verständnis der religionsphilosophischen Sätze entscheidend vorbestimmt.

Gegen die „Herübernahme" des „spekulativen Prinzips" in die Ausführungen des zweiten Verhandlungsganges, wie Flückiger sie für Schleiermacher postuliert, ließe sich ja dann nichts einwenden, wenn von daher
die kritische Funktion der Religionsphilosophie, die Schleiermacher nicht
nur definiert hat, sondern zumindest doch geltend machen wollte, besonders klar herausgestellt werden könnte. Wenn dagegen von den religionsphilosophischen Sätzen nicht mehr auszusagen bleibt, als daß in ihnen nur
„eigentlich die positiven, geschichtlichen Religionen zu ihrem Recht
kommen sollten", daß aber wegen der Dominanz des schlechthinnigen
Abhängigkeitsgefühls als des „höchsten Kriterium(s)" die mögliche (im
Grunde ja: die notwendige) Konsequenz die sei, daß „die wirklich empirischen Tatsachen der Religion wegen ihres positiven Charakters wieder
ausgeschaltet würden" (44), muß mindestens die Gültigkeit des Begriffs
der Frömmigkeit, wie Flückiger ihn nach den ethischen Lehnsätzen hergeleitet sieht, erneut bezweifelt werden. Hatten wir oben schon diese
Gültigkeit anfechten können — als wesentlicher Mangel wurde von uns
die nicht zureichende Beachtung des § 5 dargelegt[1] —, so vermögen wir
solch einer Konsequenz, wie sie dann aus den religionsphilosophischen
Lehnsätzen gezogen wird, erst recht nur mit Skepsis zu begegnen. Die
ganze Religionsphilosophie müßte sich in nichts auflösen, wenn wirklich
dem „positiven Charakter" der Religionen für Schleiermacher eine derart
geringe Bedeutung zukäme, die letztlich doch nur eine scheinbare wäre,
oder wenn wirklich die genannte Schlußfolgerung in Schleiermachers
Ansatz ihre Begründung hätte.

Für Flückiger zerfällt die Religionsphilosophie Schleiermachers ja tatsächlich; an seiner Darstellung wird besonders deutlich, wie die Aufnahme
der Lehnsätze des zweiten Untersuchungsganges völlig durch die Interpretation des Frömmigkeitsbegriffs bedingt ist. Flückiger kommt in seiner
Darlegung der religionsphilosophischen Thesen noch einmal auf Schleiermachers Ausführungen zu § 5 zurück, aber er hält die dort gegebene
Erklärung, „daß in Wirklichkeit nie ‚reine Frömmigkeit' vorkomme, da
mit dem frommen immer auch sinnliches Bewußtsein verbunden sei" (43),
für die Beschreibung eines nur vorläufigen Zustandes, „der bis zur Stunde
gegolten haben mag", der jedoch „nun durch die philosophische Erkenntnis
vom Wesen der Religion durchschaut und (dessen) Überwindung damit
eingeleitet" sei (ebd.)[2]. Schleiermacher hat als Zielbegriff der ethischen

---

[1] s. o. S. 86 ff.

[2] F. FLÜCKIGER (43): „*Wenn* einmal das Prinzip des schlechthinigen Abhängigkeitsgefühls auch der empirischen Religion zugrunde gelegt wird, *dann* muß

Lehnsätze aber nicht den der „reinen" Frömmigkeit erstellt — diese von Flückiger eingeschobene Bestimmung verdirbt den ganzen Gedankengang[3] —, sondern seine Untersuchung lief auf die Begründung der Definition von „Kirche" hinaus; das sogenannte „Prinzip" des Gefühls der schlechthinnigen Abhängigkeit ist von vornherein in diese Bestimmung eingebunden. Beachtet man das damit angegebene Intentum der ethischen Sätze nicht — wir erinnern daran, daß Flückiger auf § 6 nicht eingegangen ist —, darf man sich nicht darüber wundern, wenn man das Ziel der religionsphilosophischen Sätze, die „Kritik" der geschichtlichen, positiven Religionen (von Schleiermacher im Sinne von Glaubensgemeinschaften verstanden), nicht mehr in den Blick bekommt.

Daß der Begriff der Frömmigkeit, wie er in den ethischen Lehnsätzen — allerdings eben hinsichtlich der Zielbestimmung „Kirche"! — entwickelt worden ist, für die Durchführung des religionsphilosophischen Gedankenganges entscheidende Bedeutung hat, ist natürlich nicht zu bezweifeln. Nur darf man ihn nicht, wie Flückiger es tut, auf die sogenannte „spekulative ‚Wesensbestimmung‘ " hin einengen. Oder, positiv gewendet: wir müssen nun untersuchen, ob und in welchem Maße dieser Begriff, der nach unserem Verständnis darauf gerichtet ist, die Frömmigkeit „in ihrem wirklichen Vorkommen" (§ 5) als je modifizierte „Bestimmtheit des unmittelbaren Selbstbewußtseins" zu definieren, die Erörterung der Frage nach der Wirklichkeit der Religionen, insbesondere der des Christentums, zu tragen vermag.

Das im vorausgegangenen Paragraphen zur Beschreibung der Gesamtheit der Religionen als nach „Stufen" und „Arten" strukturiert gezeichnete Ordnungsfeld soll zunächst, mit dem vorliegenden Leitsatz, die „Ausfüllung der Entwicklungsdifferenz" erfahren, und zwar nach Maßgabe des „Verhältnis(ses) zum Monotheismus" (Th 47[a]). Also ist die „Norm" für den Vergleich der Religionen (wenn man schon den Ausdruck gebrauchen will) jedenfalls nicht das schlechthinnige Abhängigkeitsgefühl

---

folgerichtig auch eine diesem Prinzip entsprechende wirkliche Frömmigkeit angenommen werden. Die *positiven Religionen* wären *dann zusammengesetzte Gebilde* aus *sinnlichen Vorstellungen* und *reiner Frömmigkeit;* und die ersteren, die gerade den positiven Charakter ausmachen, würden im Laufe der Entwicklung mehr und mehr abgelegt werden." Dieser Gedankengang ist zwar in sich schlüssig, hat aber den Mangel, daß er Schl.s Konzeption nicht trifft, und eben deshalb nicht, weil schon die Voraussetzung nicht stimmt, Flückiger führt damit lediglich seine eigene Auslegung ad absurdum.
[3] s. o. I.-Einl./Anm. 6 und 5. Kap./Anm. 2.

als solches, sondern von vornherein genau der Monotheismus, nämlich die in bestimmten „Kirchen" dargestellte Frömmigkeitsweise, „e i n e n Gott zu glauben, vor welchem der Fromme sich selbst als einen Bestandteil der Welt und mit dieser zugleich schlechthin abhängig setzt" (2. 52/48). Im Unterschied dazu glaubt man im Polytheismus „einen Kreis von Göttern", die „sich in die Weltherrschaft teilen", oder im Fetischismus „einzelne Götzen", die je an einen bestimmten Ort gewiesen sind (ebd.); diese beiden Gestaltungsweisen von Frömmigkeit charakterisieren dem Monotheismus „untergeordnete Stufen", wobei der Götzendienst noch „tief unter" der Vielgötterei steht (1.).

Mit dieser Kennzeichnung und mit dieser Einstufung meint Schleiermacher zunächst nur die allgemeine Vorstellung von der Gesamtheit der Religionen aufzugreifen. Die eigentliche Aufgabe liegt für ihn darin, diese als gültig anerkannte Vorstellung von seiner Bestimmung des „Wesens der Frömmigkeit" her deutbar machen zu können. Dabei will er als grundlegend festhalten, daß auch den „Religionen der untergeordneten Stufen" Frömmigkeit zuerkannt werden müsse, daß man sie also nicht etwa nur aus dem Aberglauben erklären dürfe (Zusatz 1.).

Eingangs notiert Schleiermacher am Rande des Leitsatzes, er wolle das Verhältnis der Religionsstufen, deren Darstellung aus der „Vergleichung mit Monotheismus", in „Analogie ... mit den drei menschlichen Bewußtseinsstufen" verstehen (Th 51^b). Nun kommt es allerdings wesentlich darauf an auszumachen, in welcher Hinsicht dieses Entsprechungsverhältnis auszulegen ist. Auf den ersten Blick hin scheint diese Bemerkung eher mißverständlich zu sein; bestimmt müßte sie verwirrend wirken, wenn man sie undiskutiert aufnehmen wollte.

Denken wir nämlich an die drei Bewußtseinsstufen, wie sie in § 5 erörtert worden sind: die tierartig verworrene, die sinnliche und die höchste, kann hier ja wohl kaum ein direkter Rückbezug gemeint sein, jedenfalls nicht in dem Sinne, als ob je den einzelnen Bewußtseinsstufen je die genannten Religionsstufen entsprechen sollten, als ob also der Bewußtseinsstufe „tierartig verworren" die Frömmigkeitsgestaltung „Fetischismus" zuzuordnen sei, und so fort. Das ist ausgeschlossen: Erstens ist die untere Stufe des Selbstbewußtseins keine im eigentlichen Sinne menschliche, auf gar keinen Fall ist sie in irgendeiner Weise mit Frömmigkeit zu verbinden, denn sie kommt ja — nach § 5 — niemals zusammen mit der höchsten vor; zweitens sollte auch der mittleren Stufe als solcher, ohne Bezogenheit auf die höchste, nicht schon Frömmigkeit zugesprochen werden können: „jeder Moment eines / bloß sinnlichen Selbstbewußtseins (ist)

ein mangelhafter und unvollkommener Zustand" hieß es § 5,3; drittens
endlich ist die höchste Stufe, eben laut § 5, niemals für sich „zeitlich hervor-
tretend". Wird hingegen das Verhältnis der Stufen der Religionen zueinander betrachtet, ist gerade die relative Eigenständigkeit jeder einzelnen
hervorzuheben: der Fetischismus kann durchaus als in bestimmten Frömmigkeitsgestaltungen vorkommend erkannt werden, und der Monotheismus ist gewiß nicht aus einem Zusammensein mit dem Polytheismus nur
oder überhaupt in geschichtlich gegebenen frommen Gemeinschaften auf-
weisbar.

Es könnte als konstruiert und abwegig beurteilt werden, diesen Gedanken erst und ausführlich auszuziehen; aber abgesehen davon, daß die
Interpretation der religionsphilosophischen Sätze anscheinend oftmals in
der skizzierten Richtung gemeint worden ist[4], so wäre ja zu fragen, ob
sich überhaupt vermeiden läßt, das Entsprechungsverhältnis in der angegebenen Weise anzusetzen, wenn man den Begriff des unmittelbaren
Selbstbewußtseins nicht in seiner nach den ethischen Sätzen umfassenden
Bedeutung, nämlich höheres *und* sinnliches Selbstbewußtsein einzuschließen, zum Verständnis der religionsphilosophischen Untersuchung
heranholen kann. Es ist doch bemerkenswert, daß sich die skizzierte Interpretationsrichtung auch in solchen Abhandlungen als zwingend abzeich-
net, die Schleiermachers Randbemerkung über die zwischen den beiden
Schemata waltende Analogie nicht eigens aufnehmen und die nicht ausdrücklich oder doch nicht bis zur letzten Folgerung auf den Vergleich
der Religionsstufen mit den Bewußtseinsstufen eingehen. Die in dieser
Hinsicht konsequenten Explikationen sind daher durchaus verständlich:
Hat man einmal die „Unterscheidung eines *unmittelbaren* Selbstbewußtseins *vom* sinnlichen, d. h. auf die Welt bezogenen Bewußtsein"[5] in Schleiermachers Begriffsbestimmung angelegt gefunden und ist man dann, bei
der Interpretation der ethischen Lehnsätze, zur Einführung der Identität
„unmittelbares Selbstbewußtsein = schlechthinniges Abhängigkeitsgefühl"
gekommen, bleibt wohl gar nichts anderes übrig, denn als letztes Ziel der
Entwicklung die Überwindung noch des Monotheismus in Schleiermachers
religionsphilosophischem Ansatz impliziert zu sehen. Ob man dazu den
Begriff „reine Frömmigkeit" erstellt oder aber die „Stufung der Religionen" aus dem „Zeitaspekt" begründet findet — „je mehr die Zeit

---

[4] So z. B. W. BENDER, Schl.s Theologie Teil I, 275 ff.; G. WEHRUNG, Methode, 57,
65, 68; CHR. SENFT, Wahrhaftigkeit, 15; bes. W. SCHULTZ, Religionsgeschichte,
63 f.
[5] F. FLÜCKIGER, 42.

überwunden wird, um so höher die Frömmigkeit"[6] —, macht keinen wesentlichen Unterschied. Allemal gilt bei einer derartigen Aufnahme des unmittelbaren Selbstbewußtseins, daß man das Zeitlichwerden des frommen Selbstbewußtseins, wie es von Schleiermacher in § 5 erörtert worden ist, von vornherein als unter negativem Vorzeichen gesetzt verstehen muß, das heißt als zu überwindende Bezogenheit des höheren Selbstbewußtseins zu deuten hat. Das „Freiwerden von dem Sinnlich-Zeitlichen" als „Maßstab für die Höhe der Religionen"[7] zu behaupten, ergibt sich daraus von

---

[6] W. SCHULTZ, Prot., 60.

[7] W. SCHULTZ, Prot., 61.
Dagegen ausdrücklich schon Schl. an Lücke: Es ist ein „Mißverständnis", die Aussage von der „Hemmung des höhern Lebens" so aufzunehmen, „als ob ich das zeitliche Dasein an und für sich für den Abfall erklärte, da ich doch diesen immer nur darin finde, wenn das Gottesbewußtsein ausgeschlossen wird" (Mul. 20/593).
Daß dieser Ansatz von SCHULTZ die Konzeption Schl.s nicht zu erfassen vermag, geht aus der von ihm angeschlossenen Deutung des § 9 (aaO 60 ff.) unübersehbar hervor: Schultz nennt als die beiden „Bereiche", die im Fetischismus (nach Schl.) „noch verworren ineinander(liegen)" bzw. für die der Polytheismus (nach Schl.) „schon eine Scheidung (kennt)", die von „Ewigkeit" und „Zeit" oder auch — das ist gleichbedeutend — die von „Geistigem" und „Sinnlichem". Dementsprechend kommt er hinsichtlich § 9 zu folgender Charakterisierung: „Erst die höchste Stufe der monotheistischen Religionen ... erfaßt das Geistige als einzigartigen höchsten Wert und ordnet entweder das Sinnlich-Zeitliche dem Geistig-Ewigen unter wie beim Judentum und Christentum oder unterwirft umgekehrt das Geistige dem Sinnlich-Zeitlichen wie beim Islam ..."; das würde also bedeuten, daß im Islam die höchste Stufe des Selbstbewußtseins, das schlechthinnige Abhängigkeitsgefühl, der mittleren Stufe, dem sinnlichen Selbstbewußtsein, untergeordnet wäre. Danach müßte man Schl. vorwerfen, eine völlig unzureichende Konstruktion durchgeführt zu haben: die Bezeichnungen „höchste" und „mittlere" Bewußtseinsstufe hätten jedenfalls für die Frömmigkeitsgestaltung „Muhammedanismus" ihren Sinn verloren.
Der Fehler von Schultz liegt m. E. darin, daß der schon fragwürdige Ansatz — „aus dem Zeitaspekt" — auch noch in der Begrifflichkeit von § 9 durchgehalten wird. Schl. kann jedoch mit der in § 9 eingeführten Entgegensetzung „natürlich-sittlich" gewiß nur eine Charakterisierung der „sinnlichen" Bewußtseinsstufe meinen, also eben der „mittleren", d. h. der auf jeden Fall „in der Zeit" gegebenen, denn *diese* Entgegensetzung wird dann a) „in bezug auf die frommen Erregungen" (§ 9) als in sich unterschiedlich potenziert angenommen und b) von daher, in solcher Bezogenheit, zum Charakteristikum je der verschiedenen monotheistischen Glaubensweisen gesetzt. Wollte man diese Konstruktion schematisch erfassen, müßte man von *zwei* Relationen reden, die nicht parallel zu-

selbst. Ob man das so ausdrückt, ist zweitrangig; jedenfalls kann man dann Schleiermachers Aussagen nicht mehr als auf die positiven, geschichtlich-empirischen Religionen zielend erkennen. Die Deutung der von Schleiermacher zugrunde gelegten „Analogie" läuft notwendigerweise darauf hinaus, dem „zeitlosen" schlechthinnigen Abhängigkeitsgefühl eine „nichtgeschichtliche" höchste Religionsstufe zuzuordnen.

Es muß zumindest als unzweckmäßig erachtet werden, die im vorliegenden Leitsatz angegebene Stufung der Religionen direkt von der in § 5 hergeleiteten Stufung des Selbstbewußtseins aus erläutern zu wollen. Statt dessen greifen wir zunächst auf § 4 zurück, wo das unmittelbare Selbstbewußtsein als komplexe Größe definiert worden ist. Wir haben oben schon darauf hingewiesen, daß nur unter der Voraussetzung eben der Komplexität des Grundbegriffs die Ausführungen dieses Paragraphen verständlich werden. Von daher sind sie aber auch verständlich, und zwar eindeutig: es besteht von dem vorliegenden Text her keinerlei Anlaß dazu, eine Relativierung schließlich noch der „höchsten Stufe", des Monotheismus, als in Schleiermachers Grundlagenerörterung impliziert zu behaupten. Was im folgenden nachgewiesen werden soll.

Nach seiner Randbemerkung am Eingang des Hauptabschnitts (2.) will Schleiermacher darlegen, daß die „Differenz", das schlechthinnige Abhängigkeitsgefühl auf einen Gott oder auf einen Kreis von Göttern oder auf einzelne Götzen zu beziehen, eine Verschiedenheit bedeutet, die „nicht

---

einander verlaufen und die schon gar nicht gleichzusetzen sind, die vielmehr gleichsam senkrecht zueinander stehen, die miteinander verschränkt sind: a) natürlich-sittlich bzw. sittlich-natürlich und b) mittlere Stufe-höchste Stufe des Selbstbewußtseins; in den „Vollendungspunkt des Selbstbewußtseins" (§ 5,3) ist dann die Polarität, die a) bestimmt, auf je spezifische Weise hineingenommen:

(schlechth. Abhgef.)   *höchste Stufe*   (zeitlos)
                    V o l l e n d u n g s p u n k t
(sinnlich)   *mittlere Stufe*   (zeitlich)
            (sittlich ⤵ natürlich)

Die Einführung der Gleichsetzungen, wie sie als Grundlage der Darstellung von Schultz angenommen werden müssen: „sinnlich = zeitlich = natürlich" und „geistig-ewig = sittlich", zerstört diese Konstruktion vollständig. Als „geistig" könnte man den „Vollendungspunkt" des Selbstbewußtseins bezeichnen, und der ist jedenfalls „in der Zeit" gesetzt. Ober aber man nennt die „höchste" Stufe, das schlechthinnige Abhängigkeitsgefühl an und für sich, die „geistige" (vgl. Schl. an Lücke: Mul. 20/593), doch auch dann lassen sich „geistig" und „sittlich" nicht direkt miteinander verbinden; s. u. zu § 9, S. 205—211.

nur im gegenständlichen Bewußtsein ist, sondern im Selbstbewußtsein"
(Th 52ᵃ); es ist ihm unbedingt wichtig, daß damit nicht „nur eine Verschiedenheit der Vorstellungsweise" (2.) gekennzeichnet ist. Von daher
verbietet es sich eigentlich, so ohne weiteres schon in die Auslegung der
ethischen Sätze, das heißt in die Interpretation des Begriffs der Frömmigkeit, die Behauptung vorzuholen, „die positiven Religionen ... könnten
nichts anderes mehr sein als nur durch sinnliche Vorstellungen getrübte
Reflexionen über dieses [sc. das natürliche menschliche] Existenzbewußtsein", wie FLÜCKIGER (36) es tut. Wir haben hier nicht die Möglichkeit,
einen Exkurs über „Schleiermachers Reflexionstheorie"[8] durchzuführen,
es besteht aber auch nicht die Notwendigkeit dazu, denn auch ohne über
unseren Text hinauszugehen, können wir gegen Flückiger festhalten: daß
„auch der christliche Gottesglaube irgendwie entstanden sein (muß) als
unmittelbare ‚Reflexion' über dieses Selbstbewußtsein" [über das unmittelbare Selbstbewußtsein nämlich, in dem wir uns mit ‚Gott' „unmittelbar
verbunden wissen", der „nichts anderes (ist) als die Einheit alles Seins,
das Weltganze"] (117), daß überhaupt „das Gottesbewußtsein ein Produkt
der Phantasie (ist), hervorgegangen aus der Reflexion über die eine, unendliche Welt" (118), oder gar „daß j e d e religiöse Gottesvorstellung ...
nichts anderes sei als nur ein individueller, durch Zeit und Anlage bedingter
Reflex auf den Eindruck, den die Welt auf das Gemüt des Menschen
macht" (119) — diese Darstellung von „Schleiermachers eigentliche(r)
religions-philosophische(r) Erkenntnis" (118), sollte sie wirklich an den
Reden als gültig erwiesen werden können[9], vermag jedenfalls die grundsätzlichen religionsphilosophischen Ausführungen der Einleitung, und
zumal die des § 8, in gar keiner Weise auszusprechen. Bei Schleiermacher
heißt es dort unmißverständlich: „nur eine Verschiedenheit *in* dem unmittelbaren Selbstbewußtsein kann sich für uns dazu eignen, daß wir die
Entwicklung der Frömmigkeit daran messen dürfen" (2.), und also darf

---

[8] Von F. FLÜCKIGER ausführlich dargestellt: 116 ff.

[9] Flückiger bezieht sich aaO fast ausschließlich auf Schl.s Reden, die weiteren
Angaben — Briefe, bes. der Brief an Jacobi, und die „Weihnachtsfeier" — werden im wesentlichen nur ergänzend herangezogen; gleichwohl meint er Schl.s
Aussage von der „unmittelbarste(n) Reflexion über (das schlechthinnige Abhängigkeitsgefühl)" (§ 5,4; 30/23) dadurch vollständig erläutern zu können.
Der Fehler zeigt sich m. E. darin, daß Flückiger offensichtlich als gleichbedeutend gebraucht: „Gott" (117), „Gottes*idee*"-„Gottes*vorstellung*" (118), „Gottes-
bewußtsein" (118), was ja Schl.s Ausführungen in der Einleitung nicht gerecht
wird.

die Verschiedenheit der frommen Vorstellungen nicht als eine abgeleitete
verstanden werden, sie ist durch die „verschiedenen Zustände(-) des Selbstbewußtseins" bedingt (ebd.). Das heißt ja doch, daß Schleiermacher als
Erklärungsgrund für die Differenzierung der Religionen in ihrer Gesamtheit den Begriff des unmittelbaren Selbstbewußtseins heranholt, wie er
diesen in § 4 — im Gegenüber oder in Ergänzung zur Dialektik — entfaltet hat; wesentlich für diese Ausführungen ist, daß in jene ergänzende
Definition die Möglichkeit, zu modifizierenden Bestimmungen kommen
zu können, von vornherein eingeschlossen ist. Unter diesem Rückbezug
erst wird die „Analogie" zwischen den Religionsstufen und den Bewußtseinsstufen unmißverständlich klar: Schleiermacher vermerkt am Rande,
daß sie „in dem Nichtauseinandertreten der partiellen und totalen Abhängigkeit" (Th 52ᵃ) bestehe, womit zunächst nur der Fetischismus gekennzeichnet sein soll; hinsichtlich der höheren Stufen können wir danach
ergänzen: und ebenso in dem Auseinandertreten und dem Aufeinander-
Bezogensein von partieller und totaler Abhängigkeit.

Es sollen also nicht die Stufen je einzeln einander entsprechen — das
kann ja auch, wie wir oben überlegt haben, niemals gemeint sein —,
sondern wie zum Beispiel die unterste Stufe des Selbstbewußtseins durch
„Verworrenheit" charakterisiert ist, nämlich durch das Nichtauseinandertreten etwa von „Gefühl und Anschauung" (32/25), so ist auch der
„niedrigste(-) Zustand (der Frömmigkeit)" als eine „Verworrenheit" zu
verstehen, als eine nicht genügende Unterscheidung von „höherem" und
„niederem" Selbstbewußtsein, woraus dann folgt, „daß auch das Gefühl
schlechthinniger Abhängigkeit als von einem einzelnen sinnlich aufzu-
fassenden Gegenstand herrührend reflektiert wird" (53/49). Um diese
Bestimmung sachgemäß aufnehmen zu können, haben wir uns allerdings
außer an § 4 auch an § 5 zu erinnern, aber eben an dessen Zielgedanken:
daß Frömmigkeit in ihrem „wirklichen Vorkommen" als Zusammensein
der höchsten Stufe mit der zweiten, der sinnlichen, geschieht; es versteht
sich danach von selbst, daß die unterste Bewußtseinsstufe als solche für
diesen Gedankengang gar keine Bedeutung hat, daß aber auch nicht etwa
die höchste Stufe „an und für sich" zum Vergleich herangezogen werden
kann. Das Zugleich der beiden, das menschliche Bewußtsein eigentlich
charakterisierenden Stufen ist der Bezugspunkt für die vorliegende Erörterung: daß dieses Zugleich nicht als Verschmelzung beider Bewußtseinsstufen gedacht sein sollte und auch nicht als Aufhebung der einen durch
oder in die andere, sondern als beider Bezogenheit aufeinander im „Vollendungspunkt des Selbstbewußtseins" (35/29). Eine Einigung in solch be-

stimmter Unterschiedenheit ist erst dann möglich, wenn „das höhere
Selbstbewußtsein in seiner Differenz von dem sinnlichen gänzlich entwickelt" ist, wenn also das Gefühl der schlechthinnigen Abhängigkeit „in
seiner vollen Einheit und Indifferenz gegen alles im sinnlichen Selbstbewußtsein Setzbare auftreten kann" (53/49), wenn — nehmen wir die
Bestimmung aus § 4 inhaltlich auf — das Gefühl der schlechthinnigen
Abhängigkeit sich in gar keiner Weise als aus der Reihe von teilweisem
Freiheits- und teilweisem Abhängigkeitsgefühl abgeleitet versteht. In
solcher Vollkommenheit findet das Selbstbewußtsein seine Darstellung
nur und genau im Monotheismus, wie der Leitsatz sagt: in denjenigen
„Gestaltungen der Frömmigkeit, in welchen alle frommen Gemütszustände
die Abhängigkeit alles Endlichen von einem Höchsten und Unendlichen
aussprechen".

In den untergeordneten Glaubensweisen vollzieht sich dieses Zusammensein von höherem und sinnlichem Selbstbewußtsein zwar auch, aber doch
unvollkommen: „Im wahren Polytheismus einigt es [das Gefühl schlechthinniger Abhängigkeit] sich abwechselnd mit einer [Affektion des sinnlichen Selbstbewußtseins] gegen die anderen; hängt es sich an den Zustand,
nicht an das Wesentliche" (Th 53ª)[10]. Zu erklären ist die Unvollkommenheit der niederen Religionsstufen auf eine doppelte Weise; es gehen ja
zwei Faktoren in den Prozeß der Einigung ein: einmal die „Ausdehnbar-
keit des sinnlichen Selbstbewußtseins" (gemäß § 4) und dann die „Klarheit
der Unterscheidung des höheren Selbstbewußtseins vom niederen" (gemäß
§ 5). Einerseits kann erst die Erweiterung des Selbstbewußtseins zum „allgemeinen Endlichkeitsbewußtsein", worin wir — nach § 4,2 — „das
gesamte Außeruns ... mit uns selbst zusammen als Eines, das heißt als
W e l t" zu setzen vermögen, die Voraussetzung dafür bieten, daß wir uns
nicht „mit einem kleinen Teil des endlichen Seins" nur identifizieren, und
also die Überwindung des Fetischismus begründen; andererseits läßt sich
der Sachverhalt, daß, in der Vielgötterei, jenes „in dem schlechthinnigen
Abhängigkeitsgefühl Mitgesetzte als eine Mehrheit von Wesen" vorgestellt
wird, nur dadurch erklären, daß „das höhere Selbstbewußtsein noch nicht
gänzlich vom sinnlichen geschieden" ist, was ja — nach § 5,3 — erst in
der „Vollendung" des Selbstbewußtseins als der „Beziehung beider Elemente" geschieht (2.). Von daher kann im Grunde der Polytheismus nicht
im Entsprechungsverhältnis zur zweiten Stufe des Bewußtseins gesehen

---

[10] Die Einschübe in Schl.s Randnotiz sind von Redeker übernommen, entsprechend
dessen Redaktion der GL[7].

werden, und zwar insofern nicht, als diese nämlich im Unterschied zur
niedrigsten — „in welcher jener Gegensatz [z. B. der von Objekt und
Subjekt] noch nicht hervorgerufen werden kann" — und zur höchsten —
„in (welcher) dieser Gegensatz wieder verschwindet" — „ganz und gar
auf diesem Gegensatz beruht" (§ 5,1). Schleiermacher sagt denn auch selbst,
der Polytheismus stelle „eine unbestimmte Mittelstufe" dar, „welche sich
bald wenig vom Götzendienst unterscheidet, bald, wenn sich in der Be-
handlung der Vielheit ein geheimes Streben nach Einheit zeigt, ganz dicht
an den Monotheismus streifen kann ..." (54/50).

Die Zielaussage dieser zweiten religionsphilosophischen These faßt sich
zusammen in dem letzten Satz des 2. Abschnitts: „Nur also wenn sich
das fromme Bewußtsein so ohne Unterschied mit allen Zuständen des
sinnlichen Selbstbewußtseins *vereinbar*, aber auch so bestimmt von diesem
geschieden ausprägt, daß in den frommen Erregungen selbst keine Differenz stärker hervortritt als die des freudigen oder niederschlagenden Tons,
dann erst hat der Mensch jene beiden [dem Monotheismus untergeord-
neten] Stufen glücklich überschritten und kann sein schlechthinniges Abhängigkeitsgefühl nur auf ein höchstes Wesen beziehen." Darüber hinaus
gibt es keine Entwicklung — das ist eindeutig. Die innere Konsequenz
dieses Paragraphen drängt in gar keiner Weise auf eine Forderung nach
Überwindung auch noch der monotheistischen Stufe, vielmehr zielt sie
genau auf deren so gegebene Definition! Und diese entspricht durchaus
dem in § 4 und in § 5 erläuterten Begriff der Frömmigkeit. Wenn aber
überhaupt Schleiermacher mit seinem religionsphilosophischen Ansatz,
das heißt mit dessen Begründung in seiner Bestimmung von Frömmigkeit, notwendigermaßen zu einer Auflösung des Begriffs der positiven
Religionen gelangen würde[11], so müßte solche Folgerung aus den Ausführungen zu diesem Lehnsatz zu ziehen sein; die beiden weiteren religionsphilosophischen Paragraphen können schon von ihrer Themaangabe
her erst recht keinen Anlaß zu einem derartigen Urteil geben und sind
auch — soweit ich sehen kann — nicht so aufgenommen worden. So wenig
nun im Ernst zu bezweifeln ist, daß dieser § 8 selbst die angegebene
Schlußfolgerung nicht zuläßt, so bedeutsam und erst wichtig ist es für uns,
daß wir eine solche Auslegung gerade im Zusammenhang mit dem von
Schleiermacher hergeleiteten „Begriff der Frömmigkeit" abweisen können.
Denn es ist ja eben dieser sogenannte „allgemeine Religionsbegriff", der
immer wieder als Begründung für die Behauptung angegeben worden ist,

---

[11] So F. Flückiger, 43 f.

die religionsphilosophischen Lehnsätze seien nicht eigentlich auf das Erfassen der *geschichtlichen* Frömmigkeitsgestaltungen gerichtet[12].

Allerdings finden wir uns in Schleiermachers Erörterung dieses zweiten religionsphilosophischen Satzes immerzu und durchgehend auf das im zweiten ethischen Satz definierte „Gefühl der schlechthinnigen Abhängigkeit" verwiesen; das kann und soll nicht etwa übersehen werden. Es liegt mir vielmehr daran, den damit angezeigten Zusammenhang zwischen den je zweiten Thesen der beiden Verhandlungsbereiche ausdrücklich zu unterstreichen. Unsere bisherigen Ausführungen wandten sich nur gegen eine falsche Auswertung dieses Sachverhaltes, nicht gegen die Konstatierung des Zusammenhanges überhaupt. Wieso die Auswertung möglicherweise (oder gar notwendigerweise) falsch wird, wieso jedenfalls Schleiermachers religionsphilosophische Konzeption nicht ernst genommen werden kann, wenn man die Komplexität des zugrunde liegenden Begriffs des unmittelbaren Selbstbewußtseins nicht beachtet und wenn man — als Folgerung aus dieser Nichtbeachtung oder auch als Voraussetzung dafür — die Erörterung über das Zeitlichwerden des schlechthinnigen Abhängigkeitsgefühls in § 5 ausläßt oder als unter einem einschränkenden Aspekt durchgeführt ansieht, brauchen wir nicht mehr zu diskutieren. Es käme nun darauf an, daß wir die Position unseres Verständnisses aufzeigen könnten. Dazu gehört es eben, den Zusammenhang zwischen den je zweiten Leitthesen ausdrücklich zu unterstreichen. Ich halte dafür, dieser Zusammenhang sei in zweifacher Hinsicht gegeben; außerdem meine ich, daraus eine die Einleitung als Ganzes betreffende und insofern weitreichende Schlußfolgerung ziehen zu können.

Zunächst ist festzustellen, daß die eigentlich intendierten Aussagen der beiden Paragraphen sich in inhaltlicher Hinsicht gegenseitig erläutern: die eine — die auf das „Gefühl der schlechthinnigen Abhängigkeit" gerichtete

---

[12] Schon in dem Auslegungsansatz von F. CHR. BAUR ist die Konsequenz dieses Urteils enthalten (s. o. S. 2 ff.).
Bei W. SCHULTZ (Religionsgeschichte) scheint diese Behauptung weniger deutlich ausgesprochen zu sein; sie ist aber notwendigermaßen auch im Ergebnis seiner Untersuchungen mitzuhören, denn er schließt die Interpretation der religionsphilosophischen Sätze (aaO 62 ff.) an die entsprechenden Ausführungen der Reden an, und zu diesen lautet der Einstieg: „Weiter ist zu beachten, daß Schleiermacher den Weg zur Religion und ihren Erscheinungsformen nicht durch die Geschichte nimmt" (aaO 56); vgl. dagegen P. SEIFERT, 151 ff.
Eine hinsichtlich dieses Urteils deutliche Modifikation tritt erst bei CHR. SENFT hervor, der betont, daß es Schl. wesentlich um das Verstehen der Geschichte geht: Wahrhaftigkeit, bes. 16 ff.

— wird erst durch die andere — die den „Monotheismus" bestimmende — begriffen, und umgekehrt; beide sind als einander je zum Regulativ gesetzt zu erkennen. Ferner ist der in formaler Hinsicht bestehende Zusammenhang zu beachten: nicht nur die Zielbegriffe als solche sind analog zueinander gebildet, sondern auch die Gedankenführung, die je die Herleitung der Begriffe begründet, läßt die beiden Paragraphen als einander nebengeordnet erkennen.

Wir haben oben schon unsere Auslegung von § 4 aufgenommen und betont, daß jenes von Schleiermacher dort als komplexe Größe definierte „unmittelbare Selbstbewußtsein" sehr wohl die Ausführungen dieses § 8 zu tragen vermag. Diese Behauptung soll jetzt noch deutlicher ausgezogen und zugleich eingehender begründet werden. Es steht ja nicht in Frage, daß der Begriff „unmittelbares Selbstbewußtsein" für die Einleitung überhaupt fundamentale Bedeutung hat, daß also des Gesamtverständnis entscheidend durch die Interpretation dieses Grundbegriffs bestimmt wird. Diese allgemein geltende Einsicht genügt aber nicht; es ist wichtig zu beobachten, wo und wie dieser übergreifende Bezug explizit wird. Eine solche Stelle des Zusammenhaltes liegt hier vor: Jener Begriff richtet nicht nur die Gedankenbewegung innerhalb der ethischen Sätze aus — die den § 4 und den § 5 verbindende Frage war ja die nach dem „wirklichen Vorkommen" der Frömmigkeit —, er begründet zugleich die Möglichkeit der Verklammerung des religionsphilosophischen Zyklus mit dem ethischen; erkennbar ist das daran, daß der Gedankenfortschritt innerhalb der religionsphilosophischen Lehnsätze in analoger Weise herausgefordert wird: § 8 und § 9 sind durch die entsprechende Fragestellung miteinander verbunden, von den „geschichtlich gegebenen" Frömmigkeitsgestaltungen ist erst im dritten Satz dieses Untersuchungsganges die Rede. Damit kann allerdings nur *ein* Zeichen für die Verklammerung der beiden Zyklen genannt sein. Diese soll hier nicht als eine nur äußerlich gemeinte behauptet werden, ihr Wesen liegt vielmehr gerade darin, daß sie sich in den das Ganze unterfangenden Zusammenhalt einfügt. Es kommt aber zunächst darauf an, diesen einen Verknüpfungsort sichtbar zu machen.

In jenem ethischen Lehnsatz ging es Schleiermacher ja darum, diejenige Bestimmtheit des „unmittelbaren Selbstbewußtseins" oder des „Gefühls" zu charakterisieren, die das „Wesen der Frömmigkeit" ausmacht. Jenes „Sich-schlechthin-abhängig-Fühlen" als das „Sich-seiner-selbst-als-in-Beziehung-mit-Gott-bewußt-Sein" (30/23) wird nun diejenige Bezugsgröße, an der das „Wesen der frommen Gemeinschaft" — so können wir das Thema dieses religionsphilosophischen Lehnsatzes analog zu Schleierma-

chers Zielangabe innerhalb des ethischen Gedankenganges formulieren —
ausgesagt werden kann. Von jenem Frömmigkeitsbegriff her geurteilt,
muß dieses „Wesen" als eigentlich nur in den monotheistischen Glaubensweisen erfaßt angesehen werden. Dort wird es aber auch erfaßt! Schleiermacher gründet dieses sein Urteil (53/49) und das darin eingeschlossene der
Unterordnung des Polytheismus und des Fetischismus auf die Erklärung
des schlechthinnigen Abhängigkeitsgefühls, wie er sie in § 4 gegeben hat:
daß diese Bestimmtheit des unmittelbaren Selbstbewußtseins die „Grund-
beziehung ist, welche alle anderen in sich schließen muß" (30/23), oder
denn: daß „das Gottesbewußtsein so in das Selbstbewußtsein (eingeschlossen ist), daß beides . . . nicht voneinander getrennt werden kann" (ebd.).
Bei diesem Rückbezug auf die Grunddefinition kommt es nicht so sehr
darauf an, die fetischististischen und die polytheistischen Glaubensweisen
als untergeordnete einzustufen oder eben die monotheistischen als auf der
höchsten Stufe stehende zu erklären, sondern vielmehr darauf, den „Monotheismus" zu definieren, das bedeutet: unmißverständlich aussagen zu
können, was es denn heiße, „an einen Gott" (3.) zu glauben. Der Stu-
fengedanke ist nur Hilfsmittel, mit ihm bringt Schleiermacher nichts
Neues, damit nimmt er lediglich die Vorstellung seiner Zeit auf; aber offensichtlich liegt ihm alles daran, den Begriff „monotheistische" Glaubensweise festhalten zu können. Denn von dem Ziel her, diesen Begriff zu
klären, ist § 8 als an § 4 angeschlossen zu verstehen: so gewiß das schlechthinnige Abhängigkeitsgefühl letztlich „nur auf ein höchstes Wesen"
(§ 8,2) bezogen sein kann, so gewiß muß „jedes irgendwie Gegebensein
Gottes völlig ausgeschlossen" (§ 4,4) bleiben. Beide Bestimmungen fordern
einander — nach Schleiermacher — auf das genaueste. Die schon in § 4
abgelehnte Gottesvorstellung wäre nämlich immer noch den Glaubensweisen der untergeordneten Stufen verhaftet, sie kann hier, in § 8, geradezu
als deren Charakteristikum angegeben werden: in ihr ist der Versuch
beschlossen, entweder — wie im Fetischismus — „Gott" mit einer lokali-
sierenden Beziehung zu verbinden, oder aber — wie im Polytheismus —
„ihn" anderen „Wesen" gegenüberzustellen. Gleichwohl wird man Schleiermacher nicht unterschieben dürfen, daß für ihn — etwa also im Monotheismus — „das Gegenüber von Gott und dem Menschen aufgehoben"
sei; wir haben diese Auslegung von SENFT[13] und dessen damit ausgesprochene Kritik schon in der Erörterung von § 4[14] als nicht zutreffend abweisen müssen. Die Gültigkeit dieses Abweises wird von den Ausführungen

---

[13] Entgegen der Schreibweise des Verf.s (39) hier nicht hervorgehoben.
[14] s. o. S. 61 ff.

zu diesem Paragraphen entscheidend bestätigt; eine solche Kritik könnte noch viel weniger gegenüber dem vorliegenden Leitsatz, das heißt gegenüber dessen Verknüpftsein mit der Grundbestimmung durchgehalten werden. Andererseits nämlich, in umgekehrt gerichteter Bezogenheit, ist nun auch der Diskussion des Monotheismus zu entnehmen, wie der Begriff der Frömmigkeit auf sein rechtes Verständnis hin abgesichert wird: Schleiermacher beruft sich darauf, daß in die Definition des schlechthinnigen Abhängigkeitsgefühls gerade eine präzise Unterscheidung der Begriffe „Gott" und „Welt" eingeschlossen ist.

Natürlich können wir hier nicht auch nur andeutungsweise hinreichend den Problembereich erörtern, der mit diesem Thema überhaupt abgesteckt ist; ein entsprechend eingerichteter Exkurs müßte gleichsam längs durch Schleiermachers Gesamtwerk führen. Wir verzichten daher auch darauf, den vorliegenden Text eigens unter dieser Fragestellung zu lesen, denn schon dies wäre ohne Rückbezüge auf Schleiermachers anderweitig gegebene Auslassungen zu dem Problem nicht sachgerecht möglich. Zwar ist ohne weiteres einleuchtend, daß die Antwort, die man an dieser Stelle bei Schleiermacher meint vernehmen zu müssen, wesentlich durch die Weise mitbestimmt ist, in der man den Frömmigkeitsbegriff von ihm abgeleitet findet, und der Verständniszusammenhang verläuft ebenso in umgekehrter Richtung, das heißt die Antwort, die man meint gehört zu haben, bestimmt die Weise der Aufnahme des Frömmigkeitsbegriffs mit. Insofern ist unserer Auslegung allerdings die Stellungnahme zu Schleiermachers Grundthema impliziert; dies noch einmal ausdrücklich gegen FLÜCKIGER gesagt: daß Schleiermacher die „Ablehnung jeder Transzendenz der Gottheit" (167) voraussetze beziehungsweise daß Schleiermachers Theologie das Postulat der „Gleichsetzung von Gott und Welt" (168) zugrunde liege, ist eine Auffassung der Interpretation, mit der sich die hier gegebene Auslegung in keiner Weise verträgt. Aber auf eine eingehende Auseinandersetzung mit dieser Meinung und ebenso auf eine Auseinandersetzung mit den verschiedenen Versionen des ihr entsprechenden, von Anfang an gegen Schleiermacher erhobenen Vorwurfs, er sei ein Vertreter des Pantheismus, müssen wir also, wegen der nicht zureichenden Textvorlage, notgedrungen verzichten. Wir begnügen uns mit der Angabe derjenigen Aussagen, die direkt von unserem Text her gegen eine derartige Auffassung sprechen. Dies zu tun ist im übrigen in bezug auf unsere eigene Fragestellung völlig ausreichend, denn uns muß es nicht so sehr auf den Nachweis ankommen, *daß* Schleiermacher „Gott und Welt" als auf bestimmte Art „geschieden" behauptet — für die oben angegebene, entgegengesetzte

Meinung Flückigers gibt es sowieso in der Einleitung selbst keinen in sich eindeutigen Anhalt —, sondern vielmehr darauf, Einsicht in Schleiermachers Vorgehen zu gewinnen, darauf nämlich, zu erkennen, *wie* er seine Behauptung eingebracht hat. Von der Gültigkeit des Wie her wird dann allerdings auch die Bestimmtheit des Daß entscheidend befestigt werden können.

Schleiermacher hat schon in § 4,4 betont, daß in jenem „zum Gottesbewußtsein werdende(n) unmittelbare(n) Selbstbewußtsein" (30/24) das „mitgesetzte W o h e r [sc. der schlechthinnigen Abhängigkeit] . . . / . . . nicht die Welt ist in dem Sinne der Gesamtheit des zeitlichen Seins, und noch weniger irgendein einzelner Teil derselben" (28 f./22), daß dieses „Woher" vielmehr „durch den Ausdruck Gott / bezeichnet werden soll" (ebd.). Wenn ihm daran liegen würde, die „Gleichsetzung von Gott und Welt" zu fordern, wäre solche Gegenüberstellung ganz unverständlich. Außerdem muß man bemerken, daß diese Bestimmung nicht etwa nur beiläufig eingebracht worden ist, gleichsam als Verdeckung der eigentlichen Ausgangsposition, sondern daß sie der Definition des schlechthinnigen Abhängigkeitsgefühls gerade und notwendigermaßen zugrunde liegt. Insofern wäre diese Betonung sogar überflüssig. Schleiermacher erhebt seine ausdrückliche Feststellung denn auch eigentlich nur gegenüber der Fehldeutung, die die erste Auflage der Glaubenslehre in diesem Zusammenhang erfahren hat. „Fast unbegreiflich, wie man mir hat Pantheismus zuschreiben können, da ich das schlechthinnige Abhängigkeitsgefühl von der Beziehung auf die Welt ganz sondere" (Th 28 f.[a]) vermerkt er zu § 4,4 am Rande. Will man in Zweifel ziehen, ob solche „Sonderung" ernst gemeint sei, muß man ja zuerst fragen, wie sie überhaupt gemeint ist. Schleiermachers Selbstinterpretation scheinbar entgegenstehender Ansatz, daß unser Gottesbewußtsein sich nicht ohne unser Weltbewußtsein, das heißt nur im Zusammenhang mit diesem, entwickeln könne (§ 4,2 u. 3; § 5,3 u. 4), darf kaum ohne weiteres dahingehend vereinfacht werden, daß die beiden das „schlechthinnige Abhängigkeitsgefühl" charakterisierenden Größen miteinander identifiziert werden. Oder denn: wenn solche Identifikation aus Schleiermachers „Wesensbestimmung" als vermeintlich einzig mögliche Konsequenz gefolgert wird, muß man wenigstens zur Kenntnis nehmen, daß Schleiermacher eben diese Identifikation nicht nur nicht ausspricht, daß er sie vielmehr, als in seinem Ansatz nicht unterzubringen, ausdrücklich zurückweist. Es kann ihm nicht nur nebenbei, es muß ihm grundsätzlich darauf ankommen, für „Welt" und „Gott" eine „bestimmte Scheidung" (58/54) aussprechen zu können oder ausgesprochen zu haben.

Dies geht aus der Tatsache hervor, daß in § 8, bei der Bestimmung des Monotheismus, eben diese Grundlage der Definition des schlechthinnigen Abhängigkeitsgefühls aus § 4 wiederaufgenommen und gesichert wird.

In diesem Zusammenhang ist für uns Schleiermachers Eingehen auf die „Vorstellungsweise ... welche man Pantheismus nennt" (Zusatz 2.) von Bedeutung. Wenn auch nur mittelbar: entsprechend der oben angegebenen Abgrenzung brauchen wir nicht zu erörtern, ob Schleiermacher den gegen ihn von Anfang an und durchgehend erhobenen Vorwurf, er vertrete die pantheistische Auffassung, zu Recht oder zu Unrecht abgewiesen hat[15]; wohl aber ist für uns von Wichtigkeit, daß er überhaupt in dem vorliegenden Zusammenhang auf diese Frage eingeht, obgleich sie eigentlich, nach seiner eigenen Einschränkung, „nicht zur Sache gehört". Denn gemäß der religionsphilosophischen Fragestellung sollten hier „geschichtlich hervorgetretene(-) fromme(-) Gemeinschaft(en)" verhandelt werden; eine solche Gemeinschaft ist jedoch an der pantheistischen Vorstellungsweise niemals entstanden. Mit dieser Begründung hätte er sich ja der Erörterung jener Ansicht entziehen können, zumal der entsprechende Abschnitt der ersten Auflage von seinen Kritikern eingehend gegen ihn verwendet worden ist. Warum verzichtet er dann nicht auf dieses „opus supererogativum", das ihm, wie er in seinen Randbemerkungen angibt (Th 57ª), „schlecht bekommen" ist? Er kann nicht darauf verzichten, und er braucht das auch nicht zu tun. Denn einmal muß er festhalten, daß solche Vorstellungsweise, mag es auch „allemal schwierig" sein, ihre Bedeutung überhaupt sicher auszumachen, mit Frömmigkeit, wie er sie definiert weiß, primär nichts zu tun hat: sie entsteht „auf dem Wege der Spekulation", sie ist nicht eine besondere „Bestimmtheit des unmittelbaren Selbstbewußtseins". Man hätte also höchstens zu untersuchen, ob und wie die dem objektiven Bewußtsein zugehörende Anschauung sich gegebenenfalls „mit der Frömmigkeit verträgt". Und dann — das wäre das andere Moment, weswegen er an dieser Stelle die Diskussion über den Pantheismus aufnehmen muß — kann man nur zu dem Ergebnis kommen, daß jedenfalls mit dem Monotheismus immer nur eine Vorstellung verbunden ist, nach der „doch Gott und Welt wenigstens der Funktion nach geschieden bleiben" (58/55). Das heißt: ein Pantheismus, der die Negation einer „bestimmte(n) Scheidung dessen, was ... als Welt und was als Gott gesetzt wird" beinhaltet, mag sich mit dem Götzendienst vertragen, sofern eben diese niedrigste Frömmigkeitsstufe auf „einer höchst beschränkten Welt-

---

[15] Vgl. Schl. an Lücke: Mul. 23 ff./596 ff.

kunde" beruht, und auch wohl mit der Vielgötterei, weil ja hier die „Unterscheidung des höheren Selbstbewußtseins vom niederen" noch nicht mit der den Monotheismus erst kennzeichnenden „Klarheit" vollzogen ist (54/50), aber eben definitionsgemäß keineswegs mit der höchsten Stufe der Frömmigkeit.

An diesem Exkurs interessiert uns also weniger Schleiermachers vermeintliche (oder auch wirklich gegebene) pantheistische Auffassung, sondern dies, wie er sie von seinem Frömmigkeitsbegriff her abzugrenzen sucht: er bezieht sich damit genau auf seine Ausgangsbestimmung im 2. Abschnitt dieses Paragraphen; dort nämlich hat er die Art und Weise, wie unterschiedlich in dem unmittelbaren Selbstbewußtsein das Verhältnis von Gott und Welt gesetzt ist, zum Charakteristikum der drei Religionsstufen genommen. Und diese Ausgangsbestimmung wiederum ist direkt an die Definition des schlechthinnigen Abhängigkeitsgefühls angeschlossen worden.

Daß die beiden je zweiten Lehnsätze gleichsam nebeneinander gelesen werden können (oder vielleicht nebeneinander gelesen werden sollen), geht auch daraus hervor, wie Schleiermacher den in § 4 eingeführten Gottesbegriff in § 8 wieder aufnimmt: „Gott sei uns gegeben im Gefühl auf eine ursprüngliche Weise" (30/24) hat er dort sagen zu können gemeint, und zugleich hat er betont, daß „jedes irgendwie (äußerliche) Gegebensein Gottes völlig ausgeschlossen" bleiben müsse (ebd.); hier beendet er seinen Zusatz mit der Feststellung, daß „streng genommen von Gott nichts nach dem Gegensatz von innerhalb und außerhalb ausgesagt werden kann" (58/55). Ich halte dafür, dieser Schlußsatz gelte nicht allein der Erörterung über den Pantheismus, sondern den Ausführungen dieses Paragraphen überhaupt; oder denn: daran werde deutlich, daß diese Erörterung notwendig in dessen Fragebereich gehört. Zwar hat Schleiermacher sie betont „nur an einem solchen abgelegenen Ort", eben im „Zusatz", durchgeführt haben wollen, aber das hat lediglich formale Gründe, darauf haben wir oben schon verwiesen; die Sache als solche vertreten zu können, muß ihm unaufgebbar wichtig gewesen sein.

Wenn wir zur Bestätigung für unsere Auslegung auf den Gottesbegriff als auf das die beiden Lehnsätze ausdrücklich verbindende Glied hinweisen, so wollen wir deswegen natürlich nicht außer acht lassen, daß überhaupt dieser Begriff für die Einleitung von tragender Bedeutung ist, daß er auch sonst betont aufgenommen wird — so zum Beispiel in § 5, wie wir oben schon mitberücksichtigt haben, und außerdem insbesondere in § 9 und in § 13 (übrigens dann analog zu § 5, wie wir unten ausmachen werden) —, es kommt uns an dieser Stelle darauf an, die gleichlautende Formulierung hervorzuheben, denn die ist doch bemerkenswert: Die beide Paragraphen gleichermaßen ausrichtende Grundbestimmung ist die, daß sich das „Gottesbewußtsein" nur im Zusammenhang mit dem „Weltbewußtsein" bilden kann; zum Erfassen dieser Gegebenheit ist eine klare Begrifflichkeit notwendig; die damit gestellte Aufgabe der in bezug auf das Gottesverständnis geforderten Begriffsklärung verbindet die beiden Lehnsätze miteinander. Nur und genau von daher jedenfalls ist die Tatsache zu verstehen, daß die je als tragend eingeführten Definitionen in der Struktur analog gebildet sind. Diese Tatsache müssen wir unterstreichen, sie bestätigt die oben ausgesprochene Behauptung von dem inneren Zusammenhang der beiden Paragraphen. Beide Grundbegriffe nämlich — das „schlechthinnige Abhängigkeitsgefühl" dort, der „Monotheismus" hier — sind durch ein grundsätzlich gegebenes Doppelverhältnis definiert: bestimmte „Geschiedenheit" und ebenso bestimmte „Vereinbarkeit" ist die Formel, in der beide Begriffe einander entsprechen. Im einen Fall wird dieses Spannungsverhältnis in bezug auf die Bestimmungen „Gott" und „Welt" erläutert, im anderen hinsichtlich der Ausdrücke „frommes Bewußtsein" und „sinnliches Bewußtsein". Wir meinen mit diesem Hinweis nicht die von Schleiermacher ausdrücklich eingebrachte „Analogie" noch einmal zu beleuchten; zu deren Verständnis war ja der Rückgang auf § 5 notwendig, der aber ist hier gerade ausgeklammert. Hier geht es lediglich darum, die Zuordnung der beiden je zweiten Lehnsätze aus dem in formaler Hinsicht gegebenen Bezug erkennen zu können: die gleichartige Problemstellung verlangt, daß aufeinander beziehbare Begriffe gebildet werden, und ferner, daß dies in einer entsprechend gleichgearteten Gedankenführung geschieht.

Hierzu sind noch zwei weitere Aspekte zu beachten. Der eine ergibt sich geradezu von selbst, und zwar als Frage: Wir haben oben behauptet, daß das „schlechthinnige Abhängigkeitsgefühl" zunächst rein als Abstraktum definiert sei — ist dementsprechend dann etwa auch hier der „Monotheismus" in abstrahierender Erörterungsweise definiert worden? Nun, diese Frage als gestellt erkennen und mit Ja beantworten, möchte fast in einem Atemzug geschehen: „daß es eine bloß monotheistische Frömmigkeit, in welcher das Gottesbewußtsein an und für sich schon der Inhalt der frommen Lebensmomente wäre, gar nicht gibt", darauf hat Schleiermacher ausdrücklich zum Eingang der eigentlichen Glaubenslehre hingewiesen (§ 32,3); aber auch ohne diesen Hinweis wäre das Ja gesichert, denn anders könnte der Rückgang auf die „Verschiedenheit in dem unmittelbaren

Selbstbewußtsein" (53/48) bei der begrifflichen Herleitung des „Monotheismus" gar nicht verstanden werden. Dieser Feststellung widersprechen
auch keineswegs die Ausführungen der beiden weiteren Abschnitte (3. und
4.) dieses Paragraphen, mit denen Schleiermacher auf die verschiedenen
Gestaltungen des Monotheismus und deren je konkret gegebenes Verhältnis zu untergeordneten Glaubensweisen eingeht. Im Gegenteil: diese Abschnitte nehmen nur die dann ähnlich wie in § 4 dringlich werdende Frage
nach den in der Geschichte gegebenen — den „wirklich vorkommenden" —
monotheistischen Frömmigkeitsgemeinschaften schon auf und bereiten somit die Erörterung des folgenden Paragraphen vor.

Unter einem letzten Gesichtspunkt endlich mag sich am deutlichsten die
Parallelität der beiden hier miteinander verglichenen Lehnsätze unterstreichen: Die je abgeleiteten Zielbegriffe sind von Schleiermacher noch in
einer weiteren Bestimmung nahe zusammengerückt worden, und zwar in
der grundlegenden. Das Charakteristikum des Abhängigkeitsgefühls, sofern dieses das „Sich-seiner-selbst-als-in-Beziehung-mit-Gott-bewußt-Sein"
ausdrückt, ist mit dem Attribut „schlechthin" angegeben. Wir haben oben
schon den Verweis Schleiermachers aufgenommen: „Schlechthinnig gleich
absolut" (Th 23ᵃ), und ebenso: daß das Abhängigkeitsgefühl schlechthinnig sein kann „(n)ur ausschließend und nicht im Gegensatz zum Freiheitsgefühl" (Th 27ᶜ). Das eigentlich Bedeutsame an dieser Begriffsbildung ist
ja, daß dieses Gefühl der Abhängigkeit nicht in Analogie zu dem Bewußtsein von bestimmten Verhältnissen relativer Abhängigkeit zu verstehen
ist, daß es — nach § 4 — ein qualifiziert anderes ist als das Gefühl der im
Verhältnis zu relativer Freiheit verstandenen relativen Abhängigkeit, daß
es zugrundeliegend ist, daß es die Kette des Teils-Teils unterfängt. Zumal
im Gegenüber zu Schleiermachers im übrigen charakteristischen Erörterungsweise, der ihm eigentümlichen Dialektik, die schon die Ausführungen
des § 5 bestimmte und die dann erst recht diejenigen der religionsphilosophischen Lehnsätze trägt — dann nämlich, wenn jeweils die Frage nach
der Wirklichkeit gestellt wird und beantwortet werden soll —, bekommt
diese Begriffsbildung ihr besonderes Gewicht: dieses Gefühl wird nicht in
einen beziehungsweise geltenden Gegensatz eingefügt, und nur in bezug
auf diesen Ausdruck gebraucht Schleiermacher das Attribut „absolut".
Diese Feststellung soll keineswegs mit dem Anspruch erhoben sein, daß
sie etwas Besonderes, etwas Neues gegenüber sonst durchgeführten Auslegungen enthalte; es ist mir nur wichtig, auch von dieser Hinsicht her
Schleiermachers Verständnis der „monotheistischen Glaubensweise" erhellt zu finden. Gleichwie die „schlechthinnige" Abhängigkeit eine im

Grunde unableitbare ist und das Gefühl dieser Abhängigkeit nicht als aus den unteren Stufen des Bewußtseins sich entwickelnd verstanden werden kann[16], so ist auch dem Monotheismus Ausschließlichkeitscharakter zuzuerkennen: Von dem Glauben an „einen" Gott her werden Fetischismus und Polytheismus als untergeordnete Stufen beurteilt; Schleiermacher sagt, die „Ausfüllung" der Entwicklungsdifferenz geschehe „von oben herab durch Vergleichung mit Monotheismus" (Th 51ᵇ). Ähnlich wie in § 5 als Folgerung aus der Begriffsbestimmung in § 4 kann auch hier nur im uneigentlichen Sinne von „Entwicklung" des „Glauben(s) an einen Gott" (3.) die Rede sein: nicht so, als ob sich diese „Stufe" in stetigem Fortschreiten der Frömmigkeit von der mittleren zur höheren hin ergäbe, sondern *dem Menschen* ist bestimmt, wenn denn „nur erst irgendwo" Monotheismus in irgendeiner Form gegeben ist, daß er „an keinem Ort der Erde auf einer von den niedrigeren Stufen stehen bleibe" (3.), und dann erst hat *er* „jene beiden Stufen glücklich überschritten, wenn *er* „sein schlechthinniges Abhängigkeitsgefühl nur auf ein höchstes Wesen (bezieht)" (2.).

Von diesem Ergebnis her kehren wir zum Ausgangspunkt unserer Untersuchung zurück: Gerade wenn wir den Begriff der Frömmigkeit, wie Schleiermacher ihn mit § 4 eingeführt hat, zum Verständnis des den Monotheismus definierenden § 8 heranholen, haben wir mit um so größerer Sicherheit festzustellen, daß nach der Konsequenz der Schleiermacherschen Gedankenführung die Aufhebung endlich auch der höchsten Religionsstufe nicht nur nicht verlangt ist — wie Flückiger behauptet —, daß diese Gedankenführung vielmehr genau auf die Fixierung der monotheistisch gestalteten Frömmigkeitsgemeinschaft zielt, und daß das Erreichtwerden dieses Zieles durch gar nichts in Frage gezogen werden kann.

Wir müssen schließlich noch auf den letzten (4.) Abschnitt eingehen, dem in dem vorliegenden Zusammenhang im wesentlichen exemplifizierende Bedeutung zukommt, das heißt diejenige, den folgenden Paragraphen vorzubereiten. Dabei soll aber nicht übersehen werden, wie Schleiermacher in diesem schon vorgreifenden Verweis auf die in der geschichtlichen Wirklichkeit gegebenen „nur drei große(n) Gemeinschaften" der höchsten Religionsstufe das Christentum gegenüber dem Judentum und dem Islam als „die *reinste* in der Geschichte hervorgetretene Gestaltung des Monotheismus" behauptet. Also könnte sich hier doch die Antwort auf die „Wahrheitsfrage", als in einem beweisenden Verfahren erbracht, eingestellt fin-

---

[16] Zu „entwickeln" (§ 5,3) s. o. S. 99 ff.

den[17]? Oder nun doch, eben im Zuge eines solchen Beweisganges, das „Prinzip des schlechthinnigen Abhängigkeitsgefühls" als aus der spekulativ ausgerichteten Erörterung herübergenommene „Norm" wirksam geworden sein[18]? Und also die Tendenz, eine „Wertung" der verschiedenen Religionsgemeinschaften durchzuführen, sich endgültig durchgesetzt haben[19]? Unsere Auslegung beruht ja wesentlich auf der Ansicht, daß der Religionsphilosophie die spezifische Aufgabe zugewiesen ist, die Wirklichkeit der Religionen kritisch-beschreibend zu erfassen, und nicht diejenige, eine normative Funktion auszuüben. Wird mit dem letzten Hauptabschnitt des § 8 alles bisher Gesagte, sowohl die Ausführungen über die Religionsphilosophie überhaupt als auch die über diesen Paragraphen selbst, in Frage gestellt? Wie ich es sehe, ist dieser Abschnitt die einzige Stelle des mittleren Zyklus der Lehnsätze, von der her sich ein Einwand gegen unsere Position erheben ließe. Gerade deswegen darf er auf keinen Fall unbeachtet bleiben. Aber auch und eben nach einer eingehenden Befragung dieses Textteiles wird man die Gültigkeit eines solchen Einwandes abweisen können.

Zunächst ist festzustellen, daß auch hier jedenfalls nicht das schlechthinnige Abhängigkeitsgefühl an und für sich als „Maßstab" eingeführt wird[20]: Die Bezugsgröße bleibt immerhin der Monotheismus, das heißt die vollkommene Darstellung der Bezogenheit des frommen und des sinnlichen Selbstbewußtseins aufeinander in deren ebenso bestimmten „Vereinbarkeit" als strengen „Geschiedenheit" mit- beziehungsweise voneinander. Das Judentum nämlich ist deswegen eine untere Form der frommen Gemeinschaft zu nennen, weil es in seiner Frühzeit „noch eine Verwandtschaft mit dem Fetischismus" erkennen läßt; der „monotheistische Glaube" hat sich in ihm „erst seit dem babylonischen Exil rein und vollständig entwickelt". Im Islam hingegen, wiewohl er als „streng" monotheistisch zu verstehen ist, beeinflußt die „Gewalt des Sinnlichen" noch so sehr die „frommen Erregungen", daß in dieser Hinsicht die mohammedanische Frömmigkeitsgestaltung polytheistischen Formen vergleichbar ist. Allein im Christentum ist weder die eine noch die andere „Ausweichung" zu beobachten: „Und so bürgt schon diese Vergleichung mit seinesgleichen dafür, daß das Christentum in der Tat die vollkommenste unter den am meisten entwickelten Religionsformen ist" (56/53).

---

[17] CHR. SENFT: „... es soll gezeigt werden, daß (das Christentum) den anderen Religionen der ‚höheren Stufe' überlegen ist" (15); vgl. II.-Einl./Anm. 2.

[18] F. FLÜCKIGER: 42 ff.; vgl. II.-Einl./Anm. 2.

[19] Dies ist das Ergebnis (oder die Grundlage) der Interpretation bei W. SCHULTZ, Religionsgeschichte, 62 ff.

[20] Gegen F. FLÜCKIGER (Anm. 18) und W. SCHULTZ (Anm. 19).

Welchen Wert man aber der hier eingelassenen „Begründung" für die Wahrheit des Christentums auch immer beimessen will, man wird nicht umhin können zuzugeben, daß diese nicht im Zielpunkt der Erörterung des § 8 steht — und schon gar nicht als Intentum des religionsphilosophischen Zyklus überhaupt anzunehmen ist —, daß sie vielmehr „nur gelegentlich und nebenbei" erfolgt, wie Süskind in seiner eingehenden Untersuchung gerade dieses Sachverhaltes urteilt (106). Es ist aber doch kaum anzunehmen, daß Schleiermacher, käme es ihm wirklich auf einen „Beweis" an, auf eine „Normierung" zugunsten des christlichen Glaubens, auf eine „Wertung" der Religionen überhaupt, eine solche Aussage gleichsam nur parenthetisch gemacht hätte.

Wir müssen hier betont noch einmal auf Süskinds Abhandlung verweisen, auch wenn wir weder die gleiche Ausgangsposition beziehen noch etwa gleichartige Folgerungen erheben[21]. Dennoch beachten wir, daß gerade diese Untersuchung in bezug auf die hier zu erfragende Aussagetendenz unüberbietbar instruktiv ist: Wer so sehr selbst von der Notwendigkeit des „religionsphilosophischen Beweises" überzeugt ist und, bei Schleiermacher die gleiche Überzeugung voraussetzend, diese eine Frage so ausschließlich zum Maßstab seiner Untersuchung machen kann, wird wohl gehört werden müssen, wenn er zu dem fundierten Urteil kommt: „In Wirklichkeit wird [von Schleiermacher] für die Begründung der Wahrheit des Christentums von dieser Vergleichung kein Gebrauch gemacht. Vielmehr zeigt der weitere Gang von Schleiermachers Auseinandersetzungen unwiderleglich, daß eine religionswissenschaftliche Begründung der Wahrheit des Christentums überhaupt gar nicht in seiner Absicht gelegen ist" (107)[22].

Dann mag schließlich doch die Frage berechtigt sein, ob diese Ausführungen, also § 8,4, überhaupt als „Begründung" für die Höchstgeltung des Christentums, im Sinne eines religionsphilosophischen „Beweises", gewertet werden dürfen. Diese Frage richtet sich nun allerdings auch gegen Süskind, aber nicht wegen einer Differenz, die das eigentliche Textverständnis beträfe, sondern aus der Meinung, der Abschnitt als solcher müsse, aus dem Gang der Einleitung verstanden, möglicherweise oder gar notwendigermaßen eine andersartige Einordnung erfahren.

---

[21] s. o. II.-Einl./Anm. 2 u. Anm. 3.

[22] Vgl. zu dem Zusammenhang — H. Süskind, Christentum, 102—118 — bei dems. insbesondere: „Der Verzicht auf den Wahrheitsbeweis für das Christentum", 113—118; ferner 122—126, 135—137, 139(!).

Ich halte dafür, daß der ganze Passus, geht man nicht von der wie auch immer begründeten Vorstellung aus, Schleiermacher wolle oder müsse den „Absolutheitsbeweis" für das Christentum antreten, sich durchaus ohne Komplikationen in den Gesamtzusammenhang einfügen läßt: Es kommt hier nur auf die Feststellung an, daß das Christentum „in der Tat" — auch unter der Voraussetzung, anderen monotheistischen Frömmigkeitsformen „beigeordnet" zu sein — die „vollkommenste" Gestaltung des Monotheismus ist. „In der Tat" — dazu gibt Schleiermacher selbst den Hinweis auf § 7,3! Er scheint danach mit der hier durchgeführten „Vergleichung" nichts anderes als dort zu bezwecken, er scheint nur noch einmal — und nun im Rahmen der Aussagemöglichkeit von § 8, mit Hilfe des Begriffs des Monotheismus — das gleiche hervorheben zu wollen: daß seine Abhandlung „doch *nicht im Widerspruch* mit der bei jedem Christen vorauszusetzenden Überzeugung von der ausschließenden Vortrefflichkeit des Christentums" (50/45 f.) stehen muß. Zwar kann dieser Zusammenhang auch so gemeint sein, daß hier als „wirklich" bewiesen sein soll, was dort nur als „möglich" behauptet wurde, denn es hieß dort: „Ebenso ... *kann* ... das Christentum ... vollkommner sein ..." (50/46). Gleichwohl bleibt diese Gedankenverbindung letztlich fragwürdig: allemal trägt eine Erscheinung, die „in der Tat" sich für etwas „verbürgt", für Schleiermacher kaum den Charakter der Notwendigkeit an sich, und erst dann wäre doch in Schleiermachers Verständnis die Allgemeingültigkeit wirklich bewiesen.

Schließlich aber: warum sollte er überhaupt beweisen wollen? Der „Beweis des Glaubens", wie Schleiermacher in der ersten Auflage formuliert hat[23], muß als der ganzen Untersuchung von Anfang an zugrundeliegend angesehen werden; mit wissenschaftlichen Hilfsmitteln soll und kann er gar nicht geführt werden. Das eine allerdings muß Schleiermacher wichtig sein: festzustellen, daß seine Erörterung, seine ganze Konzeption nicht als gegen diesen „Beweis des Glaubens" gerichtet verstanden werden dürfen. Dies muß er sagen, aber mehr nicht. Und das stimmt wohl überein mit dem nur parenthetischen Charakter dieser Ausführungen.

Die eigentliche Aussage dieses zweiten religionsphilosophischen Lehnsatzes haben wir aus dessen Verknüpftsein mit dem zweiten ethischen Satz entwickelt; daran können wir noch eine Überlegung anschließen, die den Gesamtduktus des vorliegenden Textes betrifft. Wir haben schon eine in ähnlicher Weise hergestellte Verklammerung von § 7 mit § 3 bemerkt: Könnte sich vielleicht darin, in einem untergreifenden, den Gedanken-

---

[23] GL¹ § 18,5; sinngemäß in GL § 11 aufgenommen.

fortschritt kreuzenden Zusammenhang der Lehnsätze, das entscheidende methodische Prinzip der Verhandlung überhaupt ankündigen? Sofern sich dieses nämlich als durch die besondere Aufgabe bedingt verstünde, die Schleiermacher eben der Einleitung zugewiesen hat? Diese Aufgabe war ja die, den „Zusammenhang" der Dogmatik mit den allgemeinen Wissenschaften zu begründen[24]. Freilich müßten dann noch die beiden weiteren religionsphilosophischen Thesen und darüber hinaus auch die apologetischen Lehnsätze in ein der bisher aufgewiesenen Parallelität entsprechendes Nebengeordnetsein eingestellt werden können.

Hat man erst einmal eine also querverlaufende, das heißt eine über den Bereich, der als jeweils in sich geschlossener „Ethik", „Religionsphilosophie" oder „Apologetik" heißt, hinausgehende Verbindung der Lehnsätze miteinander wahrgenommen, stellt sich die Vermutung über deren Bedeutsamkeit wohl von selbst ein. Zumal diese Lösung des der Einleitung aufgegebenen methodischen Problems insbesondere auch auf das eingeschlossene, analog strukturierte der Religionsphilosophie zu beziehen wäre; wir erinnern an unsere obige Darlegung (2. Kap.), wonach die Funktion der Einleitung, welche wir die der „Verschränkung" genannt haben, in Entsprechung zu derjenigen zu sehen ist, die Schleiermacher ausdrücklich als eine des „kritischen Vergleichs" gemeint hat. Allerdings werden wir die aus einer derartigen Konzeption möglicherweise sich ergebenden Konsequenzen erst am Ende ziehen können. Es gehört zum Wesentlichen des Schleiermacherschen Entwurfes, daß die methodische Durchführung nicht losgelöst von der materialen Bestimmtheit der Aussagen beurteilt werden kann; unsere hier vorgreifende Überlegung soll diesen Zusammenhang keineswegs in Frage stellen. Sowieso wird man diese Überlegung höchstens erst als Hypothese anerkennen wollen, mehr soll hier auch nicht gefordert sein. Es muß aber einleuchtend sein, daß diese Vermutung an dieser Stelle zu Recht ausgesprochen wird. Wir befinden uns hier, im Übergang von § 8 zu § 9, zumindest äußerlich betrachtet im Mittelpunkt der Ausführungen Schleiermachers; *wenn* diese Parallelität innerhalb der Gedankenführung der gesamten Einleitung gelten und solche weittragende Bedeutung haben soll, muß sie wohl wenigstens jetzt in den Blick kommen. Und mehr noch: wenn sie *gilt*, erhält die sie aufnehmende Vermutung für unsere weitere Untersuchung entscheidendes Gewicht, weil diese Vermutung dann, gleichsam als heuristisches Prinzip, uns auch das Verständnis der weiteren Lehnsätze aufschließen können müßte. Daß diese Vermutung nicht etwa als aus

---

[24] s. o. S. 21 ff.

der Luft gegriffen beurteilt werden dürfte, muß vielleicht noch einmal
betont werden; wir hätten sie nämlich schon im Zusammenhang mit der
Auslegung des § 6 anstellen können: daß jeweils im letzten Paragraphen
eines jeden Satzzyklus die „fromme Gemeinschaft", wenn auch aus dem
jeweiligen Aufgabenbereich in einem spezifischen Verständnis, im Zentrum
der Erörterungen steht, geht ja unmittelbar aus der Formulierung der Leitthesen hervor. Trotzdem ist es zweckmäßiger und auch eher sachentsprechend, daß wir erst jetzt auf das möglicherweise von Schleiermacher
in die besondere Intention der Einleitung gestellte methodische Prinzip
eingehen. Scheinbar lassen ja die je letzten Sätze zunächst nur eine äußerlich begründete Verknüpfung erkennen; hätten wir schon dort unsere
Hypothese einbringen wollen, wäre sie dem möglichen Mißverständnis
ausgesetzt gewesen, daß sie eine vielleicht nur zufällige Zusammenstimmung überbetonen sollte. In Wahrheit ist allerdings auch für jene je letzten
Thesen eine innere Verflochtenheit der Aussagen zu konstatieren, aber
das kann erst im Zuge der abschließenden Auslegung erwiesen werden.
Eher sachentsprechend geschieht die Aufstellung der Hypothese jetzt, im
Anschluß an die aufgezeigte Parallelität des § 7 mit dem § 3 beziehungsweise derjenigen des § 8 mit dem § 4, weil es eben auf das Erkennen einer
inneren Verknüpfung in der quer verlaufenden Zuordnung der Lehnsätze
ankommt. Immerhin kann doch der gleichermaßen zurückführende wie
vorausgreifende Verweis auf den Zusammenhalt der je abschließenden
Paragraphen unserer nun zum Leitmotiv der Auslegung zu nehmenden
Hypothese die notwendige Absicherung verleihen.

9. Kapitel

Die Differenzierung der Frömmigkeitsformen nach ihrem wirklichen
Vorkommen — § 9

Wohl an keiner Stelle der Einleitung hat Schleiermacher von seinen
Kritikern so heftigen Widerspruch erfahren, aber auch Zustimmung aus
einem Mißverstehen heraus, wie an dieser, da er die „Querteilung" des
ganzen Bereiches der Frömmigkeitsgestaltungen die einander entgegengesetzten „Arten" — die „teleologisch" gerichtete einerseits, die „ästhetisch" gerichtete andererseits — erörtert. Und dies nicht deswegen, weil
man ihm die Aussage inhaltlich nicht abnehmen wollte. Daß „der teleologische Typus am meisten im Christentum ausgeprägt" sei (64/61), hat
wohl niemand bestreiten mögen, wenn auch nicht alle Ausleger gleichermaßen dazu bereit waren, den Begriff „teleologisch" so zu verstehen, wie

Schleiermacher ihn entfaltet. Aber daß die Aussage selbst nur als völlige Inkonsequenz gegenüber allem Vorausgegangenen, eben gegenüber der Definition des Gefühls der schlechthinnigen Abhängigkeit, zu werten sei, diese Meinung ist bei denjenigen, die in ihrer kritischen Untersuchung zu einem ablehnenden Urteil kommen, „faktisch zu einem Dogma geworden"[1]. Ein Unterschied besteht da im wesentlichen nur in der Weise, wie die einzelnen Ausleger ihre Rezeption des „Dogmas" begründen, nämlich mit mehr oder minder großer Mühewaltung. Oder auch darin, wie sie darüber hinwegkommen, Schleiermacher einen derartig fundamentalen Widerspruch gegen seine eigene Definition ankreiden zu müssen.

So nennt zum Beispiel WEHRUNG die Erläuterung dieses Leitsatzes „ein Nest von Schwierigkeiten", schon wenn er sie nur ihrer „formalen Seite" nach betrachtet[2]. BRUNNER gar sieht Schleiermacher sich gleichsam mit der „Quadratur des Zirkels" abmühen und urteilt: „Die Ausführungen hierüber [sc. über den Begriff ‚teleologische' Religion] gehören zum Künstlichsten und Gequältesten, was Schleiermacher geschrieben hat"[3]. Immerhin: sieht man sich einmal vor die Notwendigkeit gestellt, solche Diskrepanz im Gedankengang Schleiermachers aufdecken zu müssen — etwa entsprechend dem Diktum von LEMPP: „Es gibt nicht verschiedene, sondern nur eine Art des schlechthinigen Abhängigkeitsgefühls, nämlich die ästhetische Form der Frömmigkeit"[4] —, kann man wohl nur eine so scharfe Sprache führen. Einfach unverständlich scheint mir aber zu sein, wie man solch einen im Grunde doch umwerfenden Befund gleichsam im Nebensatz bringen kann, daß man das Ergebnis so gelassen zu formulieren vermag, wie FLÜCKIGER es tut: „Wenn nun auch hier . . . das Gefühl schlechthiniger Abhängigkeit als das Wesen der Frömmigkeit zum Kriterium genommen

---

[1] So P. H. JØRGENSEN (Ethik, 174), der zwar dazu vermerkt, i. w. hätten Barth und Brunner dieses „Dogma" in Geltung gebracht, aber in diesem Zusammenhang doch auch von „andere(n) Schleiermacherforscher(n)" spricht. Mindestens schon W. BENDER hat ja gemeint, den Widerspruch in der Gedankenführung Schl.s genau an diesem Punkt aufdecken zu können: Schl.s Theologie Teil II, 361; s. u. Anm. 4.

[2] G. WEHRUNG, Methode, 75.

[3] E. BRUNNER, Mystik, 153.

[4] Zitiert nach E. BRUNNER, Mystik, 127.
So eben schon W. BENDER, Schl.s Theologie Teil II, 361: dem „naturalistischen Gattungsbegriff der Religion" könne nur der „ästhetische Artbegriff" entsprechen (die Voraussetzung für sein Urteil hat er in Schl.s Theologie Teil I, 280 ff., hergeleitet).

würde, um die beiden Gattungen qualitativ zu bewerten, so müßte der
Entscheid eindeutig zugunsten der ästhetischen Frömmigkeit ausfallen,
weil diese zufolge ihres passiven Charakters dem Prinzip der reinen Abhängigkeit viel näher kommt" (45). Ob Flückiger mit diesem Urteil — wie
mit seiner Untersuchung überhaupt (15; 184 f.) — an Barth anschließen
will oder ob er die eben gleichsam dogmatische Geltung einfach voraussetzt, sagt er nicht. Wenn aber der „Entscheid" wirklich so „eindeutig"
getroffen wäre, hätte man damit zugleich als unbestreitbar ausgemacht,
daß die Dogmatik auf einem von vornherein zerspaltenen Grund steht;
denn für Schleiermachers weitere Ausführungen ist die Bestimmung des
Christentums als „teleologischer Typus" der Frömmigkeitsgestaltung ebenso tragend wie die Definition des frommen Selbstbewußtseins. Das wird
man auf gar keine Weise übersehen können. Nun ist allerdings zu bemerken, daß Flückiger seine Kritik so deutlich gar nicht ausspricht; er
bringt sie ja nur als hypothetisches Urteil vor, das von zwei Bedingungen
abhängig ist. Allein die letzte ist, seiner Auslegung gemäß, für ihn erfüllt;
wieso zu Unrecht, braucht uns hier nicht mehr zu interessieren. Für uns
ist die zuerst genannte wichtig: daß beziehungsweise ob überhaupt die
beiden Arten „qualitativ (bewertet)" werden sollen. Zwar scheint mir
nicht eindeutig auszumachen zu sein: Bleibt diese erste Voraussetzung hinsichtlich der Anwendung des „Kriteriums" oder aber hinsichtlich der
Intention einer „Bewertung" — nach Flückiger für Schleiermacher —
offen? Immerhin ist es interessant, dieses Offengehaltensein überhaupt zu
beobachten. Wohl nur unter dieser Bedingung konnte Flückiger sein Urteil
in der weniger radikalen Formulierung vortragen. Im Grunde ergäbe sich
aber auch von seinem Ansatz her die Notwendigkeit, die vermeintlich
nicht folgerichtige und insofern unrechtmäßige Grundlegung der Dogmatik
eingehend zu diskutieren. Der Ertrag wäre allerdings, daß Flückiger hier
seinen „durchgehend" (185) geführten Nachweis über die „wissenschaftliche Methode Schleiermachers" gerade nicht anknüpfen könnte. Denn
hätte Schleiermacher qualitativ bewerten wollen und wäre diese Bewertung nicht in Übereinstimmung mit der Ausgangsdefinition erfolgt, so
ließe sich dieser Widerspruch jedenfalls nicht in der „höheren Synthese"
aufheben, die Flückiger als das Charakteristikum der Methode Schleiermachers postuliert.

Jedoch mag das auch für uns offenbleiben. Wichtig ist, hier überhaupt
das Problem der „qualitativen Bewertung" genannt zu hören. Damit nämlich werden wir auf die Auslegungstendenz aufmerksam gemacht, die
gleichsam wie ein zweiter roter Faden eine Reihe von an sich ganz unter-

schiedlich begründeten, zum Teil einander ausschließenden Interpretationen durchzieht.

Wiederum läßt da, auf der einen Seite, das Urteil BRUNNERS nichts an Deutlichkeit zu wünschen übrig: „Arten aber, das weiß Schleiermacher genau, sind vollkommen gleichwertig mit Rücksicht auf die Rangstufe. Trotzdem dekretiert der § 9, es sei die ästhetische Religion der ethischen ‚unterzuordnen'. Das bedeutet nicht weniger als einen Staatsstreich gegen die festbegründete Logik des Individualitätsgedankens ... Daß so etwas dem Denker Schleiermacher passiert, weist auf eine große Verlegenheit hin"[5].

Andererseits erfährt Schleiermacher hinsichtlich seiner angeblichen Höherbewertung des teleologischen Typus doch auch Zustimmung. Noch JØRGENSEN, einer der späteren Ausleger, hat den so aufgenommenen Ansatz für durchaus im Einklang mit der Definition des schlechthinnigen Abhängigkeitsgefühls befunden und ihn in diesem Sinne verteidigt[6]. Seine Argumentation läuft auf die Feststellung hinaus, daß Schleiermacher die beiden Arten der Frömmigkeitsgestaltung zwar nicht qualitativ, aber doch quantitativ voneinander unterscheide. So will Jørgensen wohl „vor allem" die Gleichwertigkeit der Arten beachtet wissen, sie sind beide je „Formen des Abhängigkeitsgefühls"; aber doch fragt er nur, warum Schleiermacher den teleologischen Typus vorgezogen habe — das Ob steht für ihn, gerade von der begrifflichen Erörterung her, nicht zur Diskussion[7]. Wir können seine Auslegung als solche ja nicht verhandeln — die von Jørgensen eingeführte Begrifflichkeit soll wesentlich auf der Ethik Schleiermachers gründen —, für uns ist lediglich die Folgerung von Belang, mit der die Aussage des § 9 aufgenommen sein soll: „Der Ausdruck höher und niedriger geht auf etwas Quantitatives" (176). Ferner: „Daß die teleologische Frömmigkeit quantitativ über der ästhetischen stehen muß, ist ja schon

---

[5] E. BRUNNER, Mystik, 127.

[6] P. H. JØRGENSEN, Ethik, 176 ff.

[7] Nach JØRGENSEN gründen beide Formen in der „Wirksamkeit des Unendlichen durch das Individuum", nicht in der Wirksamkeit des Individuums selbst; aber für den ästhetischen Typ der Frömmigkeit bleibt dieser „kosmische Prozeß" auf den einzelnen gerichtet, dem „Wirken der kosmischen Kräfte" ist hier gleichsam eine Grenze gesetzt; für den teleologischen Typus dagegen ist der einzelne nur Durchgangspunkt für diese Kräfte auf ein Ziel „außer ihm". Diesem Grundverständnis entsprechend unterscheidet Jørgensen die beiden Frömmigkeitsarten nach der jeweiligen Weise, den „kosmischen Prozeß" darzustellen: dies geschieht entweder im „mikrokosmischen Format" oder im „makrokosmischen Format" (aaO 176 ff.).

deshalb klar, weil sie in weit größerem Umfang, eben auf Grund ihres makrokosmischen Charakters, den ganzen Prozeß [sc. den der ‚Wirksamkeit des Unendlichen durch das Individuum'] widerspiegelt und nicht wie die ästhetische nur einen Teil desselben" (177)[8]. So sehr man auch Jørgensen zustimmen möchte, wenn er — ausdrücklich gegen Brunner — behauptet, Schleiermacher sei nicht als ein „Bekenner der ästhetischen Religion" anzusehen (175), und zumal darin, daß er verlangt, die Begriffe „teleologisch" und „ästhetisch" seien gegen eine Überfremdung von Kant oder gar von Ritschl und auch von Schleiermachers angeblich psychologistischer Mystik her zu schützen, so wenig wird man die Gültigkeit der Voraussetzung anerkennen können, auf welche diese Verwahrungen letztlich gegründet sind. Jedenfalls kann diese Voraussetzung nicht auf den § 9 gestützt werden. Jørgensen postuliert — von Schleiermachers Ethik aus —: „die absolute Abhängigkeit, die der einzelne fühlt, ist nämlich zugleich die absolute Freiheit, nämlich für das Ganze, wovon der einzelne ein Teil ist" (178), danach werde „Notwendigkeit zutiefst gesehen die wahre Freiheit" (179); es ergibt sich am Rande, daß dieses Sich-absolut-abhängig-Fühlen „am besten" auf teleologische Weise geschieht (ebd.)[9].

---

[8] JØRGENSEN legt den Begriff des schlechthinnigen Abhängigkeitsgefühls rein von der Ethik her aus; danach kommt er zu dem Schluß, daß Schl. zu Recht die teleologische Frömmigkeitsgestaltung „sittlich" nenne, denn „sittlich sein" bedeute „im Ernst das Abhängigkeitsgefühl im rechten Maße haben" (aaO 178). „Da ist man nicht nur selbst abhängig von dem Kosmischen, sondern das Wirken stellt einen zusammen mit all den Andern und mit all dem Seienden überhaupt, so daß die Abhängigkeit so maximal als möglich wird." (ebd.) Gegen diese Bestimmung erhebt sich ja die Frage (jedenfalls von der Einleitung aus), wieso mit ihr die Spezifikation „teleologisch" getroffen sein soll; es wäre hier im Grunde nur dargelegt, was Schl. unter „Monotheismus", d. h. unter „höchster Stufe" der Frömmigkeitsgestaltungen versteht. Als bedeutsam erscheint mir außerdem, daß die Vorstellung von einem „Maximum" der „Abhängigkeit" in den Lehnsätzen der Ethik keinerlei Rückhalt hat.

[9] JØRGENSEN vollständig zitiert: „Denn das, daß der einzelne sich abhängig fühlt, bedeutet, daß die Wirksamkeit der Seinstotalität u n g e h e m m t vor sich gehen kann in dem und durch den einzelnen . . . / . . . So verstanden, wird die Notwendigkeit zutiefst gesehen die wahre Freiheit, indem der einzelne, dadurch daß er sich absolut abhängig fühlt, was am besten in der teleologischen Frömmigkeit geschieht, sich eben in das hineinbegibt, was die ‚Monologe' die ‚hohe Harmonie der Freiheit' nennen, was allein dem einzelnen ein wahres Freiheitsgefühl verleihen kann, nämlich das Bewußtsein davon, daß er, indem er ein Teil in der allesbestimmenden Seinstotalität ist (wofür er erst in der teleologischen Frömmigkeit wirklich einen Blick bekommt), erst eigentlich und wirklich

Es scheint, als ob die Zustimmung zu der angeblichen Höherbewertung des teleologischen Typus in der Tat nur aufgrund des Verständnisses der „absoluten Abhängigkeit" als „absoluter Freiheit" erfolgen könne. Auf diesem Weg kommt jedenfalls auch SCHULTZ zu seiner Anerkennung der mißverstandenen Intention Schleiermachers: „Schlechthiniges, unbedingtes Abhängigkeitsgefühl ist nur als freies, selbstgewolltes möglich." Und: „Nur im Christentum kommt das schlechthinige Abhängigkeitsgefühl in vollendeter Reinheit zur Auswirkung"; weder im Islam noch im Judentum, sondern nur hier kann nämlich „von echter Freiheit die Rede sein"[10]. Die Grenze dieser Auslegung wird schon bei Schultz selbst deutlich: „Aber immer bleibt diese Freiheit Abhängigkeitsgefühl ... Und auch auf dem Höhepunkt ihrer Bewegung kann vom Menschen das Abhängigkeitsgefühl nie ganz totalisiert werden. Totales Abhängigkeitsgefühl wäre totale Freiheit. Beides gehört für den Menschen zum Unmöglichen ...", weil er — so können wir zusammenfassen — eben Mensch ist und nicht Gott[11]. Die Problematik dieser Interpretation zeigt sich ja in dem Begriff „total", den Schultz zu Hilfe nehmen muß. In welchem Verhältnis sollte „Totalität" zu „Schlechthinnigkeit" stehen, die Schleiermacher auch als „Absolutheit" begreift[12]?

Diese Frage vermögen wir nicht zu beantworten, wir brauchen aber auch die Gültigkeit dieser Gedankenverbindung nicht weiter zu untersuchen; ebensowenig können wir uns mit der Grundlage des Verständnisses von Jørgensen auseinandersetzen, weil diese wesentlich mit der Interpretation der Ethik Schleiermachers gegeben ist — mir lag nur daran zu skizzieren, in welche divergierenden Richtungen hin die Aussagen dieses § 9 aufgenommen worden sind. Das Erstaunliche dabei ist, daß die meisten Ausleger, ob sie nun gegen oder bei Schleiermacher zu stehen meinen, von der mehr oder weniger deutlich ausgesprochenen Hypothese ausgehen, Schleiermacher wolle überhaupt hier seine Stufung der Religionen weiter-

---

sich selbst und seinen eigenen Wert bestätigt und damit auch selbst sein eigenes, rechtverstandenes Ziel erreicht." (aaO 178 f.)

[10] W. SCHULTZ, Prot., 29.
Dieser Auffassung kann man zwar insofern folgen, als ja „Freiheit" der be-bestimmende Faktor des „teleologischen" Frömmigkeitstypus ist — aber doch dürfen Freiheit und Abhängigkeit hier nicht gleichrangig nebeneinander gebraucht werden, denn „Freiheit" ist als Komponente des sinnlichen Selbstbe-wußtseins von Schl. gemeint: s. o. die Kritik an dem Ansatz von Schultz in 8. Kap./Anm. 7.

[11] Vgl. W. SCHULTZ,, Prot., 30.

[12] „Schlechthinnig gleich absolut." (Th 23ᵃ) sagt Schl. zu Beginn von GL § 4.

führen[13]. So ja Brunner, wenn er behauptet, dieser Paragraph dekretiere die „Unterordnung" der ästhetischen Religion; und so auch Jørgensen, der das „religiöse Evolutionsschema" folgendermaßen zeichnet: „die niedrigere Stufe wird repräsentiert durch einen ästhetischen Frömmigkeitstyp und die höchste durch den teleologischen, in welch letzterem das Christentum zur Zeit das höchste Maximum bildet" (173, ausdrücklich in bezug auf § 9 ausgesagt).

Ich halte eine derartige Einordnung dieses dritten religionsphilosophischen Lehnsatzes für schlechterdings unbegreiflich. Sie findet keinerlei Rückhalt in den Ausführungen selbst. Daß Schleiermacher hier, in der Einleitung zur Glaubenslehre, seine Unterscheidung der Frömmigkeitsgestaltungen in „Arten" — als „eine begriffsmäßige Teilung des Gleichgestellten, die sich also zu der Teilung des ganzen Gebietes wie eine Querteilung verhält" (1.) — ernst gemeint habe, etwa in dem Sinne, wie Brunner es der Logik nach fordert, wird man bei unvoreingenommener Beurteilung gewiß nicht bestreiten können. Schon die Formulierung der Leitthese selbst läßt im Grunde gar keine andere Deutung zu. Ob sich diese Einteilung mit der Definition des schlechthinnigen Abhängigkeitsgefühls vertrage, ist eine Frage, die man erst dann, im Zusammenhang mit solcher Beurteilung, wird beantworten können. Nun muß freilich zugegeben werden, daß unser Verständnis jener Definition — wonach Schleiermachers Untersuchung darauf zielt, das wirkliche Vorkommen der Frömmigkeit zum Gegenstand der Erörterung zu setzen (§ 5) — die Anerkennung einer bejahenden Antwort schon aufgenommen hat. Damit muß aber nicht eine unzulässige petitio principii erhoben sein, und zwar deswegen nicht, weil solche Voraussetzung in der Sache selbst, das heißt in Schleiermachers methodischem Ansatz, begründet ist. Wir hätten also unsere bisher dargelegte Auffassung im Gegenüber zu den hinsichtlich gerade dieses Textes einander mehrfach überschneidenden Meinungen zu bewähren[14].

---

[13] Soweit ich sehe, wird diese Auslegungsrichtung nur von H. Süskind eindeutig nicht verfolgt: s. u. S. 211 f.

[14] Daß Schl. anderwärts wohl von der Höherstellung der teleologischen Form geredet hat — vgl. Erl. 5 zur 3. Rede (R^4 172 f.) und die verschiedenen Ansätze der Ethik, die ausführlich von H. Süskind (bes. 58 f.) dargelegt worden sind — können wir hier ja nicht ohne weiteres als Vorlage voraussetzen; wir vermerken diesen Tatbestand nur, weil demgegenüber die eindeutigen Aussagen des § 9 ein um so größeres Gewicht erhalten.
Wenn hier die Echtheit der Einteilung nach Arten betont wird, soll damit übrigens keine Vorentscheidung in der Frage getroffen sein, ob Schl. nicht am Ende und überhaupt das Christentum „über" die anderen Religionen gestellt

Ehe wir die Ausführungen im einzelnen aufnehmen, erinnern wir uns zweckmäßigerweise kurz noch einmal an die Aufgabe der religionsphilosophischen Lehnsätze. Denn es wird sich herausstellen, daß diese Aufgabe hier, in § 9, ihre Zentrierung findet. Grundsätzlich sollte es bei der „geschichtskundlichen Kritik" darum gehen, „Spekulatives" und „Empirisches" miteinander ins „Gleichgewicht" zu bringen. Von der eigentlichen Religionsphilosophie wurde dementsprechend verlangt, die Gesamtheit der verschiedenen Frömmigkeitsgestaltungen „als ein den Begriff [sc. den der Kirche] erschöpfendes Ganze darzustellen". Schließlich hat Schleiermacher den Aufgabenbereich gleichsam auf seinen Mittelpunkt hin noch einmal eingegrenzt: Die Lehnsätze sollen allein darauf gerichtet sein, den Ort zu bestimmen, an dem das „eigentümlich Christliche" erfaßt werden kann. Aber die Methode bleibt immer die eine und gleiche, ob nun der Kreis der zu beschreibenden empirischen Gegebenheiten in seinem möglichst weiten oder in einem engeren Umfang gezogen ist: In jedem Fall muß das „Gleichgewicht" der beiden Seiten hergestellt oder doch angestrebt werden, und dies geschieht durch „Konstruktion und Auffindung".

Wir müssen hier noch einmal Schleiermachers Vermerk über den „(d)oppelte(n) Ausgangspunkt" (Th 47ᵃ) der mittleren Satzreihe betont aufnehmen. Zwar bestimmt die daraus sich ergebende Doppelheit der Aussagerichtung den religionsphilosophischen Verhandlungsbereich überhaupt und auf irgendeine Weise auch jede der Einzelerläuterungen je für sich; so ist zum Beispiel die „Konstruktion" des Schemas von „Stufen" und „Arten" in § 7 ja nur dann sinnvoll, wenn sie nicht ins Leere geht, also deswegen, weil die geschichtlich gegebenen Formen schon mit im Blick sind. Aber die so gekennzeichnete Ausgangsposition ist nun insbesondere als charakteristisch für diesen dritten religionsphilosophischen Lehnsatz anzusehen: Wir finden hier gleichsam im Modellfall abgehandelt, was Schleiermacher unter „kritischem Verfahren" versteht.

Eine erste Bestätigung für diese Behauptung läßt sich schon von der äußeren Anlage her abheben. Die Erörterung gliedert sich in zwei Ab-

---

habe. D. h. wir befinden uns hiermit nicht im Widerspruch zu der jüngst von P. Seifert an den Reden erhobenen These, daß für Schl. das Christentum „die absolute Religion" sei (Die Theologie des jungen Schleiermacher, 162 ff., 168). Diese Behauptung wird (aaO) aus dem Predigtcharakter der Reden gefolgert; einen analogen Schluß könnten wir hier nur aus dem von Schl. als Grundlage vorausgesetzten „Beweis des Glaubens" ziehen, d. h. diese Frage kann in der angegebenen Zuspitzung erst im Zusammenhang der apologetischen Lehnsätze auftauchen (s. u. zu § 12: S. 263 ff.).

schnitte, die als gleich gewichtig beurteilt werden müssen: Im ersten wird
der „Teilungsgrund" (59/56) gesucht, nach dem die beiden „Grundformen"
als einander „bestimmt entgegengesetzt" (62/59) konstruiert werden
können, der zweite ist orientiert an der „Nachweisung darüber, ob die
geschichtlich vorkommenden Glaubensweisen sich vorzüglich nach diesem
Gegensatz unterscheiden lassen" (ebd.). Von unseren grundsätzlichen Erwägungen her müssen wir schließen dürfen, daß die Einzelaussagen der
Erörterung von dem untergreifenden Zueinander der beiden Abschnitte
gehalten sein sollen. Diese Folgerung, das heißt dann: diese Einsicht in den
Zusammenhang des Ganzen, muß notwendigermaßen für unsere Auslegung leitend sein. Zwar können wir die Aussagen nicht anders als in dem
Nacheinander aufnehmen, in dem auch Schleiermacher sie nur entfalten
konnte, aber sachentsprechend geschieht das nur dann, wenn wir bei der
Erörterung der jeweils einen Komponente dieser Gehaltenheit immer schon
oder immer noch die jeweils andere auch im Blick haben.

Noch ein weiteres, wesentlicheres Argument für die Gültigkeit der aufgestellten Behauptung läßt sich gleich zu Anfang einbringen: Die als Polarität zu verstehende Doppeltheit des Ansatzes findet ihren Niederschlag
in der Konstruktion als solcher, sie wird in die „Spekulation" selbst
eingezogen; jedenfalls halte ich dafür, daß dies in der Formulierung der
Ausgangsthese bereits deutlich angezeigt sei. Die Artungen nämlich sollen
so definiert sein, daß die „frommen Erregungen" entweder auf den (sinnlichen) Zustand bezogen sind, in dem das Natürliche dem Sittlichen
„untergeordnet" ist, oder auf denjenigen, der durch die umgekehrt geltende „Unterordnung" charakterisiert wird. Die beiden Zustandsarten sind
als einander „entgegengesetzt" verstanden. In gleicher Weise wird die im
1. Abschnitt durchgeführte „Konstruktion" durch eine Randbemerkung
Schleiermachers erklärt, nach der die „Versuche zur Entgegensetzung" dem
Verfahren genau entsprechen; dieses sei nämlich, so begründet Schleiermacher — wir mögen ergänzen: gemäß der religionsphilosophischen Fragestellung —, „schon kritischer Natur" (Th 60ª). Aus dem Ansatz geht
hervor, daß Schleiermacher die vorgegebene Wirklichkeit nur und genau
aus einer „Entgegensetzung" begrifflich zu erfassen sucht, in der die Gegensatzelemente sich wechselseitig bestimmen. Wir können hier schon erkennen, daß man sich den Zugang zu diesem augenscheinlich grundlegenden Sachverhalt von vornherein verstellt, wenn man — wie die oben genannten Ausleger — annimmt, Schleiermacher beabsichtige, mit § 9 die
Grundlage für eine „qualitative Bewertung" der Religionen einzuführen
oder zu befestigen.

Folgen wir nun der Diskussion des 1. Abschnitts. Zu Beginn hebt Schleiermacher hervor, daß seine Untersuchung darauf gerichtet sei, die „Querteilung" allein „für die höchste Stufe" auszumachen. Die „Tendenz der Teilung" (Th 59[c]) geht also dahin, das Christentum mindestens von einer der beiden anderen monotheistischen Religionen „bestimmt" unterscheiden zu können. Das „Material der Teilung" (Th 59[d]) gewinnt Schleiermacher durch den Rückgang auf seine in § 5 gegebene Definition des frommen Selbstbewußtseins.

Die eigentliche Erörterung setzt mit der Feststellung ein, daß „das schlechthinnige Abhängigkeitsgefühl für sich betrachtet ganz einfach ist", daß es folglich nicht möglich sein kann, auf diesen Begriff die Konstruktion von artunterscheidenden Merkmalen zu gründen. Wieso es sich bei diesem Ansatz um ein „Eingeständnis" handeln soll, mit dem sozusagen von vornherein ein Unsicherheitsfaktor in den Gedankengang eingetragen wird — wie Brunner offensichtlich mit dieser seiner Formulierung andeuten will[15] — ist unerfindlich. Über diese merkwürdige Bewertung kann man gar nicht mehr diskutieren, sie ist zumindest an dieser Stelle gänzlich unverständlich, denn gerade die absolute Einfachheit hat Schleiermacher zum Charakteristikum des schlechthinnigen Abhängigkeitsgefühls genommen. Die Erinnerung an § 5 stellt sich von selbst ein: Die dort aufgeworfene Frage, nämlich die nach dem „wirklichen Vorkommen" der Frömmigkeit, war doch deswegen für Schleiermacher so dringlich, weil er das schlechthinnige Abhängigkeitsgefühl „als an und für sich immer sich selbst gleich" (36/30) meinte voraussetzen zu müssen. Überdies ist wohl nicht zu bezweifeln, daß Schleiermacher hier nicht etwa nur beiläufig bereits Gesagtes wieder ins Gedächtnis rufen will, daß er vielmehr genau beabsichtigt, den Rückbezug auf das Vorhergegangene deutlich anzuzeigen: er greift nicht allein auf die Voraussetzung des § 5 — das „ganz einfache" schlechthinnige Abhängigkeitsgefühl — zurück, sondern auch und gerade auf das Ergebnis jener Erörterung. Eben dies nimmt er für die Ausführungen hier zur Vorlage.

Um den dritten ethischen Lehnsatz so als Anknüpfungspunkt für den dritten religionsphilosophischen Lehnsatz ausmachen zu können, brauchen wir nicht erst die oben ausgesprochene Vermutung einer quer verlaufenden und somit die drei Zyklen miteinander verspannenden Zuordnung der Leitthesen zu berufen; an dieser Stelle drängt sich die Tatsache der Ge-

---

[15] E. Brunner, Mystik, 153;
ähnlich auch G. Wehrung, Methode, 75.

dankenverbindung unmittelbar auf. Schon durch die Ausdrucksweise: den
Teilungsgrund zur Bestimmung der Arten könne man „nur daraus her-
nehmen" — so heißt es hier — „daß jenes Gefühl um einen Moment zu
erfüllen, sich erst mit einer sinnlichen Erregtheit des Selbstbewußtseins
vereinigen muß"; dort hatte Schleiermacher den „Vollendungspunkt des
Selbstbewußtseins" als eben das „Bezogenwerden des sinnlich bestimmten
auf das höhere Selbstbewußtsein in der Einheit des Momentes" gekennzeichnet (§ 5,3). Das „nur" drückt hier ja keineswegs ein irgendwie ein-
schränkendes „Eingeständnis" aus, es weist vielmehr darauf hin, daß
Schleiermacher „nur" im Anschluß an die Lösung des Problems „wirkliches Vorkommen der Frömmigkeit" die Erörterung der „Arten" von
Frömmigkeitsgestaltungen durchführen kann und will.

Ist hiermit erst einmal ein Berührungspunkt zwischen den beiden Paragraphen als deutlich angegeben aufgefunden — und dieser nimmt ja
nicht etwa minder wichtige Teilaussagen je der beiden Sätze auf, sondern
setzt deren Kontakt an genau der zentralen Stelle —, mögen wir nun
doch auf unsere oben dargelegte Hypothese zurückkommen. Sie kann uns
dann dazu anleiten, eine in noch engerem Sinne hergestellte Verbindung
der beiden Lehnsätze zu erwarten und aufzusuchen. Allerdings halte ich
dafür, daß die Gültigkeit der Hypothese gerade durch die Ausführungen
zu diesem § 9 entscheidend bestätigt wird.

„(U)nverträglich ist keine Bestimmtheit des unmittelbaren sinnlichen
Selbstbewußtseins mit dem höheren" (40/34) — darauf liefen die Ausführungen des § 5 hinaus; daß aber „die verschiedenen Gestaltungen des
sinnlichen Selbstbewußtseins" durchaus nicht als gleich darin angesehen
werden können, „wie sie das Hinzutreten des höheren Selbstbewußtseins
mehr oder weniger hervorlocken oder begünstigen" (ebd.) — das hat
Schleiermacher dort ja ebenso klar festgehalten. Er konnte das tun, indem
er die Erörterung durchgehend auch von Argumenten getragen sein ließ,
die die „Erfahrung" hergibt: Das fromme Selbstbewußtsein gestaltet sich
nicht in allen auf gleiche Weise, sondern zu eben verschiedenartigen „Mo-
ment(en) der höheren Potenz" (37/31). Der Rückbezug auf die Erfahrung
war wesentlich, er kennzeichnete die andere Seite des dort, innerhalb des
Bereichs der ethischen Sätze, um der Frage nach der Wirklichkeit willen
schon notwendig gewordenen und entsprechend angewandten „kritischen
Verfahrens". Mehr als jenes Daß der Verschiedenartigkeit und seine Begründung aus der Bezogenheit des schlechthinnigen Abhängigkeitsgefühls
auf unterschiedliche Momente des sinnlichen Selbstbewußtseins konnte
und sollte aber dort nicht ausgesagt werden; das Wie wird jetzt erörtert,

und zwar, wie nun gar nicht abzuweisen oder mißzuverstehen ist, eben in genauem Anschluß an die Begründung der Möglichkeit des Daß.

Es wird nämlich auch diese zweite in § 5 erhobene Bestimmung in die Erörterung von § 9 eingeholt: Die sinnlichen Erregtheiten des Selbstbewußtseins — so fährt Schleiermacher nach seinem „Eingeständnis" fort — sind „als ein unendlich Mannigfaltiges anzusehen", „an und für sich betrachtet" ist das fromme Grundgefühl „mit allen jenen Erregungen gleich verwandt und durch alle gleich sehr erregbar"; aber so wie im Zusammenhang der grundsätzlichen Ausführungen von § 5 ein Unterschiedensein der sinnlichen Erregungen in bezug auf deren mehr oder minder starke Begünstigung des höheren Selbstbewußtseins postuliert werden mußte, so ist auch hier „an(zu)nehmen, daß sich diese Verwandtschaft in der Wirklichkeit nicht nur bei einzelnen Menschen, sondern / auch in größeren Massen verschieden differentiiert". Es ist nur die Frage, wie sich diese also als gegeben anzunehmenden Unterschiedenheiten der Frömmigkeitsgestaltungen begrifflich erfassen lassen. An dieser Stelle setzt die eigentlich religionsphilosophische Untersuchung ein.

Zunächst überlegt Schleiermacher, ob sich vielleicht für die „sinnlichen Gefühle" eine Einteilung in einander entgegengesetzte „Klassen" ausmachen lasse — er nennt als Beispiel die Klassifizierung in einerseits Gefühle, die „durch äußere Natureindrücke" entstehen, und andererseits solche, die „durch gesellige Verhältnisse" hervorgerufen werden —, so daß man die frommen Gemeinschaften in zwei sich gegeneinander abgrenzende Gruppen bringen könnte: in die eine diejenigen, bei denen die erste Klasse „sich leicht und sicher zur frommen Erregung gestaltet" und die zweite „schwer oder gar nicht", in die andere dann diejenigen, für die das Verhältnis der umgekehrten Zuordnung typisch ist. Aber dieser erste „Versuch zur Entgegensetzung" führt nicht zum Ziel: einzelne Menschen mögen sich wohl darin voneinander abheben, daß bei den einen „mehr leibliche", bei den anderen „mehr geistige" Zustände Träger der frommen Erregungen werden, aber die Frömmigkeitsgestaltungen als bestimmt begrenzte Gemeinschaften können auf solche Weise nicht gegeneinander gesondert werden, „weil eine jede alle diese Verschiedenheiten in sich faßt" (60/57).

Der zweite „Versuch" setzt eine prinzipiell andere Einteilungsgrundlage voraus, nämlich dies, „daß sich dieselben sinnlichen Selbstbewußtseinszustände bei den einen unter einer, bei den andern unter der entgegengesetzten Bedingung zu frommen Momenten gestalten" könnten. An diese Überlegung knüpft Schleiermacher seine Gruppierung der Gesamtheit der

Zustände menschlichen Selbstbewußtseins an in einerseits solche, die unter dem Vorrang von Aktivität gegenüber Passivität stehen, und andererseits solche, die als primär passivisch zu kennzeichnen sind, in denen der Charakter der Aktivität zurücktretend ist. Er nimmt die Möglichkeit für diese Unterscheidung aus der Gegebenheit, daß „das ganze Leben ein Ineinandersein und Auseinanderfolgen von Tun und Leiden ist" und dementsprechend „auch der Mensch sich seiner selbst bald mehr als leidend, bald mehr als tätig bewußt ist". Diese Entgegensetzung der Bewußtseinsmomente hat also an sich noch gar nichts mit Frömmigkeit zu tun, sie charakterisiert lediglich die wechselnde Bestimmtheit des sinnlichen Selbstbewußtseins, diejenige der mittleren Stufe. Wenn nun auch — so Schleiermacher — vorstellbar wäre, daß sich eine Gruppe von Menschen zusammenfände, für die eher „die tätige Form des Selbstbewußtseins" in die Einheit mit der höchsten Stufe aufgenommen wird und so sich „zur frommen Erregung steigert", während gleichzeitig „die leidende mehr auf der sinnlichen Stufe zurückbleibt", und demgegenüber eine andere Gruppe von Menschen, für die genau umgekehrt eben die leidende Form des Selbstbewußtseins das „Hervortreten" der höchsten Stufe „begünstigt" (in der Begrifflichkeit des § 5 ausgedrückt) und die tätige weniger oder gar nicht in den „Vollendungspunkt" des Selbstbewußtseins hineingenommen ist, so wäre doch — „so einfach aufgefaßt" — aus diesen gegeneinander unterscheidbaren Zuständen des sinnlichen Selbstbewußtseins und deren möglichem Zusammensein mit der höchsten Bewußtseinsstufe noch kein die verschiedenen Frömmigkeitsgestaltungen bestimmt begrenzendes Artungsmerkmal abgeleitet. Über das „Mehr und Minder" einer nur unscharfen Trennung käme man damit noch nicht hinaus. Denn diese Bewußtseinszustände sind so nur aus der Relation zueinander gekennzeichnet; betrachtet man sie in der ganzen Reihe ihres Aufeinanderfolgens, ist „derselbe Moment mit dem einen verglichen als ein mehr leidender mit einem andern als ein mehr tätiger aufzufassen" (60/57). Von solchem „fließende(n) Unterschied" aus kann man keine Einteilung der etwa zugehörigen Frömmigkeitsgestaltungen in „Arten" definieren.

Es kommt aber alles darauf an, einen bestimmt begrenzenden „Teilungsgrund" auszumachen. Schleiermacher meint diesen dann gefunden zu haben, wenn der „fließende Unterschied" in eine die Reihe der Bewußtseinsmomente gültig durchziehende feste „Unterordnung" verwandelt worden sei. Diese Möglichkeit für eine Unterscheidung als eindeutige Abgrenzung will er bereits in der Ausgangsthese angegeben haben: Diejenigen Frömmigkeitsgestaltungen, „welche in bezug auf die frommen

Erregungen ... das Natürliche in den menschlichen Zuständen dem Sitt-lichen ... unterordnen", nennt er „teleologische", die entgegengesetzt ande-ren, das heißt diejenigen, die umgekehrt „das Sittliche dem Natürlichen unterordnen", bezeichnet er als „ästhetische" Glaubensweisen. Dabei macht es ihm nichts aus, daß mindestens „teleologisch" „anderwärts etwas anders gebraucht(-)" wird, denn die Ausdrücke sollen nur festhalten, daß im einen Fall „die vorherrschende Beziehung auf die sittliche Aufgabe den Grundtypus der frommen Gemützustände bildet" (61/58), im andern „jeder Moment der Selbsttätigkeit nur als ein Bestimmtsein des Einzelnen durch das gesamte endliche Sein, also auf die leidentliche Seite bezogen, in das schlechthinnige Abhängigkeitsgefühl aufgenommen wird" (62/59).

Wir müssen hier noch einmal unterstreichen, was wir oben bereits an-gemerkt haben: Schon aus der Formulierung der Ausgangsthese geht her-vor, daß die Bestimmungen „teleologisch" und „ästhetisch", die im 1. Ab-schnitt eingeführt werden, aus der Bezogenheit gegeneinander erklärt sein sollen; von einer „Unterordnung" der einen *Art* unter die andere ist gar nicht die Rede, die Möglichkeit zu solch einem Verständnis ist vielmehr per definitionem ausgeschlossen. Dazu machen die Ausführungen mit Ein-deutigkeit klar, daß als das entscheidende definitorische Element eben das Moment der Gegensatzbezogenheit anzusehen ist. Und zwar wird es auf zweifache Weise eingesetzt.

Man kann von „teleologisch" gerichteter Frömmigkeit (in dem hier angegebenen Verständnis) nur reden als von dem Gegenüber zur „ästhe-tischen" Form, und umgekehrt. Aber die Möglichkeit dazu, die Erläute-rung der beiden Begriffe wechselseitig durchzuführen, ist deswegen gege-ben, weil die Gegensatzbestimmtheit in der Relation der „leidentlichen" Zustände zu denen der „Selbsttätigkeit" als „Unterordnung" jeweils der einen Seite unter die andere zum Charakteristikum des „frommen Ge-mützustandes" genommen wird. Dabei ist eben zu beachten, daß diese „Unterordnung" nicht aus der Gegebenheit der Relation selbst zu erfas-sen ist. Das will sagen: Nicht der Zustand des sinnlichen Selbstbewußtseins als solcher — der entweder mehr als leidentlicher oder mehr als tätiger zu verstehen ist — setzt das entscheidende Merkmal; das ist ja durch die vorhergegangene Überlegung ausgeschlossen, nach der man aufgrund die-ser Unterscheidung nur ein „Mehr und Minder" des „fließenden" Gegen-satzes erhalten könnte. Sondern maßgebend ist, auf welche Weise die Relationen der beiden Komponenten des sinnlichen Selbstbewußtseins in die Beziehung zum schlechthinnigen Abhängigkeitsgefühl eingehen. Vom „Vollendungspunkt" des Selbstbewußtseins her, als dem Miteinander der beiden bestimmenden Stufen, gewinnt Schleiermacher die Grundlage für die Einführung der fest geltenden „Unterordnung". Es zeigt sich wiederum, daß nur und genau von den Ausführungen des § 5 her die hier angestellte Überlegung verständlich ist. Auch in dieser Hinsicht ist schon die Formulierung des Leitsatzes eindeutig: das jeweils zum Kennzeichen genommene Verhältnis ist „in bezug auf die frommen Erregungen" gesetzt. Und ebenso bestimmt ruht die Erläuterung der beiden Begriffe (im zweiten Teil des 1. Abschnitts) auf dieser Vorlage auf. Allerdings nirgendwo in dem Sinne, daß gefragt wäre, ob und wie — in welcher Form der Frömmigkeitsgestaltung — das Gefühl der schlechthinnigen Abhängigkeit „rein", oder auch nur „möglichst rein", hervortritt. Wie könnte dies auch erfragt oder gar gefordert werden, nachdem zuvor das Zusammensein des sinnlichen Selbstbewußtseins mit dem höheren in deren ebenso bestimmter „Vereinbarkeit" miteinander wie klaren „Geschiedenheit" voneinander zum Kriterium des „Vollendungspunktes" des Selbstbewußtseins (§ 5) gesetzt und zur Kennzeichnung der „monotheistischen" Religionsstufe (§ 8) herangezogen worden ist! Die im Vorangegangenen erläuterte Bezogenheit der beiden Bewußtseinsstufen aufeinander bleibt der leitende Gesichtspunkt. Erst unter diesem Aspekt ergibt sich der „Teilungsgrund" als ein fest geltender, ermöglicht und verlangt er die antithetisch durchgeführte Bestimmung der „Arten".

„Teleologisch" wird eine Frömmigkeitsweise genannt, „wenn die leidentlichen Zustände, gleichviel / ob angenehm oder unangenehm, ob durch die äußere Natur oder durch gesellige Verhältnisse veranlaßt, das schlechthinnige Abhängigkeitsgefühl nur insofern erregen, als sie auf Selbsttätigkeit bezogen [das ist: dieser untergeordnet] werden . . .". „In der entgegengesetzten Richtung zeigt sich diese Unterordnung" — und das kennzeichnet die „ästhetische" Frömmigkeitsweise —, „wenn das Selbstbewußtsein eines Tätigkeitszustandes nur (. . . so . . .) in das schlechthinnige Abhängigkeitsgefühl aufgenommen wird . . .", wie dieser „auf die leidentliche Seite des Subjekts bezogen wird". Im ersten Fall „werden die leidentlichen Zustände, zur frommen Erregung gesteigert, nur Veranlassung, um eine bestimmte nur aus einem so modifizierten Gottesbewußtsein erklärbare Tätigkeit zu entwickeln", im andern Fall wird „jeder Moment der Selbsttätigkeit nur als ein Bestimmtsein des Einzelnen durch das gesamte endliche Sein . . . in das schlechthinnige Abhängigkeitsgefühl aufgenommen". In der „teleologischen" Glaubensweise „erscheinen alle leidentlichen Verhältnisse des Menschen zur Welt nur als Mittel, um die Gesamtheit seiner tätigen Zustände hervorzurufen", folglich ist der Ge-

mütszustand dann ein „erhebender", wenn „die in der frommen Erregung
vorgebildete Handlung ein werktätiger Beitrag zur Förderung des Rei-
ches Gottes" ist, und derjenige ein „demütigender", bei dem die Handlung
nur „ein Zurückgehen in sich selbst (ist) oder ein Suchen nach Hülfe, um
eine merklich gewordene Hemmung des höheren Lebens aufzuheben".
Für die „ästhetische" Glaubensweise ist das „Verhältnis selbst [sc. das des
Menschen zu dem „übrigen gesamten Sein", wie es in „jede(m) einzelne(n)
Tätigkeitszustand" ausgedrückt ist] als das Ergebnis der vom höchsten
Wesen geordneten Einwirkung aller Dinge auf das Subjekt gesetzt", somit
verstehen sich die „erhebenden" Zustände „als Zusammenstimmung, das
heißt als Schönheit des einzelnen Lebens", die „demütigenden" dagegen
„als Mißstimmung oder Häßlichkeit". (60 ff./57 ff.)

Eine Kritik, die gegen diese Erörterung ein eigenes Verständnis von
teleologisch setzt oder ästhetische Momente auch in der christlichen Frömmigkeit, also in der nach Schleiermacher teleologisch gerichteten, ausgebildet finden will, ist an dieser Stelle wenig sinnvoll. Wichtig kann ja zunächst nur die Frage sein, ob Schleiermacher mit dieser seiner Untersuchung auf der Ausgangsposition, wie sie für die Einleitung erstellt worden
ist, basiert. Daß dies der Fall ist, läßt sich, wenn man Schleiermachers
eigene Definitionen ernst nimmt, nicht widerlegen. Das Ergebnis ist eindeutig, sowohl in der Herleitung als auch in der Formulierung: „Beide
Grundformen sind einander vermöge der entgegengesetzten Unterordnung
des in beiden zugleich Gesetzten auch bestimmt entgegengesetzt" (62/59).

Daß trotz dieses in begrifflicher wie auch in methodischer Hinsicht so
klaren Sachverhaltes davon geredet wird, Schleiermacher dekretiere die
Unterordnung der ästhetischen Religion unter die teleologische, muß als
reine Gewaltsamkeit, zumal gegenüber der Verfahrensweise Schleiermachers, beurteilt werden. Wir können uns hier noch einmal auf Süskind
beziehen, dessen Stellungnahme gerade zu dieser Frage so deutlich ausgesprochen und aus dem Textzusammenhang so klar begründet worden
ist, daß sie eigentlich nicht hätte übersehen werden dürfen — es ist aber
keiner der genannten Ausleger darauf eingegangen —: „... ästhetische
und teleologische Religion erscheinen ihrem Begriff nach als ganz gleich-
wertige Modifikationen der Idee der Religion, so unmittelbar auch die
Ueberordnung der teleologischen Religion sich aus Schleiermachers ethi-
scher Grundanschauung ergeben müßte" (106). Gerade in der Untersuchung von Süskind erhält dieser Befund ja ein besonderes Gewicht. Denn
einmal sind dort in erschöpfender Erörterung die vergleichbaren Aussagen
Schleiermachers — aus den Reden und aus der Ethik — beigebracht wor-

den, die, nach Süskind, eine Position erkennen lassen, der die Darlegung
in der Einleitung eben nicht entspricht; und zum andern wird überhaupt
vorausgesetzt — wie wir oben schon aufgenommen haben —, daß die
religionsphilosophische Aufgabe eigentlich die sei, den Beweis für die
Höchstgeltung des Christentums zu führen. So beurteilt Süskind das
„Stehenbleiben" Schleiermachers bei dem Ergebnis von § 9 als eine „Halb-
heit" (105), darin sich ankündige, daß das religionsphilosophische Grundproblem letztlich von Schleiermacher ungelöst hinterlassen bleibe. Uns
kommt es hier nicht auf die Wertung dieses Ergebnisses und auch nicht auf
die Folgerungen an, die daraus gezogen werden; wir stimmen ja weder
in der Fragestellung mit Süskind überein, noch nehmen wir auch nur seine
Voraussetzung auf[16]. Lediglich — und um so mehr — das Ergebnis selbst
ist für uns von Belang. Nur der Tatbestand als solcher sollte noch einmal
hervorgehoben werden, den ich sonst nirgend in der Literatur in solch
überzeugender Klarheit wie von Süskind habe erhellt gefunden.

So bleibt höchstens noch der bisher nicht genannte, schon von W. Bender gegen die Herleitung des § 9 gerichtete Vorwurf erwähnensnotwen-
dig: „daß Schleiermacher bei der Unterscheidung der teleologischen und
ästhetischen Frömmigkeit mehr einer an sich richtigen [sc. historischen[17]]
Beobachtung gefolgt ist, als daß er wirklich im Gottesbewußtsein die
Motive nachgewiesen hätte, denen zufolge dasselbe in der Verbindung mit
dem sinnlichen Weltbewußtsein entweder den teleologischen oder den
ästhetischen Typus zu dem die gesammte Religiosität einer größeren Masse
beherrschenden machte"[18]. Wenn hier von Schleiermacher etwas gefordert
wird, das er keinesfalls zu leisten beansprucht, nämlich die „Motive"
nachzuweisen, braucht uns das für den Gang unserer Untersuchung nicht
zu berühren. Andererseits aber: daß die „historische Beobachtung" bei
dieser Begriffsbestimmung mit im Spiele sei, würde Schleiermacher kaum,
vielmehr gerade nicht geleugnet haben. Nur den Vorwurf, die Gültigkeit
der Artunterscheidung sei „mehr" oder gar, wie Bender zuvor sagt, „lediglich" auf solche Beobachtung gegründet, könnte er mit Recht zurückweisen; inwiefern eine so einseitige Akzentuierung die Intention des religionsphilosophischen Ansatzes gerade nicht auszudrücken vermag, brauchen wir nicht mehr zu belegen. Doch überhaupt muß die Implikation des
Ergebnisses einer auf die Wahrnehmung der empirisch vorfindlichen For-

---

[16] s. o. II.-Einl./Anm. 2: H. Süskind.
[17] W. Bender, Schl.s Theologie Teil I, 281.
[18] W. Bender, Schl.s Theologie Teil I, 285.

men gerichteten Untersuchung in die Grundlage der theoretischen Erörterung ja nicht nur zugestanden, sondern — wie wir einleitend dargelegt haben — notwendig vorausgesetzt werden. Nach außen hin, als direkt ablesbar, tritt sie allerdings nicht in Erscheinung; es sei denn, man wollte sie in dem Gebrauch des Begriffs „Reich Gottes" angezeigt sehen (1.: 61/58; 2.: 63/60). Aber mehr als eine Andeutung des Zusammenhanges der beiden Abschnitte wird man daraus kaum ablesen dürfen. Vermutlich nicht einmal dieses. Zwar muß sicherlich aufgenommen werden, daß Schleiermacher sein eigenes, vom christlichen Glauben geprägtes Verständnis in den allgemein geltenden Erörterungsgang des 1. Abschnitts einbringt, wenn er hier den Begriff „teleologisch" vom Zielgedanken „Reich Gottes" mit definiert sein läßt, und wohl und noch mehr ist die nachdrückliche Betonung zu beachten, mit der er im 2. Abschnitt auf die „Idee von einem Reiche Gottes" als auf den Bezugspunkt des christlich bestimmten Gottesbewußtseins hinweist, jedoch kann in solcher anscheinend eher zufällig sich ergebenden Verbindung der beiden Aussagereihen kaum deren innerer Zusammenhalt ausgedrückt sein sollen. Der Tatbestand ist ja auch der, daß dieser Zusammenhang auf eine tiefere Weise gegeben ist, als es überhaupt in Einzelbegriffen aussagbar wäre, weil er den im Nacheinander nur vollziehbaren Gedankenfortschritt von vornherein und ganz auf das eine gemeinsame Aussageziel hin unterfängt.

Immerhin mögen wir damit an eben diesen inneren Zusammenhang, wie Schleiermacher ihn als Grundlage seines religionsphilosophischen Verfahrens setzt, erinnert sein, das heißt dann zugleich daran, daß also im 2. Abschnitt nun die andere, nicht unter-, sondern neben- oder zugeordnete Seite aus dem „Gleichgewicht" von „Spekulation" und „Empirie" aufgedeckt wird. Und zwar soll dies, wie Schleiermacher noch einmal betont, allein mit Rücksicht auf die in der Geschichte gegebene christlich fromme Glaubensgemeinschaft geschehen. Schon zu Beginn des 1. Abschnitts hat er angemerkt, daß er seine „Querteilung" nur für die höchste Religionsstufe konstruiert, nämlich „nur um des Christentums willen" (59/55). Die Einteilung nach Arten mag auch allgemeine Geltung haben, aber das ist „eine hier gar nicht zur Sache gehörige Frage" (ebd.). Ebenso soll im 2. Abschnitt die „Nachweisung" für das Vorkommen der geschichtlich gegebenen Glaubensweisen oder denn für deren Unterscheidbarkeit nach dem entwickelten Gesichtspunkt nicht in der alle Religionen umfassenden Hinsicht geschehen, wie sie nur von „einer allgemeinen kritischen Religionsgeschichte" wahrgenommen werden könnte. Es soll lediglich darauf ankommen, den Einteilungsgrundsatz zur Bestimmung des „Ortes" für das Christentum anzuwenden, damit „die Aussonderung seines eigentümlichen Wesens erleichtert" werde (62/59).

Auf genau dieses Ziel hin hat Schleiermacher ja von Anfang an die Aufgabe der religionsphilosophischen Lehnsätze umrissen. Um so mehr erscheint es als notwendig, dies im Anschluß an Schleiermachers eigens hier angegebenen Vermerk noch einmal hervorzuheben: Wenn dann in dem Abschnitt, der jener an der Empirie sich vollziehenden „Nachweisung" entspricht, die Ausfüllung des Gegensatzes zwischen den beiden Arten nur in bezug auf das Christentum gesucht wird, liegt eben von selbst auf dessen Darstellung, also auf derjenigen der teleologisch bestimmten Frömmigkeitsweise, der Akzent der Aussage. Das kann ja aber nicht bedeuten, daß nun doch noch die angebliche „Höherbewertung" zum Ziele komme. Mich dünkt zwar, als ob von der abschließenden Feststellung Schleiermachers her, daß „der teleologische Typus am meisten im Christentum ausgeprägt" erscheine (64/61), dieses Postulat sich in die gemeinhin geltende Auslegung eingeschlichen habe — so wäre es wenigstens erklärbar, aber begründet ist es auch dadurch in gar keiner Weise. Denn das ist das Auffallende an diesem Vergleich der geschichtlich gegebenen Formen: Obwohl für Schleiermacher fraglos gilt, daß das Christentum die Gestaltungsweise der teleologischen Richtung ist — weil allein hier das Gottesbewußtsein nicht anders erfahren wird denn als „bezogen auf die Gesamtheit der Tätigkeitszustände in der Idee von einem Reiche Gottes" (63/60) —, daß also auf diesem Grund das Christentum in seiner Eigentümlichkeit gegenüber den auf derselben Stufe stehenden Frömmigkeitsgestaltungen zu fassen ist — eine höhere Qualität, als sie den beiden anderen monotheistischen Glaubensweisen zukommt, wird damit nicht prädiziert. Man könnte sogar noch einen Schritt weitergehen und sagen: eine solche Prädizierung wird auch durch die Gedankenführung des 2. Abschnitts (wie schon durch die begriffliche Herleitung im 1. Abschnitt) bestimmt ausgeschlossen.

Wenn nämlich nach dem vorigen Paragraphen — unter dem Aspekt der Stufeneinteilung — das Judentum, von seiner geschichtlichen Entwicklung her, als dem Fetischismus nahekommend, der Islam aber, wegen seines „leidenschaftlichen Charakters", noch als verwandt mit dem Polytheismus beurteilt wurde, so müßte danach ja der Islam näher beim Christentum stehen als das Judentum. Unter dem Gesichtspunkt der Artungsmerkmale betrachtet, erscheint hingegen die israelitische Glaubensweise in engerer Verknüpfung mit der christlichen als die mohammedanische.

Denn die vollkommenste Ausprägung des teleologischen Typus bietet das Christentum: weil in ihm „aller Schmerz und alle Freude nur insofern

fromm sind, als sie auf die Tätigkeit im Reiche Gottes bezogen werden"
und „jede fromme Erregung die von einem leidentlichen Zustande ausgeht, im Bewußtsein eines Überganges zur Tätigkeit endet" (63/60).
Ähnlich immerhin ist das Judentum geartet: „die vorherrschende Form
des Gottesbewußtseins (ist) die des gebietenden Willens, und es wendet
sich also notwendig, auch wenn es von leidentlichen Zuständen ausgeht,
den tätigen zu", wenn auch dieser Bezug „mehr in der Form von göttlichen
Strafen und Belohnungen" hergestellt wird. Im Islam dagegen geschieht
die Einigung des „Selbsttätigkeitsbewußtseins" mit dem schlechthinnigen
Abhängigkeitsgefühl unter dem bestimmenden Faktor des „Bewußtsein(s)
unabänderlicher göttlicher Schickungen", der „fatalistische(-) Charakter"
dieser Glaubensweise macht also als deren Kennzeichen eine in bezug auf
das fromme Bewußtsein gesetzte „Unterordnung des Sittlichen unter das
Natürliche" deutlich (64/61). Hiernach sind Christentum und Islam die
beiden einander am meisten entgegengesetzten Artausbildungen — wobei
Schleiermacher noch einmal betont, daß damit kein Unterschiedensein
zwischen beiden hinsichtlich einer etwa mehr oder minder reinen Darstellung des Stufencharakters ausgesprochen sein soll —, während das
Judentum wenigstens doch „minder vollkommen" dem teleologischen
Typus entspricht.

Ich halte dafür, daß das Bild, welches sich aus dieser zweiten Zusammenschau der drei monotheistischen Glaubensweisen ergibt, gleichsam eine
Korrektur desjenigen von § 8,4 biete; nicht so, als ob Schleiermacher diese
Korrektur bewußt durchgeführt und damit den angeblichen „Beweis"
aufgehoben habe. Aber faktisch handelt es sich um eine Aufhebung; oder
deutlicher: man muß folgern können, daß Schleiermacher einen derartigen
Beweis, wie er nach dem vorigen Paragraphen als möglicherweise angestrebt auszumachen wäre, letztlich nicht bezweckt. Daß Schleiermacher
hier nicht eine Höherstellung des Christentums gegenüber den beiden
anderen monotheistischen Religionen betont, dies ist ja von ungleich
größerer Bedeutung als die in dieser Hinsicht doch ausgesprochene Behauptung von § 8,4. Nicht nur deswegen, weil — wie Süskind hervorhebt
— seine „ethische Grundanschauung" dies eigentlich erwarten und sogar
fordern ließe, sondern und um so mehr, weil ihm ja der „Beweis des
Glaubens" unbestritten gültig ist. Daß er diesen hier nicht eingebracht
hat, ist gerade bemerkenswert. Er ist konsequent seinem Ansatz gefolgt:
es geht darum, die Wirklichkeit der geschichtlich gegebenen Glaubensweisen zu erfassen, die Wahrheitsfrage wird nicht gestellt.

10. Kapitel

Der zweifache Grund für die Bestimmung der Eigentümlichkeit einer Frömmigkeitsgemeinschaft — § 10

Wenn unsere zu § 8 ausgesprochene Vermutung über die quer verlaufende Zuordnung der einzelnen Paragraphen zueinander richtig ist, müßte sie von der Aussage und von der Gedankenführung dieser letzten religionsphilosophischen These entscheidend bestätigt werden. Um solche Bestätigung einzuholen, wird es zwar nicht genügen, eine nur äußerlich hergestellte Verknüpfung aufzuzeigen, aber wir können doch von deren Kennzeichen ausgehen.

Wir haben oben schon vermerkt, daß der thematische Gleichklang, wie er sich bereits in der Formulierung der Leitsätze selbst ankündigt, nicht zu überhören ist: Hier, in § 10, wie dort, in § 6, wird „Kirche" als „bestimmt begrenzte" fromme Gemeinschaft zum Gegenstand der Erörterung gesetzt. Während das Ziel der ethischen Lehnsätze sein mußte, den Begriff „Kirche" für diese Definition offenzuhalten — und das bedeutete dort, daß die in der Geschichte gegebene Wirklichkeit mit aufgenommen werden mußte —, kommt es hier, innerhalb des religionsphilosophischen Bereiches, darauf an, solche bestimmte Begrenztheit als Spezifikation, als „eigentümliches Wesen" der einzelnen Glaubensgemeinschaft begreiflich zu machen — und dies kann erst recht nur im engen Anschluß an die Beobachtung geschichtlicher Gegebenheit geschehen. Wohl ist ja, nach § 2, die Einleitung überhaupt an der Frage nach dem Begriff der Kirche orientiert, aber diese Frage erfährt jeweils im letzten der Lehnsätze ihre besondere Zuspitzung, insofern als hier „Kirche" als geschichtlich festgelegte Wirklichkeit direkt zum Zielgedanken der Erörterung genommen wird. Daß sich in diese vergleichende Zusammenschau genau auch der letzte apologetische Lehnsatz — „Anteil" gewinnen an der „christlichen Gemeinschaft" (§ 14) — einfügt, mag vorerst nur am Rande notiert sein.

Man könnte gegen den Versuch, den solcherart auf eine innere Verflochtenheit hinweisenden Zusammenhang der den jeweiligen Lehnbereich abschließenden Thesen von diesem § 10 aus zu charakterisieren, vielleicht den Einwand erheben, daß ja mindestens dem religionsphilosophischen Zyklus als ganzem das Thema „fromme Gemeinschaften" in dessen engerer Bedeutung gestellt sei. So hat Schleiermacher selbst die Aufgabe bestimmt, und nur unter diesem Aspekt, das heißt nur mit der Zielsetzung einer Erfassung der verschiedenen Glaubensweisen aus der gegenseitig gegebenen festen Abgrenzung, ist die religionsphilosophische Untersuchung überhaupt

sinnvoll. Gleichwohl ist nicht zu übersehen — und das muß diesen möglichen Einwand entkräften —, daß gerade auch die Abfolge der religionsphilosophischen Paragraphen eine bestimmte Gedankenbewegung erkennen läßt. Der Ton sollte dabei auf „Bewegung" liegen: Einen möglichst
weiten Kreis beschreibt der erste der hierher gehörenden Lehnsätze, in dem
das Koordinatensystem, das die Örter aller frommen Gemeinschaften
umfaßt, als nach Stufen und Arten unterteilt gezeichnet wird; die Betrachtung umgreift dann aber nicht dieses ganze, weit gespannte Ordnungsfeld, sondern sie grenzt sich auf die höchste, monotheistische Stufe
hin ein; und schließlich wird hier, im letzten Satz, die Begründung der
Möglichkeit gesucht, die „Eigentümlichkeit" einer einzelnen frommen
Gemeinschaft zu erklären, und dies, wie wir gleich zu Anfang der Ausführung angegeben finden, schon und nur unter Betonung des für das
Christentum geltenden „geschichtlichen Zusammenhanges" (64/62). Die
Gedankenbewegung vollzieht sich gleichsam im Überspringen ineinander
gezeichneter Kreise, von der weitesten Peripherie aus nach innen zu;
nicht so, als ob diese Kreise, wenn sie die mit den einzelnen Thesen abgesteckten Bereiche charakterisieren sollen, als konzentrisch aufgefaßt werden
dürften, vielmehr sind die Zentren als auf einer Zielgeraden ausgerichtet
zu verstehen — deren Richtpunkt selbst liegt außerhalb: „Die Aufgabe,
die einzelne Individualität aufzufinden" — hier also: das Christentum —
kennzeichnet den „Übergang in das Gebiet der Apologie" (Th 67[b]). Man
könnte diese Gedankenabfolge auch so charakterisieren, daß man unterstreicht, wie in bezug auf die Anwendung des in sich gegensatzbestimmten
„kritischen" Verfahrens — „Konstruktion und Auffindung" —, das die
religionsphilosophischen Lehnsätze in ihrer Gesamtheit trägt, eine deutliche Akzentverschiebung eintritt: Im Anfang ist die der Konstruktion
entsprechende Seite stärker betont, das Ausgleichen zwischen „Spekulation" und „Empirie" ist in besonderer Weise noch einmal in die Diskussion des § 9 hineingewendet worden, und am Ende erhält die der
Auffindung entsprechende Komponente das größere Gewicht.

Diese Skizzierung der Gedankenbewegung innerhalb des religionsphilosophischen Zyklus soll zugleich einem zweiten möglichen Einwand
begegnen, der allerdings nur aus einem Mißverständnis kommen könnte:
Wenn wir eine innere Verknüpfung insbesondere der beiden je letzten
Lehnsätze bemerken und als wesentlich unterstreichen, kann das nicht
bedeuten, daß der Zusammenhang der Lehnsätze je untereinander, in dem
ihnen jeweils zugehörigen Bereich, als nebensächlich angesehen oder gar
aufgelöst werden sollte. Das natürlich nicht. So haben wir ja schon für

den Verhandlungsgang der ethischen Lehnsätze hervorgehoben, daß diese
nur in ihrer Konvergenz auf den § 6 hin, in dem die Erörterung sich
direkt auf den Begriff „Kirche" bezog, sachgerecht ausgelegt werden
können. Aber der andere, mit dem Kennwort „Querverbindung" angezeigte Aspekt ist für die Auslegung gleichermaßen wichtig. Denn erst
aus dem Miteinander der beiden so erkennbaren Richtungen für die Gedankenführung erhellt sich die Strukturierung der Einleitung überhaupt.
Dies festhalten und als gültig belegen zu können, ist allerdings wichtig.
Wir werden nämlich von dieser Einsicht in die Strukturierung der Einleitung her unsere Ausgangsfrage — ob und in welcher Weise Schleiermacher sich genötigt sah, für das mit dem in der Geschichte gegebenen
Grundereignis des christlichen Glaubens gestellte Problem der Vergegenwärtigung eine Lösung zu suchen — zu beantworten wissen.

Mit diesem Rückblick auf die religionsphilosophischen Lehnsätze in
ihrer Gesamtheit und der Andeutung der Richtung, in welcher wir das
Ergebnis der Untersuchung ausmachen werden, haben wir nur scheinbar
den mit dem vorliegenden Paragraphen abgesteckten Bereich der Erörterung verlassen. Wenn nämlich der von uns angegebenen inneren Verflochtenheit solch weitreichende Bedeutung zugemessen werden soll, kann
sie sich nicht erst vom Ende der Auslegung her, gleichsam nur als ein
Gerüst für die Gedankenabfolge Schleiermachers, darlegen lassen; sie muß
die Aussagen selbst bis in Einzelheiten hinein tragen und gestalten, sie
kann gar nicht isoliert davon aufgedeckt werden. Dies zumal dann nicht,
wenn man berücksichtigt, daß anerkanntermaßen „die Frage des gedanklichen Aufbaues [sowohl der schriftlichen Abhandlungen als auch der
Vorlesungen] für Schleiermacher immer von Wichtigkeit geblieben" ist[1].
Das bedeutet ja zugleich, daß umgekehrt die Sätze mit ihren Einzelaussagen nicht aus dieser Verklammerung gelöst werden dürfen, das heißt nur
sachentsprechend aufgenommen werden können, wenn der übergreifende
Bezug jeweils mit gesehen wird. Ich halte dafür, daß diese Verständnisgrundlage insbesondere diesem letzten religionsphilosophischen Lehnsatz
gegeben werden muß, daß sie sich hier, mit dem doppelt ausgezogenen
Rückverweis Schleiermachers — einerseits auf die letzte ethische These,
andererseits auf den religionsphilosophischen Zyklus als Ganzes —, geradezu von selbst einstellt. Also werden wir versuchen, die Aussage dieses

---

[1] Mit der hier von P. Seifert (Theologie, 173) aufgenommenen Formulierung soll
darauf hingewiesen sein, daß dessen Interpretation der Reden entscheidend
auch an der Frage nach der Methode Schl.s orientiert ist: vgl. bes. aaO 169—181,
189.

Paragraphen aus dessen zweifacher Rückbindung zu erheben, um im Vollzug der Auslegung unsere Behauptung, daß solcher Rückverweis vorliege, zu bestätigen.

Wir knüpfen an bei dem von uns als „Querverbindung" gekennzeichneten Zusammenhang. Dieser wird schon nach außen hin nicht nur je in den Ausgangsthesen mit der Parallelität der Thematik dargetan, sondern ebenso offensichtlich auch am Ende der Verhandlung selbst: Die beiden Zusätze — anschließend an § 6 wird das Verständnis von „Religion" gegen unzureichende Begriffsverbindungen abgesichert, im Anhang zu § 10 soll der „Sprachgebrauch" der Ausdrücke „positiv" und „Offenbarung" erläutert und damit „regulier(t)" werden — sind deutlich aus der formalen Analogie des Gedankenaufbaues einander zugeordnet. Um dies aussagen zu können, berufen wir uns zunächst auf die beiden von Schleiermacher angegebenen Verweise: Einmal hält eine Bemerkung neben dem Zusatz von § 10 ausdrücklich fest, daß diese Untersuchung „(p)arallel dem über Religion [Gesagten]" (Th 68[a]) verlaufen soll; ferner macht Schleiermacher auch direkt im Text darauf aufmerksam, daß der Zusatz von § 6 zum Vergleich heranzuziehen sei (69/67). Diese Feststellung könnte als Überbewertung einer Trivialität beurteilt werden, denn natürlich ist die Parallelität der beiden Zusätze auch und erst wesentlich ohne die Beachtung dieser Hinweise erhebbar zu machen, nämlich aus der inhaltlich zu fixierenden Zuordnung beider Begriffserörterungen; aber für uns ist es hier eben wichtig, *daß* Schleiermacher beide Untersuchungen in solch ein Nebeneinander rückt. Die Tatsache dieser Zuordnung erhält zumal dann Aussagekraft, wenn man zum Vergleich die erste Auflage heranzieht. Die Erörterung, die der hier an § 10 angeschlossenen Verhandlung entspricht, hat dort ihre Stelle in einem eigenen Paragraphen hinter der Untersuchung, die hier im ersten apologetischen Lehnsatz durchgeführt wird, nämlich in GL[1] § 19. Der Zusatz zu § 10 ist also aus seinem ursprünglichen Zusammenhang herausgenommen, derjenige zu § 6 sogar gegenüber der ersten Auflage neu eingebracht worden. Schleiermacher betont dann beide Male, daß die jeweils diskutierten Begriffe in der eigentlichen Verhandlung „nicht wesentlich vorkommen" sollen (Th 68[a] und Th 45[b], außerdem im Text zu § 6, Zusatz: 45 ff./40 ff.). Aber wichtiger ist, die an der entscheidenden Stelle gleichwohl uneingeschränkte Aufnahme dieser Begriffe zu beobachten. So wie von Religion nur im Sinne von „bestimmter Religion", das heißt nur in bezug auf eine „bestimmte Kirche", die Rede sein kann — und deswegen ist der Ausdruck „natürliche Religion" ein Widerspruch in sich, „weil es keine natürliche

Kirche gibt" — (45 f./40 f.), so ist auch die Glaubenslehre, zum Beispiel diejenige einer monotheistischen Frömmigkeitsgestaltung, nur je als „positiv" bestimmt, und zwar als in ihrer Ganzheit so festgelegt, zu erfassen — das sogenannte „Natürliche" in den verschiedenen Lehrsystemen als deren angeblich „Gemeinsames" kann nur als Abstraktion erhalten werden —, das „Positive" aber ist immer bezogen auf die je „bestimmte Gemeinschaft": es ist „der individuelle Inhalt der gesamten frommen Lebensmomente innerhalb einer religiösen Gemeinschaft . . .", und darüber hinaus oder dem zugrunde liegend gibt es keinen als „natürliche Religion" zu greifenden Inhalt. Nur im Hinblick auf eine „bestimmte Gemeinschaft" hat es dann auch Sinn, von „Offenbarung" zu reden: das so eingeführte „Positive" ist bedingt durch die „Urtatsache, aus welcher die Gemeinschaft selbst als eine zusammenhängende geschichtliche Erscheinung hervorgegangen ist". (70 f./68 f.)

Wir werden unten auf Schleiermachers Offenbarungsbegriff eingehen; es lag mir zunächst daran, die in der Zielangabe wie auch im Gedankenaufbau sich abzeichnende Entsprechung zu belegen: „Kirche" als „bestimmt begrenzte" fromme Gemeinschaft ist das beide Paragraphen als Ganzes umspannende Thema.

Es sollte ja aber nicht genügen, die Parallelität der Leitsätze allein an äußerlich ablesbaren Merkmalen aufzuzeigen. Wir müssen uns also daran erinnern, auf welche Weise innerhalb des ethischen Verhandlungsbereiches dieses Thema durchgeführt wurde, und damit die hier gegebene Erörterung vergleichen. Das Wesentliche war dort, daß Schleiermacher die eigentlich entscheidende Frage offengelassen hatte, nicht hatte beantworten können. Wohl war von ihm die Abgeschlossenheit einer frommen Gemeinschaft behauptet worden, aber damit hatte er die „Heimat" Ethik im Grunde schon verlassen müssen: „der Austausch des frommen Selbstbewußtseins, wenn wir an das Verhältnis vereinzelter Menschen zueinander *denken*" konnte nur bis zur Erklärung der „fließenden und eben deshalb streng genommen unbegrenzten Gemeinschaft" führen, „(s)ehen wir aber auf den wirklichen Zustand der Menschen" — also erst von dieser Sicht her! — „ergeben sich doch auch feststehende Verhältnisse" (44/39). Die Tatsache selbst mußte er ja fixieren, aber begründen konnte er sie aus dem Zusammenhang der ethischen Lehnsätze nicht. Und eben hier ist § 10 als an § 6 angeknüpft zu erkennen. Der innere Zusammenhalt macht sich von selbst einsichtig; er liegt darin, daß die dort offengebliebene und während der religionsphilosophischen Untersuchung bisher nicht wiederaufgenommene Frage noch beantwortet werden muß und jetzt beantwortet

werden kann: „bestimmte(r) Anfang" in der Geschichte und „eigentümliche Abänderung" desjenigen, was in verwandten Glaubensweisen ebenfalls gegeben ist, sind die entscheidenden, jetzt erst in ihrem Zueinander
greifbaren Merkmale, denn „aus beiden zusammengenommen ist das
eigentümliche Wesen einer jeden [sc. „Gestaltung gemeinschaftlicher Frömmigkeit"] zu ersehen" (§ 10). Der Angelpunkt dabei ist — wie die Ausführungen zeigen werden —, daß „äußere Einheit" und „innere Eigentümlichkeit" einander bedingen[2]. In dieser Antwort also treffen die beiden
Aussagerichtungen, in die wir den § 10 eingestellt sehen müssen, zusammen. Die Frage, auf die sich die Antwort bezieht, blieb von § 6 her aufgegeben; der Grund, auf dem die Antwort basiert, wurde mit den vorhergegangenen religionsphilosophischen Lehnsätzen gelegt.

Wie der von uns als quer verlaufend gekennzeichnete Zusammenhang
zu verstehen sei und daß er gegeben ist, müßte danach deutlich sein; aber
in welcher Weise die Erörterung dieses Paragraphen in dessen „Heimat"
Religionsphilosophie zurückgebunden ist, bleibt noch zu klären.

Zunächst scheint es so, als ob die Aussage der Leitthese „teils äußerlich
— teils innerlich" nichts Neues bringe. Insofern könnte man in Zweifel
ziehen, ob wirklich an genau dieser Stelle die von § 6 her aufbehaltene
Frage ihre Antwort finden soll. Denn die Aussage entspricht ja Schleiermachers religionsphilosophischem Grundansatz, wonach es nicht genügt,
nur den einen Faktor, „äußere Einheit", auszumachen, wonach eine Orientierung nur an dem in der Geschichte Vorfindlichen niemals zum Ziele
führt: man könnte nicht das „Wesentliche" von dem „Zufälligen" unterscheiden. Diese von Schleiermacher vorausgesetzte Einsicht in die Möglichkeit und damit auch in die Begrenztheit solcher Möglichkeit der erken-
nenden Beschreibung geschichtlich gegebener Größen mußten wir ja als
den die Einleitung überhaupt und die Religionsphilosophie insbesondere
tragenden Grund schon immer berücksichtigen. Diese Einsicht erfährt aber
jetzt — das ist das Wesentliche dieses Leitsatzes — ihre entscheidende
Präzisierung oder denn ihre Explikation. Schleiermacher weist am Ende
darauf hin, daß eine entsprechende Präzisierung ebenso die Arbeitsweise
der allgemeinen Geschichtswissenschaft — auch die des „Naturforscher(s)",
wie er ausdrücklich angibt — bestimmen müsse (68/66). Wir entnehmen

---

[2] Diese Polarität scheint unscharf gebildet zu sein, denn „innere Eigentümlichkeit"
müßte den umgreifenden Zusammenhang ausdrücken; aber solche Unschärfe
kennzeichnet m. E. gerade Schl.s Sprachgebrauch: vgl. den 1. Abschnitt in seinem
Verhältnis zur Aussage des Leitsatzes selbst.

diesem Hinweis, daß der hier in bezug auf das kritische Erfassen von Gestaltungen der Frömmigkeit vollzogenen Entfaltung der Grundeinsicht prinzipielle Bedeutung zukommen muß.

Die als allgemeingültig angenommene Voraussetzung, bisher ausgesprochen als Forderung, das Zueinander von Spekulativem und Empirischem in der kritischen Geschichtsbetrachtung zu berücksichtigen, wird jetzt vom Gegenstand der Betrachtung her entfaltet. Aus Schleiermachers Darlegung geht hervor, daß das Objekt selbst diese Erkenntnisbedingung setzt, nicht, wie es bislang den Anschein haben mochte, das Subjekt. Die Wirklichkeit des Objektes nämlich besteht als dessen Gehaltensein im Zueinander der beiden Seiten; „äußere Einheit" und „innere Einheit" bedingen einander. Hier erhebt sich dann eine grundsätzlich neue Frage: Das „Äußerliche" mag als an dem in der Geschichte gegebenen „bestimmten Anfang" abzulesen relativ leicht zu bestimmen sein, aber auf welche Weise wird der andere, gleich wesentliche Faktor, der das „Innerliche" ausdrücken soll, gewonnen? Man kann nach der Verhandlung zu diesem Leitsatz nicht mehr annehmen, daß etwa die „äußere Einheit" im empirischen Betrachten ergriffen würde, die „innere Einheit" dagegen nur oder überhaupt dem spekulativen Erkennen zugänglich wäre. Jedenfalls kann dies nicht Schleiermachers Meinung sein, wenn er hier das gegenseitige Bedingtsein von „Äußerlichem" und „Innerlichem" als unauflösliche, durch die in der Geschichte gegebene bestimmte Frömmigkeitsgestaltung gesetzte Einheit annimmt. Dies zu behaupten ist gerade der Kern dieses Leitsatzes.

Von hier aus erscheint das von Schleiermacher intendierte „kritische Verfahren" der Religionsphilosophie in einem neuen Licht. Es ist nicht etwa als starres Schema zu verstehen, das heißt, die Bestimmung des „Gleichgewichts" im Gegen- und Miteinander von empirischer und spekulativer Erkenntnis kann nicht auf einer für alle Glaubensweisen gleich gültigen Grundlage aufruhen sollen. Die „spekulative Seite" dieses Verfahrens ist jedenfalls dann falsch gedeutet, wenn man sie schon deshalb als Dominante erkennen will, weil sie das Allgemeine, das von den geschichtlichen Erscheinungen unabhängige Prinzip — hier also das Prinzip des Wesens der Frömmigkeit — in den Beschreibnisvorgang einzubringen hätte. Das ist deswegen falsch, weil für die der Empirie als Gegengewicht zugeordnete Seite eben nicht wesentlich ist, ein vorauszusetzendes Allgemeingültiges, ein Unveränderliches auszumachen, sondern dies, an dem Gemeinsamen der verschiedenen Frömmigkeitsgestaltungen die „eigentümliche Abänderung" der jeweils einzelnen zu fixieren.

„Empirie" *und* „Spekulation" zielen von vornherein auf das Spezifische der nur je als Individuation zu begreifenden frommen Gemeinschaft.

Dies ist nun von entscheidender Bedeutung. Denn das heißt doch, daß auch die Spekulation nur aus ihrem ständigen Bezogensein auf die je auf-zusuchende geschichtliche Gegebenheit „richtig", nämlich wirklichkeitsent-sprechend, vorgeht. Daraus folgt hier, daß, je zentrierter sich die Unter-suchung der Bestimmung von „Eigentümlichkeit" zuwendet, sie sich um so enger auf die im Grunde allein interessierende „eigentümlich" gestaltete Frömmigkeitsweise, nämlich das Christentum, eingrenzen muß; das heißt zugleich, daß sie sich desto enger an die von dorther gegebenen geschicht-lich fixierten data zu halten hat. Daß Schleiermacher seine religionsphilo-sophische Erörterung letztlich nur um des Christentums willen durchführt, hat er von Anfang an betont; aber erst jetzt, da die Frage sich auf die Bestimmung des Begriffs „eigentümliches Wesen" zuspitzt, gewinnt diese Eingrenzung ausschlaggebende Bedeutung. Das muß bei einem ersten Ein-sehen der Erläuterung sofort auffallen: Während in den vorhergegangenen Paragraphen zwar auch schon immer das Christentum mit im Blick war, aber ein etwa ausdrücklicher Hinweis im jeweils formalen Teil der Erörte-rung es zunächst nur als Beispiel anführen sollte, nimmt Schleiermacher hier seine Argumente für die Gültigkeit seiner These in beiden Haupt-abschnitten der Ausführung von Anfang an und entscheidend von der „christlichen Frömmigkeit" her.

Gleich im Anfangssatz des 1. Abschnitts, in dem das Moment der „äußeren Einheit" erläutert wird, heißt es, die Bedeutung des „bestimmten Anfangs" müsse ohne weiteres einleuchtend sein, denn es sei nicht denk-bar, „daß christliche Frömmigkeit irgendwo gleichsam von selbst entstehen könnte ganz außerhalb alles geschichtlichen Zusammenhanges mit dem von Christo ausgegangenen Impuls". Und ebenso wird die Begründung des Hauptsatzes im 2. Abschnitt — „daß in allen [Frömmigkeitsgestaltungen der höchsten Stufe] zwar dasselbe sei, aber in jeder alles auf andere Weise" — angesetzt mit dem Hinweis auf den „Glaube(n) an Christum" (66/64).

Auf die oben gestellte Frage nach der „inneren Einheit" ist also zu antworten, daß dieser andere das „eigentümliche Wesen" bestimmende Faktor ebensowenig wie derjenige, der die „äußere Einheit" meint, aus einem Allgemeingültigen abgeleitet wird. Das kann jedenfalls dann nicht anders sein, wenn es Schleiermacher ernst ist mit seinem hier ausgespro-chenen Grundverständnis, daß für die vollkommenen Frömmigkeitsge-staltungen „die innere Eigentümlichkeit (innigst) mit dem verbunden sein müsse, wodurch die äußere Einheit geschichtlich begründet ist" (65/63).

Wir haben aber keinerlei Anlaß dazu, an der Echtheit oder an der Ernst-
haftigkeit dieser Aussage zu zweifeln. Denn im Grunde läßt ja die Ansicht
über die religionsphilosophische Aufgabenstellung, wie Schleiermacher sie
entwickelt hat, gar kein anderes Verständnis zu. Oder besser ist das
Folgeverhältnis wohl umgekehrt auszudrücken: Gerade weil Schleiermacher meinte, das gegenseitige Bedingtsein von „Äußerem" und „Innerem" als in der Wirklichkeit vorgegeben anerkennen und folglich dem
Beschreibnisversuchen als Voraussetzung zugrunde legen zu müssen, ergab
sich für ihn die Aufgabe der Religionsphilosophie so, wie er sie bestimmt
hat.

Wir haben eingangs zu klären gesucht, warum diese „kritische" Disziplin
keinesfalls als normativ verfahrend gemeint sein kann; inzwischen haben
die Lehnsätze gezeigt, wie auch in gar keiner Weise die von Schleiermacher angewandte Methode in solch einem Sinne einzustellen ist; und
schließlich finden wir uns gerade von diesem Lehnsatz aus auf Schleiermachers Grundlagenerörterung verwiesen, nämlich darauf, daß das entscheidende Moment in der „kritischen Zusammenschau" der verschiedenen
Frömmigkeitsgestaltungen nicht als Konstante, sondern eben als Variable
anzusehen ist. Wir haben schon mehrfach zeigen können, daß die — in
welchen Versionen auch vorgetragene, schließlich immer gleich lautende
— oft ausgesprochene Meinung, Schleiermacher wolle an dem schlechthinnigen Abhängigkeitsgefühl beziehungsweise an dessen möglichst reiner
Darstellung den Grad der Vollkommenheit ausmachen, mit dem die verschiedenen Religionen sich der „wahren" Frömmigkeit nähern, die Intention der Einleitung, insbesondere die der religionsphilosophischen Lehnsätze, zumindest mißversteht — zu den Ausführungen dieses Satzes hat
jene Meinung gar keine Beziehung mehr. Und dies deswegen nicht, weil
hier das von Schleiermacher in die religionsphilosophischen Überlegungen
eingelassene Prinzip der Variabilität nicht nur auch anerkannt oder nebenbei berücksichtigt wird, sondern die das Verständnis tragende Bedeutung
gewinnt[3]. Von dem schlechthinnigen Abhängigkeitsgefühl als von einer
etwa allgemeingültigen und unveränderlichen Norm ist nirgend die
Rede.

Als allgemeingültige Voraussetzung dieses Gedankenganges eingeführt
und insofern als Erkenntnisprinzip angewendet könnte man allenfalls
die behauptete Bedingtheit selbst ansehen, das heißt, daß Schleiermacher
das „gegenseitige Bedingtsein" von „Innerem" und „Äußerem" als solches

---

[3] s. o. S. 144 ff.

postuliert (Th 64^{b}; Th 65^{a}). Aber auch dieses Urteil wäre, so schlechthin gesprochen, unzutreffend. Es hätte nicht die besondere Akzentuierung berücksichtigt, die der Gedankengang des mittleren Verhandlungsbereiches gerade mit dem letzten Lehnsatz hier erhält. Die Voraussetzung wird nämlich gar nicht aufgrund der ihr etwa zukommenden Allgemeingültigkeit eingebracht, vielmehr stellt sie gerade eine die Weite der Aussagemöglichkeit einschränkende Bedingung auf. Anders betont: sie entspricht genau der in diesem Paragraphen notwendig werdenden Eingrenzung der religionsphilosophischen Aufgabe. Ich halte dafür, daß dies zu bemerken deswegen wichtig ist, weil damit wiederum erhellt wird, wie Schleiermacher von seinem Zielgedanken her, „eigentümliches Wesen" begrifflich festzulegen, förmlich dazu gezwungen wird, die Argumentation auf die Individualität „Christentum" zu gründen.

Denn zu den aufzufindenden und dementsprechend in den ersten Sätzen noch mit betrachteten Frömmigkeitsgestaltungen gehören ja auch solche, für die diese „innigste" Verbundenheit von „äußerer" und „innerer" Einheit gar nicht in solchem Grad wie für das Christentum aufgezeigt werden kann; ein solches Aufzeigen ist deshalb nicht möglich, weil diese Glaubensweisen schon nach der einen Seite hin, in bezug auf den geschichtlichen „Anfang", in einer genauen Bestimmtheit nicht abgrenzbar sind. Das bedeutet, daß in Richtung auf die Religionen der unteren Stufen — für die also „diese äußere Einheit nicht so fest (steht)" (65/62) — ein „eigentümliches Wesen" immer weniger scharf nur fixiert werden kann, der Leitsatz für sie genau genommen allenfalls in seiner abgeschwächten Formulierung zutrifft: „je weniger die äußere Einheit bestimmt nachgewiesen werden kann, um desto schwankender ist auch die innere" (ebd.). Im eigentlichen Sinne kann sich dieser letzte religionsphilosophische Satz nur auf die Religionen der monotheistischen Stufe beziehen. Zwar hat Schleiermacher auch im vorigen Paragraphen im wesentlichen nur diese Frömmigkeitsformen betrachtet, doch blieb ja die Möglichkeit einer Erweiterung der Aussage auf den Bereich der unteren Stufen grundsätzlich eingeschlossen. Hier aber muß er sich auf die Betrachtung der monotheistischen Frömmigkeitsgestaltungen beschränken. Wenn man eben nicht überhaupt sagen will, daß die Erörterung nur und genau darauf gerichtet sei, die Möglichkeit zur Erfassung des eigentümlichen Wesens des Christentums zu begründen. Ich bin der Ansicht, daß man die hier erfolgende Eingrenzung als so eng gefaßt zu beurteilen hat.

Denn von der eigenartigen Wendung her, die Schleiermacher seiner Grundthese gibt — „es scheint, daß ... eine gleichmäßige Vollendung der äußern und innern Einheit nur der höhern Entwicklung vorbehalten bleibt, am innigsten also auch in der vollkommensten Gestaltung — als welche wir im voraus das Christentum bezeichnen möchten — die innere Eigentümlichkeit mit dem verbunden sein müsse, wodurch die äußere Einheit geschichtlich begründet wird" (65/63)[4] —, erhebt sich doch die Frage, ob die Religionsphilosophie nicht überhaupt unter dem Aspekt „auf Christentum hin" entworfen sei; das würde bedeuten, daß der engere Blickwinkel, wie er von Anfang an gekennzeichnet worden ist, scheinbar nur einen Sektor ausgrenzt, in Wirklichkeit aber das Ganze erfaßt[5]. Die Frage ist dann berechtigt und ergibt sich sogar zwangsläufig, wenn der hier ausgesprochene Satz grundlegende Bedeutung hat und sofern er in dieser seiner Bedeutung den Entwurf der Religionsphilosophie überhaupt bedingt. Sie steht in Analogie zu der Überlegung, die wir oben in bezug auf die Dialektik angestellt haben: daß Schleiermachers Philosophie möglicherweise von seiner Theologie her zu verstehen sei und das Verständnis nicht umgekehrt angesetzt werden dürfe. Auch in bezug auf die Religionsphilosophie können wir nur fragen, eine definitive Antwort vermögen wir von unserm begrenzten Text her nicht zu geben. Aber wie die Entscheidung bei einer sich auf eine breitere Basis stützenden Untersuchung auch ausfallen mag, für diesen Zusammenhang, für den Bereich der religionsphilosophischen Lehnsätze, dürfte außer Zweifel stehen, daß die Verhandlung darauf zielt, den Begriff „eigentümliches Wesen" im Hinblick auf die Beschreibung des Christentums zu erstellen. Denn „eigentümliches Wesen" soll nicht aufgrund einer philosophischen, allgemeingültigen Wesensbestimmung erfaßt werden, sondern wird von vornherein als abhängig von der einen, hier allein interessierenden Individuation gesehen.

Damit wäre also die Stelle ausgemacht, die dieser § 10 im Zyklus der religionsphilosophischen Sätze einnimmt. Allerdings ist er in das Ganze zurückgebunden: Er läßt erst die Richtung dieses Verhandlungsbereiches als eindeutig bestimmt erkennen, von hier aus nämlich wird einsichtig,

---

[4] Daß dieses „im voraus ... bezeichnen" genau nicht im Widerspruch zu unseren bisherigen Ausführungen steht, ist zwar kaum zu bezweifeln, trotzdem — da unsere Auslegung sich insbesondere gegen die Behauptung richtet, Schl. wolle hier auf irgendeine Art den höhern Wert des Christentums „beweisen" — sei dazu noch einmal angemerkt: dieses „im voraus" kann sich nur auf den „Beweis des Glaubens" (GL¹ § 18,5; 124/92) stützen, von dem der Dogmatiker wohl ausgeht, der aber und eben deswegen niemals Beweisziel der religionsphilosophischen Untersuchung sein kann.

[5] s. o. S. 149.

daß die Erörterung über Stufen und Arten von Anfang an als auf den Richtpunkt „Darstellung des Christentums seinem eigentümlichen Wesen nach" (74/74) zuführend gemeint sein muß. Und sofern der Leitsatz diesen Richtpunkt nicht selbst enthalten kann, weist er zugleich über sich hinaus, fordert er den „Übergang in das Gebiet der Apologie" (Th 67ᵇ).

Folgen wir nun der Erörterung in dem ihr eigenen Gedankengang! Wir erinnern noch einmal: nach der Ausgangsthese bedingen zwei Momente das „eigentümliche Wesen" einer Glaubensweise, nämlich einerseits — „äußerlich" — deren „bestimmte(r) Anfang" und andererseits — „innerlich" — die charakteristische „Abänderung" des mit verwandten Glaubensweisen Gemeinsamen. Entsprechend der oben diskutierten Eingrenzung werden nur die miteinander auf der höchsten Stufe stehenden Religionen betrachtet.

Wir können Schleiermachers Einstieg genau aufnehmen und unterstreichen: „Über den eignen Anfang jeder frommen Gemeinschaft nun bedarf es keiner weiteren Erörterung" (66/63). Das Gewicht der Untersuchung liegt folglich auf der Begründung des zweiten Teils des Leitsatzes, das heißt darauf, wie die „innere Verschiedenheit" (65/63) der monotheistischen Glaubensweisen erklärt werden könne.

Der Hauptsatz des hierher gehörenden 2. Abschnitts ist die These, „daß in allen zwar dasselbe sei, aber in jeder alles auf andere Weise". Damit will Schleiermacher sich gegen die „herrschende Ansicht" stellen, „daß das meiste in allen Gemeinschaften der höchsten Stufe dasselbige sei, und daß zu diesem allen Gemeinsamen nur in jeder noch einiges Besondere hinzukomme", anders gewendet: will er erläutern, wieso die Eigentümlichkeit jeder dieser Glaubensweisen als durch das Ineinander von „äußerer Einheit" und „innerer Einheit" zu einer Ganzheit gestaltet aufgefaßt werden müsse. Ausdrücklich hebt er hervor, daß nicht etwa der „Glaube an e i n e n Gott" als gleichsam durchtragend gemeinsames und deswegen letztlich ausschlaggebendes Element des frommen Bewußtseins anzusehen sei — dann könnte dessen je individuelle Ausformung nur akzidentielle Bedeutung haben —, daß, um seine Unterscheidung „nur aus dem Groben" hinsichtlich des Christentums aufzunehmen, nicht etwa der „Glaube an Christum" nur hinzukäme und also „ohne Einfluß wäre auf das ohne denselben und vor ihm schon vorhandene Gottesbewußtsein und auf die Art, wie es sich mit den sinnlichen Erregungen einigt". Eine solche Auffassung wäre mit dem Selbstverständnis des christlichen Glaubens nicht zu vereinbaren, und Schleiermacher hält dafür, diese Ansicht von seinem Ansatz her bestimmt zurückweisen zu können.

Wir haben schon den Ausführungen zu § 8 entnommen, daß es — nach
Schleiermacher — Monotheismus nicht an und für sich gibt, sondern nur
konkretisiert in den drei verschiedenen Gestaltungen des „Glaubens an
einen Gott". Die Negation dort ist so deutlich ausgesprochen worden,
und die Position hier, die Bestimmung von „Eigentümlichkeit", erweist
sich als so klar entwickelt, daß es im Grunde unbegreiflich ist, wie man
demgegenüber darauf insistieren will, die religiöse Individualität werde
„nur in einem sehr relativen Sinn anerkannt"[6]. Man könnte doch Schleiermachers „grobes" Beispiel noch etwas weniger fein zeichnen, und dann
wäre diese Ansicht eindeutig widerlegt: Es ist nicht etwa das schlechthinnige Abhängigkeitsgefühl als das der Einigung mit dem sinnlichen
Selbstbewußtsein überzuordnende und allein entscheidende Merkmal
der Frömmigkeit anzusehen, sondern die „Art", wie sich die Einigung
vollzieht, ist das Charakteristikum; nur von daher wird die einzelne
Frömmigkeitsgestaltung in ihrem Sosein, nämlich als „Individuum", begriffen.

Auch die Ausführungen im 3. Abschnitt widersprechen jener Bestimmung
keineswegs, sie fügen sich vielmehr genau ein. Schleiermacher will damit
betonen, daß er seine Definition an das allgemein geltende Verständnis
von „Individualität" angeschlossen habe: „die in unserem Satz aufgestellte
Formel ist dieselbe, welche für alle individuellen Unterschiede innerhalb
derselben Art und Gattung gilt". Wir müssen uns hier noch einmal ausdrücklich gegen BRUNNER wenden, der meint, an dieser Erörterung die
„Konsequenz der Grundlegung der Religionsphilosophie und des Denkens
Schleiermachers überhaupt" ausmachen zu können, und zwar dahingehend, daß das „vollkommen ausgeprägte schlechthinige Abhängigkeitsgefühl", „eben jenes ‚sich gleichbleibende Wesen' der Religion", als einzig
„Wesentliches" gegenüber dessen „dem Wert nach unbedeutende(n), obschon notwendige(n) Spezifikation(en)" erklärt sei[7]. Brunner kann diese
Behauptung nur aufstellen und mit ihr sein der Interpretation von Anfang
an zugrunde liegendes Verständnis des Gefühls der schlechthinnigen Abhängigkeit durchhalten, indem er Schleiermachers Intention genau um-

---

[6] F. FLÜCKIGER, 48.

[7] E. BRUNNER (Mystik, 128): „Was das Christentum von anderen Arten der
Gattung: teleologischer Monotheismus als sein spezifisch Christliches unterscheidet, das ist eine ‚zufällige', dem Wert nach unbedeutende, obschon notwendige
Spezifikation des Wesentlichen. Wesentlich aber ist eben jenes ‚sich gleichbleibende Wesen' der Religion, das vollkommen ausgeprägte schlechthinige Abhängigkeitsgefühl." Dagegen s. o. S. 144 ff.

kehrt. Der als angeblich eindeutiges Indiz herangezogene Satz lautet: „So hat auch jede Art dasselbe wie jede andere ihrer Gattung, und alles im eigentlichen Sinn Hinzukommende ist nur zufälliges" (68/65 f.). Brunner findet hiernach das „Individuelle" im „Hinzukommenden" ausgedrückt und folglich als „ein Zufälliges" deklariert[8]. Diese Auslegung bedeutet nichts anderes als die reine Umstellung des vorliegenden Gedankenganges, denn für Schleiermacher ist Individualität durch „eigentümliche Abänderung" des Gemeinsamen bestimmt und gerade nicht durch ein möglicherweise, dann jedenfalls nur als „zufällig" zu verstehendes „Hinzukommendes". Der Hauptsatz des 2. Abschnitts, der hier im 3. Abschnitt zur Charakterisierung von „Individuum" wiederholt wird — und dieser Begriff soll „fester" stehen als der „Begriff der Art", der auf dem geschichtlichen Gebiet „nur in einem unbestimmteren Sinne" aufgestellt werden konnte (67/65) —, hieß ja: in jeder frommen Gemeinschaft ist „alles auf andere Weise". Diese These will doch in ihren beiden Teilen betont sein. Genau entsprechend sagt Schleiermacher hier: „jeder Mensch hat *alles* das, was der andere, aber alles *anders* bestimmt" (67/65). Es kann gar kein Zweifel an der Absicht dieser Erörterung aufkommen: „eigentümliche Abänderung" erfaßt gegenüber irgendeinem hinzukommenden Zufälligen das „Wesentliche" des Individuellen, „Eigentümlichkeit" hängt an der „Verschiedenheit" am Gemeinsamen. Eben deswegen gilt: „das Auffinden dieses Unterscheidenden in einem eigentümlichen Dasein ist eine Aufgabe, welche in Worten und Sätzen nie vollkommen, sondern nur durch Annäherung kann gelöst werden" (68/66).

Ob man nun urteilen kann, daß Schleiermacher von dieser seiner Grundeinsicht in die Bestimmtheit von Individualität, die er als allem geschichtlichen Fragen vorauszusetzende Einsicht versteht, dazu geführt wird, die Religionen „bloß als Individuationen des einen göttlichen Lebens", in einem „naturhaften Nebeneinander", und also „ästhetisch relativiert" aufzufassen[9], muß doch bezweifelt werden. Jedenfalls wird diese Wertung dem Ansatz Schleiermachers kaum gerecht. Wir können uns hier ja nicht mit der Gültigkeit und der Tragweite des Schleiermacherschen Individualitätsprinzips befassen, es ist aber nicht einzusehen, mit welchem Recht man an diesem Text erheben dürfte, daß Schleiermacher „bloß" Individuationen des im übrigen umfassenden und letztlich allein wesentlichen „einen göttlichen Lebens" kenne. „Innere Einheit" und „äußere Einheit" bedingen einander vollständig und machen darin das „eigentümliche

---

[8] Von Brunner aufgenommen: aaO 139.
[9] So CHR. SENFT, Wahrhaftigkeit, 18.

Wesen" einer Frömmigkeitsgestaltung aus — diese Voraussetzung ist, wie wir gesehen haben, hier gerade in bezug auf das Christentum aufgenommen worden. Wir könnten der Auslegung „bloß als Individuationen" daher nur zustimmen, wenn sie sich nicht als Notierung des angeblichen Tatbestandes der Relativierung verstünde, sondern die Position ausdrücken wollte, die mindestens auch an diesem Text ablesbar ist: Schleiermacher kennt keine andere Möglichkeit, eine Frömmigkeitsgestaltung zu verstehen, denn diejenige, sie von ihrem „eigentümlichen Wesen" her zu erfassen, und insofern „bloß" als Individuation.

Wenn von dieser Bestimmung aus dem „Religionsbeschreiber" noch einmal die Schwierigkeit seiner Aufgabe vor Augen gestellt wird, so ist damit gewiß ein Rückverweis auf die Grundlagenerörterung in § 2,2 gegeben. Vielmehr wird diese von den Ausführungen hier erst eindeutig verständlich: „keine Wissenschaft kann das Individuelle durch den bloßen Gedanken erreichen und hervorbringen" hatte Schleiermacher einerseits festgestellt, und andererseits, daß es der „bloß empirische(n) Auffassung" nicht möglich sei, „das Wesentliche und Sich-gleichbleibende von dem Veränderlichen und Zufälligen zu unterscheiden" — nur in der Verschränkung beider Erkenntnisweisen ist das „Wesentliche" des „Individuellen" zu gewinnen, und zwar als das je diesem Einen zugehörige „Sich-gleichbleibende". Diese Aufgabe kann von der Sache her nicht definitiv gelöst werden, das Ergebnis ist nur approximativ zu erreichen. Hält man sich den von Schleiermacher so deutlich herausgestellten Sachverhalt der Unabschließbarkeit des Beschreibungsvorganges vor Augen, wird man auf gar keine Weise das Postulat der verschiedentlich genannten Ausleger anerkennen können, daß der sogenannte „Allgemeinbegriff Religion" die einfache Lösung des Problems sei. Das „Allgemeine(-)", was Schleiermacher lediglich meint festhalten zu müssen und zu können — „damit der Apologist einer einzelnen Glaubensweise um so weniger fehlgreife" —, ist die Tatsache der jeweils typischen Ausgeprägtheit des frommen Selbstbewußtseins: „daß in jeder eigentümlichen Glaubensweise das an und für sich überall auf derselben Stufe gleiche Gottesbewußtsein an irgendeiner Beziehung des Selbstbewußtseins auf so vorzügliche Weise haftet, daß es sich mit allen andern Bestimmtheiten des Selbstbewußtseins nur vermittelst jenes einigen kann, so daß dieser Beziehung alle anderen untergeordnet sind, und sie allen andern ihre Farbe und ihren Ton mitteilt" (68/66).

In diesem Sinne wäre also die eben genannte Auslegung wohl aufzunehmen: Es gibt für Schleiermacher keine andere Möglichkeit, die Gesamtheit der Frömmigkeitsgestaltungen zu erfassen, als diejenige, die einzelnen in ihrem Selbstverständnis darzustellen, und das heißt jede jeweils als „bestimmt begrenzte" fromme Gemeinschaft, als „eigentümliche Glaubensweise". Oder dies noch einmal in bezug auf den grundlegenden Begriff des frommen Selbstbewußtseins ausgedrückt: dieser ist nur sinnentsprechend aufgenommen, wenn die in der Definition eingeschlossene Modifikabilität beachtet wird, denn dieses fromme Selbstbewußtsein „gibt" es bloß als Konkretion in den je eigentümlich bestimmten Glaubensweisen.

Genau in bezug auf diese Festlegung will Schleiermacher dann die „Ausdrücke p o s i t i v und g e o f f e n b a r t" verstehen (Zusatz). Wenn wir uns daran erinnern, daß die Einleitung darin ihre Aufgabe finden sollte, „propädeutisch" eine „Ortsbestimmung" für die Glaubenslehre durchzuführen, und wie sich daraus ihre notwendig „sprachbildende" Funktion ergab, muß uns einleuchten, daß die zwar „bekannten", aber „ziemlich verworren gebraucht(en)" Begriffe im folgenden „nicht wesentlich vorkommen" (Th 68ª) können und daß sie deswegen wohl nur im „Zusatz" herangeholt werden. Daß sie minder wichtig seien, ist aus diesen Einschränkungen jedoch nicht zu schließen. Gerade das Gegenteil trifft zu. Wenn Schleiermacher auch meint, auf die Ausdrücke selbst verzichten zu müssen, den durch sie gefaßten Sachverhalt will er nicht aufgeben[10]. Und mehr noch: dieser Aussageinhalt kann jetzt gegen Mißverständnisse abgesichert werden und vermag dann das Fundament zu festigen, auf dem die Lehnsätze aus der „Apologetik" aufruhen sollen.

Wir haben oben schon vermerkt, daß Schleiermacher aufgrund seiner Auffassung von „Kirche" als dem alleinigen Beziehungspunkt dessen, was „Religion" genannt werden soll, eine angeblich „natürliche" Religion als leere Vorstellung erklären kann; neben oder gar über dem „Positiven" gibt es nichts „Natürliches", das Geltung oder Aussagekraft zu beanspruchen hätte. Allenfalls könnte man hier dasjenige einordnen, „was sich aus den Lehren aller frommen Gemeinschaften der höchsten Ordnung gleichmäßig abstrahieren läßt als das in allen Vorhandene nur in jeder anders Bestimmte" (69/67); das so verstandene „Natürliche" oder „Allgemeine" ist damit zugleich als lediglich und immer „sekundäre(s) Erzeugnis" (70/68) beurteilt. Es ist wohl wichtig, daß wir diese Aussage Schleiermachers, wiewohl ihr Grund inzwischen hinlänglich erörtert worden ist, nicht nur wie nebenbei aufnehmen. Mindestens dürfte sie ja unsere Auslegung der ethischen Lehnsätze bestätigen, weil anders denn als „sekundäres Erzeugnis" Schleiermacher dann auch seine eigene Abstraktion in der Bestimmung des „Wesens der Frömmigkeit" kaum verstanden haben

---

[10] Vgl. hierzu KD¹ (Apologetik) § 5 ≙ KD² § 45.

kann. Aber wichtiger noch scheint mir zu sein, dies zu bemerken, daß Schleiermacher überhaupt hier, im Übergang zur Apologetik, seine bisherigen Ausführungen so zusammenfaßt: Das Primäre also, das Eigentliche hätten wir erst in dem letzten Zyklus der Lehnsätze zu erwarten! Das entspricht genau der religionsphilosophischen Konzeption, wie sie sich zumal in diesem § 10 mit uneingeschränkter Klarheit abzeichnete.

Darüber hinaus jedoch erhält diese „zusätzliche" Erörterung ihre Bedeutung für das Ganze, das heißt für den mittleren Verhandlungsbereich, durch die Aufnahme des Begriffs der Offenbarung. Denn einmal knüpft Schleiermacher mit der Art und Weise, wie er die Begriffsbestimmung durchführt, direkt an seine letzte religionsphilosophische These an, schließt gleichsam den Gang des mittleren Zyklus in diesen Ausdruck zusammen, und zum andern untergreift er mit ihm das Ganze in einem deutlichen Rückbezug auf die Ausgangsthese, auf § 7. Gerade dieses andere zu bemerken ist notwendig, denn von daher erhellt sich erneut die Konsequenz, mit der Schleiermacher seine Methode gemäß der materialen Bestimmtheit des Problems durchhält.

Die zuerst genannte Aussagerichtung erkennen wir unmittelbar darin, daß der Begriff der Offenbarung, ebenso wie der des Positiven und damit diesem zugeordnet, aus seiner Bezogenheit auf „das Individualisierte" einer Glaubensweise erläutert wird. Er ist hineingenommen in das nur als Spezifikum erfaßbare Ineinander von „bestimmtem Anfang" und „innerer Eigentümlichkeit". Daß „Offenbarung" auf „göttliche(r) Mitteilung und Kundmachung" beruht (71/70) und daß diese immer auf irgendeine Weise als „eine auf das Heil der Menschen abzweckende ... Wirksamkeit" verstanden wird (72/70), braucht man — nach Schleiermacher — nicht zu diskutieren, das steht außer Frage, wie wenig einhellig und wie unscharf auch gemeinhin das Feld dieses Begriffs abgesteckt sein mag. In Abänderung gegenüber der ersten Auflage begnügt Schleiermacher sich damit, diese Unklarheit des Begriffsverständnisses mit wenigen Beispielen anzudeuten; auf eine Erörterung der seiner Ansicht entgegenstehenden These, wonach nur „dem Christentum und dessen Vorgänger, dem Judentum, ausschließlich vorbehalten" bleiben müsse, „geoffenbart zu sein" (GL[1] § 19,2), läßt er sich in der zweiten Auflage gar nicht erst ein. Damit entfällt auch die Nötigung, Christus als den „Gipfel aller Offenbarung" (GL[1] § 19,3) zu behaupten. Vielleicht könnte man sogar sagen, daß mit der Umstellung dieses Gedankenganges — wie wir oben schon hervorgehoben haben, ist er aus dem Zusammenhang der die Aufgabe der Apologetik wahrnehmenden Thesen herausgelöst worden — die Ausklammerung

jener Frage bezweckt ist, mindestens ist diese Ausklammerung ja darin
impliziert: im Zusammenhang der religionsphilosophischen Sätze, so wie
wir diese aufgenommen haben, kann eine derartige Behauptung keine
Stelle finden. Jedenfalls ist wichtig, die im Verhältnis zur ersten Auflage
eingetretene Abänderung als solche zu beobachten. Denn daraus mag sich
erklären, daß Schleiermacher in diesem „Zusatz" auch nicht annähernd so
bestimmt wie eben in der ersten Erörterung den Gebrauch des Begriffs
überhaupt zurückweist[11]. Er grenzt ihn ein auf das durch „Offenbarung"
ausdrückbare Positivum; dieses kann hier, durch den direkten Anschluß
an § 10, gegenüber der ersten Auflage noch stärker herausgestellt werden.

„Göttliche Mitteilung und Kundmachung" ist immer nur als „ursprüng-
lich(e)" Mitteilung zu verstehen, und zwar in dem Sinne, daß darin die
„Urtatsache" erfaßt ist, die einer bestimmten religiösen Gemeinschaft
sowohl äußerlich umgrenzend den geschichtlichen „Anfang" wie innerlich
begründend den „individuellen Gehalt" setzt beziehungsweise gesetzt hat;
die „Urtatsache", in der also beide die Individualität der Glaubensweise
bestimmenden Komponenten ineinandergehalten sind, ist „selbst nicht
wieder aus dem frü/heren geschichtlichen Zusammenhang zu begreifen"
und insofern als durch „göttliche Kausalität" gegeben aufzufassen (71 f./
69 f.). Indem Schleiermacher diese Erörterung als Abschluß der religionsphilosophischen Sätze durchführt, kann er sich darauf beschränken, das
hier allein Wesentliche auszusagen. Einmal nämlich geht es ihm darum,
jene Meinung von dem primären Zusammenhang zwischen „Offenbarung"
und „Lehre" zurückweisen zu können — „die Bestimmung möchte ich
nicht gerne aufnehmen, daß sie eine Wirkung sei auf den Menschen als
erkennendes Wesen" —; wenn auch diese Aussage hier nur wie nebenbei
einläuft, muß sie doch notiert werden, denn sie ist ein wichtiger Teil der
Vorlage für die apologetischen Sätze[12]. Und zum andern hat Schleiermacher deutlich belegt, daß er die Rede von einer sogenannten „allgemeinen" Offenbarung auf das bestimmteste ablehnt, sie hätte in diesem
Zusammenhang gar keinen Sinn mehr; oder, dasselbe positiv ausgedrückt:
„auch von den unvollkommenen Gestaltungen der Frömmigkeit" — sofern
eben für sie ein geschichtlicher „Anfang" und ein eigentümlicher „Inhalt"
vorauszusetzen sind — „(dürfte) mit Recht gesagt werden können, daß sie
auf Offenbarung beruhen, wieviel Unrichtiges auch dem Wahren darin
beigemischt sein mag" (74/73). Mit diesem abschließenden Satz haben wir
die andere Richtung dieses Gedankenganges aufgegriffen, die anzeigt, daß

---

[11] Vgl. GL[1] § 19, Anm. b.
[12] s. u. zu § 13, S. 290 ff.

Schleiermacher zugleich dahin zielt, die Untersuchung als Ganzes auf den Ausgangspunkt — § 7 — zurückzuholen.

Denn wenn die Behauptung der Bezogenheit von „Offenbarung" und von „positiv" auf „individuelle" Glaubensweise gilt — und das soll „für das Gesamtgebiet der geschichtlich bestehenden frommen Gemeinschaften" der Fall sein —, folgt daraus mit logischer Konsequenz das Zugeständnis, daß jede solche Glaubensweise die damit angezeigte „Ursprünglichkeit" „für ihr eigenes Grundfaktum in Anspruch nehmen" kann (73/72 f.). Aber was heißt das? Bedeutet solch Zugeständnis nun endgültig die Relativierung der Wahrheit? Ist damit der Schlußstrich so gezogen, wie BARTH es ausgedrückt hat: „Wahr ist alle Offenbarung und keine."[13]? Ein derartiges Urteil läßt doch mindestens außer acht, daß Schleiermacher den darin eingeschlossenen Vorwurf nicht mehr als einen religionsphilosophisch relevanten hören könnte. Wir erinnern an seine Diskussion des Verhältnisses „wahr-falsch" in § 7, an seine Ablehnung der Möglichkeit, für das Christentum den Anspruch auf „ausschließende(-) Wahrheit" belegen oder auch nur erheben zu können. Er nimmt hier die zugehörige Frage noch einmal auf, beantwortet sie aber nun nicht mehr nur in formaler Hinsicht. Dort war er auf das „zum Grunde liegende(-)" Gottesbewußtsein zurückgegangen, hier bezieht er sich auf dessen je konkret mögliche Darstellung, auf die Gemeinschaft derer, „an und in" denen die Offenbarung des „wahren Gottes" (51/47) „wirksam sein soll". Die Grenze, die oben erst angedeutet wurde, ist hier offen ausgezogen; sie verläuft, religionsphilosophisch geurteilt, zwischen der „Wahrheit", welche „(Gott) an und für sich" zukommt, und der „menschlichen Beschränktheit in Beziehung auf ihn": „Eine Kundmachung Gottes, die an und in uns wirksam sein soll, kann nur Gott in seinem Verhältnis zu uns aussagen" (74/73). Damit hat Schleiermacher nicht nur seinen in den ethischen Sätzen erläuterten Gottesbegriff ausgelegt, sondern zugleich seine religionsphilosophische Einsicht zu ihrem Zielpunkt geführt: Offenbarung ist dem Menschen nicht anders denn als vermittelte zugänglich — das bedeutet ja nicht die Relativierung der im Christentum begründeten Vermittlung, vielmehr ist deren Eigenart hiernach erst und gerade erfragt. Das Ergebnis der religionsphilosophischen Untersuchung fordert also den „Übergang in das Gebiet der Apologie" (Th 67[b]).

---

[13] K. BARTH, Theologiegeschichte, 421.

III.

Die „Lehnsätze aus der Apologetik"

Einleitendes

Die Aufgabe der „Apologetik"

Wir haben oben (im 2. Kapitel) versucht, Klarheit darüber zu gewinnen, welches das Ziel sei, das Schleiermacher mit den Lehnsätzen seiner Einleitung verfolgt. Von der Aufgabenbestimmung her — eine das „Wesen" des Christentums ausdrückende „Formel" aufzustellen, nämlich eine solche „Formel", die „das in allen Modifikationen des christlichen Selbstbewußtseins Gültige, außer demselben aber nicht Vorhandene" aufzunehmen vermöchte[1] — ergab sich für Schleiermacher die spezifische, von ihm im wesentlichen in methodologischer Hinsicht verhandelte Problematik dieses Gedankenganges. Wir sind denn auch im Vollzug der Auslegung durchgehend dazu genötigt gewesen, das von Schleiermacher angewendete „kritische" Verfahren aufmerksam zu beobachten; besonders deutlich ließ sich dieses an den religionsphilosophischen Lehnsätzen als Grundlage abheben.

Ich halte für notwendig, zumal vor der Aufnahme der apologetischen Thesen an die Aufgabenbestimmung als solche zu erinnern, und dann auch daran, daß Schleiermacher ausdrücklich davor gewarnt hat, die Ausführungen der Einleitung, eingeschlossen die der Apologetik entsprechenden, als „dogmatische" verstehen zu wollen. Die Erinnerung an seine Diskussion der Besonderheit seiner Aufgabenstellung ist deswegen notwendig, weil es den Anschein haben könnte, als kündige die für den dritten Zyklus der Lehnsätze angegebene Thematik — „Darstellung des Christentums seinem eigentümlichen Wesen nach." — die Zentrierung des Gedankenganges auf den eigentlich den Christen interessierenden Fragenkreis in solcher Angelegtheit an, daß hier endlich eine Ablösung von den fremden, die Theologie in unzulässiger Weise bindenden philosophischen Voraussetzungen erreicht werde. Dies aber kann gerade nicht Schleiermachers Absicht sein. Die „Darstellung" will ja auch den „fremden Glaubensgenossen" ansprechen, jedenfalls soll sie ihm einsichtig werden[2], und also muß sie ihre „Formel" an die philosophische Grundlagenbestimmung anknüpfen. Eine Isolierung dieser Thesen kann nicht nur nicht bezweckt sein, sie muß als selbstverständlich ausgeschlossen gelten, wenn denn die beiden

---

[1] Mul. 57/638; s. o. S. 20 f., S. 30 f.
[2] Vgl. Mul. 56 f./638.

ersten Zyklen für den Gesamtzusammenhang der Einleitung überhaupt
Bedeutung haben sollen.

Man könnte diese nochmalige Betonung des Zielgedankens und der
Einheit der Einleitung für überflüssig halten, wenn nicht, trotz Schleiermachers ausdrücklicher Verwahrung, eben doch immer wieder der Versuch
angestellt worden wäre, die apologetischen Sätze — zumal deren ersten,
§ 11, und diesen dann als die gesuchte „Formel" — für sich zu lesen. Ich
meine jedenfalls, daß ein derartiger Versuch isolierender Betrachtungsweise zum Beispiel bei FLÜCKIGER vorliegt, wenn er behauptet, Schleiermachers „Begriff der Erlösung" sei primär unter „Bezugnahme auf das
philosophische System" definiert worden (75), er sei „letztlich gar nicht
mehr von religiösen, sondern von philosophischen Voraussetzungen her
bestimmt" (77), könne also niemals — diese Folgerung wird allerdings
erst am Ende, im Anschluß an F. Chr. Baur (171; 182), gezogen — die
als grundlegend vorausgesetzte „durch Jesum von Nazareth vollbrachte
Erlösung" (§ 11) gültig ausdrücken[3]. Ebenso wird meines Erachtens die
„Formel" aus ihrem Verständniszusammenhang gerissen, wenn, gleichsam
im Gegenüber zu jener einen Position der Kritik, von K.-M. BECKMANN
ausgemacht wird, die Beziehung der Erlösung auf Jesus von Nazareth sei
ein „Postulat", zwar ein anzuerkennend gültiges, aber doch den Ansatz
der Einleitung eigentlich überfremdendes: es sei „wie die ganze Wesensbestimmung des Christentums keine Konstruktion mehr" (52)[4]. Noch
zweifelhafter in ihrer Berechtigung scheint mir die Frage zu sein, von
der her SENFT diese apologetischen Sätze zu erhellen sucht: er meint, sie
wollten „das Problem der Begegnung des Menschen mit Christus" (42)
stellen, die „innere(-) Struktur des Glaubens", dessen „Entstehung" darlegen (26); damit ist doch Schleiermachers Absicht vollständig verkannt,
wenn man diesem Frageansatz zufolge hier — in der Einleitung — eine

---

[3] Daß eine derartig einseitig festgelegte Interpretation seine Absicht völlig ver-
kennt, hat Schl. unmißverständlich bereits in der Ablehnung der Kritik Baurs
an seiner „Wesensbestimmung" zum Ausdruck gebracht: die Bedeutung der
„Person" Jesu könne erst in der Dogmatik selbst erörtert werden, denn die
Einleitung wolle nur „zeigen, wie der Begriff der Erlösung müsse gefaßt sein,
wenn er solle ... den Zentralpunkt einer besonderen Glaubensweise bilden"
(Mul. 55/636); vgl. auch Mul. 22/594 f.

[4] Andererseits fragt BECKMANN auch kritisch: „Finden sich wirklich in Schleiermachers Wesensbestimmung des Christentums, im § 11 der Glaubenslehre, die
Erlösung der Menschheit und die Person Christi hinlänglich bestimmt?" (Häresiebegriff, 99) Und er urteilt: „Der Begriff der Person Christi findet sich in der
Schleiermacherschen Bestimmung bezeichnenderweise gerade nicht" (aaO 100).

Erörterung von ihm verlangt, die „der klassischen Lehre vom heiligen Geist" (33) entspricht.

Entweder also sucht man in einseitiger Betonung den „philosophischen" Aspekt der apologetischen Sätze hervorzuheben — das ist einfach zu erreichen, denn Schleiermacher „verrät"[5] seine angeblich dem christlichen Erlösungsglauben fremde Ausgangsposition sogleich —, oder aber man erwartet, da er vom „Glauben an Jesum als den Erlöser" (§ 14) redet, „dogmatische" Aussagen von ihm — dann ist er „(n)atürlich ... nicht in der Lage, die Sache theologisch richtig darzustellen"[6]. Beide Aussagerichtungen sind so deutlich gerade in den apologetischen Sätzen angelegt, daß es ein Leichtes ist, sie je für sich zu unterstreichen. Schleiermacher hat sie ja nicht nur bewußt und ausdrücklich in den Gedankengang eingebracht, er macht ihr gegenseitiges Aufeinanderbezogensein gerade auch innerhalb dieses letzten Zyklus der Lehnsätze und für diese Sätze geltend. Das kann auch nicht anders sein. Denn erst jetzt, da die „Eigentümlichkeit" des Christentums ausgesagt werden soll, ist das Grundproblem, wie die Spekulation der Empirie genügen kann und warum die empirische Wahrnehmung der spekulativen Erkenntnis bedarf, ein Problem, das nicht mehr nur in allgemeiner Hinsicht zu erörtern ist, sondern eben am Konkretum gelöst werden muß.

Es ist genau falsch, die eine Seite gegen die andere auszuspielen oder gar nur eine von beiden aufzunehmen. Damit ließe man gerade an der wesentlichen Stelle die in den Vorüberlegungen zu den Lehnsätzen (§ 2) von Schleiermacher umrissene Aufgabenbestimmung unberücksichtigt, und außerdem wäre der unmittelbar einsichtige Übergang von den religionsphilosophischen zu den apologetischen Thesen negiert: „eigentümliches Wesen" wird man ja genau in dem Sinn zu verstehen haben, wie der Ausdruck in § 10 erläutert worden ist, nämlich als die „innigste" Verbindung von „äußerer" und „innerer Einheit" einer je als Individuation gegebenen, sich auf „Offenbarung" gründenden Glaubensgemeinschaft.

Überdies wird von einer so oder so einseitig angesetzten Beurteilung Schleiermachers Verständnis von Apologetik gänzlich außer acht gelassen; er verweist im Eingang seiner Glaubenslehre (14/7) ausdrücklich auf seine entsprechende Erklärung in der Kurzen Darstellung. Wir haben oben diese Begriffsbestimmung nur erst nebenbei berücksichtigen können; es mag gerade gegenüber den unterschiedlichen Beurteilungspositionen zweck-

---

[5] So formuliert F. FLÜCKIGER, 75.
[6] CHR. SENFT, Wahrhaftigkeit, 33.

mäßig sein, wenn wir, ehe wir die apologetischen Lehnsätze zur Kenntnis nehmen, kurz darlegen, wie die Disziplin als solche gemeint ist.

Aus dem von Schleiermacher eingangs angezogenen § 14 der Kurzen Darstellung erfahren wir nur, daß die Apologetik darauf gerichtet sei, die „innere Gültigkeit" der christlichen Kirche „auch äußerlich geltend zu machen oder sie zu verteidigen"[7]. Was das besage, wird aber erst aus dem Zusammenhang der Kurzen Darstellung selbst deutlich, den wir also wenigstens skizzierend aufnehmen müssen; wir folgen dabei der zweiten Auflage, weil dort die klarere Fassung geboten wird.

„Apologetik" und „Polemik" sind die beiden Teilgebiete der „philosophischen Theologie", wobei die eine „ihre Richtung ganz nach außen nimmt", dagegen die andere „die ihrige durchaus nach innen" (§ 41). Wichtig ist dabei, daß Schleiermacher also die Apologetik als die ganze eine Seite der philosophischen Theologie bestimmt, das heißt, daß ihr wesentlich deren einer Aufgabenteil zukommt: durch die „Darstellung" des „Wesen(s) des Christentums" dessen „Anspruch" auf geschichtliche Geltung zu erheben (§§ 24, 44 und 45). Diese Darstellung hat sich auf den in der Ethik und in der Religionsphilosophie erhobenen „Grundlagen" (§ 24) zu vollziehen, nämlich in Anknüpfung an den Begriff der Kirche beziehungsweise unter Bezugnahme auf das zu diesem Begriff nachgewiesene „Gebiet des Veränderlichen" (KD¹ § 24 ≙ KD² § 23). Die Voraussetzungen, nach denen Schleiermacher sich genötigt sah, die „philosophische Theologie" überhaupt — als „Wurzel der gesamten Theologie" (KD¹ § 26) — einzuführen und wenigstens umrißhaft darzulegen, brauchen wir nach dem im 2. Kapitel Gesagten nicht mehr zu erörtern; hier haben wir nur festzuhalten, daß der damit geforderte Anschluß der Theologie an die allgemeinen Wissenschaften bestimmungsgemäß in besonderer Weise durch die Apologetik geleistet werden soll. Schleiermacher hat den Entwurf dieser Disziplin in seiner Kurzen Darstellung verhältnismäßig breit angelegt; auf diese Einzelheiten können wir hier verzichten; auch auf die dort aufgewiesene Rückbindung der Apologetik in die Theologie überhaupt brauchen wir nicht einzugehen. Wichtig für uns ist der von Schleiermacher noch einmal betont gegebene Verweis auf das mit der apologetischen „Grundaufgabe" — Herleitung der „Formel", mit der das „eigentümliche Wesen des Christentums" zu fassen ist — festgelegte „kritische(-) Verfahren" (§ 44). Für unseren Fragezusammenhang ist es wesentlich, die also in bezug auf die Methode geltende Analogie zwischen Apologetik und Religionsphilosophie zu beachten. Nach § 43, dem ersten Grund-

---

[7] GL 14, Anm. α : KD¹ (phil. Theologie/Einl.) § 14.

satz der Apologetik, könnte es zudem scheinen, als sei überhaupt eine deutliche Grenze zwischen den beiden Disziplinen nicht auszumachen, jedenfalls muß Schleiermacher den Zusammenhang als sehr eng verstanden haben. Wenn wir dies auch nicht weiter auszuwerten vermögen — Schleiermacher hat eben nur Entwürfe dieser beiden Wissenschaftsgebiete, keine miteinander vergleichbaren Ausführungen geliefert —, so kann uns doch von der hier angedeuteten Verbindung her die Einführung in die Einleitung, die in § 2 der Glaubenslehre gegebene Entwicklung der Konzeption des Ganzen aus der Zuordnung der einzelnen Teile, verständlich werden.

Schleiermacher will die „Apologetik" — im Zusammenhang eben jenes Paragraphen kann er damit wohl nur die zugehörigen „Lehnsätze" meinen — in einem „abgekürzte(n) Verfahren", gleichsam parallel zu den religionsphilosophischen Sätzen, durchführen: sie müßte „auf demselben Punkt wie die Religionsphilosophie beginnen und auch denselben Weg einschlagen, aber alles dasjenige unausgeführt zur Seite lassen, was nicht zur Ausmittelung des Christentums unmittelbar beiträgt" (13/6). Die Apologetik muß also ganz entschieden an den spekulativ erhobenen Begriff der frommen Gemeinschaft anknüpfen und ebenso eindeutig sich nur von dem Bezug auf die empirisch gegebene Gemeinschaft Christentum her verstehen. Wenn wir das Ergebnis von oben aufnehmen, daß die gemäß der Religionsphilosophie durchgeführte Untersuchung auch eigentlich oder doch im Vollzug notwendigerweise darauf ausgerichtet worden ist, den Grund für die begriffliche Erfassung der einen, der christlichen Glaubensweise zu legen, müssen wir es für einleuchtend halten, daß die apologetischen Sätze sozusagen noch einmal den gleichen Gedankengang nachgehen, aber nun auf die inhaltlich bestimmte Beschreibung des „eigentümlichen Wesens des Christentums" zu.

Danach wäre der Zusammenhang der beiden Satzzyklen so zu verstehen, daß jeder an der Lösung der einen Aufgabe — Beschreibung des Christentums — orientiert ist, der religionsphilosophische Gedankengang aber primär in formaler Hinsicht, das heißt, daß hier das Gewicht auf der Erörterung des grundsätzlich Gültigen liegt, der apologetische dagegen eigentlich von der materialen Bestimmtheit her, hier also ist das Wesentliche der Verhandlung die Bezugnahme auf das empirisch Gegebene.

Man könnte gegen diesen Versuch, beide Verhandlungsbereiche so in einem gegenseitigen Gehaltensein erkennen zu wollen, einwenden, Schleiermacher habe mit der oben zitierten Stelle aus seinen Vorüberlegungen den „abgekürzten" Weg nicht eigens als denjenigen angegeben, nach dem er in den apologetischen Lehnsätzen vorgehen will; es wäre auch denkbar, daß er erläutern wollte, wie überhaupt die Apologetik durchführbar sein kann, so lange bis die Religionsphilosophie als allgemein anerkannte Disziplin entwickelt worden ist. Über die Durchführung der Lehnsätze wäre dann gar nichts gesagt. Vom Text her eindeutig ausschalten läßt sich dieser Einwand zwar nicht, aber es ist doch nicht einzusehen, welchen Sinn solch allgemeine Angaben in der insbesondere den „erste(n) Teil (der) Einleitung" (§ 2,3) einführenden Vorüberlegung haben sollten. Jedenfalls kann doch von diesem möglichen Einwand her nicht etwa auch der oben aufgestellten Behauptung, daß die beiden wie auch immer ausgeführten Disziplinen hinsichtlich des je anzuwendenden Verfahrens als analog zu verstehen sind, widersprochen werden; in dieser Beziehung sind dann auch die Bereiche der Lehnsätze als einander zugeordnet anzusehen. Denn gerade diese Analogie wird durch die Rückverweise, die von Schleiermacher in die definierenden Paragraphen der Kurzen Darstellung eingefügt worden sind, eindeutig belegt: Bei der Bestimmung der apologetischen „Grundaufgabe" (KD² § 44) erinnert er für das Verständnis von „kritische(m) Verfahren" an den die philosophische Theologie einführenden Satz, KD² § 32, und hier wiederum an der entsprechenden Stelle — „kritisch bestimmen" — an denjenigen, der innerhalb der allgemeinen Einleitung in die Kurze Darstellung die Funktion der Religionsphilosophie erläuterte (KD² § 23).

Was hier hervorzuheben ist, faßt sich eben in dem angegebenen Mittelsatz unmißverständlich zusammen; wir haben diesen § 32 der Kurzen Darstellung schon in unserem 2. Kapitel zitiert, aber erst jetzt ist sein Aussagewert, daß er nämlich auf den das Ganze tragenden Grund hinweist, mit Eindeutigkeit auszumachen. Das Verfahren, das die Religionsphilosophie zunächst als ein Teilgebiet der allgemeinen geschichtskundlichen Kritik kennzeichnete, wird hier noch einmal dargelegt, und nun von der besonderen Aufgabe her, die auf „das eigentümliche Wesen des Christentums" zielt. Auch „Apologetik" — wie sie hier gemeint ist — ist danach nicht anders möglich denn als „kritischer" Zusammenhalt von wissenschaftlicher Konstruktion und empirischer Auffassung, und dieser vollzieht sich als Vergleich der geschichtlich gegebenen christlichen Glaubensweise mit den begrifflich abgeleiteten Differenzen, nach denen die Frömmigkeitsgestaltungen überhaupt voneinander zu unterscheiden sind. Das heißt also, daß die Apologetik auf jeden Fall noch einmal in einem ihr spezifischen Rekurs die „kritische" Bestimmung an die begriffliche Untersuchung anzuschließen hat; sie ist selbst als Ganzes eine „kritische"

Disziplin. Danach haben wir von den Lehnsätzen des dritten Zyklus wenigstens dies zu erwarten, daß, wenn sie „nach außen" hin — also im Gegenüber zu anderen Glaubensweisen — den „Anspruch" des Christentums auf geschichtliche Geltung belegen, sie ihren „kritischen" Vergleich auf den spekulativ abgeleiteten Begriff der Kirche zurückführen. Das ist keine Verlegenheitslösung und damit „verrät" Schleiermacher nicht eine Bevorzugung oder gar ausschließliche Anerkennung der philosophisch erhobenen Aussagen — allein in diesem Verfahren sieht er die Möglichkeit „begründet", zu einer „eigentlich geschichtliche(n) Anschauung des Christentums" zu gelangen (KD² § 65).

11. Kapitel

Notwendigkeit von Erlösung: der Ort des Christentums — § 11

Wenn man sich vor Augen hält, mit welcher Mühewaltung Schleiermacher die ersten beiden Gedankenreihen seiner Einleitung durchgeführt hat, um zu erläutern, wie das „Wesen der Frömmigkeit" als „Bestimmtheit des unmittelbaren Selbstbewußtseins" gefaßt werden müsse und wieso von daher „Kirche" als sich in verschiedenen Glaubensweisen gestaltend zu verstehen sei, mag man sich wohl darüber wundern, daß er in der ersten apologetischen These dem Anschein nach sofort und bereits vollständig das „Wesen des Christentums" aussagt, und dies ohne direkte Anknüpfung an den als grundlegend eingeführten Begriff des schlechthinnigen Abhängigkeitsgefühls. Wozu der lange Anmarschweg, wenn sowieso die Bestimmtheit des christlichen Glaubens ausschließlich in der Bezogenheit „auf die durch Jesum von Nazareth vollbrachte Erlösung" gesehen wird? Hätte Schleiermacher seine „Formel", um die es ihm ja nach seiner Aufgabenbestimmung allein geht, nicht geradesogut und sogar eher sachgemäß, weil weniger leicht mißverständlich, an den Anfang seiner Ausführungen stellen können? Erhebt sich gegenüber Schleiermachers Vorgehen nicht von selbst der Vorwurf, „Erlösung" — wenn dieser Ausdruck aus dem Gesamtzusammenhang der Untersuchung erklärt sein soll — könne gar nicht mehr die gemeinhin christliche Vorstellung von dem „Heil und (der) Rettung des sündigen Menschen" aufnehmen, müsse vielmehr „Höherentwicklung und Entfaltung der menschlichen Natur"[1] beinhalten? Oder aber muß nicht, wenn die Rede von „Erlösung" im christlichen Verständnis

---

[1] So F. Flückiger, 77.

gegründet ist, die Einführung dieses Begriffs die ganze bisher durchgeführte Konstruktion sprengen?

Für BRUNNER ist der Schluß — daß also hier deutlich werde, wie die beiden verschiedenen, einander ausschließenden Religionsbegriffe Schleiermachers zusammenstoßen — evident, so daß es dafür nicht einmal eines Nachweises aus den Erläuterungen zu diesem ersten apologetischen Satz bedarf. Freilich beruht diese Evidenz im wesentlichen auf den Prämissen, die Brunner aus dem Vorhergegangenen (unter Bezugnahme auf die Reden, die Ethik und die Dialektik) gewonnen hat: einmal, daß Schleiermacher „individuell" unter der Kategorie des „Zufälligen" eingeführt habe, welches also nicht „mit einem Male zum Allerwesentlichsten gemacht" (129) werden dürfe; zum andern, daß das Gefühl der schlechthinnigen Abhängigkeit als ein „zeitloses" definiert und folglich mit dem „historischen Faktum" Jesus von Nazareth auf gar keine Weise in Zusammenhang zu bringen sei; danach kann es sich nur um ein „Kabinettstück sophistischer Dialektik" (140) handeln, wenn Schleiermacher, der „erfindungsreiche Odysseus unter den Denkern" (130), das schlechterdings Unvereinbare, seine Mystik einerseits und seinen christlichen Glauben andererseits, schließlich doch „zusammen(zu)leimen" (131) verstand. Wohl mußte die Gültigkeit schon dieser Voraussetzung von der hier durchgeführten Auslegung her bezweifelt werden, dennoch ist es ja tatsächlich nur schwer und nicht ohne weiteres einzusehen, wie sich jene von Schleiermacher postulierte Bezogenheit des christlichen Glaubens in den bisher erstellten Zusammenhang fügen könne.

Gewiß läßt sich dieses Problem — wenn überhaupt — nicht unabhängig von der Erläuterung des Leitsatzes lösen. Merkwürdigerweise wird diese aber weithin nur stark verkürzt und nicht von ihrem eigentlichen Angelpunkt her ausgelegt. Ich meine, daß der Ansatz zu einer Verkürzung immer dann vorliegt, wenn man die Aussage der These ohne weitere Begründung im wesentlichen nur gefaßt sein läßt in deren letztem Teil, wenn man also die „eigentliche" Wesensbestimmung von Schleiermacher allein in der Berufung auf die „Erlösung" ausgedrückt findet[2]. Abgesehen davon, daß doch auch die folgenden Sätze erst noch gehört werden müßten, ehe man urteilen könnte, ob Schleiermacher das „Wesen" des Christentums „richtig" erfasse — als Hauptfrage erhebt sich jedenfalls von der Formulierung dieser ersten These her, ob und in welcher Weise der hier eingeführte Begriff der Erlösung mit der zuvor ausgemittelten und hier

---

[2] Vgl. hierzu: K.-M. BECKMANN, Häresiebegriff, 16 f.; CHR. SENFT, Wahrhaftigkeit, 20; F. FLÜCKIGER, 75; auch schon F. CHR. BAUR, Gnosis, 646 ff. Anm. 22.

noch einmal angegebenen Ortung verbunden sei, das heißt, ob ein wesentlicher Zusammenhang bestehe zwischen der Beschreibung des Christentums als Erlösungsreligion einerseits und dessen Einstufung als teleologisch-monotheistisch geartet andererseits. Vielmehr: das Ob kann im Grunde nicht als fraglich gelten, das Problem ist, wie dieser Zusammenhang gemeint ist und auf welche Weise er hergestellt wird; denn Schleiermacher hat gewiß nicht nur wie nebenbei die beiden seiner Ansicht nach wesentlichen Merkmale in die Ausgangsthese eingebracht; außerdem notiert er am Rande, daß dieser Satz die „individuell-charakteristische Verbindung" in bezug auf den „Ort" angebe (Th 74[b]). Also jenes in § 7 zur Beschreibung aller Frömmigkeitsgestaltungen konstruierte Koordinatensystem soll keineswegs vergessen sein, sondern das „Wesen" des Christentums muß gerade rücksichtlich dieses Ordnungsfeldes ausgesprochen werden sollen; das Verhältnis zu den anderen Glaubensweisen wäre notwendigerweise, und zwar im Rückgang auf das in § 10 präzisierte Verständnis von „Kirche" als „bestimmt begrenzter" Gemeinschaft, mit zu beachten. Die Fixierung des Ortes muß ja aufgegriffen werden, denn schließlich hatte Schleiermacher sie deswegen durchgeführt, weil er meinte, damit werde die beabsichtigte Beschreibung des Christentums „erleichtert" (62/59). Mit der Angabe des so bestimmten Ortes — monotheistische Stufe, teleologische Richtung — innerhalb der ersten These kann Schleiermacher nicht auf eine nur äußere Verbindung mit dem Vorhergegangenen hinweisen wollen, dieser Ort muß von ihm als der für die Verhandlung des dritten Gedankenganges notwendige Ausgangspunkt angesehen worden sein. Die der Apologetik entsprechende Erörterung ist folglich wenigstens als durch die diesem Ausgangspunkt implizierten begrifflichen Festlegungen mit den religionsphilosophischen Sätzen, und dann auch mit denen der Ethik, verknüpft zu erkennen. Danach können „Erlösung" und „monotheistisch-teleologische" Artung nicht zwei wesensfremde oder auch nur zwei unabhängig voneinander geltende Aussageelemente bedeuten, sie müssen gerade in wechselseitiger Bezogenheit einander erläutern sollen: Genau weil die christliche Glaubensweise wesentlich durch die „Erlösung" bestimmt ist, eben deswegen ist sie als „monotheistisch-teleologisch" gerichtet zu beschreiben. Das „eigentümliche Wesen" des Christentums kann nur in dessen „geschichtlicher Anschauung" erfaßt werden — mit dem § 11 wird diese in der Kurzen Darstellung (KD² § 65) angegebene, von der Philosophischen Theologie zu leistende Grundvoraussetzung der Theologie überhaupt aufgenommen. Wie das damit verknüpfte Problem — nämlich wiederum das der Herstellung des Gleichgewichts zwischen Spekulation und Empirie —, nun konkretisiert in bezug auf die Spezifikation „Christentum", zu lösen sei, das ist fraglos für Schleiermacher der Angelpunkt der apologetischen Lehnsätze in ihrer Gesamtheit. Folglich wird die gesuchte Wesensbestimmung kaum schon der Ausgangsthese selbst und deren Erläuterung zu entnehmen sein, allererst und höchstens werden wir die „Formel" als Ergebnis der Auslegung des Ganzen erfassen können.

Folgen wir nun der Erläuterung in ihren einzelnen Teilen! Der im Leitsatz angegebene „Mittelpunkt" (80/80) der christlichen Frömmigkeit soll auf dem Weg der „geschichtliche(n) Betrachtung" erkannt worden sein; so charakterisiert Schleiermacher selbst am Ende des 5. Abschnitts seine Ausgangsposition (83/84). Daß er sich zunächst dem empirisch Wahrnehmbaren zugewendet haben will, daß er also mit der anderen Komponente seines kritischen Verfahrens einsetzt, ist durchaus verständlich: anders als im Rückgriff auf das in der Wirklichkeit Vorfindliche wird man ja die als historisches Geschehen bezeugte „durch Jesum von Nazareth vollbrachte Erlösung" in das Beschreibnis des „eigentümlichen Wesens" kaum einbringen können. Für Schleiermacher scheint dieser Ansatz gleichwohl nicht für sich zu sprechen. Es ist doch bemerkenswert, daß er im letzten Abschnitt (5.) noch einmal auf die Grundfrage nach der Möglichkeit einer „allgemeinen Religionsphilosophie" eingeht. Zumal, wie er darauf eingeht: Hätte diese „alle Hauptmomente des frommen Bewußtseins systematisiert" und wäre ferner „Erlösung" als ein in dieses System gehörendes „zentrales (Moment)" erwiesen, „so wäre dann das Christentum als eine eigentümliche Glaubensform sichergestellt, und in gewissem Sinne konstruiert" (82/83); an dieses Ergebnis erst hätte die Apologetik ihren eigenen Gedankengang anzuschließen. Wiewohl Schleiermacher diese Erwägung selbst als eine „problematisch(e)" (Th 82ᵇ) charakterisiert, müssen wir sie für beachtenswert halten, und zwar aus einem doppelten Grund. Erstens fällt auf, daß Schleiermacher überhaupt noch einmal das Idealbild einer „allgemeinen Religionsphilosophie" zeichnet, genauer gesagt: daß er innerhalb des Zusammenhanges der Lehnsätze nur hier so ausdrücklich oder so formuliert auf diese Frage eingeht. Zweitens ist demgegenüber nun erst recht bedeutsam, wie bestimmt er daran festhält, daß auch die in solch einer allgemein anerkannten Wissenschaft geleistete Konstruktion „kein Beweis des Christentums" sein könnte. Erstens also wird der Leser noch einmal an die der ganzen Untersuchung zugrunde liegende Anfangsvoraussetzung erinnert, nach der das Denken in seiner Zusammenstimmung nur und genau mit dem Sein „an dem Wahren" (§ 7,3) ist;

ein derartiger Rückverweis auf den Grund der Philosophie, auf das Prinzip des Wissens, ist für die jeweils ersten Lehnsätze kennzeichnend; er entspricht deren vorwiegend spekulativem Charakter. Zweitens — und das ist der in bezug auf den apologetischen Gedankengang wichtigere Gesichtspunkt — greift Schleiermacher auf seine Ausgangsdefinition in § 3 zurück: weil und sofern Frömmigkeit eine Bestimmtheit des unmittelbaren Selbstbewußtseins ist, kann der Christ den Grund seiner „Gewißheit" — „daß seine Frömmigkeit keine andere Gestalt annehmen könne als diese" (83/84) — nicht in einem spekulativ oder durch Auswertung einer historischen Tatsache erbrachten „Beweis" gelegt finden; die Möglichkeit, einen „Beweis für die Wahrheit oder Notwendigkeit des Christentums" (ebd.) führen zu können, ist von der Sache her ausgeschlossen; es muß vielmehr vorausgesetzt werden, „daß jeder Christ ... schon die Gewißheit in sich selbst habe ..." (ebd.), ehe er eine Antwort auf die Frage nach dem „eigentümlichen Wesen" des Christentums sucht oder zu hören bereit ist. Hier kann man freilich den Zusammenhang nach vorn hin auch umgekehrt ausdrücken: weil und sofern für Schleiermacher der Grund des christlichen Glaubens nur von der dem Christen „in sich selbst" gegebenen „Gewißheit" her beschreibbar ist, muß Frömmigkeit von ihm als „weder ein Wissen noch ein Tun, sondern eine Bestimmtheit des Gefühls oder des unmittelbaren Selbstbewußtseins" gefaßt werden. Die Frage, auf welche Weise solche „Gewißheit" entstehe, bleibt zunächst und notwendigermaßen offen, und zwar — wie die Frage nach dem Entstehen der „frommen Gemeinschaft" innerhalb des religionsphilosophischen Untersuchungsganges — durch die ganze apologetische Verhandlung hindurch. Auf die Bedeutung dieses Sachverhaltes müssen wir unten, in § 14, eingehen, wenn wir sehen, wie dort geantwortet wird.

Diese beiden Voraussetzungen also legen die hier eingestellte „geschichtliche Betrachtung" fest, sie machen den Grund der Möglichkeit solcher auf das Christentum sich richtenden Betrachtung aus und bedingen zugleich die nur begrenzte Gültigkeit der Aussage. Ich halte dafür, daß es notwendig sei, diese beiden für Schleiermachers Erläuterung des ersten apologetischen Satzes gleich wichtigen Gesichtspunkte von Anfang an zu beachten. Sonst könnte man versucht sein, die eigentlich zentrale oder sogar allein wesentliche Aussage dieses Paragraphen in dessen zweitem Abschnitt, der begrifflichen Erörterung von „Erlösung", finden zu wollen und alles Weitere nur als Exemplifizierung, als höchstens noch sekundär gegenüber der dort eingeführten, aufgrund „allgemein-philosophischer" Überlegung[3] gelten-

---

[3] So F. FLÜCKIGERS Ansatz, der unten erörtert wird: S. 247 f. und S. 257 f.

den Begriffsbestimmung zu erklären. Ein solches Urteil würde Schleiermachers Intention keineswegs gerecht. Zwar erhält ohne Zweifel hier, zu Beginn des der Apologetik entsprechenden Untersuchungsganges, eben diese begriffliche Erörterung ein besonderes Gewicht — und von daher ist diese These in eine Reihe mit den jeweils ersten Lehnsätzen zu stellen —, aber ihre Bedeutsamkeit liegt nun gerade darin, daß der Zentralbegriff der Erlösung nicht unabhängig von der geschichtlich bedingten Wirklichkeit eingeführt wird. Die anderen Abschnitte — und zumal der erste, das Zurückgehen auf die „Grundtatsache" — müssen als die Begriffsklärung mit bestimmend und insofern als ebenso gewichtig wie der zweite beurteilt werden.

Freilich wird man fragen, wieso gleich im Ansatz, wie Schleiermacher doch behauptet, das Moment des Historischen zum Tragen komme: von „Jesus von Nazareth" ist zunächst gar nicht oder doch nicht ausdrücklich die Rede. Das empirisch Gegebene gerät vordergründig gleichsam nur im Nebensatz in die Überlegung, fraglos nicht einmal in der gewünschten Weise: der die „Formel" suchende Beobachter trifft nämlich keineswegs auf das eine und einfach gestaltete „Christentum", sondern auf „eine Mannigfaltigkeit von kleineren Kirchengemeinschaften". Dem Unternehmen, dasjenige Element nachzuweisen, welches das Christentum als „eigentümliche" Glaubensgemeinschaft gegenüber allen anderen auszeichnet, stellen sich bisher noch nicht berücksichtigte, neu geartete Schwierigkeiten in den Weg. Von dieser Gegebenheit der christlichen Glaubensweise als „Mannigfaltigkeit" her entstünde die Notwendigkeit, erst einmal eine Verständigung über den „Umfang des christlichen Gebietes" unter den verschiedenen, sich auf diese eine Glaubensweise beziehenden Gruppen herbeizuführen. (75/74 f.)

Wir brauchen auf Schleiermachers Diskussion dieses neuen, im Grunde schon in den Bereich der Polemik weisenden Problems im einzelnen nicht einzugehen. Wichtig für unsere Untersuchung ist, daß einerseits wohl bei den folgenden Erörterungen das Ziel, eine solche — entsprechend der Charakterisierung in der Kurzen Darstellung formuliert — „nach innen gerichtete" Verständigung zu erreichen, auch mit im Blick bleibt, daß andererseits doch diese Aufgabe gerade hier nicht gelöst werden kann. Die „Formel" also, die das von allen als gemeinsam anerkannte „eigentümliche Wesen" ausdrücken soll, muß von den mit den unterschiedlichen christlichen Gemeinschaften gesetzten Differenzen absehen und in dieser Hinsicht das empirisch Wahrgenommene ausklammern. Das in dieser Weise historisch Gegebene hat für die definitorische Aufgabe hier nur indirekte Bedeutung: Schleiermacher will seine „Formel" nicht nach „dem Interesse (einer) Partei" gebildet haben, er will sie möglichst weit gehalten wissen. (1.)

Das Moment des Historischen wird also nicht etwa aus der Betrachtung dieser „Mannigfaltigkeit" gewonnen, sondern in genau gegenläufiger Bewegung: durch den Rückgang auf die „Grundtatsache", von der her das Christentum als „geoffenbarte" Glaubensweise zu verstehen ist. Schleiermacher beruft sich hier (75/74) auf seine in § 10, Zusatz abgeleitete „Verfahrungsart": anders als in dem Bezug auf die „einer religiösen Gemeinschaft zum Grunde liegende(-) Tatsache", unter Anerkennung von deren „Ursprünglichkeit", läßt sich das „eigentümliche Wesen" einer solchen Gemeinschaft nicht erfassen (71/70) — und nur so auch kann und muß man den „festen innern Unterschied" des Christentums gegenüber anderen Glaubensweisen behaupten. Die also bestimmte „Grundtatsache" ist für den Christen die „durch Jesum von Nazareth vollbrachte Erlösung". Darüber braucht man nicht zu diskutieren, diese „Tatsache" bedarf keiner Begründung, vielmehr kann sie gar nicht begründet werden: sie wird „aufgefunden"[4].

Es ist nicht einzusehen, warum man die in diesem Leitsatz eindeutig ausgesprochene Grundlegung nicht ernst nehmen sollte, wieso man Schleiermachers Ausführungen ohne weiteres als „Versuch" werten kann, „den christlichen Erlösungsbegriff als bloßen Spezialfall des allgemeinphilosophischen darzustellen"[5]. Nur deswegen, weil Schleiermacher im folgenden so eingehend eben diesen Begriff erörtert, während er sich im 1. Abschnitt mit der reinen Feststellung begnügt? Ebensogut oder sogar mit größerer Berechtigung wird man das Folgeverhältnis umkehren können: daß „die durch Jesum von Nazareth vollbrachte Erlösung" in die „Formel" einzulassen sei, ist vorgegeben; es steht für Schleiermacher undiskutierbar fest, daß „unstreitig alle Christen die Gemeinschaft, der sie angehören, auf Christum zurückführen" (76/76), und er meint sich auch darin in Übereinstimmung mit ihnen zu wissen, daß „alle" ihr auf Christus Angewiesensein mit dem „Ausdruck E r l ö s u n g" beschreiben (ebd.); selbstverständlich soll damit der Anschluß an die historische Gegebenheit ausgesagt werden, denn diese wird als Signum für das Geoffenbartsein des Grundes gewertet — ein Problem oder das Problem ist nur, wie diese „bestimmte Tatsache" (5.) begrifflich erfaßt werden könne, wie das von allen in diesen

---

[4] Schl. gebraucht an dieser Stelle nicht den Ausdruck „auffinden", doch darf er trotzdem eingebracht werden, denn er kennzeichnet die „Verfahrungsart".

[5] F. FLÜCKIGER, 75.

„Ausdruck" hineingenommene „Gemeinsame(-)" so ausgesprochen werden
könne, daß es als das die möglicherweise unterschiedlichen Verständnis-
momente Durchhaltende aufgezeigt ist[6].

Schleiermacher setzt die hierzu notwendige begriffliche Erörterung (2.)
von dem allgemeinen Sprachgebrauch her an. „Erlösung" meint danach
„einen Übergang aus einem schlechten Zustande, der als Gebundensein
vorgestellt wird, in einen bessern" und zugleich „die dazu von einem
andern geleistete Hülfe"; dieser Ausdruck nimmt also sowohl die „passive Seite" aus auch die „aktive Seite" des „Überganges" auf. Auf welche
Weise aber sollte dieser gar nicht spezifisch religiöse Begriff „auf dem
Gebiet der Frömmigkeit" verwendet werden können? Dadurch daß man
ihn philosophisch interpretiert und die eigentümlich christliche Auffassung
als Variation eines unabhängig von eben dieser Auffassung einsehbaren
Sachverhaltes aufweist? Ohne Zweifel kann dies — so von FLÜCKIGER (75)
für Schleiermacher behauptet — nicht der Leitgedanke einer Erörterung
sein, mit der die Ausschließlichkeit der Grundaussage des christlichen Glaubens — „daß nur durch Jesum und also nur im Christentum die Erlösung
der Mittelpunkt der Frömmigkeit geworden ist" (80/80) — begrifflich
erfaßt werden soll. Der Lösungsweg kann nicht vom Allgemeinen zum
Besonderen führen. Wir haben schon verschiedentlich darauf verwiesen,
daß Schleiermacher den Denkansatz, in einem solcherart deduzierenden
Verfahren das Spezifische ergreifen zu wollen, gerade als einen der „geschichtlichen Betrachtung" nicht entsprechenden ablehnt. Eine Lösung dieser Aufgabe kann von ihm nur dann oder deswegen angestrebt werden,
wenn beziehungsweise weil in seine vorausgegangenen Begriffsbestimmun-
gen das nur am Eigentümlichen erhebbare, notwendig singuläre Aussageelement schon Einlaß gefunden hat. Daß er auf das Ergebnis seiner spekulativen Erörterung zurückgreift, sollte also noch nicht als verhängnis-
volle „Bezugnahme auf das philosophische System"[7] verurteilt werden.
Dieser Rückgriff ist nur folgerichtig; aber es ist die Frage, ob Schleier-

---

[6] Übrigens spricht eine solche Betonung der Gültigkeit des Daß für Schl. nicht
einmal ein Besonderes aus, im Gegenteil: daß „die ursprüngliche Anschauung
des Christentums" sich in den „beiden unzertrennlich miteinander verbundenen
Seiten": „(d)as Verderben und die Erlösung, die Feindschaft und die Vermittlung" ausgebildet findet und daß als der eine und einzige „Mittler" der „Stifter
des Christentums" — „der Sohn" — zu verkündigen sei, dies ist ja Schl.s Thema
schon in den Reden gewesen (R¹: 291, 299 ff.), anerkanntermaßen jedenfalls der
Grundton seiner Predigten; vgl. dazu P. SEIFERT (Theologie, 140 ff.).

[7] F. FLÜCKIGER, 75.

macher wirklich die Einzigartigkeit des christlichen Verständnisses von
Erlösung in seinem Gedankengang auszudrücken vermag. Daß seine Intention dahin geht, dürfte außer Zweifel stehen: er will begrifflich aussagen, warum „eine Erlösung notwendig" sei (78/78).

Der Ansatz zu der religiösen Interpretation von „Erlösung" ergibt sich
scheinbar von selbst, denn die angegebenen Begriffselemente sind auf den
ersten Blick hin ohne Schwierigkeit den Charakteristika des frommen
Selbstbewußtseins zuzuordnen. Schleiermacher knüpft deutlich bei seiner
Definition des Monotheismus an — „Einigung" des höheren Selbstbewußtseins mit allen Ausprägungen der mittleren Bewußtseinsstufe
(§ 8,2) —, wenn er als den „schlechte(n) Zustand" der Frömmigkeit denjenigen versteht, in dem diese „Einigung" sich nicht vollzieht, und zwar
deswegen nicht, weil „die Lebendigkeit des höheren Selbstbewußtseins
gehemmt oder aufgehoben ist"; der „schlechte Zustand" kann dann auch
als „Gebundenheit des schlechthinnigen Abhängigkeitsgefühls" gekennzeichnet werden. (77 f./77 f.)

Die Eigenart der so angesetzten Erörterung liegt darin, daß Schleiermacher in den zu untersuchenden Ausdruck selbst die beiden Seiten seines
Denkens einbringt. Eine derart vollzogene „kritische Anschauung" würde
in der Tat die Lösung sein; aber wie sollte diese als gelungen anerkannt
werden können, wenn doch einerseits — von der spekulativen Seite her —
schon aufgenommen worden ist, daß auch andere Glaubensweisen als
Gestaltungen der Frömmigkeit, der irgendwie verwirklichten „Einigung"
des höheren Selbstbewußtseins mit dem sinnlichen, zu verstehen sind, und
zudem andererseits — von der empirischen Seite her — zugegeben werden muß, daß Erlösung zu erlangen „in allen frommen Gemeinschaften"
auf irgendeine Weise gesucht wird? Schleiermacher muß an genau dieser
Stelle die Schwierigkeit seiner Begriffsklärung selbst gesehen haben. Zunächst möchte man sagen, daß er ihr doch wieder nur in einem Nacheinander von spekulativ ausgerichteter Erörterung (2.) und an der Empirie
sich ausweisender Betrachtung (3. und 4.) zu begegnen vermag. Aber dieses Urteil wäre nur halb richtig; Schleiermacher hat bei seiner rein auf den
Begriff zielenden Diskussion diese Schwierigkeit eben nicht grundsätzlich
ausgeklammert. Er hat nicht — wie ich gegen FLÜCKIGER (75) behaupten
möchte — erst einmal „abgesehen von der eigentümlich christlichen Erlö-
sungsvorstellung" argumentiert. Daß er dies gerade nicht getan hat, daß er
vielmehr wenigstens versucht hat, seinen Prinzipien für die „geschichtliche
Anschauung" entsprechend zu verfahren, genau das ist für mein Verständnis das Wesentliche dieser Begriffsklärung.

Der neue Ausdruck wird eben nur scheinbar gleichsam im Direktanschluß mit der zuvor erstellten Begrifflichkeit verknüpft. Zwar wäre auch solche Anknüpfung zunächst noch durchaus einsichtig: daß das sinnliche Selbstbewußtsein möglicherweise überhaupt oder auch in seinen verschiedenen Erregungen unterschiedlich stark dem „leichten Hervortreten" des höheren Selbstbewußtseins hemmend im Wege steht, ist ja von Schleiermacher in seiner Grundsatzerörterung über das Zeitlichwerden des frommen Selbstbewußtseins ausdrücklich aufgenommen worden (§ 5). Gleichwohl müßte sich hier sofort die Frage erheben, ob in solch einem allgemein geltenden Anschluß noch oder überhaupt das spezifisch christliche Verständnis von Erlösung unterzubringen ist. Es dürfte eigentlich nicht zu übersehen sein, daß Schleiermacher sich augenscheinlich diese Frage selbst auch gestellt hat. Vielleicht ist er sogar von ihr ausgegangen. Jedenfalls muß man wenigstens beachten, daß er die Kennzeichnung des „schlechten Zustandes" der Frömmigkeit gar nicht uneingeschränkt von seinen allgemeingültigen Definitionen aus erläutert haben will; zu Anfang seiner Erklärung heißt es nämlich: „die *teleologische* Richtung (der Frömmigkeit) vorausgesetzt" (77/77)! Ich halte dafür, daß es notwendig sei, die Bedeutung und die Konsequenz dieser „Voraussetzung" zu erwägen.

Meint dieser Einschub eine nur beiläufig eingerückte Erinnerung an die Bestimmtheit der christlichen Glaubensweise? Oder wird damit die ausdrückliche Bedingung für die Gültigkeit der folgenden Erklärung eingebracht?

Der Textzusammenhang scheint zunächst nur das Verständnis zuzulassen, daß es sich hier um einen Zusatz handle, der in die Ausführung selbst nicht als tragende Bestimmung eingeht. Denn Schleiermacher bezieht sich mit der an die „Voraussetzung" anschließenden Beschreibung des „schlechten Zustandes" dem Wortlaut nach genau auf die Definition des noch nicht nach Arten unterschiedenen Monotheismus[8]. Wir brauchen also an dieser Stelle die obige, so ansetzende Auslegung nicht zurückzunehmen. Er kann wohl auch nicht von vornherein sich mit seiner Beschreibung auf die eine, die teleologische Richtung beschränken; er muß den Grundbegriff zunächst in einem weiteren Sinn aufnehmen, weil er nicht davon absehen kann und will, daß auch in anderen Glaubensweisen um Erlösungsbedürftigkeit gewußt wird. Aus diesem Einstieg folgt aber nun, daß in die charakteristische Bestimmung nur die durch das sinnliche Selbstbewußtsein

---

[8] Der genaue Wortlaut scheint auf § 5 hinzuweisen, aber in dieser Erörterung sind von vornherein die frommen *Gemeinschaften* im Blick, und folglich ist der Zusammenhang von § 8 her zu lesen.

möglicherweise gesetzte Hemmung des höheren Selbstbewußtseins eingehen kann, nicht eine mit Notwendigkeit gegebene. Ein anderes Verständnis läßt der hier implizierte Rückbezug auf § 5 nicht zu; Schleiermacher hätte sonst von einem „wirklichen Vorkommen" der Frömmigkeit außerhalb des Christentums (und gar von „niederen" Religionsstufen) nicht reden können. Dann müßte allerdings der eingeschobene Satz doch eine hinsichtlich des christlichen Verständnisses unbedingtermaßen zu erhebende Voraussetzung aussprechen, denn schließlich soll die Notwendigkeit von Erlösung, das heißt die Absolutheit von Erlösungsbedürftigkeit, ausgesagt werden.

Daß Schleiermacher an genau dieser Stelle das Problem seiner Begriffsbestimmung gesehen hat — wie also die spezifisch christliche Auffassung zu einer im weiteren, allgemein geltenden Sinn dargelegten in die sachgemäße Bezogenheit gebracht werden könne —, wird besonders klar, wenn man die hier gegebene Erörterung mit der entsprechenden der ersten Auflage vergleicht. Dort (GL^1 § 18,3) hat er sich praktisch mit der reinen Behauptung der Besonderheit des christlichen, gemäß der teleologischen Richtung ausgebildeten Verständnisses begnügt. Er stellt nämlich fest, daß zwar auch innerhalb der ästhetisch gerichteten Glaubensweise das fromme Selbstbewußtsein sich als ein erlösungsbedürftiges verstehen könne, insofern als „auch die Hemmung des sinnlichen Lebens an sich in dem höheren Abhängigkeitsgefühl aufgefaßt werden (kann) als das, wovon der Mensch einer Erlösung bedarf", daß hierbei aber die „Vorstellung des Geschicks" ganz die übergeordnete bleibe und diese Erlösung „kaum anders als im Schwanken" zu denken sei. Dagegen hat eine „Hemmung des sinnlichen Lebens" als solche für die teleologische Ansicht natürlich keinerlei Bedeutung, denn die allein maßgebende „sittliche(-) Verarbeitung" ist „bei einem gehemmten sinnlichen Leben ebenso wohl möglich als bei einem ganz freien". Der teleologischen Bestimmtheit entsprechend gibt es „nur e i n e Hemmung, welche im höheren Selbstbewußtsein unmittelbar als solche anerkannt wird, nämlich wenn die Einigung des sinnlichen Bewußtseins selbst mit dem frommen Abhängigkeitsgefühl gehemmt ist". Demnach ist die christliche Auffassung per definitionem die einzig gültige. Die so angelegte Erörterung kann dann zu dem Ergebnis führen, „daß alle anderen frommen Gemeinschaften, denen die Unvollkommenheit der Erlösung wesentlich ist, selbst als zu der Hemmung gehörig, welche durch ihn [sc. Christus] aufgehoben werden soll, erscheinen", und also die Vorstellung begründen, „das Christentum sei die vollkommenste fromme Gemeinschaft und diejenige, in welche alle anderen übergehen sollen". Auf diese Folgerungen brauchen wir hier nicht einzugehen, obwohl immerhin bemerkenswert ist, daß Schleiermacher seine spätere Bearbeitung der Glaubenslehre von solchen Schlüssen, wie sie in der Urauflage mehrfach gezogen worden sind, gänzlich freigehalten hat[9].

Auf den ersten Blick hin möchte man zwar der Darlegung der frühen Bearbeitung, soweit die christliche Auffassung von Erlösung ausgesprochen wird, den Vorrang der größeren Klarheit und der Eindeutigkeit zuerkennen; gleichwohl muß sie als Rückzug und als Inkonsequenz beurteilt werden, denn die beiden Arten werden an einer Stelle voneinander abgegrenzt, an der sie laut Definition der Frömmigkeit gerade miteinander verknüpft sind. Es bedarf keiner Diskussion, warum Schleiermacher die so zugrunde gelegte Unterscheidung nicht wieder aufgenommen hat. Gegenüber der hier präzisierten Bestimmung der monotheistischen Stufe der Frömmigkeit ließe sie sich jedenfalls nicht durchhalten.

Andererseits bekommt unsere Ausgangsfrage durch diesen Vergleich erst recht Gewicht: Ist dann etwa die zu Beginn eingeschobene Voraussetzung doch nur ein Relikt aus der ersten Auflage, das konsequenterweise zu streichen wäre? Streichung bedeutete hier sicherlich die einfachste Lösung, aber mindestens so gewiß zugleich die Zerstörung der Konzeption dieser Erörterung. Schleiermacher kann nicht gleichsam nur versehentlich die Zusatzbedingung übernommen haben. Um nicht bei einer scheinbar leeren Hypothese stehenzubleiben, verweisen wir vorgreifend auf den Schluß dieses 2. Abschnitts, auf dessen Ziel, und behaupten, daß dort — bei der Erläuterung des „beziehungsweisen Gegensatz(es)" — diese Bedingung zum Tragen komme. Was unten zu bestätigen sein wird.

Fragen wir also, warum Schleiermacher einerseits den Bezug auf die „teleologische Richtung" der Frömmigkeit als Grundlage seiner Begriffsklärung angibt und andererseits den Ansatz dazu von der „monotheistischen Stufe" her nimmt, kann die Antwort nur lauten, daß er um des gegebenen Sachverhaltes willen beide Bestimmungselemente je für sich in seine Untersuchung einlassen mußte. Wenn er schon das Christentum mit den anderen monotheistischen Glaubensweisen auf eine Stufe stellen wollte — im Grunde ist der Kreis wohl als noch weiter gezogen zu sehen: weil ja „in allen frommen Gemeinschaften" (78/78) auf irgendeine Weise Erlösungsbedürftigkeit anerkannt wird —, muß er auch erklären, was

---

[9] Die einzig vergleichbare Aussage der 2. Aufl. — § 8,4 — ist, wie oben gezeigt (S. 191 ff.), wesentlich nicht auf spekulative Weise erhoben worden und insofern mit dem genannten, aus der begrifflichen Festlegung erschlossenen Ergebnis doch nur scheinbar gleichzusetzen.

unter dem „schlechten Zustand" der Frömmigkeit überhaupt zu verstehen sei. Die Lösung der ersten Auflage ist hier keine Erklärung, weil auch von der ästhetischen Auffassung aus in bezug auf die Vollendung des frommen Selbstbewußtseins nur *eine* Hemmung als wesentlich beurteilt werden kann, eben diejenige, die das Hervortreten des höheren Selbstbewußtseins aufhält; daß möglicherweise auch das sinnliche Leben als „erlösungsbedürftig" angesehen werden kann, hat damit entscheidend nichts zu tun. Diesen Zusammenhang mindestens innerhalb der höchsten Religionsstufe zu bewahren ist auch deswegen nötig, weil der „schlechte Zustand" des gehemmten höheren Selbstbewußtseins — „so daß ... fromme Lebensmomente wenig oder gar nicht zustande kommen" —, wenn er denn „Gottlosigkeit oder besser Gottvergessenheit" genannt werden soll, doch „nicht als eine gänzliche Unmöglichkeit der Belebung des Gottesbewußtseins" gedacht werden darf (77/77). Dies nicht, denn sonst müßte „eine Umschaffung im eigentlichen Sinne" nur die Aufhebung dieses Zustandes bewirken können — „und diese Vorstellung ist in dem Begriff der Erlösung nicht enthalten" (ebd.)[10].

Der „üble Zustand" des gehemmten höheren Selbstbewußtseins wäre nämlich kein wirklicher, wenn er nicht auf irgendeine Weise vom Menschen auch „gefühlt" würde[11]. Er ist „nie absoluter Art" (Th 77[b]), und deshalb

---

[10] Daß Schl. hier den Ausdruck „Umschaffung" so bestimmt zurückweist, wird man nicht nur dann verstehen können, wenn man dies als Indiz für seine „Theologie ohne Gott" (CHR. SENFT, Wahrhaftigkeit, 38 und 43 ff.) wertet, als Bestätigung der Ansicht, daß für ihn Gott „nur der Bezugspunkt... des schlechthinnigen Abhängigkeitsgefühls ist" (K.-M. BECKMANN, Häresiebegriff, 51). Dieser Abweis zielt als solcher nicht notwendig gegen „eine von außen kommende Veränderung des Menschen" (K.-M. BECKMANN, ebd.). Mit einer derartigen Betonung ist wieder eine der selbstverständlichen Voraussetzungen nicht nur des Christen Schl., sondern gerade des Theologen in Frage gestellt: „Wiedergeburt" (GL §§ 107—109), „Vermittlung" der Bekehrung durch das „Wort" (GL § 108,5; II. 166/200), keine „göttliche(n) Gnadenwirkungen" ohne „geschichtlichen Zusammenhang mit der persönlichen Wirksamkeit Christi" (GL II. 167/201), diese und ähnliche Aussagen sind ja nicht dialektisch bearbeitete Theologumena, die in Schl.s Dogmatik auch irgendwo eine Stelle gefunden haben, sondern sie sind dort als den grundlegenden Sachverhalt beschreibende Bestimmungen gemeint. Das können wir hier nur nebenbei aufnehmen. „Umschaffung" müßte in dem vorliegenden Zusammenhang Aufhebung der Einheit der Person bedeuten — und das „ist in dem Begriff der Erlösung nicht enthalten".

[11] Vielleicht ist es fraglich, ob man hier die Erinnerung an die Definition der Frömmigkeit als „Bestimmtheit des Gefühls" einbringen darf — Schl. gebraucht

will Schleiermacher lieber den Ausdruck „Gottvergessenheit" gebrauchen. „Es bleibt daher nur übrig, ihn als eine nicht vorhandene Leichtigkeit zu bezeichnen, das Gottesbewußtsein in den Zusammenhang der wirklichen Lebensmomente einzuführen und darin festzuhalten" (77/77). Von dieser Bestimmung her, die die allgemein geltenden Überlegungen abschließt, verweist Schleiermacher selbst auf die seinen Ausführungen zugrunde liegende Schwierigkeit: „Hiernach scheint es freilich, als ob die beiden Zustände, der vor der Erlösung gegebene und der durch die Erlösung zu bewirkende, nur als ein Mehr und Minder, also auf unbestimmte Weise könnten unterschieden werden"; eine solche Auffassung wäre allerdings mit der christlichen, die „Erlösung" als den „Zentralpunkt"[12] des Christentums behauptet, nicht verträglich. An dieser Stelle also setzt die eigentliche definitorische Aufgabe des 2. Abschnitts ein, nämlich diejenige, das spezifisch christliche Verständnis auszudrücken. Für Schleiermacher ist danach verlangt, „den unbestimmten Unterschied auf einen beziehungsweisen Gegensatz zurückzuführen" (77/77).

Die Problematik dieses Sachverhaltes wird kaum aufgegriffen, vielmehr geradezu verstellt, wenn man von vornherein Schleiermachers Intentum durch ein „Nur" apostrophiert oder gar meint, in diesen „nur" relativ geltenden Gegensatz seien „Sünde und Glaube" in ein Wechselverhältnis zueinander gebracht[13]. „Sünde" wird man hier einstellen können, „Glaube" bestimmt nicht; ihre Ausfüllung findet die von Schleiermacher als Lösung angebotene „Formel" im übrigen erst innerhalb der Dogmatik, und dort durch den Gegensatz von „Sünde und Gnade". Man müßte also, wollte man diese Bestimmung dogmatisch interpretieren, mindestens auch Schleiermachers eigene Ausführungen berücksichtigen. Aber zunächst geht es gerade nicht um eine inhaltliche Festlegung dieses „Gegensatzes". Als das

---

„fühlen" an dieser Stelle wohl nicht im Sinne seiner spezifischen Explikation —, aber mindestens ebenso fraglich ist, ob der Ausdruck „Hemmung des schlechthinnigen Abhängigkeitsgefühls" von vornherein einschließt, daß „Sünde" *nicht* „mit der ganzen menschlichen Existenz verklammert ist" (K.-M. BECKMANN, Häresiebegriff, 51). Einer so weit folgernden Auslegung wäre doch eigentlich der Rückbezug auf Schl.s „unmittelbares Selbstbewußtsein" notwendig. Danach würde sich gerade das von Beckmann abgelehnte Verständnis (Schl.s von „Sünde") als nicht in dieser Bestimmung enthalten erweisen. Abgesehen davon ist aber zu beachten, daß Schl. sich hier im Vorfeld seiner Dogmatik bewegt; also darf man Begriffe, die noch nicht geklärt sind — wie eben „Sünde" — gar nicht ohne weiteres an diesen Text herantragen.

[12] Mul. 55/636.
[13] So CHR. SENFT, Wahrhaftigkeit, 19.

Wesentliche der Erörterung muß deren rein formaler Charakter erkannt werden. Die Bedeutung dieser Tatsache werden wir sachgemäß am ehesten dann geltend machen können, wenn wir die Definition ihrem vollen Wortlaut nach aufnehmen: „Angenommen eine Aktivität des sinnlichen Selbstbewußtseins, um einen Moment zu erfüllen und einen andern anzuknüpfen, so wird der Exponent derselben größer sein als der des höheren Selbstbewußtseins, um sich mit / jenem zu einigen, und, angenommen eine Aktivität des höheren Selbstbewußtseins, um einen Moment durch Einigung mit einer Bestimmtheit des sinnlichen zu erfüllen, wird der Exponent derselben kleiner sein als der der Aktivität des sinnlichen, um den Moment für sich allein zu vollenden. Unter diesen Bedingungen wird eine Befriedigung der Richtung auf das Gottesbewußtsein nicht möglich sein, und also, wenn eine solche zustande kommen soll, eine Erlösung notwendig …" (77 f./77 f.). Damit ist die Erklärung praktisch fertig. Die diesen Abschnitt abschließende Bemerkung hält lediglich noch einmal fest, daß die also gekennzeichnete „Gebundenheit des schlechthinnigen Abhängigkeitsgefühls" nicht als absolut zu verstehen sei, sondern „nur" ausdrücke, daß das Gottesbewußtsein „in irgendeiner Beziehung den Moment nicht dominiere". An dieser Bestimmung des „beziehungsweisen Gegensatzes" scheint mir nun zweierlei außerordentlich bedeutsam zu sein.

Das eine ist, daß Schleiermacher mit seinen „Formeln" zwar nicht ausgesprochenermaßen, gleichwohl unbezweifelbar auf seiner oben diskutierten Voraussetzung — „teleologische Richtung" — basiert. Denn nur unter diesem Aspekt kann das sinnliche Selbstbewußtsein von seiner „Aktivität" her als der die Hemmung des höheren Selbstbewußtseins bestimmende Faktor angesehen werden. Um die damit charakterisierte Gültigkeit des aufgestellten „Gegensatzes" unterstreichen zu können, nehmen wir Schleiermachers ausdrückliche Bezugnahme auf eben diese Bestimmung aus der Dogmatik auf.

Nach § 63 ist damit der „schlechte Zustand" der Frömmigkeit dem christlichen Verständnis gemäß erklärt: er ist als „die Tat des Einzelnen" anzusehen und deswegen „S ü n d e" zu nennen. Innerhalb der Erörterung geht Schleiermacher noch einmal auf die „ästhetische Glaubensweise" ein: hier können die irgendwie gesetzten „Hemmungen" und auch die beobachtbaren „Fortentwicklungen" des Gottesbewußtseins „nur als Schickungen erscheinen, die Begriffe Verdienst und Schuld aber in ihrem wahren Sinn keinen Platz finden"; das Christentum muß also als teleologisch gerichtet verstanden werden, denn nur dann ist „Freiheit" — und zwar als Bestimmtheit des sinnlichen Selbstbewußtseins in dessen Bezogensein auf das

Gottesbewußtsein — als „allgemeine Prämisse" gesichert (345/384). Die „Abwesenheit des Gottesbewußtseins" ist nicht „nur etwas Zufälliges" (347/386), sondern eben „Sünde". Unter dieser Voraussetzung — teleologisch gerichtet — ist dann die in der Erlösung gewirkte „Gemeinschaft mit Gott" durch den Gegensatz zu Sünde zu beschreiben, nämlich als Wirkung der „G n a d e", als „Mitteilung" der „fremden Tat" des Erlösers; nach diesem Verständnis ist aber „die Tat des Einzelnen" nicht ausgeschlossen, sondern, wegen der notwendigen „Aneignung der Erlösung", gerade verlangt (346/385 f.). Auf die Entfaltung dieser Begriffe und zumal auf die ausgeführte Auffassung von Gnade vermögen wir nicht näher einzugehen. Wir wollen ja auch nicht unsere eigene Grundlage verlassen und nun doch noch eine dogmatische Interpretation des § 11 durchzuführen versuchen. Der Hinweis auf Schleiermachers Begriffserörterung im ersten Teil der Glaubenslehre scheint mir trotzdem erlaubt und sogar geboten zu sein, weil in dem angegebenen Zusammenhang der Rückbezug eben ausdrücklich ausgesprochen wird[14].

Für unsere Fragestellung ist dieser Rückbezug ja entscheidend wichtig, denn damit dürfte als ausgemacht gelten, daß Schleiermacher den „beziehungsweisen Gegensatz" nur und genau hinsichtlich der „teleologischen" Richtung der Frömmigkeit definiert haben will, das heißt, daß er damit der spezifisch christlichen Auffassung zu genügen sucht.

Aber das eigentlich Bemerkenswerte an diesen „Formeln" ist noch ein anderes: Hier wird im Grunde gar nicht Erlösung erklärt, sondern die als unabdinglich gesetzte Erlösungsbedürftigkeit. Es muß doch auffallen, daß Schleiermacher gar nicht den „Übergang" definiert beziehungsweise: daß er eine in dieser Hinsicht dem allgemeinen Wortverständnis entsprechende Definition nicht in seine Erklärung einschließt. Er bleibt bei der Aussage über die „Gebundenheit des schlechthinnigen Abhängigkeitsgefühls" stehen; seine Erläuterung läuft allein auf die Feststellung hinaus, daß — unter seiner Voraussetzung — „eine Erlösung notwendig" sei. Wenn man schon die hier eingeführte Bestimmung dahingehend relativieren will, daß es sich dabei um einen „nur" beziehungsweise geltenden Gegensatz handle, muß man also mindestens zur Kenntnis nehmen, wie Schleiermacher diese Relation versteht: der so gekennzeichnete Gegensatz ist nicht in sich selbst auflösbar; man kann das wohl noch deutlicher sagen: wie Erlösung geschieht, ist eben aus dem Gegensatz als solchem nicht zu erklären.

---

[14] Schl. (345/385): „die hier gegebene Beschreibung ist aber mit der oben (S. § 11, 2. 3.) aufgestellten allgemeinen Erklärung ganz dasselbe."

Freilich ist nach dem eingangs aufgenommenen Sprachgebrauch der Schluß naheliegend, Erlösung also bedeute die Aufhebung des beschriebenen schlechten Zustandes der Frömmigkeit, die Befreiung des schlechthinnigen Abhängigkeitsgefühls aus seiner Gebundenheit. Aber von daher erhält ja die Tatsache der fehlenden Schlußfolgerung erst recht Aussagekraft. Schleiermacher hat offensichtlich mit Bedacht nur die „passive Seite" des Überganges begrifflich nachgebildet, auf die „aktive Seite" — gemäß der allgemeinen Bedeutung des diskutierten Ausdrucks: die „von einem andern geleistete Hülfe" — geht er erst im folgenden 3. Abschnitt ein, und dies, wie es nicht anders sein kann, von der nirgendwoher deduzierbaren, nur und genau „in jedem christlichen frommen Bewußtsein" durch den „Erlöser" gesetzten Erfahrung der Erlösungswirklichkeit aus.

Hält man sich vor Augen, wie deutlich Schleiermacher die Grenze der ihm möglichen Begriffsklärung eingehalten hat, muß man doch einer Auslegung, die hier die Befreiung des menschlichen Selbstbewußtseins von der Bindung an die Sinnlichkeit zu „seinem eigenen Grund" hin verankert sehen will — so FLÜCKIGER (76) —, höchst skeptisch gegenüberstehen. Zumal wenn in dieser Sicht die Befreiung als in sich geschlossener und aus sich selbst begründeter Vorgang gekennzeichnet wird. Gewiß geht in solche Auslegung — und ebenso in die unsrige — immer das Verständnis ein, das man aus den ethischen Lehnsätzen über den Begriff des unmittelbaren Selbstbewußtseins gewonnen hat. Nehmen wir noch einmal Flückigers Darstellung auf — mit der wir uns wegen der weitreichenden, unsere Ausgangsfrage unmittelbar betreffenden Konsequenzen hier so eingehend auseinandersetzen müssen —, so ist von den anfangs gesetzten Prämissen aus die Folgerung wohl einleuchtend: „Erlöst wird also das menschliche Selbstbewußtsein, indem es als das, was es an und für sich ist, zu reinem Ausdruck gelangt und alle von der / Sinnlichkeit ausgehende Hemmung dahinfällt" (75 f.). Aber es bleibt der Einwand dagegen erhebbar, daß dies eine Schlußfolgerung ist, die über das von Schleiermacher Gesagte weit und entscheidend hinausgeht. Sofern diese Konsequenz für Flückiger zwar schlüssig ist, ebenso deutlich aber Schleiermachers Intention nicht trifft und ihr sogar zuwiderläuft, wird von hier aus ja erneut die Gültigkeit eben der von Flückiger eingebrachten Prämissen bezweifelt werden müssen. Zumal kann man solchen Zweifel deswegen hegen, weil Flückiger — von seinen Voraussetzungen aus wohl notwendigermaßen — an dieser Stelle von der Behauptung ausgeht, Schleiermacher definiere „zuerst" einen „allgemein-philosophischen" Erlösungsbegriff und versuche „nachher", den „christlichen Erlösungsbegriff als bloßen Spezialfall" eben

jenes Allgemeinbegriffs einzuordnen (75). Gerade eine solche Charakterisierung widerspricht ja nicht nur der Ausführung des 2. Abschnitts dieses
Paragraphen in allen seinen Teilen, sondern auch, was viel schwerer
wiegt, der Verfahrensweise Schleiermachers, wie sie eben die Anlage der
Einleitung überhaupt bestimmt. Wenn eines als unwiderleglich gelten muß,
dann jedenfalls dies, daß von zwei Begriffen hier keineswegs die Rede
ist und nicht die Rede sein kann.

Die in dem zu bestimmenden Ausdruck enthaltene „aktive Seite" beschreibt Schleiermacher aus dem Rückgang auf das empirisch Wahrnehm-
bare (3. und 4.). Seiner Ansicht nach ist genau jetzt die Einzigartigkeit der
christlichen Vorstellung mit Eindeutigkeit erhebbar: „die Beziehung auf
die Erlösung ist nur deshalb in jedem christlichen frommen Bewußtsein,
weil der Anfänger der christlichen Gemeinschaft der Erlöser ist; und Jesus
ist nur auf die Weise der Stifter einer frommen Gemeinschaft, als die
Glieder derselben sich der Erlösung durch ihn bewußt werden" (79/79).
Zwar wird „in allen frommen Gemeinschaften" auf irgendeine Weise ein
Zustand der Erlösungsbedürftigkeit anerkannt — „denn alle Büßungen
und Reinigungen zwecken darauf ab, das Bewußtsein dieses Zustandes
oder unmittelbar ihn selbst aufzuheben" (78/78) —, aber diese zu be-
obachtende Tatsache spricht nicht gegen jene zu behauptende Einzigartigkeit, und zwar deswegen nicht, weil nur im Christentum die „Zentralität"
(Th 78[b]) der Erlösung und deren „Realisierung in Christo" (Th 78[c]) ausgesagt wird; beides ist als „wesentlich zusammengehörig", als „durcheinander bedingt" (Th 78[d]) zu fassen. „Erlösung" — und diese „als ein
allgemein und vollständig durch Jesum von Nazareth Vollbrachtes gesetzt" (78/78 f.) — ist der Beziehungspunkt für alle christlich „frommen
Erregungen" und insofern wenn auch nicht der einzige Inhalt, so doch
allein der Möglichkeits- und Wirklichkeitsgrund des christlich frommen
Selbstbewußtseins.

Mit der Erörterung im 4. Abschnitt wird diese ausschließliche und spezifische Geltung der Zuordnung noch unterstrichen, und zwar dadurch, daß
sie von der zentralen Bedeutung der Person Christi her dargelegt wird. Als
„Stifter" des Christentums mag Jesus in einer Reihe mit den Stiftern der
beiden anderen monotheistischen Glaubensweisen gesehen werden können,
gleichwohl unterscheidet er sich wesentlich von Moses und von Mohammed,
denn er allein wird als „Erlöser" bezeugt, und nur die christliche Glau-
bensgestaltung kann auf gar keine Weise als unabhängig von ihrem Stifter
gedacht werden: jeder einzelne Christ bleibt angewiesen auf die „erlösende
Tätigkeit" Christi (80/81).

Die Diskussion des andersartigen Verhältnisses, das gegenüber Judentum und Islam im Christentum für die Gläubigen zu dem Anfänger ihres Glaubens besteht, läßt die beiden Richtungen erkennen, in die hin Schleiermacher, weil er vom Empirischen herkommt, argumentieren muß. Die eine geht „nach außen"; sie entspricht eigentlich der hier gestellten apologetischen Aufgabe. Die andere weist „nach innen"; Schleiermacher greift hier noch einmal (wie schon im ersten Abschnitt) in das Gebiet über, das er in seiner Kurzen Darstellung „Polemik" genannt hat. Das Bedeutsame an dieser Verhandlung ist, daß sie in bezug auf beide Aussagerichtungen auf der Grundlegung der ethischen Lehnsätze, insbesondere auf § 3, basiert. Ich halte jedenfalls dafür, der hier entwickelte Gedankengang könne nur aus seiner Anknüpfung zum Ausgangspunkt hin sachgemäß aufgenommen werden.

Die Diskussion nämlich der einzigartigen Bedeutung des „Stifters" Jesus von Nazareth ist durchgehend von der Vorstellung einer dreifach möglichen Gestaltung der „Mitteilung" von Offenbarung getragen. Die „Ursprünglichkeit" des Anfanges ist ja nach § 10[15] mindestens auch den anderen monotheistischen Glaubensweisen zuzuerkennen: auch diese können sich zu Recht auf „Offenbarung" berufen. Aber die Wirksamkeit der Stifter ist jeweils eine andere. Darin liegt das Wesentliche der Unterschiedenheit: die „Mitteilung" der je empfangenen Offenbarung geschieht a) in der Form von „Lehre", b) als Aufstellung einer „Lebensordnung" oder c) als Anteilgabe an der „erlösenden Kraft". Allein „im Christentum" geht es nicht um „bloß(e) Mitteilung der Lehre und der Lebensordnung" (81/82), sondern hier „ist die erlösende Einwirkung des Stifters das Ursprüngliche, und die Gemeinschaft besteht nur unter dieser Voraussetzung und als Mitteilung und Verbreitung jener erlösenden Tätigkeit" (80/81). Es dürfte wohl nicht unberechtigt sein, von diesen Distinktionen auf die Ausgangsdefinition zurückzuschließen, das heißt darauf, daß also die christlich ausgeprägte Glaubensgewißheit verlange, Frömmigkeit „weder ein Wissen noch ein Tun, sondern eine Bestimmtheit des Gefühls" zu nennen[16].

Gleichzeitig — eben von der so gekennzeichneten Unterschiedenheit Christi von den anderen Religionsstiftern her — sieht Schleiermacher sich genötigt, auf die „innerhalb" der christlichen Glaubensgemeinschaft bestehenden voneinander abweichenden Meinungen über die Person des Erlösers einzugehen. Zwar gehört die eigentliche „Entwicklung" des Leit-

---

[15] Schl. verweist selbst auf den Zusammenhang mit GL § 10: in 4., 79/80.
[16] Ebenso wird GL § 14 durch diesen Rückbezug bestimmt: s. u. S. 300 f.

satzes — „wie nämlich durch Jesum die Erlösung bewirkt wird und in
der christlichen Gemeinschaft zum Bewußtsein kommt" (79/80) — erst in
die Dogmatik selbst, dennoch meint er in dieser einen Hinsicht, in bezug
auf die Person Jesu, erläutern zu müssen, wie die anfangs (im ersten
Abschnitt) postulierte Weite der „Formel" zu verstehen sei, das heißt, an
welcher Stelle man doch noch notwendigermaßen eine Grenzmarke zu
setzen habe. Daß es im Christentum primär weder auf „Lehre" noch auf
„Lebensordnung", sondern auf die „erlösende Kraft" Christi ankomme,
diese Aussage impliziert nämlich für Schleiermacher wenigstens die eine
christologische Festlegung, daß Christus „auf keine Weise selbst irgendwann als erlösungsbedürftig gedacht" werden kann (81/81). Diese Auffassung mag in „mannigfaltige(n) Abstufungen" entwickelt werden
können — Schleiermacher will mit der hier gegenüber der ersten Auflage
eingefügten Erweiterung auch den Rationalisten entgegenkommen, wie er
in seinem zweiten Sendschreiben an Lücke darlegt[17] —, ihre Mannigfaltigkeit muß sich jedenfalls dadurch begrenzt finden lassen, daß die in
Christus gesetzte Erlösung eine Festlegung bedeutet, über die hinaus es
keine Entwicklung gibt. Schleiermacher weist also die von einigen seiner
Zeitgenossen postulierte Perfektibilität des Christentums eindeutig zurück.
Es kann keine „Erlösung *von*" Jesus geben, diese „polemisch" erhobene
Aussage hängt für ihn aufs engste mit der „apologetisch" fixierten Charakterisierung der „Erlösung *durch*" Jesus zusammen (81/82): „Daher nun
auch innerhalb des Christentums dieses beides sich immer gleichmäßig verhält: die erlösende Wirksamkeit Christi vorzüglich hervorheben und auf
das Eigentümliche der christlichen Frömmigkeit einen großen Wert legen",
während „die Eigentümlichkeit mehr zufällig (ist) und Nebensache" für
diejenigen, welche „Christum vorzüglich als Lehrer und Ordner einer
Gemeinschaft ansehn, die erlösende Tätigkeit aber in den Hintergrund
stellen" (80/81).

Daß Schleiermacher in seinem ersten apologetischen Lehnsatz beide
Seiten der angegebenen eigentümlichen Bestimmtheit des Christentums
gleichermaßen betont haben will, ist immer wieder hervorgehoben worden
und wohl auch nicht zu übersehen. Darüber hinaus muß aber die Art und
Weise, mit der die Ausgangsthese entfaltet wird, unbedingt als ebenso
wesentlich berücksichtigt werden: daß nämlich die in formaler Hinsicht
erläuterte „Notwendigkeit" der Erlösung (2.) erst in der anhand der
empirischen Gegebenheit dargestellten, dem Christen eigenen „Gewißheit"
über den Erlöser (3. und 4.) ihre Entsprechung findet. Diesen besonderen

---

[17] Mul. 44 ff./623 ff.

Ansatz aufzunehmen ist deswegen so wichtig, weil sich aus ihm Schleiermachers Verständnis von „geschichtlicher Anschauung" erhellt. Da für den apologetischen Untersuchungsgang von Anfang an genau das Christentum in den Blick genommen wird, müssen auch von Anfang an die spekulativ erhebbaren Aussagen in ihrer Verknüpfung mit den empirisch zu belegenden Merkmalen aufgewiesen werden. Beide Seiten sind überhaupt nur aus dem gegenseitigen Verknüpftsein je zu gewinnen. Dieser Ansatz bestimmt den letzten Satzzyklus in seiner Gesamtheit. Den Charakter des Fortschreitens erhält der Gedankengang dennoch dadurch, daß zuerst, in § 11, die spekulative Seite des „Gleichgewichts" deutlicher betont wird, während am Ende, in § 14, die empirische Seite am stärksten ausgebildet ist. Der den vorliegenden Lehnsatz abschließende Rückbezug Schleiermachers auf die dem Christen eigene „Gewißheit" (83/84) über die Gültigkeit seines Glaubens ist insofern als der hier zwar erst vorläufig, aber doch notwendigermaßen ausgesprochene Hinweis auf den Grund der Möglichkeit von „geschichtlicher Anschauung" des Christentums zu werten.

12. Kapitel

Die Einzigartigkeit des christlichen Erlösungsglaubens — § 12

Auf den ersten Blick hin nimmt sich diese These im Ganzen der apologetischen Sätze merkwürdig fremd aus. Zu deren Thema — „eigentümliches Wesen" des Christentums — hat sie scheinbar direkt nichts beizutragen. Eher möchte man urteilen, sie unterbreche den mit § 11 angesetzten Gedankengang. Denn die Frage nach der „Erscheinung des Erlösers in der Geschichte", die von der ersten apologetischen These her mit dem Postulat der für das Christentum zentralen Bedeutung von „Erlösung" aufgegeben ist, wird erst im folgenden Paragraphen gestellt. Was kann Schleiermacher dazu bewogen haben, hier eine — und dann diese — Zwischenüberlegung einzufügen? Das Verständnis des in bezug auf das Ganze scheinbar nicht so wesentlichen Paragraphen muß davon abhängen, ob man auf diese Frage eine Antwort finden könne.

Der Auffassung „nicht so wesentlich" sind offenbar die meisten Ausleger, jedenfalls die aus jüngster Zeit. Wie anders sollte man sich sonst die Tatsache erklären, daß dieser zweite apologetische Lehnsatz kaum Bedeutung gefunden hat? So zum Beispiel nicht bei SENFT und auch nicht bei FLÜCKIGER, die hier von den späteren Auslegern wohl hauptsächlich zu nennen sind, denn sie gründen beide ihr Verständnis von Schleiermachers Theologie (und Philosophie) fast ausschließlich oder doch im wesentlichen auf die Interpretation der Einleitung. Warum dieser Paragraph übergangen worden ist: ob deswegen, weil seine relative Bedeutungslosigkeit als ausgemacht gelten könne, oder deswegen, weil er sich der aus den übrigen Sätzen erhobenen Intention Schleiermachers nicht einzupassen scheint, muß natürlich unentschieden bleiben. Bemerkenswert ist immerhin, daß man ihn ausgeklammert hat.

Frühere Kritiker sind dagegen wohl auf diese Aussage Schleiermachers eingegangen und haben gerade an der Behauptung der grundsätzlichen Getrenntheit des Christentums vom Judentum zum Teil heftig Anstoß genommen. Einer der ersten war F. DELBRÜCK, der die „innige und unauflösliche Verbindung des Christenthums mit dem Judenthum" für einen „wichtigen Gegenstand" hält und diesen als dem „einhälligen Glauben" seiner Zeit zugehörend ansieht[1]. Und F. CHR. BAUR kennzeichnet betont die Auffassung Schleiermachers als den eindeutigen Beleg für dessen Subjektivismus[2]. Schleiermacher selbst wiederum erachtet die mit dem § 12 eingenommene Position für unbedingt verbindlich, wie seine Verteidigung dieser Ansicht in dem zweiten Sendschreiben an Lücke erkennen läßt: „daß es mir sehr wesentlich schien, auf das bestimmteste auszusprechen, wie ich es ebenso deutlich einsehe als lebendig fühle, daß der Glaube an die Offenbarung Gottes in Christo von jenem Glauben [sc. dem einer vorangegangenen besonderen „Offenbarung Gottes in dem jüdischen Volk"] auf keine Weise irgend abhängig ist" (Mul. 41/620). Wesentlich ist ihm das deswegen, weil er den christlichen Glauben durch die Ergebnisse der Pentateuchkritik beziehungsweise durch die „Geschichtsforschung", wie sie den „Alttestamentischen Kanon überhaupt" ergreift, gefährdet sieht (Mul. 41/ 619). Neu ist diese Auffassung freilich nicht; sie ist nicht erst aus einer Abwehrhaltung etwa gegen die bedrohliche Kritik entstanden; Schleiermacher betont ausdrücklich: „Diese Überzeugung, daß das lebendige Christentum in seinem Fortgange gar keines Stützpunktes aus dem Judentum bedürfe, ist in mir so alt, als mein religiöses Bewußtsein überhaupt" (Mul. 42/620)[3].

---

[1] F. DELBRÜCK benennt für die Gültigkeit seiner Glaubensaussagen gegen Schl. drei Zeugen, als die beiden wichtigsten Lessing und Herder (Hauptstücke, 68 ff.).

[2] F. CHR. BAUR: Schl.s „Antipathie gegen das Judentum" habe „keine bemerkenswertere Parallele aufzuweisen (. . .), als den auf einer ganz analogen Subjektivität des Standpunktes beruhenden Antinomismus Marcions" (Gnosis, 660).

[3] Wirklich hat Schl. diesen seinen Standpunkt ja schon in den Reden klar hervorgehoben: für ihn ist der „Judaismus" nicht „etwa der Vorläufer des Christentums", und er kann sagen: „ich hasse in der Religion diese Art von historischen

Diese Hinweise sollten nicht den Eindruck erwecken, als strebten wir hier an, Schleiermachers Grundauffassung als solche zu verteidigen oder gar am Ende sie zu rezipieren. Das wäre ein Mißverständnis. Eine derartig eingestellte Verteidigung liegt sowieso nicht in der Absicht unserer Untersuchung, hier so wenig wie in irgendeinem anderen Teil unserer Auslegung. Vielmehr ist es ja unsere Aufgabe, Schleiermachers Position — und so auch diese Auffassung — von seiner eigenen Begründung her verständlich zu machen. Oder das doch wenigstens zu versuchen. Wenn wir sehen, mit welchem Nachdruck Schleiermacher die von ihm — und ebenso von seinen Zeitgenossen — als Besonderheit oder sogar als Abweichung von der „einhelligen" Kirchenlehre beurteilte Meinung gleichwohl vertreten hat, vermögen wir jedenfalls unter gar keinen Umständen sie einfach beiseite zu lassen. Dabei kann unberücksichtigt bleiben, daß Schleiermacher ja für seine Meinung Vorgänger gehabt hat — er hat sich auf sie weder hier noch in seiner Dogmatik und auch nicht in seiner Apologie an Lücke berufen. Für uns wäre einzig von Belang, auszumachen, warum Schleiermacher seine Auffassung gerade an dieser Stelle einbringt, das heißt, welche Aussagetendenz in bezug auf den Zusammenhang der Lehnsätze in ihr enthalten ist.

Soweit ich finden kann, ist die hier ausgesprochene Ansicht in der ihr zukommenden Wichtigkeit zuletzt von H. Scholz aufgenommen worden; er rechnet sie zu denjenigen Zeichen, die erkennen lassen, daß Schleiermacher die „Absolutheit des Christentums" vertrete[4]. Auf die Gedankenführung von Scholz — er hält die zunächst als Glaubensurteil interpretierte Aussage letztlich für wissenschaftlich erwiesen — können wir hier nicht eingehen, die Untersuchung führt über den Bereich des uns vorliegenden Textes weit hinaus. Aber wir brauchen auch lediglich das Ergebnis als solches zu nennen; wir werden diesen Paragraphen im gleichen Sinne wie Scholz, wenn auch auf andere Weise belegt, einzustellen haben.

Wir meinten oben, bei der Diskussion der religionsphilosophischen Lehnsätze, betonen zu müssen, daß Schleiermacher eine dem Absolutheitsanspruch des Christentums vergleichbare Behauptung nicht als Zielpunkt innerhalb seiner religionsphilosophischen Erörterung gesetzt habe, daß er eine solche Behauptung nicht auf einem philosophischen oder auf einem historischen Erkenntnisweg einsichtig zu machen suche, daß er sie — wenn überhaupt — nicht anders als aus dem „Beweis des Glaubens" zugänglich

---

Beziehungen, ihre Notwendigkeit ist eine weit höhere und ewige, und jedes Anfangen in ihr ist ursprünglich" (R¹ 286 f.).
[4] Vgl. H. Scholz, Christentum, 186 ff.

sein ließe. Das „überhaupt" sollte nun allerdings nicht in Zweifel gezogen
werden. Folglich sind wir zu der Überlegung berechtigt, daß, wenn die für
das Christentum zu beanspruchende „Absolutheit" die Basis der Dogmatik
auch für Schleiermacher bestimmen soll, diese Aussage wohl im Zusammenhang mit der Frage nach dem „eigentümlichen Wesen" des Christentums erhoben werden muß und eben an dieser Stelle erhoben werden
könnte. Anders gewendet: wenn man schon die Einleitung als eine der
„natürlichen Theologie" entsprechende Fundamentierung der Glaubenslehre verstehen will — irgendwie laufen ja auch die neueren Untersuchungen, sofern sie den vermeintlichen „Anthropologismus" Schleiermachers
als unsachgemäßen Einstieg verurteilen, auf eine derartig begründete Ablehnung hinaus —, müßte man sich wenigstens der Mühe unterziehen, nach
Herkunft und Bedeutung auch dieses § 12 zu fragen. Daß es zulässig sei,
ihn einfach als nicht ausgesprochen zu behandeln, scheint mehr als zweifelhaft zu sein. Unsere Kritik an jenen Auslegern, die, obwohl sie die Einleitung als Ganzes zu interpretieren suchen, diese These kommentarlos überschlagen, impliziert schon die Behauptung, daß hier ein für Schleiermachers
Ansatz wesentliches Moment thematisch werde, daß er wirklich mit dieser
These auf „Absolutheit" des Christentums ziele; was freilich noch gezeigt
werden muß.

So berechtigt die Feststellung sein mag, hier füge Schleiermacher in den
Gedankengang der apologetischen Lehnsätze ein dem ersten Augenschein
nach fremdes Element ein, so notwendig ist eben die Frage, ob man für
solche Einfügung eine Erklärung finden könne. Erst recht und unabdinglich stellt sich diese Frage bei einem Vergleich mit der ersten Auflage! Dort
nämlich hat Schleiermacher die diesem § 12 entsprechenden Ausführungen
an das Ende der Vorlage unseres Textes gerückt — das hätte für die
zweite Auflage also bedeutet: hinter § 14 —, und zwar mit dem Bemerken, „daß unser Satz nur eine einfache Folgerung ist aus dem bisher
(§ 10—21) [≙ GL² § 5—14, ausgenommen eben § 12] Entwickelten" (GL¹
§ 22,3). Für uns wird die Frage um so dringlicher, als wir ja meinen, dem
Entwurf als solchem, dem methodischen Aufbau entscheidende Bedeutung
beimessen zu sollen. Präzise formuliert lautet sie: Gibt es eine Erklärung
dafür, daß Schleiermacher in der späteren Bearbeitung diesen Lehnsatz
vorgezogen hat?

Eben aus der Anlage der Einleitung als Ganzheit — so behaupten
wir — ergibt sich die Antwort mit Eindeutigkeit. Wenn man nämlich den
Rückbezug auf die in den beiden voraufgegangenen Erörterungsbereichen
nebengeordneten Paragraphen beachtet, wird die Umstellung nicht nur

verständlich, dann muß sie als durchaus konsequent, als notwendig beurteilt werden.

Schleiermacher notiert zu dem Lehnsatz am Rande: „Indifferenz gegen Judentum und Heidentum" (Th 83ª). Die Gedankenlinie, die von hierher nach § 8 und darüber hinaus bis § 4 zurückführt, ist so deutlich erkennbar, daß es sich von selbst nahelegt, aus dieser Verknüpfung die Erörterung über das „geschichtliche(-) Dasein" und die „Abzweckung" des Christentums zu verstehen. Der Vergleich drängt sich hier geradezu auf: So wie dasjenige Sich-abhängig-Fühlen, welches das „Sich-seiner-selbst-als-in-Beziehung-mit-Gott-bewußt-Sein" kennzeichnen sollte, nur als „schlechthin" geltendes, nur als ein außerhalb eines Analogieschlusses zu qualifizierendes charakterisiert werden konnte — und „schlechthinnig" doch bedeuten mußte, daß darin die relativ geltenden Beziehungen mit umgriffen wären —, so wie die höchste Stufe der Frömmigkeitsweisen, die „monotheistische", allein aus der ihr eigenen Bestimmtheit und also abgelöst von einer Entwicklung aus den niederen Religionen sachgemäß erklärt werden konnte — und „monotheistisch" auch beinhalten mußte, daß die höchste Stufe die unteren in sich aufzunehmen hätte —, so muß auch das Für-sich-Sein des Christentums proklamiert werden: dieses ist ein im Gegenüber zu Heidentum und Judentum unvergleichlich „anderes" (2.), „indifferent" gegen beide, so daß „von jedem unmittelbar kann übergegangen werden" (Th 83ª).

An dieser Stelle möchte ich die jüngst von P. SEIFERT an den Reden für Schleiermacher erhobene These aufgreifen: „Das Christentum ist der ‚Mittelpunkt' in der Welt der Religionen ... Das Christentum ist die absolute Religion" (168). Nicht, als ob wir hier auf die Aussagebreite der Reden eingehen könnten oder auch nur auf die Frage, ob und auf welchem Wege das nach Seifert von Schleiermacher ebenso in den Reden angestrebte Ziel erreicht werde; die These selbst sollte genannt sein, deren Gültigkeit man nach der Untersuchung Seiferts, meine ich, so leicht nicht bezweifeln kann. Aber erst wichtig für uns ist der Rückgang auf jenes Ergebnis wegen des Einspruchs, den W. SCHULTZ in seiner Rezension von Seiferts Auslegung dagegen erhoben hat, vielmehr wegen der für diesen Einspruch als sozusagen allgemein anerkannt angegebenen Begründung; diese wird nicht von den Reden aus gewonnen, sondern eben von Schleiermachers theologischem beziehungsweise von seinem philosophischen Ansatz aus: „Christentum war und bleibt für Schleiermacher die höchste Religion in der Religionsgeschichte, aber nicht die absolute. Absolute Fakten kann es für Schleiermacher nicht geben, da alles Leben in der oszillierenden Spannung ver-

bleibt zwischen Idealem und Realem"[5]. Außerdem meint Schultz seinen
Einspruch durch den Vermerk vertiefen zu sollen, daß der Prediger
Schleiermacher „letzten Endes immer auch Philosoph" sein wolle: „mit
dem Herzen ein Frommer und mit dem Kopf ein Philosoph"[6]. Wir haben
schon verschiedentlich darauf hingewiesen, daß man das Verhältnis von
Schleiermachers Philosophie zu seiner Theologie auch als unter dem Primat
der theologischen Frage stehend, das heißt von dem Christen Schleiermacher aus beurteilen könnte; insofern sagt der so häufig und nun auch wieder von Schultz zitierte Brief Schleiermachers an Jacobi[7] — der ja mit
Schleiermachers Wort vom Sterbebett[8] gleichsam zu den dicta probantia
für eine unsachgemäße Bevormundung des Theologen durch den Philosophen gezählt wird — noch nicht viel, jedenfalls nichts Eindeutiges; nach
Schleiermacher könnte das von ihm selbst gebrauchte Bild auch so ausgelegt werden, daß der „Kopf" sich die Herrschaft des „Herzens" gefallen
lassen müsse. Doch mag man das wie auch immer verstehen. Ob aber die
Behauptung „Absolute Fakten kann es für Schleiermacher nicht geben"
ihrerseits absolute Gültigkeit zu beanspruchen hat, diese Frage wäre hier
der springende Punkt.

Schleiermachers Erkenntnistheorie zwar ruht auf dem Grund der Überzeugung, daß der Mensch „aus dem Gegensatze zwischen dem Idealen und
dem Realen ... nicht heraus" könne[9]. Welche Folgerungen Schleiermacher
daraus in seiner Dialektik zieht und wie von dieser grundlegenden Denkvoraussetzung her die dialektische Redeweise auch die Aussageform der
Einleitung gestaltet, haben wir an dem je betroffenen Verhandlungsort
(insbesondere §§ 5 und 9) berücksichtigt (entsprechend werden wir § 13
einzustellen haben). Um so auffallender hebt sich eben davon das Gemeinsame der Diktion ab, die entscheidend die Reihe der jeweils zweiten
Paragraphen bestimmt: „schlechthinniges" Abhängigkeitsgefühl (§ 4), Monotheismus als diejenige Weise der Frömmigkeit, das Abhängigkeitsgefühl „nur auf ein höchstes Wesen" zu beziehen (§ 8), „Indifferenz" des
Christentums gegenüber Judentum und Heidentum (§ 12). Aus dieser Zuordnung, in der von den entscheidenden Charakteristika jeweils das eine
die anderen deutet, wird ohne Zweifel einsichtig, daß Schleiermacher

---

[5] W. SCHULTZ in ThLZ 1962, 67 ff.
[6] Ebd.
[7] Briefe II, 341—345.
[8] Briefe II, 482—485: „... ich muß die tiefsten speculativen Gedanken denken
und die sind mir völlig eins mit den innigsten religiösen Empfindungen" (483).
[9] Briefe II, 344.

gleichwohl die Einzigartigkeit des christlichen Glaubens nicht nur, sondern diese als „absolutes Faktum" aussagen wollte und konnte. Nur und genau aus dieser Absicht ist der § 12 an die ihm zukommende Stelle gerückt worden.

Die Singularität des Christentums wird nicht als dessen relative Höchstgeltung gegenüber den anderen monotheistischen Glaubensweisen ausgedrückt. In dieser Hinsicht, das heißt von dem Verhältnis der drei bestimmten positiven Religionen zueinander, erfolgt gerade keine Anknüpfung an den in der Reihe vorausgehenden § 8. Vom Islam nämlich ist hier nicht die Rede, nur vom Heidentum schlechthin, und darunter sind ja auch die Frömmigkeitsweisen der unteren Religionsstufen zu begreifen. Ferner leugnet Schleiermacher nicht den besonderen „geschichtlichen Zusammenhang" des Christentums mit dem Judentum; „daß Jesus unter dem jüdischen Volk geboren / ist", fügt er vielmehr betont, im Unterschied zur ersten Auflage neu, in den Gedankengang ein. Aber aus der „Abstammung Christi" aus dem Judentum ist keine Sonderstellung der Juden gegenüber den Heiden hinsichtlich des jeweiligen Verhältnisses zum christlichen Glauben abzuleiten. (1.)[10]

Mit dieser These zieht Schleiermacher zwar nicht ausdrücklich, dennoch eindeutig die Konsequenz aus der in § 11 eingeführten „Grundtatsache" des Christentums! Die Gewißheit des Glaubens nämlich, die „Beziehung auf Christum" bedingt, daß beide, Juden und Heiden, „als gleich sehr von Gott entfernt, und also Christi bedürftig" erkannt werden. Das Christentum ist „auf keine Weise" als natürliche „Fortsetzung" irgendeiner Frömmigkeitsgemeinschaft und auch nicht der jüdischen zu verstehen, geschweige denn als bloße Auffüllung eines allgemein-philosophischen oder religiös interpretierbaren menschlichen Vorverständnisses. „Umschaffung im eigentlichen Sinne" hatte Schleiermacher als nicht im Begriff der Erlösung enthalten abgelehnt; gleichwohl kann er hier sagen: „komme einer her von dem einen oder von dem andern [sc. von dem Judentum oder von dem Heidentum], so wird er, was seine Frömmigkeit betrifft, ein neuer Mensch." „Keime des Christentums" sind nicht einmal in einem „reinere(n)

---

[10] Auf welche Weise Schl. den vermeintlichen Vorrang des Judentums durch die „geschichtlichen Verhältnisse" aufgehoben sieht (1.), können wir hier außer acht lassen. Daß er sich bei seiner Deutung der „abrahamitischen Verheißungen" wesentlich auf Paulus beruft, d. h. daß er das Intentum seines Lehnsatzes genau auch bei Paulus meint ausgesagt zu finden, mag immerhin vermerkt sein; sonst nirgendwo innerhalb der Einleitung erfolgt eine so relativ breit angelegte Rückbindung ins NT wie hier (in 2. 85/86).

ursprüngliche(n) Judentum" enthalten — jedenfalls nicht so, „daß sie sich
durch natürliches Fortschreiten ohne Dazwischentreten eines Neuen aus
demselben würden entwickelt haben" —, viel weniger denn, mögen wir
noch einmal ergänzen, sind sie in einer anderswie gestalteten Glaubensweise oder gar als menschlich Vorfindliches gegeben. Mit Christus nämlich
beginnt „ein neues gemeinsames Leben und Dasein". (2.)

Die Tatsache des mit Christus gesetzten neuen Anfangs wird in der Erörterung zu diesem Leitsatz mehrfach betont. Wir unterstreichen hier also
nicht etwa einen nur beiläufig eingebrachten Sachverhalt, dessen Aufnahme vielleicht als Konzession an die geltende kirchliche Lehre zu beurteilen wäre. Es besteht auch gar kein Anlaß dazu, in solch ein Urteil aus-
zuweichen. Die Aussage über die Einzigartigkeit des Christentums ist sowohl nach ihrer Einfügung in das Ganze der Einleitung, in methodischer
Hinsicht also — das Charakteristikum der quer verlaufenden Verbindung
ist unter „Schlechthinnigkeit" zu begreifen —, wie auch aus ihrer materialen Bestimmtheit innerhalb der apologetischen Sätze selbst   durch
den Anschluß an die „Grundtatsache" — so eindeutig, daß der Zusammenhang überhaupt nur dann verständlich wird, wenn man Schleiermacher hier als Vertreter der „Absolutheit des Christentums" erkennt. Und
das doch wohl nicht in dem Sinne, als ob er neben dem allgemeinen Wesen
der Religion auch und irgendwie noch die Eigentümlichkeit des christlichen
Glaubens zur Sprache bringe! Sein denkerisches Bemühen hat kein anderes
Ziel, als eben dies eigentümlich Christliche zu erfassen. Was man immer
hiergegen vorgebracht haben mag, offensichtlich läßt sich das gemeinhin
anders eingestellte Verständnis — etwa also mit FLÜCKIGER formuliert:
Schleiermachers „Gedanken über Frömmigkeit und Erlösung (sind) letztlich gar nicht mehr von religiösen, sondern von philosophischen Voraussetzungen her bestimmt" (77) — nur durchhalten, wenn dieser § 12 gar
nicht erst in die Untersuchung einbezogen wird.

Dabei haben wir *das* Problem, das für Schleiermacher mit der also
behaupteten, absolut gültigen „Abzweckung" des Christentums entsteht,
noch nicht einmal berücksichtigt! Der 3. Abschnitt der Erläuterung handelt
nach der handschriftlichen Anmerkung Schleiermachers von dem „Satz der
Kontinuität der Kirche" (Th 85[b]). Nehmen wir die zugehörige Bestimmung der Kurzen Darstellung auf, zeigt sich, daß jener „Satz" eigentlich
die der Apologetik entsprechende Vorlage für diesen Paragraphen sein
muß. Dann aber steht die Leitthese schon ihrer Formulierung nach, und
zumal von der Erörterung in den ersten beiden Abschnitten her, in einem
merkwürdigen Widerspruch zu der apologetischen Konzeption.

An der uns hier angehenden Stelle — KD² § 46 — heißt es nämlich, es sei „die geschichtliche Darstellung der Idee der Kirche auch als fortlaufende Reihe anzusehen", also müsse — trotz Behauptung des „eigentümlichen Wesens des Christentums"[11] — „auch die geschichtliche Stetigkeit in der Folge des Christentums auf das Judentum und Heidentum nachgewiesen werden". Im Vergleich mit der ersten Auflage der Kurzen Darstellung tritt der Gegensatz zu den von uns bisher aufgenommenen Ausführungen des vorliegenden Paragraphen noch stärker heraus; dort spricht Schleiermacher von dem „Hervorgehen des Christentums aus dem Judentum und Heidentum" (KD¹ § 6 der Apologetik). Aber auch in der späteren Bearbeitung nennt er die hierher gehörende Nachweisung — „welche(-) durch Anwendung der Begriffe Weissagung und Vorbild geschieht" — „vielleicht die höchste Aufgabe" der Apologetik (KD², zu § 46).

Wir haben es bereits angemerkt: In diesem Sinne wird das Thema mit dem zweiten apologetischen Lehnsatz gerade nicht behandelt, jedenfalls nicht in den ersten beiden Abschnitten. Schleiermacher geht erst im letzten Teil seiner Erörterung (3.) auf diese „Aufgabe" ein, und zwar nur indirekt, das heißt auffallenderweise eben nicht gemäß der in der Kurzen Darstellung angegebenen Zielsetzung. Die Grundaussage bleibt die Behauptung der absoluten Geltung des Christentums. Nur wie als Schlußbemerkung wird der 3. Abschnitt eingeleitet: Schleiermacher kommt es lediglich darauf an zu zeigen, daß sein Satz nicht der „weitverbreitete(n) Annahme einer einzigen Kirche Gottes von Anbeginn des Menschengeschlechtes bis zum Ende desselben" zuwiderläuft; die Gültigkeit dieser „Annahme" wird nicht bezweifelt, aber deutlich geht es in diesem Zusammenhang nicht primär um deren Bestätigung. Man könnte die Zielangabe, nach der dieser § 12 durchgeführt worden ist, geradezu antithetisch zur Aufgabenbestimmung in der Kurzen Darstellung formulieren: Trotz des Satzes von der „Kontinuität der Kirche" ist an der Behauptung des eigentümlichen „geschichtlichen Daseins" des Christentums, das heißt an der Behauptung von dessen eigenem Anfang und dessen besonderer „Abzweckung", auf das bestimmteste festzuhalten. Erst dann kann man die „Lehre von der e i n e n Kirche" bedenken.

Nach Schleiermacher muß man dabei notwendigermaßen zwei Aussagerichtungen beachten: Einmal bleibt bestehen, daß den Juden kein Vorzug gegenüber den Heiden einzuräumen ist — „nach bewährten christlichen

---

[11] KD² § 46: „... so muß ungeachtet des §§ 43 und 44 Gesagten doch auch...";
§ 43 beschreibt die „Grundaufgabe der Apologetik": das „eigentümliche Wesen des Christentums" kritisch zu erfassen.

Lehrern" ist ebenso wie das „mosaische Gesetz" oder wie die „Weissagung" des Alten Testamentes die „hellenische Weltweisheit" als unter dem Heilsplan Gottes entstanden zu beurteilen —, und zum andern darf das Christentum nicht etwa als in dieser „e i n e n" Kirche aufgehend, als gleichsam völlig von ihr aufgesogen angesehen werden, so daß seine Eigentümlichkeit als unwesentlich befunden würde. Besser ist die Lehre umgekehrt, nämlich positiv zu formulieren: Die Annahme der „wirksame(n) Beziehung Christi auf alles Menschliche" und die Anerkennung, daß diese Beziehung „unbeschränkt(-)" ist, kann als Glaubensaussage den Satz von der „Kontinuität der Kirche" fordern; aber die Verhandlung darüber wäre erst in der eigentlichen Dogmatik zu führen.

Ich halte es für zweckmäßig, wenn wir die dogmatische Erhebung kurz aufnehmen, denn Schleiermacher beruft sich an dem zugehörigen Ort — GL § 156 (II. Teil) — ausdrücklich auf den uns hier angehenden zweiten apologetischen Lehnsatz. Er argumentiert dort in der gleichen Absicht wie hier: Wie auch immer die in den Bekenntnisschriften enthaltene Behauptung von der „Einheit der Kirche von Anfang an" (II. 405/506) zu verstehen ist, sie kann nicht so gedeutet werden, daß „die eigentlich so zu nennende christliche Kirche selbst nur ein Teil eines größeren Ganzen sei" (§ 156). Oder, wiederum positiv formuliert: Sollte damit erklärt sein, „daß es von Anfang an keinen andern Urheber der Seligkeit für die Menschen und keinen andern Grund des göttlichen Wohlgefallens an den Menschen gegeben habe als Christum", gäbe es dagegen nichts vorzubringen (II. 408/510).

Für unsere Fragestellung ist wichtig, hieran zu bemerken, wie das eigentlich von der Dogmatik her aufgegebene Problem — die „e i n e" Kirche — sich so in die Einleitung hinein vorbildet, daß die gemäß der Apologetik durchzuführende Verhandlung eine entscheidende Akzentverschiebung erfährt: Das Thema ist hier gar nicht mehr die „Idee der Kirche" in dem ursprünglichen Sinn der Philosophischen Theologie, sondern von dem vorweggenommenen Bezug auf die Glaubenslehre her die eben dem christlichen Glauben aufgegebene Frage nach der geschichtlich rückläufigen „Einheit der Kirche". Die Erörterung ist nicht auf eine reine Begriffsbestimmung hin gerichtet, vielmehr zielt sie auf Erfassung der gegebenen Wirklichkeit. Von daher erklärt sich die Umstellung in der Aussagetendenz.

Dieses Ergebnis ist für uns in zweifacher Hinsicht von Bedeutung. Erstens können wir es zwischenein als Bestätigung für unsere im 2. Kapitel ausgesprochene Vermutung werten, daß die Einleitung als Ganzes weder

Philosophie noch Dogmatik genannt werden dürfe, sondern ihre Eigenart darin liege, beide Wissenschaftsgebiete miteinander verschränken zu sollen; dieser Paragraph läßt deutlich zutage treten, wie der Verschränkungsprozeß sich darin vollzieht, daß die Einleitung selbst in ihn hineingenommen ist. Zweitens ist es auch und zumal eine Bestätigung für unsere oben aufgestellte Behauptung, Schleiermacher beabsichtige mit der Einordnung dieser Leitthese in den apologetischen Gedankengang, deutlich den Absolutheitscharakter des Christentums zum Ausdruck zu bringen.

Eben dieses zweite wird nun auf dem Grund der von der Kurzen Darstellung gleichsam als Gegenbild gezeichneten Aufgabenbestimmung unmittelbar einsichtig: Die Erörterung ist deswegen notwendig, weil die Einzigartigkeit des Christentums als dessen absolute Geltung ausgesagt werden muß, nur daraus gewinnt dieser Paragraph seinen Sinn; die Schwierigkeit der Aussage ergibt sich nicht primär aus der Unmöglichkeit einer beweisbaren Abgrenzung gegenüber anderen Glaubensweisen — an der Stelle kann und darf es keine Diskussion geben, denn die Gewißheit der Aussage ist in der Gewißheit des christlichen Glaubens selbst begründet —, vielmehr entsteht das Problem erst dort, wo eben der Glaube auf dem Grund seiner Gewißheit dazu gezwungen ist, die scheinbar oder auch tatsächlich widersprechende Behauptung von der „Einheit der Kirche von Anfang an" aufzustellen. Man muß das wohl noch unterstreichen: es handelt sich um die Schwierigkeit, beide Aussage zugleich zu denken; und diese entsteht deswegen, weil der Grund der Gewißheit nicht in einem an sich definierbaren Überzeugungsgefühl ruht, das nur mehr oder weniger klar seine inhaltliche Bestimmtheit auszusprechen vermöchte oder brauchte, sondern durch die ausschließliche Bezogenheit dieses Gefühls auf den einen und einzigen Erlöser Jesus von Nazareth gegeben ist. Es ist eben dieser Jesus von Nazareth, der, weil er auch in seinem Menschsein ganz ernst genommen werden muß, die Folgerichtigkeit des Denkens in Frage stellt, aber wohlgemerkt: die des Denkens aus Glauben. Mit einem Streit zwischen Philosophie und Theologie hat dies gar nichts zu tun; das wird daran deutlich, daß hier eine Vermittlung etwa in religionsphilosophischem Sinne nicht statthaben kann.

Wie auch immer die einfache Lösung formuliert sein mag, die man Schleiermacher an diesem zentralen Punkt seines Denkens zuschieben möchte — es ist eben nicht Schleiermachers Lösung. Sagen wir es noch einmal in der Zusammenfassung seiner vermeintlichen Ergebnisse beziehungsweise der von ihm mit betrachteten Ausgangspositionen: Das Christentum nur etwa als höchster Entwicklungspunkt der Religionen

charakterisiert oder gar als Durchgangsstelle gleichsam, so daß bei richtigem Selbstverständnis das Christentum darin sein eigenes Wesen wahrnähme, daß es sich letztlich selbst in das allgemeine Wesen der Religion
hinein aufgehoben wüßte, oder aber die Einzigartigkeit des Christentums
unter Rückgang auf den Begriff der Individualität in dem Sinne behauptet,
daß diese Religion sich als eine gültige Form der Frömmigkeit neben anderen gleich gültigen Formen zu erweisen habe, oder schließlich der innere
Zusammenhalt zwischen den einzelnen Religionen durch das Allgemein-
Religiöse begründet und also durch die Idee der einen Kirche ausgedrückt
— alle diese Aussagemomente wären sehr wohl miteinander zu harmonisieren, und die Schwierigkeit, die der § 12 angeht, entstünde gar nicht
erst. Sie entsteht nur dort, wo der christliche Glaube sich an den Erlöser
gebunden weiß, der selbst als bestimmt durch seinen ihm zugehörigen
geschichtlichen Ort zu erkennen ist und der gleichwohl als der Erlöser
nicht nur der Christen, sondern ebenso der Juden und Heiden bezeugt
wird — und dies von „Anfang des menschlichen Geschlechtes ... bis ans
Ende desselben" (§ 156).

13. Kapitel

*Die Beschreibung der geschichtlich bedingten Erscheinungswirklichkeit
des Erlösers — § 13*

Ehe wir die Erörterung dieser These im einzelnen aufnehmen, mögen
wir uns daran erinnern, daß in den beiden vorhergegangenen Zyklen
dem jeweils dritten Lehnsatz eine besondere, für das Ganze des je zugehörigen Aussagebereiches tragende Bedeutung zukam.

Innerhalb des ersten Gedankenganges bezeichnete § 5 die Wendung von
der zunächst rein spekulativ ausgerichteten Untersuchung über das
„Wesen" der Frömmigkeit hin zu der Frage nach deren „wirklichem Vorkommen"; von dieser Aufgabenstellung her mußte das eigentlich die Religionsphilosophie kennzeichnende Verfahren schon im Zuge des der Ethik
entsprechenden Gedankenganges zur Anwendung kommen.

Für den zweiten Verhandlungsbereich nahm § 9 eine ähnliche Aufgabe
wahr, nämlich diejenige, die zunächst erst in abstrahierender Betrachtung
ausgemachte „monotheistische" Stufe der Frömmigkeitsweisen in Übereinstimmung mit der aus der Geschichte zu erhebenden Gegebenheit in die
als einander „bestimmt entgegengesetzt" charakterisierten „Arten" aufzuteilen; wir fanden, daß an dieser Erörterung besonders deutlich abzulesen sei, wie Schleiermacher sein „kritisch" genanntes Verfahren versteht.

Das Gemeinsame der beiden parallel zueinander gelesenen Leitsätze drückte sich danach so aus, daß die analoge Aufgabenstellung eine entsprechend gleichgerichtete Verhandlungsweise forderte: Die „Wirklichkeit" wird jeweils als nur aus der „Bezogenheit im Gegensatz" erfaßbar bestimmt.

Ich halte es für erlaubt und danach auch für geboten, diese Erinnerung gleich zu Anfang einzubringen: deshalb für erlaubt, weil die Analogie der Fragestellung schon in der Formulierung auch des dritten apologetischen Lehnsatzes klar zum Ausdruck kommt, und dann auch für geboten, weil wir so — und vielleicht nur so — es vermeiden können, die Erörterung dieser These in eine dem verhandelten Problem nicht gerecht werdende Alternativfrage zu zwingen. Eine Urteilsfindung nämlich, die sich hier auf einem Entweder-Oder gründen will, ist von vornherein als nicht sachgemäß anzusehen. Dies konkret und noch einmal gegen die Position FLÜCKIGERS (89) gesagt: Schleiermachers Intention kann gar nicht darauf gehen, einen „Ausgleich zwischen Natur und Übernatur" aufsuchen zu wollen, und deswegen lassen sich seine Entgegensetzungen nicht dahin deuten, daß das „Übernatürliche" (und entsprechend das „Übervernünftige") als ein nur „höheres Natürliches" (beziehungsweise ein „höheres Vernünftiges") relativiert werde und damit einer „grundsätzliche(n) Preisgabe" anheimfalle. Dies kann weder in Schleiermachers Absicht liegen, noch wird man ein solches Ergebnis als aus der Konsequenz seiner Gedankenführung allein zu erhebendes Ziel behaupten dürfen. Man kommt zu einem derartigen Schluß nur dann, wenn man eine eigene Position gegen Schleiermachers Voraussetzung stellt, eben die, daß Offenbarung in das Verhältnis „entweder übernatürlich — oder natürlich" (und entsprechend „entweder übervernünftig — oder vernünftig") gefaßt werden müsse. (Schleiermachers Grundlage für diese Erörterung wird vollends negiert, wenn man gar den Gegensatz „entweder übernatürlich — oder vernünftig" zur Prämisse der Auslegung macht.) Das Wesentliche des Schleiermacherschen Ansatzes liegt gerade darin, daß diese Verhältnisse je als ein Sowohl-Als-auch beschrieben werden. Eine Kritik, die den von Schleiermacher erläuterten Sachverhalt treffen wollte, hätte also mindestens an dieser Stelle einzusetzen. Wenn aber — von Flückiger — behauptet wird: „Mit Hilfe des Entwicklungsgedankens gelingt es, den christlichen Offenbarungsanspruch wenigstens formal aufrecht zu erhalten, ohne doch das erwähnte Prinzip [sc. das „romantische der All-Einheit der Natur"] preiszugeben" (80), dann muß diesem Urteil eine Umstellung geradezu des Zentrums dieses Paragraphen vorausgegangen sein, denn ein solcherart als begründend angenommener Entwicklungsgedanke — daß „(v)erglichen mit allen andern analogen Erscheinungen (...) freilich die Offenbarung in Christus als die höchststehende anzusehen" sei (ebd.) — kann keinesfalls von Schleiermacher als Leitprinzip der Diskussion dieses Lehnsatzes gemeint sein.

Wir betonen: Ein solcher Gedanke kann für die Erörterung nicht leitend sein! Zur Begründung brauchen wir uns lediglich an die These selbst zu halten. Sie kündigt eine nur neue Variation des schon bekannten Themas an: Es wird die Frage nach dem „wirklichen Vorkommen" (entsprechend § 5 formuliert), nun also hinsichtlich der „spezielle(n) Offenbarung" (Th 87ᵇ), gestellt! Schleiermacher müßte sein bisher in der Einleitung angewandtes Verfahren — im Grunde seinen „kritischen" Ansatz überhaupt — aufgeben, wollte er hier mit dem Entwicklungsgedanken antworten.

„Die Erscheinung des Erlösers in der Geschichte" heißt das spezifizierte Frageziel; wie Schleiermacher handschriftlich dazu vermerkt: das „Verhältnis der Grundtatsache zur Tatsächlichkeit im allgemeinen" (Th 86ᵃ), nach der Randnotiz im Eingang der apologetischen Lehnsätze zu § 13: „...zur Geschichtlichkeit überhaupt" (Th 74ᵃ). Wenn wir hier die Analogie der Aufgabenstellung innerhalb der jeweils dritten Paragraphen als unbestreitbar geltend machen und ihre Beachtung als für die Auslegung wesentlich behaupten, so soll damit nur zum Ausdruck gebracht sein, daß wir erwarten, auch die Lösung analogice angeboten zu finden, das heißt: auch hier eben aus dem Bezug im Gegensatz entfaltet. Keineswegs wird wegen der so festgestellten quer verlaufenden Zuordnung die Besonderheit des nun gemäß der Apologetik zu verhandelnden Lehnsatzes übersehen werden dürfen. Und dies um so weniger, als Schleiermacher die der Apologetik entsprechende Grundlegung ja ebenfalls in die Ausgangsthese schon hineingenommen hat, nämlich mit der Kennzeichnung „als göttliche Offenbarung". Zudem entwickelt er gerade auch den ersten Teil seines Satzes — „weder etwas schlechthin Übernatürliches" — genau und nur aus seinem Begriff der Offenbarung; er verweist ausdrücklich zu Beginn des 1. Abschnittes auf die in § 10, Zusatz gegebene Definition.

Hier sei erinnert, daß ja auch der erste dieser apologetischen Sätze seine Anknüpfung bei dem Ausdruck „Offenbarung" nahm, und zwar — mit der zum Ausgangspunkt der Apologetik überhaupt erklärten, das Christentum begründenden „Urtatsache" der „durch Jesum von Nazareth vollbrachten Erlösung" — im Rückgang gleichsam auf dessen Zentrum. Das soll meinen, der Begriff selbst wurde von seinem Mittelpunkt her

aufgenommen, insofern als eben die „Grundtatsache" jeweils das „Eigentümliche" einer Glaubensweise — „gleichmäßige Vollendung der äußern
und innern Einheit" (§ 10,1) — in sich befaßt; diese Anknüpfung begründete die von Schleiermacher betont an den Anfang der apologetischen
Sätze gestellte formale Klärung der „Notwendigkeit" von Erlösung. Ich
halte die Erinnerung deswegen für nützlich, weil gegenüber der so gekennzeichneten Anknüpfung dort die Andersartigkeit des Anschlusses hier an
eben den Ausdruck „Offenbarung" deutlich werden kann. Hier bringt
Schleiermacher die in seinem Verständnis auch enthaltenen, den Begriff
gleichsam eingrenzenden Definitionselemente ein: einerseits nämlich rekurriert er auf „Ursprünglichkeit" und auf „göttliche Kausalität" eines
Offenbarungsgeschehens, andererseits auf die aus dem „Wesen der menschlichen Beschränktheit in Beziehung auf (Gott)" sich ergebende Notwendigkeit der Vermittlung einer solchen „Kundmachung Gottes" (§ 10, Zusatz). Man kann den Unterschied der beiden Rückbezüge auch so kennzeichnen: In der Art und Weise, wie § 11 den Begriff in den Zusammenhang
der apologetischen Sätze holte, war schon und nur die Spezifizierung auf
das eigentümlich Christliche enthalten, während die Erörterung hier noch
einmal das ganze Feld der möglichen Erscheinungen der „menschliche(n)
Natur", welche „in der Analogie mit dem Begriff der Offenbarung" sind,
in den Blick rückt. Und dies, damit erstens die begrifflich fixierbare Analogie ausgewertet und zweitens ein etwa als inhaltlich bestimmbar ange-
nommenes Entsprechungsverhältnis ausdrücklich abgewiesen werden
könne. Letztlich läuft die Untersuchung darauf hinaus, die Einzigartigkeit
des in der Geschichte erschienenen „Erlösers" zu unterstreichen. Einzigartigkeit besagt Nichtvergleichbarkeit — in diese, den dritten Zyklus der
Lehnsätze als apologetischen kennzeichnende Aussagerichtung fügt sich
genau auch das Frageziel des § 13 ein.

Daß „Übernatürlichkeit" — im 1. Abschnitt verhandelt — das Charakteristikum der Erscheinung Christi „als göttliche Offenbarung" ist, das
versteht sich für Schleiermacher von selbst. Muß doch schon anerkannt
werden, daß jedes „eigentümlich gestaltete(-) Dasein(-)", erst recht jede
„fromme Gemeinschaft", sich als „Ursprüngliches" (nach § 10, Zusatz)
aufzufassen habe, daß also jeweils ein „Anfangspunkt" zuzugestehen ist,
der nicht „aus dem / Zustande des Kreises zu erklären ist, in welchem er
hervortritt". Um wieviel weniger kann dann das Erscheinen Christi aus
einem zurückweisenden geschichtlichen Zusammenhang begriffen werden,
wenn doch der Unterschied zwischen ihm und allen solchen, denen auf
irgendeine Weise eine „höhere Begeisterung" zugeschrieben werden muß,

schon darin gegeben ist, daß diese „in ihren Wirkungen beschränkt sind nach Zeit und Raum", er aber „als göttliche Offenbarung" in einer „Allgemeinheit" zu verstehen ist, die irgendeine Begrenztheit der Wirksamkeit zu denken nicht zuläßt. Die Frage ist nicht, ob Christus Übernatürlichkeit zu prädizieren sei, wohl aber, wie diese so gefaßt werden könne, daß dennoch Vermittlung durch ihn zu geschehen vermag, oder vielmehr: daß dieses Geschehen ausgesagt werden kann.

An dieser Stelle wird der Vergleich mit den Stiftern anderer Religionsgemeinschaften, mit den Trägern der „höheren Begeisterung" überhaupt angesetzt. Alle diese bleiben — auch als „eigentümlich gestaltetes Dasein" — doch „bedingt" durch den Lebenskreis, dem sie je zugehören. Und dies notwendigermaßen, denn anders wäre Vermittlung der „höheren Begeisterung" nicht möglich. Der beide Seiten untergreifende Zusammenhalt liegt für Schleiermacher in der Kontinuität der menschlichen Natur als solcher: alle diese „Heroen" sind, wenn auch „zum Besten des bestimmten Kreises, in dem sie erscheinen", doch als „aus dem allgemeinen Lebensquell befruchtet" anzusehen.

Ohne Zweifel ist für Schleiermacher an dieser Darlegung eigentlich wesentlich, daß die so gekennzeichneten beiden Seiten — Ursprünglichkeit und Notwendigkeit der Vermittlung von Offenbarung — in den Beschreibnisvorgang aufgenommen und in ihrem Aufeinander-Bezogensein festgemacht werden. Daß er ihr Zueinander auch zu erklären sucht und daß er die Erklärung von seiner philosophischen Grundvoraussetzung her meint leisten zu können — für den zweiten Teil des 1. Abschnitts, in dem einzig das Offenbartsein Christi verhandelt wird, müßte man zudem sagen: von seiner theologischen Grundvoraussetzung her —, ist jedenfalls erst das zweite Moment dieser Erörterung.

In bezug auf dieses andere Moment wird der Entwicklungsgedanke eingebracht: Wie unbedingt auch die Besonderheit eines eigentümlichen Daseins — das „über die Natur (seines) Kreises hinausgeht" — ausgesagt werden muß, so kann dadurch doch die „Annahme" nicht ausgeschlossen sein, „das Hervortreten eines solchen Lebens sei eine Wirkung der unserer Natur als Gattung einwohnenden Entwicklungskraft, welche nach, wenn auch uns verborgenen, doch göttlich geordneten Gesetzen sich in einzelnen Menschen an einzelnen Punkten äußert, um durch sie die übrigen weiterzufördern". Gewiß ist Schleiermacher von der Gültigkeit seiner „Annahme" überzeugt — „daß solche [sc. solche „Heroen"] von Zeit zu Zeit erscheinen, müssen wir als etwas Gesetzmäßiges ansehen, wenn wir überhaupt die menschliche Natur in ihrer höheren Bedeutung festhalten wollen" —, aber trotzdem, oder gerade deswegen, kann sie nicht die eigentliche Intention dieser Diskussion kennzeichnen, eher wird sie als Hilfsvorstellung herangezogen. Jedenfalls ist Christus nicht aus dieser Entwicklungsreihe — als ein „höherer Anfangspunkt" gegenüber allen anderen, vorhergegangenen „Heroen" — erklärt, abgeleitet oder gar bewertet worden[1]. Schleiermacher betont hier gerade den Unterschied zwischen „Christus als Offenbarung" (Th 89ᵃ) und allen hinsichtlich der Bedeutung von „Eigentümlichkeit" oder derjenigen von „Ursprünglichkeit" etwa vergleichbaren Erscheinungen. Dem Verstehenwollen aus Analogiebeziehungen ist eine deutliche Grenze gesetzt: „nur er" ist in diese Reihe nicht einzustellen, denn „alles andere . . . (ist) doch schon im voraus bestimmt (. . .), in ihm wieder unterzugehn, in bezug auf ihn also auch kein Sein (. . .), sondern ein Nichtsein, und nur er dazu gesetzt, allmählich das ganze menschliche Geschlecht höher zu beleben" (89/90). Wiederum ist diese Voraussetzung für Schleiermacher selbstverständlich, sonst ließe sich das Christentum nicht „als eine bleibende Erscheinung" ausdrücken; aber danach ist erst recht die Aufgabe gestellt, die Prädikation „übernatürlich" — die der in Christus gegebenen Offenbarung also auf spezifische Weise zukommt — davor zu bewahren gleichsam, als ein Absolutum nur aussagbar zu sein. Das muß ja an der Gedankenführung dieses 1. Abschnitts unbedingt hervorgehoben werden, daß Schleiermacher, als Konsequenz aus seiner Voraussetzung, seine Argumentation, die auf Erklärung des „nicht-schlechthin" zielt, noch einmal neu ansetzt! Wollte er „(m)it Hilfe des Entwicklungsgedankens" nur den „christlichen Offenbarungsanspruch" aufrechterhalten[2], wäre ein solches Vorgehen doch abwegig; im Grunde muß es als einer derartig gekennzeichneten Absicht geradezu entgegenstehend beurteilt werden. Schleiermachers Ziel ist nicht, das in Christus offenbar gewordene neue Dasein als eine „höhere Entwicklungsstufe der menschlichen Natur" darzustellen, es „(i)m Vergleich zu den bis dahin sichtbar gewordenen Naturtatsachen" als ein relativ Höheres zu erklären und darin die Prädikation „übernatürlich" einzufangen[3], vielmehr hat seine Gedankenführung die umgekehrte Richtung: „Übernatürlichkeit" für die Offenbarung in Christus zu beanspruchen ist der Ausgangspunkt; dieser Anspruch ist ein einzigartig begründeter, er läßt sich nicht aus einem Vergleich mit anderen sich als Offenbarung verstehenden Erscheinungen erheben; aber es bleibt zu beachten, daß auch die im

---

[1] Gegen F. FLÜCKIGER, 89.
[2] So F. FLÜCKIGER, 80.
[3] Ebd.

Christentum geglaubte „Kundmachung Gottes" dem Menschen nur als
eine vermittelte zugänglich sein kann. Jedenfalls liegt an dieser Stelle das
Interesse Schleiermachers: er will die Möglichkeit der Vermittlung für
die in Christus gegebene Offenbarung aufsuchen, und dies muß auf eine
für das Christentum spezifische Weise geschehen — daß solche Vermittlung notwendig sei, allein darin ist der Vergleich mit den wie auch immer
gestalteten, sonstigen „ursprünglichen" Formen des menschlichen Daseins
gesetzt.

Für Schleiermacher ist die so gekennzeichnete Richtung seiner Gedankenführung unbedingt wesentlich. Das mag noch durch seine Stellungnahme
zu diesem Problem in seinem zweiten Sendschreiben an Lücke unterstrichen
sein; dort heißt es: „Wo nämlich Übernatürliches bei mir vorkommt,
da ist es immer ein erstes, es wird aber hernach ein Natürliches als zweites
... so ist Christus übernatürlich seinem Anfang nach, aber er wird natürlich als rein menschliche Person . . ." (Mul. 68/653). Genau unter diesem
Leitgedanken erläutert er hier sein Verständnis von „Christus als Offenbarung"! Wenn auch einerseits „die strengste Ansicht von dem Unterschiede zwischen ihm und allen andern Menschen" aufzustellen ist, so darf
diese doch nicht die andererseits ebenso notwendige Aussage unmöglich
machen, „daß seine Erscheinung auch als Menschwerden des Sohnes Gottes
etwas Natürliches sei"; „so gewiß Christus ein Mensch war" — und zwar,
so mag man aus Schleiermachers Darlegung noch einmal ergänzend hinzufügen: eben auch als der „Sohn Gottes" —, so gewiß kann die in Christus
gesetzte göttliche Offenbarung „in dieser Hinsicht" nicht „schlechthin"
übernatürlich sein. „So gewiß Christus ein Mensch war" — das bedeutet
für Schleiermacher: das „schlechthin" kann und darf nicht gelten, es wäre
denn die eine wesentliche Seite der „göttliche(n) Offenbarung in Christo"
versehrt. Daß oder wieso es auch nicht zu gelten „braucht" (Th 87[b]), dies
zu zeigen ist wiederum der andere Teil der in bezug auf die christliche
Offenbarung noch einmal neu angesetzten Überlegung.

Die „Forderung", die Schleiermacher hier aufstellt, ist wohl noch nicht
ohne weiteres für „nichts als die Behauptung einer natürlichen Kontinuität
zwischen Gott und Mensch" zu halten; wenn sich das Menschsein Christi
so einfach verstehen ließe, hätte Schleiermacher auf die Erörterung des
„braucht nicht" kaum erst Mühe verwenden müssen. SENFT hat das genannte Urteil ausgesprochen (23), und er meint dazu berechtigt zu sein,
wenn er den ersten Teil des vorliegenden Lehnsatzes im „Zusammenhang
mit Schleiermachers Begriff der Religion" (22) liest. Wollten wir unserer-
seits den Anschluß nach vorn hin herstellen, könnten wir mindestens

geradesogut umgekehrt folgern: So wie Schleiermacher das „wirkliche Vorkommen" der Frömmigkeit nur aus der Bezogenheit der beiden Stufen des Selbstbewußtseins aufeinander zu bestimmen wußte (§ 5), weil er die höchste Stufe weder in ihrem An-sich-Sein für zeitlich erfaßbar halten konnte, noch sie etwa als Entwicklungsspitze der mittleren verstanden wissen wollte, genauso sieht er hier sich vor die Aufgabe gestellt, das Verhältnis „übernatürlich-natürlich" hinsichtlich der „Erscheinung des Erlösers in der Geschichte" zu erörtern: damit kann weder ein ausschließender Gegensatz ausgedrückt noch ein fließender Übergang beschrieben sein; im einen Fall wäre die Diskussion sinnlos, im anderen überflüssig. „Natürliche Kontinuität", wie Senft sie voraussetzt, ist gerade nicht die einfache Vorlage der Verhandlung, in den apologetischen Sätzen hier so wenig wie in den ethischen oben. Die „Forderung" selbst muß nicht schon im Sinne des Verständnisses von Senft beurteilt werden, höchstens denn die Lösung, die Schleiermacher anbietet und von der er meint, daß sie dieser Forderung genüge.

Die Lösung wird nicht anthropologisch begründet, sondern theologisch: Schleiermacher gewinnt sie von seinem Gottesbegriff her. Er kann sich „nichts Zufälliges in Gott denken" (Mul. 26/600), daraus folgt alles Weitere: „so gewiß Christus ein Mensch war", so gewiß „die göttliche Offenbarung in Christo" in ihrer umfassenden „Allgemeinheit" bezeugt werden muß — beides läßt sich für Schleiermacher nicht anders miteinander verbinden, als daß der „menschlichen Natur" die Fähigkeit zuerkannt wird, „das wiederherstellende Göttliche in sich aufzunehmen"; sonst müßte „das Vermögen hiezu erst (...) in sie hineingeschaffen werden", und zwar durch ein rein zufälliges Ereignis, das nur als Akt „göttliche(r) Willkür" zu deuten wäre. Eine derartige Vorstellung widerspricht dem Gottesbegriff.

Damit die Menschwerdung als ein „Natürliches" ausgesagt werden könne, ist also für Schleiermacher verlangt, daß der menschlichen Natur die „Möglichkeit" für die Aufnahme des Göttlichen zugeschrieben wird; und dies wiederum fordert, daß „das wirkliche Einpflanzen dieses Göttlichen in dieselbe nur ein göttlicher, also ewiger Akt sein muß". Die andere Seite der Wirklichkeit, nämlich „das zeitliche Hervortreten dieses Aktes in einer bestimmten einzelnen Person", ist dann „zugleich als eine in der ursprünglichen Einrichtung der menschlichen Natur begründete, und durch alles Frühere vorbereitete Tat derselben, somit als die höchste Entwicklung ihrer geistigen Kraft" anzusehen. Damit will Schleiermacher gesagt haben, daß die Menschwerdung des Sohnes Gottes nicht nur der „Möglichkeit" nach, sondern ebenso und gerade „der Wirklichkeit nach natürlich bedingt"

(Th 90ª) sei. „Möglichkeit" und „Wirklichkeit" der Menschwerdung sind also grundsätzlich in dem von Ewigkeit her geschehenen „göttlichen Akt" zusammengehalten. Der Entwicklungsgedanke wird über ein „auch" beziehungsweise ein „zugleich" eingefügt. Außerdem ist zu beachten, daß — genau wie in der zuvor in allgemeiner Hinsicht, in bezug auf die der Offenbarung analogen Erscheinungen, durchgeführten Überlegung — die Auswertungsmöglichkeit doch wesentlich begrenzt worden ist: eine solche Annahme ist zwar zu fordern, meint Schleiermacher, aber gleichzeitig muß er doch zugestehen, daß wir wohl „niemals so tief in diese innersten Geheimnisse des allgemeinen geistigen Lebens eindringen, daß wir uns diese allgemeine Überzeugung zu einer bestimmten Anschauung entwickeln könnten". Ausschlaggebend für die Gültigkeit der so postulierten Annahme ist jedenfalls der Gottesgedanke: „daß gerade in Jesu und keinem andern das wiederherstellende Göttliche zur Erscheinung gekommen ist" würde sonst „nur als göttliche Willkür" erklärt werden müssen, und solch „anthropopathische Ansicht" ist auf das allerbestimmteste abzuwehren.

Die Hauptschwierigkeit dieser Erörterung liegt darin, wie Schleiermacher hier die Begriffe „übernatürlich" und „natürlich" — dann auch, im 2. Abschnitt, die Begriffe „übervernünftig" und „vernünftig" — gebraucht, nämlich so, als seien diese in sich eindeutig und keinem Mißverständnis ausgesetzt. Bedenkt man aber zum Beispiel, daß zuvor der Ausdruck „natürlich" bereits zweimal in einem je anderen Definitionszusammenhang verwendet worden ist[4], wird man schon von daher eine solche wie selbstverständlich eingebrachte Prämisse nicht ohne weiteres als gültig anerkennen. Schleiermacher hat im übrigen wohl diese Schwierigkeit selbst auch gesehen; in der ersten Auflage jedenfalls hat er noch versucht, wenigstens „Natur" und „Vernunft" in einer der Erörterung vorausgeschickten Anmerkung begrifflich einzugrenzen[5]. Warum er hier darauf verzichtet, läßt sich nur vermuten: vielleicht deswegen, weil er sich nicht auf ein bestimmtes Verständnis von „übernatürlich" beziehungsweise von „übervernünftig" festlegen konnte oder wollte. Ausdrücklich erklärt er in seinem zweiten Sendschreiben an Lücke, daß er sich weigere, in dem Streit

---

[4] Vgl. GL § 9 und § 10, Zusatz (§ 6, Zusatz).

[5] GL¹ § 20, Anm.: „Es ist immer übel, die Wörter Natur und Vernunft gebrauchen, ohne sie erklärt zu haben, aber jede Erklärung, die wir angeben wollten unvorbereitet und außerhalb eines größeren Zusammenhanges, würde doch immer willkürlich erscheinen und Mißdeutungen unterworfen sein. Es mag also daran genügen, ihr Füreinandersein bemerklich zu machen, indem das Sein überhaupt für den Menschen nur ist, sofern es Natur ist, und die Natur für den Menschen nur ist, sofern er Vernunft ist."

zwischen Supranaturalisten und Rationalisten eine Position zu beziehen; seiner Meinung nach werde dabei unsachgemäß gestritten, nämlich mit Entgegensetzungen, die entweder gar keine sind oder deren Gegensatzelemente jeweils von verschiedenen Aussagebereichen her genommen werden[6]. Sein Interesse geht nicht dahin, an dieser Stelle in die theologische Diskussion seiner Zeit einzugreifen, allenfalls soll dieses Eingreifen indirekt geschehen. So nimmt er zwar — mit der verwendeten Begrifflichkeit — die dem Streit zugrunde liegende Frage auf, aber bedeutsam ist ja an diesem Aufnehmen die darin eingeschlossene Wendung zum eigenen Frageziel hin: die traditionelle Vorstellung wird aufgegeben (wie wir am folgenden Abschnitt noch ausführlich belegen werden), das heißt: der Gegensatz als solcher wird aufgelöst, und dessen beide Seiten werden je für sich dialektisch erörtert. Wir müssen dann annehmen, Schleiermacher stelle mit Bedacht keine Begriffsklärung an den Anfang, führe vielmehr seine Untersuchung mit der Voraussetzung durch, daß innerhalb der Verhandlung selbst sich dem Leser das Verständnis der gefragten Bestimmungen verdeutlichen werde. Man kann also hier nicht mehr leisten wollen, als Schleiermacher zu tun beabsichtigt; wir vermögen nur die von ihm abgesteckten Begriffsgrenzen nachzuzeichnen: „natürlich" ist durchgehend im Zusammenhang mit „menschlicher Natur" gebraucht worden, in einem alle Formen des menschlichen Daseins umfassenden Sinn; „übernatürlich" ist indirekt eingeführt worden, über den Offenbarungsbegriff, und wird antithetisch zu „natürlich" verstanden. An der einzigen Stelle, an der Schleiermacher den Ausdruck „Übernatürliches" im Text verwendet (89/90), sieht es so aus, als ob er sehr wohl auch von einem „schlechthin" Übernatürlichen zu reden vermöchte, oder besser gesagt: als ob er auf eine solche Bestimmung hin zu abstrahieren vermöchte. In dieser Zuspitzung wäre die Prädikation danach dem „Göttlichen" selbst aufzubehalten, dem Sohn Gottes „an sich" — aber irgendeine Aussage über „Gott an sich" machen zu wollen oder zu können, hat Schleiermacher ja entschieden abgelehnt. Folglich dürfen wir hier auch keine weitergehenden Ausführungen erwarten.

Eines kann man jedenfalls mit Sicherheit sagen: „Übernatürliches" entwickelt sich für Schleiermacher nicht innerhalb des „Natürlichen"; wer meinen will, Schleiermacher beabsichtige, Übernatürlichkeit *als* Entwicklungsspitze der menschlichen Natur gleichsam nur oder überhaupt festzuhalten, darf sich auf den Begriffsgebrauch hier nicht stützen. Ein höchster Entwicklungspunkt der menschlich-geistigen Kraft könnte, wenn er denn

---

[6] Mul. 67 f./651 ff.

in einer „bestimmten Anschauung" erfaßbar wäre, lediglich die Vollendung der Naturwerdung des Übernatürlichen ausdrücken, er ist nicht in sich selbst schon ein Übernatürliches[7].

Die Forderung, die Offenbarung in Christus sei „übervernünftig" zu nennen — im 2. Abschnitt verhandelt —, ist allein in dem Anspruch der Einzigartigkeit Christi enthalten. Das die Erörterung tragende Moment ist hier ausdrücklich das spezifisch-christliche Verständnis von Offenbarung. Christus, und nur er, ist der „Gesamtheit der Menschen" zum Erlöser gesetzt, folglich können weder die „Lebensmomente, durch welche er die Erlösung vollbringt", noch die „Gemütszustände", welche er „in den Erlösten" bewirkt, aus der allgemein-menschlichen Vernunft, die allen „gleichmäßig" und „von ihrer Geburt her" einwohnt, erklärt werden. „Sonach ist allerdings Übervernünftiges in dem Erlöser und den Erlösten, mithin in dem ganzen Umfange des Christentums gesetzt ..." (90/91). Schleiermacher betont mehrfach, daß diese Charakterisierung — „Übervernünftigkeit" — sowohl dem Erlöser — „Christi Lebensmomente(n)" — als auch den Erlösten — hinsichtlich der „mitgeteilten Zustände" — zuerkannt werden müsse (Th 90[b]), daß sie sich auf die „Einwohnung Gottes ... in Christo" ebenso wie auf das „Bewegtsein der Erlösten von dem heiligen Geist" zu beziehen habe. Jeder Christ muß sie auf irgendeine Weise aussagen; in welcher Formulierung, mag zweitrangig sein. Da die Erörterung also wesentlich durch den Rekurs auf den Zentralbegriff „Erlösung" bestimmt ist, scheidet die Möglichkeit des Vergleichs mit anderen Glaubensweisen innerhalb der Durchführung des 2. Abschnitts aus.

An diesem Einstieg in die Diskussion des anderen Teiles der Leitthese ist wohl zweierlei als wichtig für Schleiermachers Gedankenführung auszumachen. Einmal dieses, daß hier die eigentlich apologetische Aussagerichtung wieder aufgenommen wird. Denn wenn Schleiermacher nun überhaupt mit der Explikation seines Verständnisses von Erlösung ansetzt, fällt von da aus auf die Ausgangsthese selbst ein neues Licht: es geht hier wesentlich um Christus als um den „Erlöser". Im Zusammenhang der apologetischen Sätze bedeutet die Aufnahme dieses Titels, daß die Begriffsbestimmung aus § 11 — „Notwendigkeit" der Erlösung — hier

---

[7] Gegen F. Flückigers Ergebnis zu § 13,1: „Im Vergleich zu den bis dahin sichtbar gewordenen Naturtatsachen ist dieses Leben [sc. das „in Christus erschienene höhere Leben"] wohl als ‚übernatürlich' zu bezeichnen, im Blick auf die gesamten Möglichkeiten der menschlichen Natur ist es aber natürlich" (80). Damit nämlich ist der Grundbegriff in einem Sinne interpretiert, der Schl.s Gedankenführung gerade nicht entspricht.

ihre Ergänzung erhalten soll; deutlicher, eben nach dem schon gekennzeichneten Ansatz, müßte man sagen: hier von der einen Seite der „Wirklichkeit" her ergänzt werden soll; die andere Seite, die im folgenden Satz, § 14, beschrieben wird, gehört dann ebenso notwendig dazu. Denn im christlichen Verständnis von Erlösung reden verlangt, „das eigentümliche Sein des Erlösers und der / Erlösten in ihrem Zusammenhange mit ihm" zur Voraussetzung zu nehmen[8]. Anders läßt sich jedenfalls für Schleiermacher das „wirkliche Vorkommen" der christlichen Frömmigkeit nicht fassen.

Und ferner ist wichtig, daß Schleiermacher seinen Ansatz dieses 2. Abschnitts dort, wo es um die Zielaussage des § 13 selbst geht, in genau der gleichen Weise auswertet wie die Grundlegung des 1. Abschnitts: wiewohl „Übervernünftigkeit" des Christentums außer Zweifel steht und als von vornherein „gesetzt" unbedingt festgehalten werden muß, ist doch bei der Beschreibung der „Einwirkung" Christi auch die menschliche Vernunft zu berücksichtigen; diese ist „unumgänglich notwendig", denn „einer vernunftlosen Seele" teilt sich die göttliche Offenbarung eben nicht mit. Gerade gegenüber der Unterschiedenheit der Ausgangspunkte tritt das beide Teile der Erörterung in gleicher Weise ausrichtende Intentum dieses Paragraphen mit um so größerer Klarheit hervor: Es geht darum, den Grund der Möglichkeit von Vermittlung der christlichen Offenbarung als in der geschichtlichen Erscheinung des „Erlösers" selbst gegeben zu erfassen. Schleiermacher argumentiert hier genau wie im 1. Abschnitt, und daraus wird deutlich, wie entscheidend es für ihn ist, beide Seiten dieses Vermittlungsgrundes festhalten und aussagen zu können: „übervernünftig" und „vernünftig" sind aus ihrem Aufeinanderbezogensein zu verstehen. „Setzen wir aber auch die höchste Differenz zwischen diesem Übervernünftigen und der gemeinen menschlichen Vernunft: so kann doch niemals dies Übervernünftige, *ohne mit sich selbst in Widerspruch zu geraten*, als ein schlechthin solches aufgestellt werden." (91/92) Bedeutsam an dieser von Schleiermachers Position her grundsätzlich einleuchtenden Forderung ist ja deren Begründung — keinesfalls dürfte sie einfach übersehen werden: die Abweisung des „schlechthin" zielt nicht darauf, die Prinzipien der menschlichen Vernunft zu sichern, sondern wird deswegen ausgesprochen, weil die Einheit des Grundes selbst bewahrt werden soll. Oder denn: sein Verständnis von Übervernünftigkeit ist die Voraussetzung für Schleiermacher, nach der sich ihm die Forderung als zwingend erhebt.

---

[8] So § 13, Zus. formuliert; zu § 14 s. u. S. 297 f. u. ö.

Man wird sagen müssen, daß, wie im 1. Abschnitt, die Erörterung nur und genau von dem zugrunde gelegten Gottesbegriff her einsichtig ist und nur in solchem Bezug sachgemäß aufgenommen werden kann. Denn von dieser Voraussetzung her verläuft die Gedankenführung eben wie im ersten Hauptteil der Verhandlung.

Das „höchste Ziel" der Erlösung wird durch den „göttlichen Geist" bewirkt, und zwar so, daß die „menschliche Vernunft" in dieses Wirken hineingenommen ist. Daß „der göttliche Geist selbst als die höchste Steigerung der menschlichen Vernunft *gedacht* werden" kann, hängt wesentlich an der Bedingung eines „alsdann": dann nämlich, wenn das „höchste Ziel" erreicht ist, soll gelten, daß „die Vernunft gänzlich eins mit dem göttlichen Geist ist".

Wir können diese Aussage auch in der Begrifflichkeit der ethischen Lehnsätze formulieren; noch zugespitzter gesagt: es wird jetzt deutlich, daß sie in den dortigen Definitionen, zusammengefaßt in § 5, vorgebildet worden ist. Das fromme Selbstbewußtsein gestaltet sich in dem „Bezogenwerden des sinnlich bestimmten auf das höhere Selbstbewußtsein", die beiden „Stufen" sind im „Vollendungspunkt des Selbstbewußtseins" zu einer untrennbaren „Einheit" gesetzt (35/29). Anders konnte Schleiermacher von dem Gottesbewußtsein als von einem wirklich vorkommenden dort nicht reden; und anders, als daß in dem „Zustand der Menschen", auf den „Erlösung" zielt, die Unterschiedenheit der „menschlichen Vernunft" von dem „göttlichen Geist" aufgehoben ist, gibt es — für Schleiermacher — keine menschliche Erfahrung von eben diesem, das „Bewegtsein der Erlösten" bewirkenden „heiligen Geist". Damit kann nicht eine Identifizierung der beiden Seiten dieser Relation gemeint sein sollen, ebensowenig wie das höhere Selbstbewußtsein als identisch mit dem sinnlichen angenommen worden ist. Schleiermachers Bestimmung des „höchsten Zieles" ist von seinem Gottesbegriff her zu verstehen: Gott ist der eine unteilbare Grund des Seins, und Erlösung kann für den Menschen nur bedeuten, daß er mit seiner ganzen Existenz, mit seinem Denken, Wollen und Fühlen, in diesen seinen Grund zurückgeholt wird. Zu beachten ist ja wohl zumal — das müssen wir aus unserem Vergleich noch einmal unterstreichen —, daß dieser Bestimmung hier eben der dort eingestellte Begriff des „Vollendungspunktes" des unmittelbaren Selbstbewußtseins entspricht: Schleiermacher kann hier so wenig wie dort eine sich mit Naturnotwendigkeit entwickelnde Selbstvollendung des menschlichen Geistes im Blick haben. Wieweit sich dieses „Ziel" in der Zeit verwirklicht, bleibt offen. Mit Gewißheit faßbar — nicht nur denkbar — ist ihm der „erste(-) An-

fang" des dargelegten Vorganges: das „Bewußtsein von Erlösungsbedürftigkeit", wonach „in der menschlichen Vernunft selbst schon auf gewisse Weise das gesetzt (sein muß), was durch den göttlichen Geist hervorgebracht wird".

Wenn FLÜCKIGER diese Erörterung im wesentlichen dahin zusammenfaßt, das Übervernünftige könne, weil als „nicht schlechthin" postuliert,
„auch [?] nur als die höchste Steigerung der Vernunft" (81) betrachtet
werden, so hat er zwar genau die Formulierung herausgegriffen, die man
Schleiermacher am allerwenigsten wird abnehmen wollen, dennoch kann
es kaum zulässig sein, den hier verhandelten komplexen Sachverhalt so
radikal zu vereinfachen. Danach kann weder die Fragestellung selbst und
noch weniger die Besonderheit der Antwort, die Schleiermacher zu entwickeln sucht, einsichtig gemacht werden. Wie sollte sich mit einer solch
einseitigen Festlegung die von Schleiermacher doch auch und geradezu
apodiktisch vertretene Meinung „zwischen Vernünftigem und Übervernünftigem kann kein Zusammenhang statthaben" (Zusatz, 92/94) vereinbaren? Flückiger geht auf diese These nicht ein.

Ebenso ist zu fragen, ob SENFTS Interpretation dieser „zweite(n) Forderung" Schleiermachers — „nichts als die Behauptung, daß der Glaube
sich kontinuierlich aus dem Unglauben entwickeln müsse" (23) — das
Problem auch nur aufnehmen kann. Das ist schon deswegen fraglich, weil
man den zweiten Teil des Lehnsatzes und die zugehörige Ausführung
kaum unter dem Thema „Glaube-Unglaube" wird ergreifen können. Zwar
meint Senft, sein Verständnis sei insofern in der Ausgangsthese enthalten,
als diese „in ihrem philosophischen Zusammenhang" (23) betrachtet werden müsse; und außerdem schränkt er seine Auslegung auch gleich dahin
ein, daß der Sachverhalt scheinbar nur so einfach sei (24); im wesentlichen
gewinnt er aber die Grundlage für eine in gewisser Hinsicht doch positive
Bewertung — als zum Teil „berechtigte Kritik" Schleiermachers an den
überbetont antirationalistischen Vorstellungen seiner Zeit (24) — erst
und nur aus der Erörterung im Zusatz zu diesem Paragraphen. Und gerade dies ist ein Fehler; denn damit werden zwei Aussagebereiche miteinander verknüpft, die Schleiermacher, wie wir noch zeigen werden, deutlich
gegeneinander abgegrenzt hat. Die von Senft an den Anfang gestellte
Behauptung, daß in dem von Schleiermacher beschriebenen Erlösungsge-
schehen „der Mensch gleichsam Gott ablöst" (23), bleibt überdies, oder als
Folge aus dem Auslegungsansatz, das durchtragende Moment; abschließend wird denn auch diese angebliche Ansicht Schleiermachers als „ein
schweres Mißverständnis" (25) beurteilt.

Ich halte dafür, daß beide Ausleger je geradezu beispielhaft erweisen, wie eine zu früh eingebrachte, wenn auch vom eigenen Standpunkt her berechtigte Kritik die Grundfrage Schleiermachers gar nicht mehr in den Blick kommen läßt. Vielleicht ist ja die merkwürdige Gedankenbewegung, die Schleiermacher hier in § 13, zumal eben in dessen 2. Abschnitt, vollzieht, nicht zureichend zu erhellen, aber so einfach, wie in den genannten Interpretationen angenommen wird, hat er sich — und uns — die Auseinandersetzung nicht gemacht.

Zunächst können wir den Problembereich grob so abstecken, daß wir die beiden deutlich gegeneinander abgesetzten Bezüge angeben, für die Schleiermacher das Verhältnis „übervernünftig-vernünftig" erörtert. Der eine Teil der Verhandlung bezieht die damit gestellte Frage in einer zwar der Formulierung des Lehnsatzes genau entsprechenden, aber im Grunde doch überraschenden Direktverbindung auf die Person Jesu selbst. Dies geschieht im 2. Abschnitt, also im zweiten Hauptteil der Gesamtuntersuchung. Der andere Verhandlungsteil erörtert das gefragte Verhältnis auf traditionelle Weise, nämlich in bezug auf den Inhalt der Offenbarung, sofern dieser in „Sätzen" ausgesprochen wird, das heißt hinsichtlich der christlichen Lehre. Hier erst ist die Darlegung unmittelbar verständlich; sie läuft darauf hinaus, einleuchtend zu machen, „daß alle christlichen Sätze in einer Beziehung übervernünftig sind, in einer andern aber auch alle vernünftig" (93/94). Wir werden unten darauf eingehen, halten aber hier schon fest, daß eben diese Erörterung in den „Zusatz" gestellt worden ist. Wiederum müssen wir sagen: allerdings entsprechend der Themaangabe in der Ausgangsthese. Denn danach sollte ja die „Erscheinung des Erlösers in der Geschichte" untersucht werden, und also gehört die Frage nach der Bedeutung der Lehrbildung nicht zur eigentlichen Verhandlung dieses Leitsatzes.

Bislang haben wir den 2. Hauptabschnitt des vorliegenden Paragraphen erst teilweise aufgenommen, noch nicht mit seiner entscheidenden abschließenden Aussage. Die Unterbrechung schien mir deswegen wenigstens möglich zu sein, weil in Schleiermachers eigener Gedankenführung zu seiner Schlußfolgerung hin ein Sprung deutlich wird, woraus erkennbar ist, daß er zwei Aussagerichtungen verfolgt, die nicht miteinander zu verbinden sind, die gleichsam zwei verschiedenen Ebenen angehören. Die eine entspricht seiner besonderen „hier zum Grunde gelegten Ansicht von der Frömmigkeit" (91/93), mit der anderen erst berücksichtigt er die Fragestellung seiner Zeit. Es wäre aber wohl ein Irrtum, wenn man annehmen wollte, diese Fragestellung setze der Untersuchung hier die

Akzente, obgleich ja die den Gedankengang leitende Begrifflichkeit, übervernünftig-vernünftig, von dorther genommen ist. Damit soll keineswegs abgeleugnet sein, daß Schleiermacher das von der Aufklärung gestellte Problem aufgreifen will; ebenso mußte er ja im vorigen Abschnitt auf die Frage der Orthodoxie mit eingehen. Aber die Bedeutsamkeit der Verhandlung gerade zu diesem Paragraphen ist doch darin zu sehen, wie Schleiermacher im Gespräch mit den Rationalisten, und vorher mit den Supranaturalisten, sein eigenes Problem meint diskutieren und lösen zu können. Das ergibt sich zumal aus der schon angezeigten charakteristischen Wendung: daß er das Thema „übervernünftig-vernünftig" zunächst nicht auf die christliche „Lehre" bezieht, sondern statt dessen an der „Person" Christi ausführt.

In einer Hinsicht müssen wir unsere Beobachtung der Akzentverschiebung also, welche die traditionelle Fragestellung in Schleiermachers Explikation in doppelter Weise erfährt, noch absichern: Wir meinen nicht, daß die beiden unterschiedlichen Aussagerichtungen den zwei auch voneinander geschiedenen Bezugsbereichen je zuzuordnen seien; es muß gerade als die Besonderheit des vorliegenden Gedankenganges angesehen werden, daß dies nicht der Fall ist. Einerseits nämlich geht Schleiermacher in dem zweiten Hauptteil der Untersuchung, mit welchem er seiner eigenen Fragestellung folgt, auch auf die rationalistische Ansicht ein, und andererseits nimmt er eben bei dem Zusatz, der gemäß der traditionellen Problemstellung durchgeführt wird, den Ausgang bei seiner eigenen Definition von Frömmigkeit.

Wir kehren zu unserem Text, dem 2. Abschnitt, zurück. Der die Erörterung abschließende Passus läßt erkennen, daß Schleiermacher hier auch den „sogenannten Rationalisten" entgegenkommen will, wie er es gegenüber Lücke als notwendig dargelegt hat (Mul. 44 f./623 f.). Aus dieser Absicht wird verständlich, warum er den zweiten Teil seiner These gleichsam auf einem Umweg erläutert. Es kommt ihm darauf an, das Zugleich von Übervernünftigkeit und Vernünftigkeit für das Erlösersein Jesu zu behaupten. Seine Ausführungen beziehen sich aber direkt nur auf den Zustand der Erlösung, das heißt auf die Tat des Erlösers; erst von dem Ergebnis her greift er auf den Ausgangspunkt zurück: „Was nun von den Erlösten gilt, das ist ebenso auch von dem Erlöser zu sagen", und so mögen doch die Rationalisten, deren Standpunkt er ja schon soweit als möglich in § 11 berücksichtigt haben wollte[9], wenigstens auf die Weise „Übervernünftiges in dem Erlöser" (90/91) anerkennen, daß sie das ihm

---

[9] s. o. S. 260.

eigentümliche Dasein „ihrerseits als das höchste Vernünftige preisen"
(91/92).

An dieser Stelle ist eine Zwischenbemerkung hinzuzufügen, die mir
hinsichtlich des Verständnisses der Intention dieses Paragraphen wichtig
zu sein scheint. Der Vergleich mit der ersten Auflage zeigt, daß es dort
für diesen 2. Abschnitt keine Vorlage gibt. In der ersten Auflage wurde
das Verhältnis „übervernünftig-vernünftig" im wesentlichen und ausdrücklich eben nur im Hinblick auf den „Inhalt" des Christentums, das heißt
unter Bezugnahme auf die „christliche Lehre" erörtert (GL^1 § 20,2). Die
Verbindung mit der „Person" des Erlösers ist hier also völlig neu ausgezogen worden. Außerdem fällt auf, daß schon der Leitsatz selbst dort
dem „weder-noch" eine mehr allgemein formulierte Ausgangsbestimmung
setzt, nämlich die „göttliche Offenbarung in Christo" (GL^1 § 20); in der
gleichen, nicht so sehr auf die geschichtliche Erscheinung als solche zen-
trierten Aussageweise sind dann ebenfalls die Ausführungen des ersten
Abschnitts dort gehalten; und schließlich: das „nur e r" ist erst in der
zweiten Auflage so entschieden betont worden.

Die Tatsache der also in der Neubearbeitung erfolgten inhaltlichen
Umstellung ist wohl unbedingt zu beachten, zumal Schleiermacher in
seinem zweiten Sendschreiben an Lücke auf den hier betroffenen Zusammenhang besonders eingeht. Er sieht an genau dieser Stelle eine im
Grunde nicht aufhebbare Schwierigkeit seiner Einleitung gegeben. Einerseits fürchtet er, daß in der ersten Auflage möglicherweise der „Begriff
der Erlösung" zu streng gebildet worden sei; diesen „Fehler" meint er
bei seiner zweiten Ausführung, eben um der „sogenannten Rationalisten"
willen, so gut als möglich vermieden zu haben (Mul. 45/624). Andererseits
erinnert er daran, wie gerade aus der hier zugehörigen Grundbestimmung
der Vorwurf gegen ihn abgeleitet werde, daß es ihm „nur um einen
idealen Christus zu tun sei", und man ihn also „für einen Gnostiker" halte
(ebd.). Mit dieser Meinung seiner ersten Interpreten, nach der etwa „bei
(ihm) der Begriff Erlöser gar nicht ein geschichtlich gegebener sei, sondern
mit dem Begriff der Erlösung zusammenfalle, und (. . .) also auch (sein)
Christentum nicht auf jener Tatsache wesentlich beruhe, sondern ganz im
Begriff gegründet sei" (Mul. 55/636), setzt er sich ja an mehreren Stellen
seiner beiden Sendschreiben auseinander. Immer wieder weist er die
ihm vorgeworfene Auffassung als ihm keineswegs zugehörend geradezu
heftig zurück[10]. Sein Hauptinteresse bei der zweiten Bearbeitung der Einleitung muß sich also darauf richten, jeden möglichen Ansatz auch nur

---

[10] Vgl. Mul.: 11 f./582 f., 22 f./594 f., 38 ff./615 ff., 48 f./627 ff., 62 f./645 f.

zu einem Mißverständnis bestimmt auszuschließen und, mehr noch, auch positiv die Aufgabe zu lösen, den einen, der ganzen Menschheit gegenüberstehenden „Erlöser" als den „geschichtlich gegebenen" darzustellen. Schließlich will er aber auch und ausdrücklich den Anschein vermeiden, als gehöre er zu denjenigen, die die „sogenannten Rationalisten" aus der christlichen Kirche zu verdrängen suchen.

Diese zusätzlich aufgenommenen Ausführungen sollten zweierlei klären können; vielmehr sind es die beiden Seiten des einen Sachverhaltes, die sich von daher erhellen. Einmal wird so die merkwürdige Schwierigkeit des 2. Abschnitts dieses § 13 einsichtig, und zum andern kann man auch erkennen, daß Schleiermacher mit der angegebenen Umstellung eine ihm wichtige Position verteidigt. Das eine rührt daher, daß in die eigentliche Grundausführung die Zuordnungen „Jesus von Nazareth: übernatürlich-natürlich" und „christliche Lehre: übervernünftig-vernünftig" gehören. Aber dieser ursprüngliche, sachlich viel leichter zugängliche Ansatz wird nun überspielt von dem anderen, der das Aussagemoment aufnimmt, das für Schleiermacher sowieso und erst recht angesichts der gegen ihn gerichteten Angriffe das schlechterdings wesentliche ist: Darstellung der „Erscheinung des Erlösers in der Geschichte"! Das ganze Gewicht der Ausführungen soll darauf liegen, daß das Bild des „wirklichen Christus" (Mul. 62/646) gezeichnet werde, wie es eben schon die Neubetonung in der Formulierung des Leitsatzes zum Ausdruck bringt. Augenscheinlich aus dieser Absicht erklärt sich, weshalb Schleiermacher in der zweiten Auflage das Verhältnis „übervernünftig-vernünftig" auf die Person des Erlösers selbst bezogen hat. Wieweit diese gegenüber der Urauflage erfolgte Umstellung inhaltlich im einzelnen mit Schwierigkeiten verknüpft ist, braucht uns dann, wenn wir so die eigentliche Intention Schleiermachers aufzunehmen vermögen, nur mehr wenig zu berühren. Man kann nur konstatieren, daß das Hauptproblem der Auslegung darin zu sehen ist, wie die Frage nach Schleiermachers Verständnis von „menschlicher Vernunft" und dann auch von „übervernünftig" zu beantworten sei, und daß es von dem vorliegenden Text her nicht eindeutig gelöst werden kann. Ich halte dafür, in der deutlich zutage tretenden Ambivalenz des Begriffsgebrauchs finde eben die Tatsache, daß Schleiermacher hier zwei Aussagerichtungen verfolgt, ihren Niederschlag: einmal schließt er an seine eigene Definition von Frömmigkeit an, zum andern will er aber auch die rationalistische Vorstellung berücksichtigen. Jedenfalls kann man sein Verständnis nicht einseitig und dann notwendigermaßen ablehnend kritisch an dem Ausdruck „höchste Steigerung der menschlichen Vernunft" (91/92) messen, zumal gerade dieser Ausdruck der Begrifflichkeit der Einleitung weniger entspricht und sich eher aus Schleiermachers Eingehen auf die rationalistische Ansicht erklärt.

Doch mag diese Frage sowieso unentschieden bleiben, in bezug auf das eigentliche Aussageziel dieses Paragraphen ist sie von sekundärer Bedeutung. Denn die angegebene Umstellung ist in methodischer Hinsicht gleichwohl und durchaus einleuchtend: Gerade aus der Gesamtanlage der Einleitung, das heißt von dem durchgeführten Verfahren her, wird einsichtig, daß Schleiermacher, wenn es ihm wesentlich darum geht, die „Erscheinung des Erlösers in der Geschichte" zu erörtern, diese Erörterung in der ihm eigentümlichen Verhandlungsweise führen muß; schließlich ist diese für ihn das Mittel, Sein als Wirklichkeit beschreibend zu erfassen. Es ist dann nur folgerichtig, daß er die Geschichtlichkeit des Erlösers aus den dialektisch gespannten Relationen „übernatürlich-natürlich" und „übervernünftig-vernünftig" darzustellen sucht.

Wir haben oben schon darauf hingewiesen: der Konsequenz des Neuansatzes entspricht es, die Übervernünftigkeit beziehungsweise die Vernünftigkeit der christlichen Lehre im Zusatz zu verhandeln. Damit sollte allerdings nicht behauptet sein, diese Frage — nämlich die nach der sachgemäßen Entfaltung der Lehre — sei grundsätzlich von nebengeordneter Bedeutung. Nur, daß sie nicht zum eigentlichen Thema dieses Paragraphen gehört. Für sich genommen, und dann gerade in bezug auf die Glaubenslehre selbst, ist sie ja von großer Wichtigkeit. Schleiermacher erläutert hier sein Grundverständnis von Dogmatik: seiner Ansicht nach ist unbedingt gefordert, die christliche Lehre — als „Ganzes" — im Zusammenhang „vernunftgemäß" gebildeter Sätze darzustellen, und diese Forderung muß nicht der ebenso notwendigen und gültigen Einsicht widersprechen, daß diese Lehre — als „Ganzes" — „übervernünftig" begründet ist.

Die Vorlage, auf der die Argumentation aufruht, ist von Schleiermacher ebenfalls schon bei der Bestimmung des Offenbarungsbegriffs eingerichtet worden. In § 10, Zusatz hieß es, die mit „Offenbarung" ausgedrückte „göttliche Kausalität" dürfe nicht als „auf den Menschen als erkennendes Wesen" (72/70) sich richtend verstanden werden: „Denn alsdann ist die Offenbarung auch ursprünglich und wesentlich Lehre; und hierbei glaube ich nicht, daß wir stehenbleiben können, weder wenn wir auf das ganze Gebiet des Begriffs sehn noch wenn wir ihn im voraus vorzüglich in Beziehung auf das Christentum bestimmen wollen" (ebd.). Diese deutliche Abgrenzung ist übrigens auch erst in der zweiten Auflage erfolgt[11], wie danach der Rückbezug auf die der Einleitung „zum Grunde gelegte(-) Ansicht von der Frömmigkeit" in der für den Gedankengang dieses Zusatzes nötigen Klarheit erst hier möglich ist: „das eigentümliche Sein des Erlösers und der / Erlösten in ihrem Zusammenhange mit ihm (ist) der ursprüngliche Sitz jener Frage von dem Übernatürlichen und Übervernünftigen im Christentum; so daß irgendetwas Übernatürliches oder Übervernünftiges zuzulassen, was nicht mit der Erscheinung des Erlösers zusammenhinge ... gar kein Grund vorhanden ist" (91 f./93). Dieser Ansatz trägt die ganze Erörterung: Die Berufung einerseits auf die „ursprüngliche Tatsache" sichert die „Übervernünftigkeit" der Aussage des christlichen Glaubens, die Anerkennung andererseits (eben schon bei der Bestimmung des Offenbarungsbegriffs ausgesprochen), „(d)aß hierdurch die Lehre nicht ausgeschlossen wird, sondern mitgesetzt" (72/71), begründet die Forderung nach der Darlegung in „vernunftmäßigen" Sätzen. Das „christliche Selbstbewußtsein" — „so wie es ist" — „(kann) nicht durch die Tätigkeit der Vernunft (...) hervorgebracht werden", aber die Aufnahme der „Aussagen über unser frommes Selbstbewußtsein" vollzieht sich in einem „rein vernünftig(en)" Vorgehen. Man darf Übervernünftigkeit nicht für nur einzelne besondere Tatsachen oder für einige Lehrsätze allein beanspruchen. Die Ansicht, nach der „die christliche Lehre zum Teil aus vernünftigen und zum Teil aus übervernünftigen Sätzen besteh(t)", erledigt sich gleichsam von selbst; diese Ansicht kann nur zu einem Konglomerat von unverständlichen Gedankenreihen führen: „denn zwischen Vernünftigem und Übervernünftigem kann kein Zusammenhang statthaben" (92/93 f.).

Schleiermacher hat dieses eindeutige Diktum zumal gegen diejenigen gerichtet, die eine „natürliche", allgemein gültige Theologie neben eine „positive", nur innerhalb des Christentums geltende meinen setzen zu können; diese Theologen geraten dabei in ein ausweglotes Dilemma, als „Ganzes" vermögen sie die christliche Lehre jedenfalls nicht zu entfalten. Man muß die so streng formulierte Feststellung aber wohl doppelt unterstreichen: daß Schleiermacher das zur Rede stehende Verhältnis hier nicht in Analogie zu den beiden Grundbezügen der Hauptabschnitte dieses Paragraphen entwickelt haben will, ist danach gar nicht mehr zu übersehen. Hier wird nicht die dialektisch erfaßte Bezogenheit der Gegensatzelemente zur Verständnisgrundlage erhoben, sondern „übervernünftig" und „vernünftig" kennzeichnen in diesem Erörterungszusammenhang

---

[11] Vgl. GL¹ § 19,2.

die beiden je für sich gültigen Aspekte, nach denen die christliche Lehre je einmal als „Ganzes" zu betrachten ist.

„(D)aß alle christlichen Sätze in einer Beziehung übervernünftig sind, in einer andern aber auch alle vernünftig" (93/94), meint Schleiermacher deswegen festhalten zu müssen, weil sie einerseits alle auf die „innere Erfahrung" des christlich frommen Selbstbewußtseins zurückgehen und doch andererseits sinnvolle Aussagen über diese „Erfahrung" nur sein können, wenn sie in den Zusammenhang einer vernunftgemäßen Darstellung gebracht worden sind[12]. „Vernünftig" meint also nicht etwa, man könne irgendeinem Menschen das Christentum an-„demonstrieren", denn es „gehört zu dieser Übervernünftigkeit auch, daß eine wahre Aneignung der christlichen Sätze nicht auf wissenschaftliche Weise erfolgen kann, also ebenfalls außer der Vernunft liegt" (93/95); damit ist nur gemeint — aber dies muß notwendigermaßen berücksichtigt werden —, daß der Lehrer im christlichen Glauben, also der Dogmatiker, sich wie jeder andere, der seine Mitteilung als „Gesprochene(s)" faßt, an die allgemein geltenden Regeln von „Begriffsbildung und Verknüpfung" zu halten habe und so „jeder genötigt werde, richtig aufzufassen, was gedacht und gemeint ist"; daß die „Wahrheit der Sache" nur der „inneren Grunderfahrung" des Hörenden selbst zugänglich ist, darf von dem Dogmatiker nicht zur „Ausflucht" dafür genommen werden, sich bei einem unzureichend ausgebildeten Verfahren der Darstellung beruhigen zu wollen. „Sonach ist die Übervernünftigkeit aller einzelnen christlichen Lehrsätze der Maßstab, wonach man beurteilen kann, ob sie auch das eigentümlich Christliche mit aussprechen, und wiederum die Vernunftmäßigkeit derselben die Probe, inwiefern das Unternehmen, die innern Gemütserregungen in Gedanken zu übertragen, gelungen ist oder nicht." (93/95)

So deutlich es nach der Aufnahme dieses Zusatzes sein muß, daß Schleiermacher hier eine ihm notwendige Position verteidigt — eben diejenige, die für ihn die Möglichkeit der christlichen Dogmatik überhaupt begründet —, so deutlich ist zugleich, daß er damit innerhalb des dritten apologetischen Satzes nur einen Nebengedanken ausspricht. Das wird gerade auch durch die Andersartigkeit der Erörterungsweise belegt: die beiden Aspekte, unter denen die christliche „Lehre" gesehen wird — „übervernünftig" und „vernünftig" —, sind eben durch ihre relative Eigenständigkeit charakterisiert; die Andersartigkeit zeichnet sich auch oder konse-

---

[12] Was Schl. mit „Erfahrung" zu umgreifen sucht, wird ganz erst aus § 14 deutlich: s. u. S. 320 f.

quenterweise dadurch aus, daß in dem Zusatz das „nicht-schlechthin" nicht
vorkommt. Dies zu unterstreichen ist deswegen so wichtig, weil sich davon
um so schärfer die Methode abhebt, nach der die beiden Hauptabschnitte
durchgeführt worden sind. Dort, wo es um den Grund für die Beschreibung der „Erscheinung des Erlösers in der Geschichte" ging, kam es
genau darauf an, das Zugleich in der Relation „übervernünftig-vernünftig"
zu fixieren, das heißt — gemäß § 5 ausgedrückt —, die geschichtlich bedingte „Wirklichkeit" auf ihren „Vollendungspunkt" hin darzustellen zu
suchen. Die in formaler Hinsicht geltende Analogie der jeweils dritten
Lehnsätze ist nicht nur unübersehbar, sie ist, von dem je gesetzten Thema
her, überaus einleuchtend: Schleiermacher exemplifiziert in diesen Sätzen
sein Verständnis von „komparativer Anschauung", durch welche allein
— seiner Ansicht nach — vorgegebene „Wirklichkeit" zureichend erfaßt
werden kann.

14. Kapitel

Christlicher Glaube ist Glaube an den Erlöser
und begründet die Gemeinschaft der Glaubenden — § 14

Die Lehnsätze sollen eine Verständigung über den „Begriff der christlichen Kirche" ermöglichen — so hat Schleiermacher in § 2 die Aufgabe
des ersten Teiles seiner Einleitung festgelegt. Das Wesentliche an jener
Festlegung war, daß sie nicht nur eine Beschreibung des Zieles selbst sein
sollte, sondern auch und notwendigermaßen zugleich eine Erörterung des
Weges, der — nach Schleiermacher — allein zu diesem Ziel hinführen
kann. Daß inhaltliche Bestimmtheit und methodische Durchführung der
Aufgabe, weil es um die Herleitung des Begriffs „Kirche" geht, sich gegenseitig bedingen, diese Voraussetzung erläuterte erst die eigentliche Problemstellung der Einleitung.

Für unseren Ansatz ist eben die Meinung wichtig gewesen, daß die
Relation von Weg und Ziel als grundlegend zu berücksichtigen sei. Wieweit
diese Relation ihrerseits nur als Konsequenz aus Schleiermachers theologischen und philosophischen Grundeinsichten verstanden werden kann,
das heißt, inwiefern sie die notwendige Folge aus seinen wissenschafts-
theoretischen Voraussetzungen ist, brauchen wir hier nicht noch einmal zu
erörtern; wir haben aber die Auslegung des letzten Paragraphen ausdrücklich auf unseren Ansatz zurückzubeziehen, denn von diesem letzten
Paragraphen aus muß sich erweisen, daß wir recht daran getan haben, uns
für die Deutung der Einzelaussagen in der Aufeinanderfolge der Leit-

thesen von jener Zielangabe und der in sie eingeschlossenen methodologischen Voraussetzung her orientiert zu wissen.

Wir hätten danach folgendes zu zeigen: Schleiermacher hat „christliche
Kirche" nicht nur zum Leit- und Zielbegriff seiner Abhandlung erklärt, er
hat genau diesen Begriff tatsächlich als den seine Erörterungen ausrichtenden Konvergenzpunkt durchgehend im Blick behalten; das wird daran
evident, daß mit dem vorliegenden Lehnsatz das angegebene Ziel erreicht
ist: Dieser Satz faßt die sich gegenseitig überspannenden Aussagerichtungen der drei Thesengruppen auf genau diesen einen Punkt — sagen wir es
im Rückbezug auf § 3: „Glaube an Jesum als den Erlöser" (§ 14) ist die
„Basis" (§ 3) der „christlichen Gemeinschaft" (§ 14 und § 3) — in materialer und ebenso in formaler Hinsicht konsequent zusammen.

Wenn die mit dieser These implizite behauptete Rückbindung des § 14
in das Ganze gilt — die dann ähnlich wie für § 10 auf zweifache Weise
erfolgt sein muß —, haben wir sie als Grundlage für die Aufnahme der
abschließenden Aussage unbedingt zu beachten: die Aufnahme kann dann
sachgemäß nur so geschehen, daß das doppelte Verknüpftsein der Aussage in das Ganze durchgehend mitberücksichtigt wird. Allerdings dürfte
nach allem Bisherigen solches Verknüpftsein selbst kaum zu bezweifeln
sein, die Frage ist nur, wie es explizit gemacht werden könne und welche
Bedeutung ihm beizumessen sei. Als schwierig erscheint eben, wie man
dieser Vorlage im Vollzug des Auszeichnens wirklich gerecht werden soll:
Wir können immer nur die eine Seite dieses doch komplementären Bezu-
ges beleuchten, und die andere erst danach. Zwar sind wir schon verschiedentlich auf diese in methodischer Hinsicht geltende Schwierigkeit
unserer Untersuchung gestoßen, aber an dieser Stelle erhält sie erst erhebliche, unsere Aussagemöglichkeit wesentlich einschränkende Bedeutung.
Bislang konnten wir uns immer darauf berufen, daß auch Schleiermacher
seine Position nicht anders als in dem das diskursive Denken kennzeichnenden Nacheinander des Gedankenvollzuges aufzubauen vermochte; wenn
aber mit diesem letzten Lehnsatz das Ziel erreicht sein soll, müßte dafür
gerade wesentlich sein — wie wir oben (2. Kapitel) im Anschluß an § 2
dargelegt haben —, daß das Gehaltensein der verschiedenen Aussagebereiche in deren Zu- und Miteinander hergestellt wäre. Die eigentliche
Bedeutsamkeit des Schleiermacherschen Gedankenaufbaues läge danach
darin, daß das angestrebte Ziel als ein dem Ganzen innewohnendes
bestimmt worden wäre, das soll meinen: daß es im Fortgang der Erörterung als der von Anfang an gesetzte Angelpunkt des Ganzen erwiesen
würde. So ist es auch tatsächlich — nur können wir diesen, von Schleier-

macher also gleichsam in einem indirekten Verfahren angepeilten Punkt
nicht anders denn in direkt fixierenden, einzeln nacheinander ausgeführten Schritten kenntlich machen. Das heißt dann, daß unsere Explikation
an genau der entscheidenden Stelle grundsätzlich und eben notwendigermaßen der Verfahrensweise Schleiermachers gerade nicht entsprechen
kann. Ich halte es für wichtig, ausdrücklich auf die in der Methode des
Aufbaues der drei Satzzyklen zu einer Ganzheit liegende Grenze der
Auslegungsmöglichkeit hinzuweisen: Wenn wir nämlich einerseits wohl
versuchen müssen, wenigstens denn in einzelnen Linien die in sich zurücklaufende Gedankenführung nachzuzeichnen — praktisch geschieht das
dadurch, daß wir diesen Leitsatz an unsere bisherigen Ergebnisse heranholen, indem wir die eine und selbe Aussage des Satzes nacheinander unter
den verschiedenen, dem Gesamtaufbau implizierten Aspekten betrachten
(wobei es in der Natur der Sache liegt, daß Wiederholungen unvermeidlich sind) —, so müssen wir uns andererseits auch im klaren darüber sein,
in welcher Weise und warum dieses Nachzeichnen im Grunde ein Über-
zeichnen bedeutet.

„Das Christentum muß seinen Anspruch auf abgesondertes geschichtliches Dasein auch geltend machen durch die Art und Weise seiner Entstehung; und dieses geschieht durch Beziehung auf die Begriffe Offenbarung, Wunder und Eingebung": damit ist — nach KD² § 45 — die der
Apologetik eigentlich zugehörende Aufgabe beschrieben. Von dieser Bestimmung her geurteilt, muß erst § 14 ins Zentrum des dritten Bereiches
der Lehnsätze führen sollen, denn erst in diesem Paragraphen greift
Schleiermacher die so gestellte Aufgabe ausdrücklich auf. Wir ziehen die
Verbindung zur Kurzen Darstellung hier direkt aus, um gleich von Anfang an dem letzten Lehnsatz die ihm eigene Intention sichern zu können:
Es soll von der Begründung der „christlichen *Gemeinschaft*" die Rede sein,
und nicht davon, auf welche Weise der christliche *Glaube* entstehe. Man
mag gegen solche Akzentuierung einwenden, mit ihr sei eine falsche Entgegensetzung konstruiert; diese dürfe jedenfalls nicht alternativ verstanden werden, weil doch beide Fragen als zusammengehörend und folglich
auch hinsichtlich ihrer Beantwortbarkeit als voneinander abhängig zu betrachten seien. Allerdings besteht solcher Zusammenhang auch für Schleiermacher; von diesem Satz her wird man sogar sagen müssen: er beabsichtigt, genau diesen Zusammenhang zu fixieren, denn durchgehend bezieht
er sich auf sein den Ansatz der Einleitung überhaupt bestimmendes Verständnis von der „ursprüngliche(n) Weise", auf welche der Glaube an

Christus „bewirkt" wird[1]; außerdem sind schon mit der Formulierung
der Leitthese selbst beide Fragen als eng miteinander verknüpft gekennzeichnet, und schließlich ist die Aussageabsicht noch einmal deutlich zu
Beginn des Zusatzes ausgesprochen: „Glaube" und „Anteilhaben an der
christlichen Gemeinschaft" sollen als „unmittelbar" miteinander verbunden verstanden sein, in dem Sinne, „daß mit dem Glauben jener Anteil
auch von selbst gegeben ist" (98/100). Es kommt aber darauf an, unter
welchem leitenden Gesichtspunkt Schleiermacher diese durch den Um-
schluß des „Zeugnisses" hergestellte „unmittelbare" Verbindung in der
Verhandlung zu dieser These erörtert haben will: man wird diese Verhandlung eben nicht ausdrücklich oder gar ausschließlich auf das Thema
der „Entstehung des Glaubens"[2] festlegen können, jedenfalls nicht in dem
Sinne, daß man hier von Schleiermacher eine Entfaltung der Lehre vom
Heiligen Geist verlangen dürfte. Diese hat ihren Platz erst und genau in
der Dogmatik. „Die nähere Entwicklung (des) Satzes, wie ... durch
Jesum die Erlösung bewirkt wird und in der christlichen Gemeinschaft
zum Bewußtsein kommt, fällt der Glaubenslehre selbst anheim" — das
hat Schleiermacher ja schon in § 11 (79/80) in genauer Entsprechung zu
seinem Ansatz klargestellt. Der leitende Gesichtspunkt bleibt der apologetische: an diesem Ort, eben im Zusammenhang der Einleitung, geht es
allein darum, den „Glauben an Christum" als den das Christentum als
Kirche bestimmenden *Grund* zu erläutern und darin ihn abzusichern in
seiner Angewiesenheit auf „Offenbarung" beziehungsweise auf das solche
Offenbarung tradierende „Zeugnis" einerseits und gegen eine mißverstan-
dene oder gar dem Wesen der christlichen Frömmigkeit widersprechende
Bezogenheit auf „Wunder" oder „Eingebung" andererseits; im Verlauf
der diese Frage direkt aufnehmenden Erörterung — im Zusatz — wird
ferner der Versuch einer Begründung durch „Weissagungen" beziehungsweise durch deren mit Christus gegebene „Erfüllung" als unsachgemäß
zurückgewiesen. Wohl kommt es Schleiermacher darauf an, den „Glauben"
vor einer „Beweisführung" zu schützen, welche die allein durch die Offenbarung gesetzte Geltung gerade aufheben würde, aber damit will er
doch das Feld dieses Begriffs gleichsam erst nach außen hin abgrenzen;
keineswegs beansprucht er, eine erschöpfende „Analyse des Glaubens"[3] zu
geben. Das würde ja auch seinem Verständnis von Apologetik ganz zuwider sein.

---

[1] Ausdrücklich so formuliert im Zusatz (99/101).

[2] So CHR. SENFT, Wahrhaftigkeit, 25 ff.

[3] Dies macht SENFT zur Voraussetzung seiner den in der Einleitung gebotenen
Begriff des Glaubens kritisch betrachtenden Erwägung (26).

Schleiermacher beginnt die Entfaltung seines Satzes, indem er den Glauben als „Gewißheit" einführt, und zwar als „Gewißheit" darüber, „daß durch die Einwirkung Christi der Zustand der Erlösungsbedürftigkeit aufgehoben . . ." und derjenige „schlechthinniger Leichtigkeit und Stetigkeit frommer Erregungen" in „Annäherung" „herbeigeführt werde" (94/96); solche „Einwirkung Christi" geschieht von der „christlichen Gemeinschaft" her, nämlich aufgrund des „Zeugnisses", das von der Gemeinschaft ausgeht (98/100); der so vermittelten „Gewißheit" erst folgt der „eigene(-) freie(-) Entschluß(-)" des Glaubenden, jener Gemeinschaft angehören zu wollen (94/96), dieser aber folgt notwendigerweise, das heißt mit innerer Konsequenz, denn je stärker der einzelne „der erlösenden Kraft Christi bei sich gewiß" ist, um so klarer weiß er sich selbst auch wieder anderen gegenüber zum Träger des „Zeugnisses" von der „Wirksamkeit" Christi bestellt (95/97). Nur in der „unmittelbaren christlichen Verkündigung" (96/97) läßt sich die Lebendigkeit des Glaubens bewahren. Zeuge-sein und in-der-Gemeinschaft-stehen sind von Schleiermacher als austauschbar eingeführt worden.

Wir halten hier zunächst lediglich den Ansatz als solchen in seiner Bedeutsamkeit fest: es wird im Hauptabschnitt (1.) dieser Erörterung von vornherein unmißverständlich klargelegt, daß „Glaube" und „Gemeinschaft" aus ihrem für das Christentum geltenden unmittelbaren und nicht aufzulösenden Zueinander betrachtet sein sollen; diese Festlegung wird hernach (im Zusatz) ebenso ausdrücklich als Ausgangsbasis für die Abwehr unsachgemäßer Gründe einer „Demonstration" der christlichen Glaubenswahrheit wieder aufgenommen.

Bemerkenswert an diesem Ansatz ist ferner, wie er genau der dem Verhandlungsbereich „Lehnsätze aus der Apologetik" zugehörigen Linie der Gedankenführung entspricht: Schleiermacher stellt mit der einleitenden Bestimmung die Verbindung zu der in § 11 begründeten Aussage über die *Notwendigkeit* von Erlösung her; jenes Ergebnis wurde — innerhalb der Reihe der je ersten Lehnsätze! — in betont formaler Erörterungsweise erbracht, es wird jetzt durch die aus der Gewißheit des Glaubens zu erstellende und also durch die nur im beschreibenden Verfahren zu gewinnende Aussage über die *Wirklichkeit* von Erlöstsein ergänzt. Genauer müßten wir allerdings sagen: abschließend ergänzt; denn auf die andere Seite in dem also auch den Gedankenablauf der apologetischen Sätze tragenden „Gleichgewicht" von Spekulation und Empirie gehörte ja schon § 13 mit der Erörterung über die „Erscheinung des Erlösers in der Geschichte"!

Daß die Wirklichkeit von Erlösung erstens nicht mehr „konstruktiv"
bestimmt werden kann, daß sie zweitens sachgemäß nur zu beschreiben
ist, wenn, in der Formulierung von § 13, Zusatz ausgedrückt, „das eigentümliche Sein des Erlösers und der Erlösten in ihrem Zusammenhange
mit ihm" (91 f./93) als „aufgefundene" Voraussetzung beachtet wird —
dieses Grundmuster der apologetischen Diktion Schleiermachers zeichnete
sich deutlich bereits in der Durchführung von § 11 ab. Wir erinnern deswegen noch einmal an unsere obige, diesen Sachverhalt aufnehmende Auslegung — wichtig war dafür, die Relation des 3. und des 4. Abschnitts,
welche beide der Seite der „Auffindung" zugehörten, zu dem 2. Abschnitt,
der die Aufgabe der „Konstruktion" wahrnahm, behaupten zu können[4] —, weil diese von dem vorliegenden Text her ihre letzte Bestätigung
erfährt. Erst jetzt sehen wir, wie Schleiermacher jenes aus seinem Grundansatz folgende Programm — Herstellung des Gleichgewichts — gemeint
hat und daß er es konsequent durchgeführt hat. Das Wesentliche dabei ist
die von Anfang an beabsichtigte und auch geleistete Ineinanderfügung
der Gedankenrichtungen; *in* die einzelnen Aussageelemente werden jeweils
beide Aspekte hineingenommen: das Gleichgewicht baut sich danach von
innen her auf. Oder, dies in Anknüpfung an unsere auf das Ganze vorgreifende Behauptung zu § 11 ausgedrückt: Die dort aufgestellte „Wesensbestimmung" — daß im Christentum „alles (...) bezogen wird auf
die durch Jesum von Nazareth vollbrachte Erlösung" — wird im Ablauf
des gesamten Satzzyklus entfaltet; sie ist erst dann erfaßt, wenn sie aus
ihrem Gehaltensein in den beiden Komponenten, Konstruktion und Auffindung, verstanden wird.

Wir können die also innere Verbindungslinie von § 11 zu § 14 hin auch
noch einmal vom Ende her, das heißt vom Standpunkt der Empirie aus,
deutlich machen. In § 11 wurde die „Gewißheit", welche allein als Grund
des „Beweises" für die Wahrheit des Glaubens gelten sollte, erst und doch
schon am Rande eingeführt (83/84), in § 14 ist diese „Gewißheit" das die
Erörterung ausrichtende Element: das als gewisser „Glaube an Christum"
qualifizierte höhere Selbstbewußtsein nämlich begründet — ermöglicht,
setzt, fordert — den Zusammenschluß der Glaubenden zu „der christlichen
Gemeinschaft".

Auf die andere Linie der Gedankenführung, die der quer verlaufenden
Zuordnung der Paragraphen entspricht, sind wir oben schon ausführlich
eingegangen[5], es genügt zunächst, sie auf den vorliegenden § 14 hin einfach

---

[4] s. o. S. 258 und S. 260 f.

[5] s. o. zu § 10: S. 216 und S. 220 f.

auszuziehen. Das den jeweils vierten Lehnsätzen gemeinsame Thema ist
„Kirche"; die Gedankenbewegung verläuft bei der Entfaltung dieses
Themas von der Peripherie aus auf das Zentrum zu, sie läßt sich als
Konzentration auf das der Apologetik entsprechende Ziel hin verstehen:
von der Erstellung des Begriffs „fromme Gemeinschaft" überhaupt (§ 6)
aus über die Definition der Begründung von deren geschichtlicher Bestimmtheit, nämlich über die Definition des „eigentümlichen Wesens"
(§ 10) hin auf die eigentlich interessierende Spezifizierung „christliche Gemeinschaft" (§ 14) zu. Diese Figur soll keineswegs die Behauptung in sich
befassen, daß die Spezifikation „Christentum" von Schleiermacher letztlich doch als Sonderung aus dem Allgemeingültigen deduziert werde!
Zwar dürfte nach allem bisher Gesagten sich diese Vorstellung auch kaum
erheben können, doch mag zur Absicherung, weil ein derartiges Mißverständnis unbedingt ausgeschlossen bleiben muß, noch einmal an das Ergebnis zu § 10 erinnert sein, daran eben, daß die Definition des „eigentümlichen Wesens" schon und genau durch die Blickrichtung allein auf das
Christentum hin festgelegt war; damit wurde ja die Unstetigkeit im Übergang vom Allgemeinen zum Spezifischen geradezu fixiert! In der Zusammenschau der drei je letzten Paragraphen erscheint danach § 10 gleichsam
als Umschlagstelle: er charakterisiert den Übergang von dem im Modus der
Notwendigkeit gesetzten Begriff „Kirche", wie ihn das reine Denken ableiten muß, zu der für den Glaubenslehrer einzig bedeutsamen, nur in der
Empirie zugänglichen Realität „christliche Gemeinschaft" hin. Und das
Wesentliche an jenem § 10 ist, daß er erkennen läßt, wie dieser Umschlag
genauso gut und ebenso notwendig als in der gegenläufigen Richtung vollzogen zu denken ist.

Dies also ist mit der oben als zweifach erstellt behaupteten Rückbindung des letzten apologetischen Leitsatzes in das Ganze gemeint: Die
beiden charakteristischen Bezüge — der eigentlich apologetische, in dem
die Frage nach dem „Wesen" des Christentums abschließend beantwortet
wird, und der die drei Lehnbereiche von dem jeweils letzten Satz her auf
den Zielbegriff „Kirche" zusammenholende — sind in der Verhandlung
zu diesem Paragraphen in eins gesehen; § 14 steht im Fluchtpunkt der
beiden im übrigen nicht direkt aufeinander beziehbaren Erörterungsrichtungen; mit dem Intentum dieses Lehnsatzes wird das Ziel der Einleitung
überhaupt erreicht — das macht seine Besonderheit gegenüber den vorhergegangenen Sätzen aus.

Man kann diese Besonderheit auch in dem das Ganze der bisherigen
Ausführungen untergreifenden Rückverweis auf den Ansatz in § 3 ange-

legt finden. Denn der Ausdruck „Glaube" — so heißt es im Fortgang der
Erörterung des 1. Abschnitts — meint „nur die einen Zustand des höheren
Selbstbewußtseins begleitende Gewißheit, die mithin eine andere, eben
deshalb aber auch keine geringere ist als diejenige, welche das objektive
Bewußtsein begleitet" (95/96). Das einschränkende „nur" soll wohl kaum
den Vorrang des höheren Selbstbewußtseins oder denn des Gefühls über-
haupt dem christlichen Glauben gegenüber bestätigen[6], vielmehr erinnert
Schleiermacher mit dieser Abgrenzung an seine im Eingang der ethischen
Lehnsätze begründete Unterscheidung des unmittelbaren Selbstbewußtseins von dem objektiven, dem auf den Gegenstand bezogenen Bewußtsein. Dort hatte er ja die Meinung, Frömmigkeit sei ihrem Wesen nach als
Wissen zu begreifen, bestimmt zurückgewiesen, und damit zugleich die
Ansicht, Glaube müsse als die das *Wissen* von Religionslehren begleitende
„Überzeugungstreue" verstanden werden. Allerdings hatte er sich dort
von der Auffassung, nach der Glaube eine den „Vorstellungen", nämlich
solchen, die denjenigen des objektiven Bewußtseins entsprechen, „beiwoh-
nende Gewißheit" (20/12 f.) ist, erst nur in polemischer Erörterungsweise
absetzen können. Um so bedeutsamer ist, daß er hier seine Ausführungen
auf eben diesen Ausdruck, indem er ihn positiv aufnimmt, zurückzuholen
vermag. „Gewißheit", und damit auch „Glaube", sollten nicht überhaupt
abgelehnt sein, aber die Begriffe müssen in der ihnen auf dem Gebiet dieser Untersuchung eigenen Bedeutung verstanden werden.

   Wir haben schon bei der Auslegung von § 11 auf den inneren Bezug
jenes Leitsatzes zu der Ausgangsdefinition in § 3, wie er durch den Begriff
„Gewißheit" sich herstellte, hingewiesen: sowohl die Möglichkeit als auch
die Bedürftigkeit für einen Beweis der Wahrheit des christlichen Glaubens
konnten gemäß der Grunddefinition von Frömmigkeit — „eine Bestimmtheit des Gefühls oder des unmittelbaren Selbstbewußtseins" — gänzlich
ausgeschlossen werden[7]. Bereits in dem obigen Zusammenhang haben wir
bemerkt, daß die Verbindung, die von der Erörterung des Wesens des
christlichen Glaubens zu jener Grunddefinition hin besteht, sich auch umgekehrt akzentuieren ließe; wir erinnern deswegen hier an jene Bemerkung, weil wir sie von diesem Lehnsatz her noch einmal, und zwar ver-
schärfend, aufnehmen müssen: Das Folgeverhältnis ist nicht nur möglicherweise, sondern notwendigerweise als umgekehrt gerichtet zu bestimmen!
Das soll meinen: der mit § 14 in den Blick genommene Zielpunkt bedingt
jene in § 3 gesetzte Ausgangsbasis! Der Glaube an Christus ist die Gewiß-

---

[6] Gegen W. Schultz, Prot., 73 (zu GL § 14).
[7] s. o. S. 244 f.

heit einer „vollkommen innerlichen Tatsache" — diese Festlegung Schleiermachers ist nicht die Folge aus seinem Ansatz beim unmittelbaren Selbstbewußtsein, sondern die Voraussetzung dafür! So können wir noch einmal unsere an § 11 erhobene Behauptung unterstreichen: Weil — für Schleiermacher — der Grund des christlichen Glaubens nur von der dem Christen „in sich selbst" gegebenen „Gewißheit" her beschreibbar ist (83/84), muß — von Schleiermacher — Frömmigkeit als „weder ein Wissen noch ein Tun, sondern eine Bestimmtheit des Gefühls oder des unmittelbaren Selbstbewußtseins" gefaßt werden. Nach § 14 wäre diese Aussage nun dahin zu ergänzen, daß die „Gewißheit" durch eine ganz bestimmte inhaltliche Bezogenheit qualifiziert ist: sie beruht auf der „innere(n) Erfahrung" eines „Eindruck(s), den (man) von Christo empfängt" (95/97), das heißt: sie ist „Glaube(-) an Jesum als den Erlöser".

Wenn so das Verständnis des letzten apologetischen Lehnsatzes aus dessen doppeltem Zurückgebundensein in das Ganze und zugleich aus der Verwurzelung der also ausgezogenen beiden Rückverweise in dem einen Ausgangspunkt angesetzt wird, soll damit ausdrücklich festgehalten sein, daß dieser Satz noch ganz in die Einleitung gehört. Zwar ist dies der äußeren Anlage nach selbstverständlich, und deswegen bedürfte es im Grunde keiner Betonung des vorgegebenen Sachverhaltes — wenn dieser eben nicht immer wieder außer acht gelassen würde. Jedenfalls wird er doch dann nicht mehr berücksichtigt, wenn man meint, hier wenigstens — endlich — dem Inhalte nach dogmatische Fragen an Schleiermacher stellen und dann die Tatsache der — selbstverständlich — fehlenden Antworten als das entscheidende Signum für die Unzulässigkeit des Ansatzes statuieren zu dürfen. Mag auch schon die Formulierung der Ausgangsthese selbst und mögen dann ebensosehr die Erläuterungen gerade zu diesem Paragraphen fast allemal mit innerer Notwendigkeit den Leser dazu verlocken, den hier auch und deutlich hervortretenden theologischen Ansatz Schleiermachers von der eigenen dogmatischen Position aus zu prüfen zu suchen, so halten wir dennoch und mit um so größerem Nachdruck an der unserem Verständnis von der Gesamtkonzeption der Einleitung entsprechenden Ansicht fest, daß wir keine Fragen an Schleiermacher richten können, die über den von ihm abgegrenzten Bereich der Erörterung hinausgehen.

Mit dieser Einschränkung soll freilich nicht auf den Aspekt theologischer Fragestellung überhaupt verzichtet worden sein. Denn selbstverständlich müssen wir zu klären suchen, was in dem vorliegenden Zusammenhang „Glaube an Christum" meint und in welcher Weise expliziert wird, wieso dieser Glaube das „Anteilhaben an der christlichen Gemeinschaft" begründet. Nur müssen wir eben in diesem Zusammenhang bleiben. Dann können wir Schleiermacher durchaus bei seinem eigenen Verständnis behaften. Er will ja keineswegs — wie wir im 2. Kapitel dargelegt haben — die Einleitung als rein philosophische Fundamentierung der Glaubenslehre angesehen wissen; vielmehr geht es ihm darum, die für die eigentliche Dogmatik benötigten Aussageelemente, also die theologischen, „sprachbildend" zu erstellen.

Was heißt „Glaube an Christum"? Das ist ohne Zweifel hier die Hauptfrage. Ehe wir die Antwort gemäß der Erörterung im Hauptabschnitt (1.) dieses Paragraphen inhaltlich erheben, suchen wir die Intention der gefragten Bestimmung so weit zu fixieren, wie sie durch den Gesamtzusammenhang schon vorgezeichnet ist. Wenn wir die Ausführungen zu den parallel verlaufenden Sätzen, § 6 und § 10, zum Vergleich heranziehen, läßt sich erstens nämlich vorweg sagen, in welche Richtung die Antwort bestimmt nicht zielen wird. Und zweitens können wir aus dem Zusammenhalt der je letzten Thesen auch die Position vorbereitend verdeutlichen, die einzunehmen Schleiermacher mit der Einführung dieses Grundbegriffs beabsichtigen muß.

Oben haben wir schon ausgemacht, daß die von § 6 her mit Notwendigkeit gestellte, aber ebenso notwendigerweise offen gebliebene Frage nach dem Grund für das Entstehen „bestimmt begrenzter" frommer Gemeinschaften erst in § 10 beantwortet werden konnte: der Grund solcher Begrenztheit liegt für Schleiermacher in der jeder Glaubensweise als Charakteristikum zugehörenden individuellen Modifikation des frommen Selbstbewußtseins, wobei diese ihrerseits durch ihr Bezogensein auf die je eigene Offenbarungs-Tatsache bestimmt ist. Daß diese Begründung nur einsichtig sein kann, wenn und weil man das unmittelbare Selbstbewußtsein als komplexe Größe, das fromme Selbstbewußtsein danach als je eigentümlich sich gestaltenden Vollendungspunkt des Zusammenseins der höchsten mit der mittleren Stufe des unmittelbaren Selbstbewußtseins zu verstehen hat, daran ist deswegen noch einmal zu erinnern, weil auf diesem Verständnis ja auch die apologetischen Sätze, und zumal deren letzter, aufruhen müssen: „Glaube an Christum" kann dann nicht möglichst reine Darstellung des schlechthinnigen Abhängigkeitsgefühls „an und für sich" aussagen! Davon ist in der hier durchgeführten Erläuterung auch nirgend die Rede. Die einzige Stelle, mit welcher Schleiermacher ausdrücklich auf seine Ausgangsdefinition zurückweist, läßt gerade erkennen, daß der hier zu bestimmende Ausdruck nicht direkt angeknüpft sein soll: „Glaube an

Gott" — als „Gewißheit über das schlechthinnige Abhängigkeitsgefühl als solches" (95/96) — und „Glaube an Christum" sind in begrifflicher Hinsicht einander analogisch zugeordnet; wir werden unten auf diesen Sachverhalt zurückkommen. Jedenfalls, das ist vom Text her und eben aus dem inneren Zusammenhang der je letzten Thesen eindeutig: das schlechthinnige Abhängigkeitsgefühl „an und für sich" kann man nicht und schon gar nicht ohne weiteres zur Bezugsstelle der Auslegung machen. Man würde sich damit von vornherein der Aussagetendenz dieses letzten Paragraphen versperren: dem Begriff „Kirche" könnte man nicht mehr die ausschlaggebende Bedeutung zuerkennen, die Schleiermacher ihm beigemessen hat.

Die Notwendigkeit zu einer Umstellung der Aussagetendenz zeichnet sich denn auch zum Beispiel mit besonderer Klarheit in der in dieser Hinsicht besonders extremen Interpretation von SCHULTZ ab. Hier wird § 14 im wesentlichen so zusammengefaßt: „Der Ausdruck Glaube bedeutet also nur das In-Beziehung-Setzen des schlechthinigen Abhängigkeitsgefühls, das ... als Sein Gottes wesentlich[8] mit dem menschlichen Sein gegeben ist, auf Gott bzw. Christus als Ursache jenes Gefühls" (Prot. 73). Abgesehen davon, daß hierbei so grundlegende Aussagen wie die von § 5 („Wirklichkeit" des frommen Selbstbewußtseins), von § 10 (Bezugnahme auf „Offenbarung"), von § 11 (Notwendigkeit der Erlösung) — die Reihe ließe sich noch fortsetzen — einfach übersprungen worden sind, vor allem ist ja zu befinden, daß der Zielgedanke des vorliegenden Paragraphen in einer derartigen Zusammenfassung überhaupt nicht enthalten ist. Denn was sollte der „Erlöser" mit solch einem „Glauben", der — wie Schultz auch sagt — „nur das Sichtigwerden eines religiösen Faktums (ist), das vorher im Menschen schon gegeben ist, und die ,anfangende Erfahrung' davon, wie dies Faktum sich im endlichen Bewußtsein des Menschen durchsetzt" (ebd.), entscheidend zu tun haben? Höchstens könnte „er" noch als Initiator des Erlösungsgeschehens verstanden werden, in dem Sinne etwa, wie Brunner es meint, wenn er für die Schleiermachersche Prädikation die Formel „unvergleichlicher Anreger" bildet. Aber das wäre gerade die Frage, ob damit Schleiermachers Aussageabsicht wirklich getroffen ist. Von dem Grundtenor der apologetischen Sätze ist dann nahezu nichts mehr zu vernehmen. Außerdem — und dieser Einwand erhebt sich von selbst an dem vorliegenden Text —: auch wenn Schultz diesen § 14 wohl nur skizzenhaft wiedergeben will — in dem von uns herangezogenen Kapitel wird auf einer sehr viel breiteren Stellengrundlage ganz allgemein

---

[8] Korr., im Text: „... als Sein Gottes wesentliches ...".

der „Vorgang des Glaubens in der Theologie Schleiermachers" (Prot.
72 ff.) verhandelt —, so dürfte er doch dessen eigentliche, deutlich erkennbare Intention nicht schlechtweg ausklammern: Daß „Glaube" und „Anteilhaben an der christlichen Gemeinschaft" als wesenhaft miteinander
verbunden aufgefaßt sein sollen, klingt bei ihm nicht einmal an! Das ist
um so unverständlicher, als Schultz mit diesen Sätzen praktisch die Glaubenslehre zum Thema „Glaube" überhaupt exzerpiert haben will. Die
noch aufgenommenen Ergänzungen, nach §§ 108 und 109, sind jedenfalls
durch die zuvor gegebene Deutung festgelegt. Doch sei dies nur nebenbei
festgestellt, für uns kann lediglich die Zusammenfassung des § 14 selbst
von Belang sein. Und zwar kritisieren wir das Grundmoment: daß von
vornherein, ganz ohne Diskussion, aus dem hier zu erörternden Begriff
„Glaube an Christum" das „an" gestrichen worden ist. Freilich, wenn der
Glaubens-„Inhalt", wie in der angegebenen Weise, auf das „religiöse
Faktum" des schlechthinnigen Abhängigkeitsgefühls reduziert wird, hat
dieses „an" keinerlei tragende Bedeutung mehr, kann es stillschweigend
übergangen werden. Doch zeigt sich darin eben, daß der Rückschluß so
nicht erlaubt ist; man kann durch solch ein Verfahren höchstens das
Problem der Auslegung unausgesprochen lassen, keinesfalls es lösen.

Mit den bisher aufgestellten apologetischen Sätzen hat Schleiermacher
sich ja unmißverständlich darauf festgelegt, daß die Singularität des
Christentums wesentlich an der Person des Erlösers haftet. Ebenso deutlich
hat er dargetan, warum nach seiner Ansicht die das Christentum als
eigentümliche Glaubensweise begründende „Urtatsache" nicht an und für
sich erfaßt werden kann: sie ist zureichend nur aus dem „Zusammenhange"
der Erlösten mit dem Erlöser zu beschreiben. Ich halte dafür, an diesem
Ansatz sei ablesbar, wie Schleiermacher selbst von der Frage in Bewegung
gehalten worden ist, auf welche Weise jenes, das Verständnis des christlichen Glaubens charakterisierende „an" ausgedrückt werden könne. Die
Definition des „frommen Selbstbewußtseins" als solche darf noch nicht
zum Indiz dafür erklärt werden, daß Schleiermacher „Glaube" zum Beispiel nur als „Sichtigwerden" des zum Sein des Menschen gehörenden,
innerlich schon vorgegebenen „religiösen Faktums" begreifen will beziehungsweise es nicht anders tun kann, daß er bei seiner Begriffsbildung
letztlich absehen wolle oder doch absehen müsse von der Person des
Erlösers. Eine solche Intention oder denn ein so charakterisiertes Unver-
mögen — daß er in der Tat nicht auf Jesus als auf den Grund des christlichen Glaubens zurückzuführen beabsichtige oder dies nicht zu tun
vermöchte — müßte ja an dem vorliegenden Text erst nachgewiesen
werden.

In diese Kritik an der These von Schultz ist schon die Voraussetzung eingegangen, daß jenes „an" allerdings für Schleiermacher tragende Bedeutung habe, noch schärfer formuliert: daß bereits in dem Leitsatz selbst die dem christlichen Glauben wesentliche Bezogenheit auf Jesus, und zwar auf den „durch die geschichtliche Darstellung seines Lebens und Wesens" (96/97) bekannten Jesus von Nazareth vollständig erfaßt werde. Christlicher Glaube ist Glaube „an" Christus — das ist, inhaltlich gesehen, der Aussagekern des Lehnbereiches „Apologetik". Was im folgenden zu erhärten sein wird.

Eine erste Bestätigung für die Gültigkeit unserer Behauptung nehmen wir eben aus dem Zusammenhang der je letzten Lehnsätze in deren quer verlaufender Zuordnung. Und zwar ist die Gegebenheit dieses Zusammenhanges für uns in zweifacher Hinsicht von Bedeutung.

Zunächst unterstreichen wir noch einmal, daß es Schleiermacher wirklich und wesentlich darauf ankommt, das „eigentümliche Wesen" des Christentums als Singularität zu erfassen, als ein Spezifikum, das sich nicht als aus dem Allgemeingültigen deduziert verstehen läßt. Zur Kennzeichnung der hier vorliegenden Zuordnung greifen wir auf unsere obige Erklärung zurück: Auch für den Zusammenhang der drei je letzten Paragraphen gilt, daß sich das „Gleichgewicht" von innen her aufbaut; die Aussagen — in § 6 im wesentlichen in spekulativer Erörterungsweise erhoben und doch auch auf das Ergebnis empirischen Erkennens gestellt, in § 14 eigentlich entsprechend erfahrener Tatsächlichkeit behauptet und doch nicht ohne den Rückgang auf den Erweis der mit Notwendigkeit gesetzten Geltung dargelegt — sind durch die religionsphilosophische Bestimmung in § 10 in ihr Gehaltensein im Zueinander gespannt. Daß Schleiermachers religionsphilosophische Erörterung — die Begründung der Begrenztheit frommer Gemeinschaften durch deren je „eigentümliches Wesen" — schon und genau den Bezug auf die im Grunde allein interessierende Individualität „Christentum" enthielt, muß hier deswegen noch einmal in Erinnerung gebracht werden, weil jener innerhalb des zweiten Untersuchungsganges gleichsam nur als Leerstelle ablesbare Bezug erst jetzt seine Ausfüllung findet: Das dort definierte „eigentümliche Wesen" — „gleichmäßige Vollendung der äußern und innern Einheit" (65/63) — wird hier, im Durchgang der apologetischen Sätze, an dem Zentralbegriff der christlichen Glaubensweise erläutert, an der „durch Jesum von Nazareth vollbrachten Erlösung". Zwar ist der Grundbegriff ja schon in § 11 eingeführt worden, und insofern wäre der ganze Satzzyklus als in die Leerstelle eingerückt zu beurteilen, aber die Möglichkeit zu solcher

Ausfüllung wird erst mit § 14 vollständig begründet: Die Geltung des Ausschließlichkeitsanspruchs der Erlösung „durch" Jesus von Nazareth (81/82) ist nur belegbar innerhalb dieser „gleichmäßigen Vollendung", aus dem „Anteilhaben an der christlichen Gemeinschaft", das heißt aus dem Glauben „an" den Erlöser.

Der zweite Aspekt, der sich aus der Zusammenschau der je letzten Thesen ergibt, ist zumal deswegen bedeutsam, weil sich uns aus ihm der Blick genau auf das Zentrum des vorliegenden Paragraphen öffnet. Mit der Aussage über die Bestimmtheit einer einzelnen frommen Gemeinschaft soll die Frage nach deren Entstehen zugleich beantwortet sein, das ist das Gemeinsame der den jeweiligen Erörterungsbereich abschließenden Thesen. Die Lösung des Problems nämlich, ob und auf welche Weise die Bestimmtheit beschrieben werden könne, läßt Schleiermacher von vornherein und durchgehend davon abhängig sein, ob es möglich sei, die Frage nach der Art der „Äußerung" des frommen Selbstbewußtseins zu beantworten, und davon, wie dann die Antwort laute; der Versuch einer solchen Beschreibung ist in jedem der je letzten Lehnsätze an die Erörterung darüber gebunden, inwiefern eine „Mitteilung" des das unmittelbare Selbstbewußtsein als frommes charakterisierenden Inhaltes oder auch des entsprechend zugehörigen eigentümlichen Grundes als konstitutiv für die Begrenztheit einer frommen Gemeinschaft erkannt werden muß. Allerdings ist zuzugeben, daß wir mit dieser Kennzeichnung das gemeinsam Wesentliche der je letzten Paragraphen gleichsam von hinten her greifen, von der besonderen Akzentuierung her, die die Erfassung der quer verlaufenden Zuordnung gemäß § 14 erfährt, gehen wir auf Schleiermachers Formulierung in § 10 zurück: von der „am innigsten" ausgebildeten „Vollendung" der Eigentümlichkeit her, wie sie — nach Schleiermacher — im Christentum ihre Gestalt gefunden hat (65/63).

Dagegen mag sich ein Einwand erheben, und zwar von § 6 aus: Ist nicht die hinsichtlich der Entstehung der Kirche konstitutive Bedeutung einer irgendwie inhaltlichen Bezogenheit des frommen Selbstbewußtseins durch Schleiermachers Erörterung eben der letzten ethischen These gerade abgewiesen worden? Nach § 6 sollten ja fromme Gemeinschaften sich betont nicht durch die Mitteilung von Denkinhalten oder von objektiviert erfaßbaren Tatsachen und auch nicht von der Erhebung moralischer Forderungen her begründen. Und dieser Abweis entsprach genau der mit § 3 eingeführten Grunddefinition: im Gefühl als solchem, weil es ein Bestimmtsein des ganzen Menschen ist, wollte Schleiermacher ein „Heraustreten" des Menschen in eine „Äußerung des Gefühls" als mitgesetzt anerkannt wissen; das Gefühl als solches war von ihm als ein Gemeinschaft überhaupt bildendes und prägendes Prinzip eingeführt worden. Gewiß darf jetzt jene auf der Ausgangsdefinition beruhende Kennzeichnung von Gefühlsäußerung — daß sie „ursprünglich" sei, daß sie „auch ohne bestimmte Absicht" geschehe (42/37) — nicht einfach übersehen werden, zumal ja solches Verständnis, wenn es für den Gesamtzusammenhang von Bedeutung sein soll, auch diesem § 14 mit zugrunde liegen muß. Gleichwohl ist zu betonen, daß damit doch nicht eine inhaltliche oder sonstwie von außerhalb gesetzte Bestimmtheit des Gefühls schlechtweg für unwesentlich oder auch nur für nicht erfaßbar erklärt worden war. Es konnte aber innerhalb des dortigen Erörterungsbereiches nicht der Akzent auf der entsprechenden Frage liegen, vielmehr die Frage selbst konnte dort noch gar nicht gestellt werden. Dort ging es grundsätzlich um die Diskussion rein formaler Bestimmungen, und der „wirkliche() Zustand der Menschen" (44/39), wie er sich in je und je eigentümlich gestalteten Konkretionen darstellt, mußte unerörtert bleiben. Das heißt, der oben genannte Einwand könnte sich nur scheinbar auf § 6 stützen, er müßte jenen Satz als eine abschließende, in sich fertige Aussage verstehen. Dieses Verständnis aber wäre falsch, wie wir schon zu § 6 aufgezeigt haben: Es war uns oben wichtig, den gleichsam als Doppelpunkt gesetzten Hinweis mit zu beachten, nämlich den Hinweis darauf, daß die Antwort auf die Frage nach dem Grund der Möglichkeit von Konkretion bestimmter frommer Gemeinschaften noch ausstehe[9]. Wir haben jenen Hinweis schon einmal aufgenommen, und zwar bei der Auslegung von § 10, als wir diesen Satz genau an jene Stelle gerückt fanden: er war als Antwort auf die bis dahin offen gebliebene Frage zu hören. Es läßt sich aber nicht vermeiden, daß wir uns hier wiederholen und die Verbindung ein zweites Mal durchziehen. Wir folgen damit nur Schleiermachers Konzeption; denn eben mit § 14 wird von Schleiermacher selbst die gleiche Antwort noch einmal gegeben, nun aber mit der entscheidenden, dem Verhandlungsbereich „Apologetik" entsprechenden Variation jener Aussage von § 10. Dort, im letzten religionsphilosophischen Lehnsatz, hatte er die Möglichkeit der bestimmten Begrenztheit frommer Gemeinschaften überhaupt diskutiert; hier, im letzten apologetischen Lehnsatz, geht er rein von der materialen Gegebenheit aus, bringt er die eine, eigentlich angehende Wirklichkeit der bestimmten Gemeinschaft Christentum ein. Im Grunde also ist die zu Anfang gestellte Frage erst und genau mit diesem letzten apologetischen Satz beantwortet.

---

[9] s. o. S. 137.

Bei der Betonung der zurücklaufenden Verbindungslinie geht es aber nicht allein darum, die im Zusammenspiel von Frage und Antwort, also gleichsam doch von außen her gesetzte Zuordnung zu erkennen, sondern auch und vor allem kommt es darauf an, ein Verknüpftsein wahrzunehmen, das als wesentlich von innen her ausgebildet zu kennzeichnen wäre. Der Einwand oben war nicht wie nebenbei und nicht etwa nur zum Schein erhoben worden, er sollte schon auf diese andere und noch wichtigere Ausbildung des Zusammenhaltes der drei je letzten Thesen aufmerksam machen.

Wenn wir hier das christlich fromme Selbstbewußtsein als „Glaube an Christum" beschrieben finden, behaupten wir nicht nur, daß damit eine inhaltliche Bestimmtheit des frommen Selbstbewußtseins von Schleiermacher angegeben werde, sondern zugleich, daß solche Angabe für ihn von grundsätzlicher Bedeutung sei. Und wir berufen uns dafür nicht ausschließlich auf den vorliegenden Lehnsatz, § 14, vielmehr betont auf jenen ersten dieser Reihe, § 6. Dabei aber nicht etwa auf die dort eingebrachte Zwischenbemerkung, daß das Gefühl auch „in Gedanken oder Tat" übergehe (42/37) — dies gerade nicht, denn damit wollte Schleiermacher in dem dortigen Zusammenhang nur die „ander(e) Seite" des untersuchten Sachverhaltes gekennzeichnet haben; diese bleibt auch hier völlig die „andere", sie wird nicht in Betracht gezogen. Wir müssen aber deshalb auf § 6 zurückgehen, weil es offensichtlich ist, daß Schleiermacher genau auf sein mit den ethischen Sätzen abgeleitetes Grundverständnis von Gefühl rekurriert, wenn er hier das Sichaussprechen des Glaubens als „Zeugnis" bestimmt: die „Mitteilung" gestaltet sich auch nach § 14 nicht als Entfaltung von Lehrmeinungen oder von sittlichen Maximen, sondern und gerade entsprechend der „ursprünglichen Weise", in welcher der Glaube bewirkt wird, als „Zeugnis von der eigenen Erfahrung, welches die Lust in andern erregen sollte, dieselbe Erfahrung auch zu machen" (96/97).

Zur Verdeutlichung unserer Ansicht erinnern wir noch einmal an die Ausgangsbestimmung: Grundsätzlich hat Schleiermacher sich die Möglichkeit zur Erörterung des Problems der „Mitteilung" dadurch eröffnet, daß er — in § 4 — das fromme Gefühl als das Sich-von-Gott-abhängig-Fühlen erklärt und — in § 5 — dessen wirkliches Vorkommen diskutiert hat. Praktisch auswertbar wird diese in der Aufnahme des Begriffs „unmittelbares Selbstbewußtsein" enthaltene Wendung, die — wie wir im Vergleich mit den Aussagen der Dialektik gezeigt haben — der Glaubenslehrer gegenüber dem Philosophen vollzogen hat, allerdings erst unter der Voraussetzung der nicht mehr nur als Möglichkeit zu betrachtenden, sondern nun als Gegebenheit in den Blick genommenen einen Modifikation des höheren Selbstbewußtseins, des christlich frommen Selbstbewußtseins. Gerade aus dem Gesamtduktus wird deutlich: Auch Schleiermacher will, wenn er von dem „Glauben an Christum" handelt, nicht von dem Gefühl als solchem oder von Erfahrung überhaupt reden, er meint ein qualifiziertes Gefühl, eine bestimmte Erfahrung aussagen zu müssen und zu können.

Dieser von dem Rückbezug zu den ethischen Sätzen hin gewonnene Aspekt läßt uns die Begriffsbildung der vorliegenden Erörterung in ihrer eigentlichen Wichtigkeit erkennen. Die beiden Hinsichten, nach denen Schleiermacher den Glauben beschreibt: Gewißheit einer „vollkommen innerlichen Tatsache" und Begründung durch den „Eindruck, den (man) von Christo empfängt", sind nicht als einander ausschließend zu beurteilen, vielmehr müssen sie als sich gegenseitig zur Erläuterung gesetzt verstanden werden; die Tatsächlichkeit der — wie Schleiermacher im Fortgang der Diskussion auch sagt — „innere(n) Erfahrung" hängt an der geschichtlichen Bestimmtheit der „Wirksamkeit (Christi)", und die Bedeutsamkeit dieser Bestimmtheit wird nicht anders erfaßt, denn daß man ihrer — als „erlösende(-) Kraft Christi" — „bei sich gewiß" wird (95/97).

Wir werden unten auf die in solchen Festlegungen gesetzte Komplementarität von „Erfahrung" und „Eindruck" ausführlicher eingehen, hier haben wir erst noch einmal den das Ganze untergreifenden Bezug auf den Gesamtzusammenhang aufzunehmen. Und zwar an der Stelle, an der er von Schleiermacher direkt ausgezogen worden ist: wir kommen auf die oben erst vorläufig notierte Analogie in der Begriffsbildung zurück. Von deren Verständnis her läßt sich dann der Bedeutungsumfang der gefragten Grundbestimmung vollständig umgrenzen.

Mit dem gleichen Akzent, mit dem er hier „Glaube an Christum" begrifflich einführt, wollte Schleiermacher die „Gewißheit über das schlechthinnige Abhängigkeitsgefühl als solches" versehen haben: dieses sei, so fügt er in den vorliegenden Gedankengang ein, „als durch ein außer uns gesetztes Wesen bedingt" zu verstehen; er muß wohl überzeugt davon sein, daß die hier gegebene Begriffserklärung in der Konsequenz seines Ansatzes liege, denn er verweist im Zusammenhang mit der Erörterung dieses wichtigen 1. Abschnitts zu § 14 ausdrücklich auf die entsprechende Erläuterung seiner Ausgangsdefinition in § 4,4: in „demselben Sinne" (wie in der einführenden Bestimmung hier), von einer „Gewißheit" also, deren Grund „außer uns" gegeben ist, sei dort schon „die Rede von dem Glauben an Gott" gewesen (95/96).

Freilich handelt es sich bei diesem Hinweis Schleiermachers um eine Interpretation der Ausgangsdefinition: der terminus „Glaube an Gott" war dort ja gerade nicht gebraucht worden. Gleichwohl wird man die Gültigkeit dieser Selbstinterpretation nicht ohne weiteres bezweifeln dürfen; oder denn: man müßte sie diskutieren, wenn man von der nach den ethischen Sätzen angeblich behaupteten Beziehungslosigkeit des höheren Selbstbewußtseins her die Erörterung zu diesem apologetischen Lehnsatz beurteilen wollte. Schleiermacher erklärt hier „Glaube an Christum" betont als analog zu verstehenden Begriff: so wie „Glaube an Gott" sei er „die Beziehung des Zustandes als Wirkung auf Christum als Ursache" (95/97). Allerdings, dem ersten Augenschein nach ist diese Erklärung nicht unbedingt eindeutig; einem flüchtigen Leser mag sich die Vorstellung aufprägen, der Gottesglaube sollte als allein durch den Christusglauben definierbar verstanden sein, also gleichsam als vollständig in diesen eingezogen. Diese Vorstellung wäre dann berechtigt, wenn „Christus" das Subjekt in beiden Bestimmungen bedeutete. Sieht man den fraglichen Satz aber genauer an — der Wichtigkeit der Aussage wegen sei er noch einmal ganz zitiert: „Der Ausdruck Glaube an Christum ist hier aber, so wie dort Glaube an Gott, die Beziehung des Zustandes als Wirkung auf Christum als Ursache" —, so kann wohl nicht bezweifelt werden, daß in der „Beziehung" selbst, die „Ursache" und „Wirkung" miteinander verknüpft, der Vergleichspunkt liegt, das heißt, daß „Christus" als dem „außer uns gesetzten Wesen" in der obigen Angabe nebengeordnet zu verstehen ist. Zwar gilt dies wiederum nur, wenn mit dem so charakterisierten „Wesen" auf „Gott" verwiesen sein soll, doch geht diese Aussageabsicht eben aus dem betreffenden Zusammenhang mit Eindeutigkeit hervor: „Glaube an Gott" drückt ja das „Verhältnis" zu dem „Wesen" aus, welches die Schlechthinnigkeit des Abhängigkeitsgefühls begründet; so Schleiermacher an derjenigen Stelle dieses 1. Abschnitts, da er sich ausdrücklich auf § 4,4 zurückbezieht[10].

Zweierlei ist an dieser Begriffsklärung bedeutsam: Einmal, daß Schleiermacher hier „Glaube an Christum" als Beziehungsbegriff einführt; wir werden noch erläutern müssen, wie solche „Beziehung" aufzufassen ist. Nach dem eben Gesagten können wir aber schon festhalten, daß in genau diese Verständnisrichtung auch die angefügte Bemerkung gehört: „So beschreibt ihn [sc. den Glauben] auch Johannes." Johannes wird als Zeuge für die Reziprozität benannt, durch welche der „Zusammenhang" des Erlösers mit den Erlösten charakterisiert ist (91 f./93). Das andere ist die

---

[10] Vgl. auch oben, zu § 4: S. 60 ff.

von Schleiermacher betonte Analogie der beiden Glaubensbegriffe. Wir erwägen zunächst die Konsequenz, die sich aus solcher Betonung ergibt, um von daher die Bedeutung der hier gemeinten „Beziehung" ausmachen zu können.

Die den formalen Bezug betreffende Aussage Schleiermachers ist insofern für das Verständnis der Einleitung überhaupt von besonderer Wichtigkeit, als mit ihr noch einmal und ausdrücklich auf den Ausgangsort des Ganzen verwiesen wird; wir haben sie als Bestätigung für die Gültigkeit unserer Auslegung der ethischen Sätze, vor allem eben des § 4, zu werten; das heißt zugleich: sie stellt die Berechtigung des Ansatzes all derjenigen Kritiker in Frage, die behaupten, bei Schleiermacher löse „Glaube" sich notwendigerweise, wegen der Prävalenz des allgemeinen Frömmigkeitsbegriffs, in die Selbstgewißheit des „religiösen Gefühls" auf. Wenn man nämlich einerseits den sogenannten „allgemeinen Religionsbegriff" Schleiermachers als gemäß der Identitätsphilosophie oder aus deren religiösem Korrelat, der inhaltsleeren Mystik, entwickelt verstehen will, andererseits doch nicht übersehen kann, daß Schleiermacher den „christlichen Glauben" nicht jegliche Anerkenntnis der Tatsächlichkeit einer in die Geschichte sich bindenden Offenbarung einfach überspringen läßt, so bleibt zunächst, das heißt mindestens in bezug auf § 14, nur der Ausweg, die Einführung eines zweiten, der Ausgangsdefinition diametral entgegenstehenden Glaubensbegriffs zu postulieren. Aber dieser Ausweg ist eben eine Scheinlösung; aus der hier angegebenen Verknüpfung der beiden Glaubensbegriffe ergibt sich von selbst das Urteil, daß er Schleiermachers Intention gerade nicht gerecht werden kann.

BRUNNER hat ja die These von den beiden Glaubensauffassungen und deren Unvereinbarkeit miteinander nicht nur mit Vehemenz vertreten und entsprechend zu erhärten gesucht, er hat sie als ein überhaupt wesentliches Element der Grundlage für seine Auseinandersetzung mit Schleiermacher eingefügt[11]; nur auf diese Weise vermag er dann Schleiermachers Aussagen über Jesus Christus wenigstens als „große Störung" zur Geltung zu bringen. Nun können wir uns zwar auf eine Erörterung des Beweisganges im einzelnen nicht einlassen: Brunner stützt sich dabei hauptsächlich auf Schleiermachers Christologie, wir müssen uns dagegen auf den vorliegenden Text beschränken. Das genügt aber auch. Wir beanspruchen lediglich, die Aussage dieses § 14 erheben zu können und zeigen zu können, daß von daher die Berechtigung von Brunners These entscheidend in Zweifel zu ziehen ist. Brunner nennen wir deshalb noch einmal als Ge-

---

[11] Vgl. E. BRUNNER, Mystik, 121—146, 206—228.

sprächspartner, weil er — soweit ich sehe — die Folgerungen aus dem
angeblich für Schleiermacher in so verhängnisvoller Weise prävalierenden
Allgemeinbegriff der Frömmigkeit am radikalsten gezogen hat.

Dieser § 14 also — behaupten wir — spricht eindeutig gegen Brunner:
dessen These kann bloß scheinbar den Ausweg aus dem Dilemma der miteinander streitenden Ausführungen Schleiermachers aufzeigen! Vielmehr
ist der Abweis, wie er durch diesen Paragraphen belegbar ist, noch deutlicher auszusprechen: Das Dilemma selbst hat nur scheinbare Gültigkeit;
seine Existenz gewinnt es lediglich aus der Konstruktion des Auslegers.

Es ist ja eigenartig, daß Brunner in seiner weitgespannten, Reden,
Dialektik und Glaubenslehre übergreifenden Diskussion dieses Problems
die Aussagen des letzten apologetischen Lehnsatzes so gut wie gar nicht
berücksichtigt. Jedenfalls tut er das nicht bei der Aufstellung seiner Grundthese. Ich meine, dieser Einwand gegen Brunner erhebe sich von selbst:
Wieso unternimmt er es, die angebliche Diskrepanz der beiden Glaubensbegriffe vornehmlich aus der Spannung zwischen dem philosophischen und
dem theologischen Ansatz Schleiermachers beziehungsweise aus dem behaupteten Widerstreit zwischen der Einleitung und der eigentlichen Glaubenslehre zu belegen? Oder denn, wenn er diese Diskrepanz schon in der
Einleitung selbst enthalten sieht, sie nur aus dem Gegenüber von § 11 zu
§ 4 zu erläutern[12]? Warum weist er sie nicht an diesem letzten apologetischen Satz nach? Sie wäre doch hier, sollte sie wirklich gelten, von Schleiermacher selbst eingebracht worden! Nach Brunners Darlegung gewinnt
man den Eindruck, als ob Schleiermacher zwar, indem er von dem „Glauben an Jesum als den Erlöser" redet, irgendwie die Tatsache der durch
göttliche Autorität gesetzten und also nicht in der Selbstevidenz des
menschlichen Gefühls begründeten „Offenbarung" anerkenne, sich aber in
seinen allgemein-philosophischen Gedankengängen von dieser Tatsache
kaum tangieren ließe; als ob die Widersprüchlichkeit der beiden Ansätze
— die im Grunde die Einheit des Ganzen sprengen müßte — bei Schleiermacher selbst nicht so deutlich und deshalb auch nicht in ihrer zerstöreri-
schen Kraft zutage trete; als ob sie erst erkennbar werde, wenn man die

---

[12] E. BRUNNER z. B. zu § 11: „Ohne zu denken und zu wissen kann man nicht die
Erlösung durch Jesus Christus auf sich beziehen ... Jenes ‚Woher' der schlechthinigen Abhängigkeit, Gott, ist uns durch Reflexion bewußt, weil es —
wenigstens nach Schleiermacher — jenem Gefühl immanent ist. Die Gottesidee
ist im Gefühl der schlechthinigen Abhängigkeit enthalten. Aber ein historisches
Faktum ist doch wohl nicht immanent in einem zeitlosen Gefühl enthalten, kann
also auch nicht durch Reflexion zum Bewußtsein gebracht werden" (Mystik,
130).

Folgerungen aus den angeblich zwei Voraussetzungen zieht, die dieses System begründen sollen. Eben weil Brunner in diesem Sinne argumentiert, ist es doch zumindest eigenartig, daß er auf diesen letzten Lehrsatz nicht eingeht. Denn hier diskutiert Schleiermacher ja deutlich genug selbst von genau den Grundlagen aus, die Brunner erst als eigene Konsequenz meint dem Text konfrontieren zu müssen[13]. Schleiermacher setzt zum Beispiel Bestimmungen, die Brunners Vorstellungen von der dem christlichen Glauben aus dessen Gebundenheit an das „Wort" allein als sachgemäß zukommenden Aussageweise — für Brunner etwa „Hören", „Anerkennen", „Beifallzollen" (Mystik, 134 ff.) — wohl entsprechen könnten; jedenfalls wird man ja nicht von vornherein behaupten dürfen, daß der von Schleiermacher in die Mittelstellung gewiesene Begriff „Zeugnis" sich solchem Verständnis von Gebundenheit des Glaubens per definitionem verschließe. Und zugleich rückt Schleiermacher seine Ausführungen so nahe an seinen angeblich mystischen Religionsbegriff — in Analogie dazu! —, daß die von Brunner behauptete Diskrepanz eben an diesem letzten apologetischen Satz unübersehbar sich verdeutlichen müßte. Mindestens wäre sie auch an dieser Vorlage nachzuweisen.

Schleiermacher bringt hier als eigene Aussage die dem christlichen Glauben notwendig konstitutive Beziehung auf das mit dem Grundereignis des Glaubens, Jesus von Nazareth, gegebene „historische Faktum" (wie Brunner es fordert) ein, und dies ja nicht in einer leeren Formel! Brunner hätte sich seine (von ihm selbst ironisch gekennzeichnete) „pedantische Darlegung", mit der er Schleiermachers „allgemeine Religionstheorie" ad absurdum zu führen sucht, doch „ersparen können": Keineswegs ist ja etwa Schleiermacher der Ansicht, die Jünger zum Beispiel hätten „christlich fromme Gemütszustände" gehabt, „ehe sie von Jesus wußten" (Mystik, 131); und solch eine Vorstellung ist auch nicht die notwendige Folge aus seinem Ansatz. Durch Brunners Vorgehen wird lediglich eine Scheinproblematik aufgebaut. In dieser Hinsicht sind jedenfalls Schleiermachers Bestimmungen einfach und unmißverständlich: Christus setzt den „Anfang" des Glaubens, und das Wesentliche der „Beziehung", die der Glaube „ist", liegt nicht darin, daß von einer als frommer Gemütszustand gegebenen „Wirkung" auf die sonst unbekannte, erst im Rückbezug greifbare „Ursache" geschlossen wird, sondern darin, daß diese mit „Jesus von Nazareth" zu benennende und insofern gekannte „Ursache" prädiziert wird als „Christus", das heißt darin, daß diese „Bezie-

---

[13] Vgl. E. Brunner, Mystik, 135 Anm. 1.

hung" sich eben als „Glaube *an* Christum" aussprechen muß und so zum Grund für die Gliedschaft an der christlichen Kirche wird.

Es kann gar kein Zweifel daran bestehen, daß Schleiermacher mit Bedacht und betont das in den Leitsatz aufgenommene „an" vertritt. Genau dies nämlich entspricht seinem mit § 11 bezogenen Ausgangsort der Apologetik! Wir erinnern daran, wie eine Aussage innerhalb der möglicherweise voneinander abweichenden christologischen Bestimmungen seiner Zeitgenossen durchhalten zu können ihm unerläßlich schien: daß man immer nur von der „durch" Christus geschehenen Erlösung zu reden habe, daß niemals eine „Erlösung von ihm" in dem christlich verstandenen Erlösungsbegriff enthalten sein dürfe (81 f./82 f.). So wäre man eher zu einer Inversion des Brunnerschen Gedankenganges berechtigt: Weil Schleiermacher bei der Erläuterung des Glaubens „an" Christus selbst auf seinen grundlegenden Begriff des schlechthinnigen Abhängigkeitsgefühls zurückweisen kann, das heißt, weil er selbst die sogenannten beiden Glaubensverständnisse so eng zusammenzubinden vermag, stellt sich die Berechtigung von Brunners Voraussetzung für die Herleitung der Grundthese in Frage, eben Brunners Interpretation des „allgemeinen Religionsbegriffs". Wenn doch Glaube „an" Christus auch für Schleiermacher nicht Bezogenheit auf ein zeitlos gültiges, dem Menschen als Menschen einsichtiges Christus-Prinzip meint, sondern — eben auch für Schleiermacher — Angewiesensein auf die „göttliche Offenbarung" in „Jesus von Nazareth" beinhaltet — diese Intention Schleiermachers nimmt ja Brunner wenigstens dann ernst, wenn er von dem „anderen" Glaubensbegriff redet —, so kann auch nicht „Zeitlosigkeit" etwa oder eines von deren Äquivalenten als das Charakteristikum der „Gewißheit über das schlechthinnige Abhängigkeitsgefühl", die sich als „Glaube an Gott" interpretieren läßt, gemeint sein. Brunner vermag eben seine Ausgangsposition und die aus seinen Folgerungen sich ergebende These nur dadurch zu halten, daß er diesen § 14 nicht berücksichtigt.

Wir können nun an dem vorliegenden Text unsere zu § 4 gegebene Auslegung nicht nur gegen Brunner bestätigen: Schleiermachers Ausführungen zielen dahin — so haben wir oben betont — abzuweisen, daß für uns Gott in irgendeiner Weise eine Gegebenheit an sich sei, daß man über die Existenz Gottes eine Aussage machen könne, die den Anspruch objektiver Gültigkeit (im Sinne der Vorstellungen des objektiven Bewußtseins) zu erheben hätte; dem ist jetzt hinzuzufügen, daß Schleiermacher kaum gerade in dem vorliegenden Zusammenhang von dem „Glauben an Gott" reden würde oder denn seinen § 4 als in solcher Redeweise gehalten auslegen dürfte, wenn es ihm wirklich darauf ankäme — wie zuletzt noch von FLÜCKIGER (119) besonders radikal formuliert worden ist —, „Gott" als „ein Erzeugnis des menschlichen Bewußtseins, das über gegebene Naturtatsachen reflektiert" zu erklären. Schleiermacher streitet wider den inadäquaten Gebrauch des Gottesbegriffs, das heißt wider die falsche Verabsolutierung des Ausdrucks „Gott", wider einen unsachgemäßen Rückgang auf eine verobjektivierende Gottesvorstellung — aber das Wesentliche an dieser Polemik ist deren positive Spitze: daß er mit ihr seine eigene Rede von Gott gerade offenhalten und die Theologie überhaupt freimachen will für jene Wirklichkeit des „Woher" unseres Gottesbewußtseins, hinter der die Möglichkeit menschlicher Aussageweise immer zurückbleiben muß.

Die Bestätigung für unsere Deutung von § 4, mit der wir die einseitig kritische Wertung des Schleiermacherschen Gottesbegriffs zurückzuweisen suchten, finden wir nicht allein und nicht einmal hauptsächlich in dem hier eingebrachten Ausdruck „außer uns gesetztes Wesen" — worauf das „schlechthinnige Abhängigkeitsgefühl als solches" bezogen ist —, sondern eben in der von Schleiermacher herausgestellten Verknüpfung der beiden Beziehungen „Glaube an Gott" und „Glaube an Christum". Auch Flückiger geht auf diese Verknüpfung ein, bei ihm stellt sie sich folgendermaßen dar: „Nur dann können wir Jesus für unseren Erlöser halten, wenn wir von einer erfahrenen Wirkung auf ihn zurückschließen können, ganz so, wie wir ja unmittelbar vom schlechthinigen Abhängigkeitsgefühl in uns auf Gott als Ursache dieses Gefühls schließen" (83); und er meint wohl, damit Schleiermachers Methode, das sogenannte „Rückschlußverfahren", in ihrer Fragwürdigkeit vollständig gekennzeichnet zu haben. Flückiger erweist hiermit aber nur oder genau, auf wie schwankendem Boden seine Auslegung gegründet ist: Wenn zwar die genannte, für Schleiermacher allerdings wichtige analogische Gleichheit der beiden Begriffe aufgenommen wird, diese jedoch von vornherein unter das Vorzeichen einer Interpretation gesetzt ist, welche das „Gottesbewußtsein" als ein „Produkt der Phantasie" verstehen will, kann ja mit einer Aussage über die Wirklichkeit eines ebenso „erschlossenen" Erlösers ernsthaft nicht gerechnet werden. Das heißt: der nur „ideale" Christus, die nach Flückiger der Gnosis entsprechende, angebliche Auffassung Schleiermachers ist solchem Gedankengang von Anfang an unterlegt; wobei weder der energische Widerspruch Gehör gefunden hätte, den Schleiermacher schon vor seinen Zeitgenossen gegen eine derartig mißdeutende Auslegung angemeldet hat[14], noch auch nur die Tatsache berücksichtigt worden wäre, daß immerhin der letzte apologeti-

---

[14] s. o. 13. Kap./Anm. 10.

sche Satz den Schluß auf den „idealen" Christus keineswegs ohne weiteres
zuläßt. Wir kommen hier, wie schon in der Auseinandersetzung mit Brunner, in Bezüge hinein, die den vorliegenden Text überschreiten, die wir
also nicht ausdiskutieren können; ich wollte lediglich darauf verweisen,
daß auch Flückiger die nach seinem Ansatz doch unumgänglich notwendige
Aufgabe, seine Zielbehauptung eben an § 14 zu belegen oder doch dagegen
abzusichern, nicht wahrnimmt.

Christlicher Glaube ist „Glaube *an* Christum" — es ist keine Frage:
Schleiermacher versucht nicht etwa, trotz der Anknüpfung bei der Definition des frommen Selbstbewußtseins auch irgendwie noch eine inhaltliche
Bestimmtheit des christlich verstandenen „Glaubens" zu fixieren, sondern
genau solche Anknüpfung hält er für den Grund der Möglichkeit, die
einzigartige inhaltliche Bestimmtheit überhaupt aussagbar zu machen.
Dieser Ansatz muß nur dann befremden, wenn man nicht beachtet, daß
es sich hier für Schleiermacher tatsächlich um das der zureichenden Herleitung des Gottesbegriffs entsprechende Problem handelt. Glaube „an"
Gott wäre nicht sachgemäß erfaßt, wenn er als ein Glauben-„daß" beschrieben würde, und doch darf solche Abgrenzung nicht so gedeutet
werden, als ob mit ihr das Bedingtsein des Glaubens durch „Gott" aufgehoben sein könnte. „Glaube an Gott" läßt sich eben nicht in die Selbstevidenz des „frommen Gefühls" hinein auflösen, jedenfalls muß der „an"
Christus Glaubende so urteilen. Die „beiden Glaubensverständnisse"
streiten nicht nur nicht miteinander, sie sind konsequent aufeinander
bezogen.

Christlicher Glaube ist Glaube-„an" — mit diesem letzten apologetischen Lehnsatz beabsichtigt Schleiermacher nichts anderes, als das „an"
zu klären, dessen doppelte Funktion zu belegen; denn das „an" drückt
für Schleiermacher die im Selbstverständnis des christlichen Glaubens
beanspruchte Einzigartigkeit aus — daran kann im Grunde gar kein
Zweifel sein.

Diese Einzigartigkeit nämlich — wir kehren zum Text zurück (1.) —
ist formaliter dadurch beschrieben, daß es sich bei dem erfragten „Glauben
an Christum" um „eine rein tatsächliche Gewißheit, aber die einer vollkommen innerlichen Tatsache" handelt; materialiter liegt sie darin, daß
der „Anfang" des Glaubens ausschließlich an „einen Eindruck, den (man)
von Christo empfängt" gebunden ist. Grund des Glaubens ist Jesus von
Nazareth, wie er aus der „geschichtliche(n) Darstellung seines Lebens und
Wesens" bekannt geworden ist und weiterhin bekannt gemacht werden
muß, und man kann diesen Grund, den Gegenstand des Glaubens, doch

nicht in einer vergegenständlichenden Betrachtungsweise, sondern allein mit der eigenen „innere(n) Erfahrung" grundgemäß erfassen. Diese beiden letzten Sätze müssen sich gegenseitig erläutern: Zwar können wir einerseits wohl sagen, Schleiermacher leite aus dem „an" die Möglichkeit zur Klärung des gefragten Begriffs auf zweifach spezifische Weise ab, einmal hinsichtlich dessen formaler Seite und dann auch hinsichtlich der materialen, doch müssen wir dem andererseits sofort hinzufügen, daß die beiden Hinsichten als einander notwendigerweise ergänzend zu verstehen sind. Das gleiche war oben schon ausgesprochen worden, mit der Bemerkung nämlich, daß „Eindruck" und „Erfahrung" — jetzt können wir also sagen: die zur Erläuterung des „an" eingeführten Bestimmungen — nur dann sinngemäß aufgenommen sind, wenn ihre Komplementarität berücksichtigt worden ist.

Eine endgültige Bestätigung für die grundlegende Bedeutung dieses Begriffspaares läßt sich schließlich aus der Antwort auf die Frage nach der Intention der von Schleiermacher eingeführten „Beziehung" gewinnen. „Glaube an Christum ist . . . die Beziehung des Zustandes als Wirkung auf Christum als Ursache": Innerhalb unserer Auseinandersetzung mit Brunner haben wir nur wie nebenbei behauptet, damit sei die Prädikation Jesu durch den Glaubenden als Sinnmitte des „Glaubens" erfaßt, dies also, daß der Glaubende den aus „seiner Wirksamkeit" bekannten Jesus von Nazareth als seinen „Erlöser" erfährt und bezeugt. Diese Behauptung bedarf noch der Erläuterung, keineswegs soll sie als nur beiläufig eingebracht gelten.

Man könnte gegen solche Betonung einwenden, sie trage ein für Schleiermacher im Grunde nicht aktuelles Problem — die Frage nach dem Verhältnis des irdischen Jesus zu dem geglaubten Christus — an den Text heran. In dieser Zuspitzung war unsere These aber nicht gemeint. Daß Schleiermachers Untersuchung darauf ziele, die so ausgeformte Frage zu beantworten, dürfte kaum zu belegen sein; es ist auch nicht beabsichtigt, die Verwendung der hier eingestellten Bezeichnungen etwa in solche Richtung hin auszuwerten. Das wäre wider Schleiermachers eigenen Gebrauch: wenn er von „Jesus" redet, zum Beispiel in der Ausgangsthese, dann meint er den geglaubten „Erlöser". Das bedarf keiner Diskussion.

Dennoch ist nicht zu übersehen, wie die Grundlage eben des genannten Problems von Schleiermacher mit berücksichtigt worden ist. Oder — weil wir an dem vorliegenden Text nicht ausmachen können, wieweit diese Berücksichtigung eine beabsichtigte ist — sagen wir besser: wie die Grundlage des Problems gleichsam von selbst in die Verhandlung zu § 14 eingegangen ist. Dies allerdings notwendigerweise, und deswegen gleichsam von selbst. Denn es kommt Schleiermacher ja darauf an, die „Beziehung" zwischen der Vergangenheit des irdischen Jesus und der Gegenwart des „an" ihn Glaubenden als den Grund für die Kontinuität der christlichen Kirche zu bestimmen. Wie sollte sonst verständlich sein, daß er sich für die Gültigkeit der von ihm genannten „Beziehung" auf deren Übereinstimmung mit dem Neuen Testament und dabei (u. a.) auf Mt. 16, 15—18 beruft (95/97)? Außerdem: „die Schilderung Christi und seiner Wirksamkeit" oder denn „die geschichtliche Darstellung seines Lebens und Wesens" prägt ja den „Eindruck ... von dem durch Christum Bewirkten" mit, den die „Späteren" durch das Zeugnis der Gläubigen vermittelt erhalten.

Schleiermacher betrachtet jedoch das Verhältnis des irdischen Jesus zu dem geglaubten Christus nicht als ein in sich selbst diskutierbares, er hat es von vornherein in die „Beziehung" des Christen zu Christus eingeklammert. Wieweit für ihn solche Einklammerung auch deswegen konsequent ist, weil er ja die Frage nach der Bedeutung der Person des Erlösers nicht in der Weise an der Geschichte orientiert sein läßt, daß er Tod und Auferstehung als die entscheidende Grenzmarke zwischen dem wirkenden „Jesus" und dem geglaubten „Christus" aufzunehmen hätte, können wir hier nicht ausmachen: Schleiermacher sieht die Grenzlinie sozusagen quer zu solch einem mit dem Auferstehungsgeschehen als vertikal zu setzenden Einschnitt verlaufen, und dies wäre wohl als eine seiner exegetischen Einsicht entsprechende Deutung der auch von ihm erkannten Zweidimensionalität der neutestamentlichen Aussageweise zu verstehen.

Konsequent ist seine Akzentuierung des genannten Problems jedenfalls deswegen, weil er über die „Erlösung" als den „Zentralbeziehungspunkt" (Mul. 45/624) des Christentums nur handeln kann und will unter der Voraussetzung des „Zusammenhanges" der Erlösten mit dem Erlöser: wir haben gesehen, daß diese Bestimmung (in § 13, Zusatz ausdrücklich formuliert) die Vorlage für den ganzen § 14 abgibt. Auf ihr ruht schließlich auch die letzte Aussage auf, daß — eben in bezug auf den „Zentralbeziehungspunkt" — die mit Jesus im historischen Sinne Gleichzeitigen gegenüber den Späteren weder im Vorteil noch im Nachteil sind: „so ist der Grund des Unglaubens zu allen Zeiten derselbe, wie auch der Grund des Glaubens derselbe ist" (96/98). Damit ist der Schlußstrich unter die Erörterung des 1. Abschnitts gezogen. Mehr noch: Diese These über die Selbigkeit des „Grundes" faßt die Ausführungen zu § 14 überhaupt und wesentlich zusammen. Das muß auch so sein, denn damit ist die Kontinuität der christlichen Gemeinde in ihrer grundlegenden Bedeutung festgehalten. Die weiteren Abschnitte, auch der Zusatz, ergänzen diese Zielaussage in der bereits erwähnten Richtung: Der so verstandene „Glaube an Christum" und der Versuch, den Glauben aus einer wie auch immer begründeten „Beweisführung" belegen zu wollen, schließen einander per definitionem aus; wir brauchen nach dem oben Gesagten darauf nicht mehr einzugehen.

Aber diesen Schlußsatz müssen wir noch unterstreichen. Das Ergebnis ist deshalb so bemerkenswert, weil es sich folgerichtig aus der oben diskutierten „Beziehung" einstellt: die Möglichkeit der Glaubenserfahrung, die Möglichkeit, „Gewißheit" über das Erlöstsein zu erlangen, ist von Anfang an und für alle Späteren gleicherweise durch den „Eindruck, den (man) von Christo empfängt" begründet; und auch die „Grenze seiner [sc. Christi] Wirksamkeit" hat sich im Laufe der zeitlichen Entfernung von ihm nicht verschoben: sie ist — schon gegenüber Jesus selbst und, wie Schleiermacher noch betont, eben schon nach Jesu eigener Darstellung — durch den „Mangel an Selbsterkenntnis, d. h. an Bewußtsein der Erlösungsbedürftigkeit" gezogen. Von Anfang an sind der Grund der Möglichkeit von Glaube und der Grund der Möglichkeit von Unglaube miteinander verknüpft: jeder einzelne kann und muß in seine eigene „Erfahrung" hinein den „Eindruck" aufnehmen.

Um dies Ergebnis in seiner Aussagekraft voll werten zu können, haben wir endlich noch die bereits mehrfach erwähnte Relation von „Eindruck" und „Erfahrung" zu erläutern.

Mit der von Schleiermacher behaupteten, durch den zeitlichen Abstand der Späteren von dem historisch greifbaren Wirken Jesu nicht betroffenen Selbigkeit des „Grundes" für den Glauben einerseits wie für den Unglauben andererseits ist ja keineswegs die Relevanz der in Zeit und Raum gegebenen Vermittlung von Erlösung mißachtet oder gar geleugnet. Im Gegenteil: Weder damals, zu Lebzeiten Jesu, noch irgendwann später stand beziehungsweise steht die „göttliche Offenbarung in Christo" unter dem Zeichen der Unmittelbarkeit. Die Austeilung der „erlösenden Kraft Christi", die Vermittlung des Heils geschieht — auch für Schleiermacher — nicht an der in die geschichtlichen Bedingtheiten eingegangenen Person Jesu vorbei, und deshalb bleibt sie angewiesen auf das innerhalb der „christlichen Gemeinschaft" weitergegebene und deren Kontinuität bestimmende „Zeugnis". Dieses „Zeugnis" ist, wiewohl es die jeweilige „innere Erfahrung" von Erlöstsein des einzelnen ausspricht, inhaltlich

festgelegt: es tradiert den „Eindruck ... von dem durch Christum Bewirkten", nämlich den „Eindruck ... von dem durch ihn mitgeteilten
gemeinsamen Geiste und von der ganzen Gemeinschaft der Christen",
und diese Elemente des Zeugnisses werden „unterstützt durch die geschichtliche Darstellung seines Lebens und Wesens" (96/97).

„Eindruck, den (man) von Christo empfängt" muß danach meinen, daß
„Christus" sowohl Subjekt als auch Objekt dieser Bestimmung ist. Einerseits setzt Christus selbst den „Anfang" des Glaubens, er bewirkt den
„Eindruck" der „reale(n) Ahndung" einer beginnenden „Aufhebung des
Zustandes der Erlösungsbedürftigkeit". Und andererseits weiß der Glaubende, der Christus als seinen „Erlöser" bezeugt, sich für sein Zeugnis
auch zurückgebunden an den innerhalb der „ganzen Gemeinschaft der
Christen" bewahrten „Eindruck" des irdischen Jesus; die Möglichkeit, die
„erlösende(-) Kraft Christi" mitzuteilen, ist mitbegründet durch die
„wahr(e) und richtig(e)" Darstellung des Lebens und Wirkens Jesu.

In Korrespondenz zu solchem (also sowohl durch Christus bewirkten
als auch das geschichtliche Dasein Jesu bewahrenden) „Eindruck" steht die
„Erfahrung", mit welcher der Glaubende der in Christus mitgeteilten
Erlösung „bei sich gewiß" wird. Dieser Begriff ist von Schleiermacher
ebenfalls als zweifach bestimmt ausgezogen worden. Entsprechend den
oben genannten Charakteristika von Glaubensgewißheit gilt: Diese „Erfahrung" ist „vollkommen innerlich(-)", aber doch „rein tatsächlich(-)".
Das Begriffselement der Tatsächlichkeit spiegelt dabei die dem Eindruck
zugrunde liegende Gegebenheit wider, dasjenige der Innerlichkeit bringt
zum Ausdruck, daß diese Gegebenheit nicht wie eine dem gegenständlichen
Bewußtsein greifbare Faktizität zu haben oder zu wissen ist.

Schleiermacher sagt in seiner Erörterung des 1. Abschnitts mit keinem
Wort, daß etwa die „innere Erfahrung" die Gewißheit des Glaubens begründen solle[15]; dieses Verständnis ist auch in seinem Ansatz nicht ent-

---

[15] Wenn Schl. im Zusatz (103/106) von der „Erfahrung" als von dem „Beweis des
Geistes und der Kraft" redet, so muß jener Satz eben von der hier gegebenen
Vorlage her gelesen werden: „Erfahrung" ist nicht der Grund, wohl aber der
„ursprüngliche(-) Weg(-)" zum „Glaube(n) an die Offenbarung Gottes in
Christo und an die Erlösung" (ebd.); man kann auch sagen: „Gewißheit" des
Glaubens kommt zwar nicht aus der Erfahrung, aber sie hebt an mit der
Erfahrung.
Diesen Ansatz also müßte eine Kritik befragen, die sich gegründet gegen die
„Erfahrungstheologie" Schl.s richten wollte: vgl. bes. P. ALTHAUS, Grundriß
der Dogmatik, § 12, ferner dessen Artikel „Erfahrungstheologie" in RGG³, II.,
Sp. 352 f.

halten. Will man den Ausdruck „Erfahrung" mit solch einer Akzentverschiebung einstellen, muß man ihn aus dem vorgegebenen Zusammenhang isolieren. Mir scheint dagegen gerade bedeutsam zu sein, daß Schleiermacher seine Begriffsklärung, „Glaube an Christum", durch das Zueinander der *beiden* Beschreibniselemente gehalten sein läßt. Das heißt, man darf hier auch nicht etwa zwischen dem subjektiven und dem objektiven Grund des Glaubens unterscheiden wollen — eine derartige Differenzierungsmöglichkeit ist eben ausgeschlossen. „Eindruck" und „Erfahrung" sind komplementär gebraucht: man kann von dem „Eindruck" nicht außerhalb der „Erfahrung" reden, und diese ist, obwohl ganz eine „innere", nicht abgesehen von der inhaltlichen Bestimmtheit darzulegen.

Das Zueinander der beiden Beschreibniselemente in ihrem je doppelten Bestimmtsein erläutert die Selbigkeit des „Grundes", in der sich die Späteren mit den Zeitgenossen Jesu vor der Wirksamkeit Christi finden. Der zeitliche (und räumliche) Abstand des Glaubenden von Jesus von Nazareth wird hier nicht aufgehoben, sondern in seiner Bedeutung gerade eingesetzt; nur indem er als ein wegen der Einzigkeit der Offenbarung in Christo notwendig durchzuhaltender ernst genommen ist, kann er als ein in der Kontinuität der „christlichen Gemeinschaft" überbrückter ausgesagt werden.

Damit hat sich der Gang unserer Untersuchung nach vorn hin geschlossen. Die Frage, von der wir ansetzten, lautete: Wie begründet Schleiermacher die Notwendigkeit der „christlichen Gemeinschaft"? Genau hierauf hat er geantwortet: Der „Glaube an Christum" ist insofern der Grund, als die „Erfahrung" des „Eindrucks" nicht in sich selbst gehalten wird und darum auch nicht bei sich selbst stehenbleiben kann; der Glaube wäre tot, wenn er sich nicht in der „unmittelbaren christlichen Verkündigung" seinen Fortgang setzte. Zeuge-sein und in-der-Gemeinschaft-stehen müssen als austauschbar verstanden werden: der „Glaube(-)" und das „Anteilhaben an der christlichen Gemeinschaft" sind „unmittelbar" miteinander verbunden.

DAS ERGEBNIS

Den Horizont der Untersuchung hatten wir uns davon angeben lassen, daß Schleiermacher Joh. 1,14 als den „Grundtext der Dogmatik" postuliert (1. Kapitel). Dieses Postulat nämlich forderte die Frage heraus, ob und in welcher Weise die Einleitung in die Glaubenslehre den Weg dazu eröffnen könne, daß der behauptete „Grundtext" in der Glaubenslehre selbst ausgeschrieben werde. Damit die Fragestellung in ihrer Berechtigung und in ihrem Bezug zu dem vorliegenden Text gesichert wäre, haben wir zunächst den Ort ausgemacht, an den Schleiermacher seine Einleitung gewiesen wissen wollte: Diese Grundlagenerörterung soll — so hat er selbst die Aufgabe bestimmt — den „Zusammenhang" der Dogmatik mit den allgemeinen Wissenschaften herstellen. Wir waren in der zugehörigen Vorklärung (2. Kapitel) zu der Einsicht gekommen, daß die eigentliche Bedeutung des zu untersuchenden Textes in dessen methodischem Prinzip liegen müsse und, mehr noch, daß dieser Sachverhalt uns eben auf unser Ausgangsproblem (1. Kapitel) zurückbringe: weil nämlich das hier angewendete Verfahren an der Frage orientiert ist, auf welche Weise die geschichtliche Bedingtheit des Christentums aufgenommen und in den Ansatz der christlichen Theologie eingelassen werden könne.

Das Ergebnis unserer Untersuchung ist dreifach gegliedert:

erstens haben wir *die Methode,* nach der die Lehnsätze verhandelt werden, als deren Eigentümlichkeit und die Zielaussage erst erhebbar machendes Element verstanden;

zweitens konnten wir für den hier eingeführten Grundbegriff — *„unmittelbares Selbstbewußtsein"* — aus seinem Zusammenhang mit dem methodischen Prinzip einen eigenen Akzent gewinnen;

drittens wurde in diesen Bezügen die von Anfang an ausgesprochene und mit § 14 erreichte Zielbestimmung — *„christliche Kirche"* — als Schleiermachers Antwort auf die Frage nach der Relevanz des Geschichtlichen für die christliche Theologie hörbar.

Diese drei Ergebnisteile, die sich in ihrer Gültigkeit gegenseitig bedingen, sollen hier, da ihre Belegung durch den ganzen Erörterungsgang gezogen werden mußte, noch einmal thesenartig, auf den Aussagekern reduziert, wiederholt werden.

Erstens: Die Aufgabenstellung der Einleitung wird aus der Analogie zur Problematik der Religionsphilosophie einsichtig, das heißt — wenn man Schleiermachers charakteristische Wendung übernimmt —, die wesentliche Bedeutung der Lehnsätze liegt in deren „kritischer" Funktion. Die Frage danach, wie die Lehnsätze in ihrer Gesamtheit solche „Kritik" zu leisten vermögen, war gleichsam der eine rote Faden unserer Untersuchung. In dem von Schleiermacher in bezug auf die Religionsphilosophie genannten Stichwort „kritisches Vergleichen" fanden wir den Schlüssel zum Verständnis des vorliegenden Gedankenganges. Das „kritische Vergleichen" hat zum Ziel, zwischen dem empirisch Wahrnehmbaren und dem spekulativ zu Definierenden das „Gleichgewicht" herzustellen. Wir konnten die hier methodisch gesetzte Aufgabe auch mit dem Kennwort der Dialektik — „comparative Anschauung" — beschreiben. Diese untergreifenden Bezüge — zur religionsphilosophischen Fragestellung und zum Problemkreis der Dialektik — deutlich machen zu können, war für unseren Auslegungsversuch von entscheidender Wichtigkeit: wir haben die Einleitung als einen Modellfall von „Kritik" aufzufassen[1]. Als Bild, das die Arbeitsweise der „Kritik" kennzeichnet, haben wir den „Spannungsbogen" genannt: Zwar soll die Einleitung den „Zusammenhang" der Theologie mit den allgemeinen Wissenschaften hinsichtlich der Dogmatik „hervortreten lassen" — so wie die Religionsphilosophie den zwischen Geschichtskunde und Ethik in bezug auf die ethische Grundform „Kirche", so wie die Anschauung den zwischen Wahrnehmen und Denken auf das Gedachte hin —, aber dieser „Zusammenhang" ist nicht etwa als sozusagen statische Verbindung gemeint, die in direkt aufeinanderfolgenden Einzelschritten, aus gleichsam festen Bauelementen, zu errichten wäre, sondern er wird aus Gliedern gebildet, die in sich selbst auch wieder dialektisch gespannt sind; das „Gleichgewicht" baut sich von innen her auf, wie wir (für den vorliegenden Text) an dem Durchgang von § 14 erhärten konnten.

Als Hauptgedanke unseres Lösungsversuchs erwies sich dabei die Annahme, daß man den Zusammenhalt der Lehnsätze zu einem Ganzen als in einer doppelten Verschränkung begründet erfassen könne:

Einmal sind die drei Erörterungsgänge als drei gleichsam übereinander gezogene Zyklen zu verstehen; der jeweils letzte Lehnsatz eines jeden Bereichs führt auf den jeweils ersten zurück, indem er dessen Ausgangspunkt in die eigene Zielaussage einholt und so erkennen läßt, daß der

---

[1] Zum Verhältnis von Einleitung und Religionsphilosophie, Unterschiedenheit in der Gleichartigkeit: s. o. S. 150 ff.

Zusammenhalt vom je gesetzten Teilziel her gegeben ist. Die Abfolge der drei Gänge bildet überdies einen Zyklus zweiter Ordnung, der die zwölf Paragraphen zu einem Ganzen fügt; der letzte Satz — § 14 — macht deutlich, daß das Intentum der Lehnsätze überhaupt, die Herleitung des Begriffs „christliche Kirche", den im ersten Satz — § 3 — bei der „Frömmigkeit" als der „Bestimmtheit des Gefühls" bezogenen Ausgangsort fordert. Die innere Dynamik dieses Aufbaus, die Verschränkung innerhalb der Abfolge der einzelnen Paragraphen, wird mit der fortgesetzten Anwendung des „kritischen Verfahrens" erreicht: Die religionsphilosophischen Sätze „vergleichen" die apologetischen mit den ethischen, für jeden der drei Zyklen stellt die jeweils dritte These das „Gleichgewicht" zwischen den ersten beiden und der letzten her, und die Entfaltung dieses im eigentlichen Sinne kritischen Satzes wird wieder aus dem dialektisch-kritischen „Vergleichen" gewonnen.

In dieser Beschreibung der inneren Symmetrie des Ganzen zeichnet sich schon die andere Verschränkungsrichtung ab, die wir als quer verlaufende Zuordnung charakterisiert haben. Das Ziel der Einleitungssätze — eine Verständigung über den Begriff der christlichen Kirche zu begründen — wird dreimal neu angegangen: „fromme Gemeinschaft" ist der jeden Untersuchungsbereich je für sich bestimmende Richtpunkt, auf den in zwar je eigenständiger Erörterungsweise — primär spekulativ definierend oder mehr kritisch vergleichend oder vorwiegend empirisch wahrnehmend — die dennoch analoge Gedankenführung von eben analogen Ausgangspunkten her zuläuft. Die Möglichkeit, eine derartige den Erörterungsfortgang überkreuzende Zuordnung behaupten zu können, erschien äußerlich am ehesten von den je letzten Paragraphen her gegeben, eben von deren ausdrücklich analog formulierter Thematik her; eine entsprechende Parallelität auch für die anderen je nebeneinander zu lesenden Sätze sichtbar werden zu lassen, war, nachdem die Vermutung über die Gültigkeit und die methodische Bedeutsamkeit solcher Parallelität innerhalb des Auslegungsganges einmal hatte ausgesprochen werden können (S. 194 ff., zu § 8), eine wesentliche Teilaufgabe unserer Untersuchung.

Daß die damit gekennzeichnete Strukturierung des Textes Schleiermachers Intention angemessen auszudrücken vermag, scheint mir unbestreitbar zu sein; sie trägt ihr Wahrheitsmoment in sich: sie kann die jeweils auf den Ausgangsort zurücklaufende und vom Zielpunkt her gehaltene Bewegung des Gedankenganges widerspiegeln, in der sich die Einzelaussagen, sowohl in dem je zugehörigen Untersuchungsbereich, in dem Nacheinander der dreimal vier Sätze, als auch in der quer verlaufenden Ver-

bindung, aus dem Nebeneinander der drei Erörterungszyklen, wechselseitig erläutern. Aus diesem inneren Zusammenhalt konnten wir erheben,
daß und wie Schleiermacher die Anerkennung der Notwendigkeit von
Erlösung fordert (§ 3 → § 7 → § 11), in welcher Weise er die Absolutheit
der christlichen Erlösungsgewißheit behauptet (§ 4 → § 8 → § 12), daß er
— was für den vorliegenden Fragezusammenhang besonders wichtig ist —
die „Erscheinung des Erlösers in der Geschichte" als den entscheidenden
Bezugspunkt seiner Erörterung versteht (§ 5 → § 9 → § 13), warum und
auf welche Weise er den Glauben *an* den Erlöser als Möglichkeits- wie
Wirklichkeitsgrund der christlichen Kirche und, rückbezüglich dazu, die
Kontinuität der christlichen Kirche als Vermittlungsgrund des Glaubens
an *Jesus* zu erfassen vermag (§ 6 → § 10 → § 14). Danach ist deutlich, daß,
schon methodisch gesehen, § 14 der Angelpunkt des Ganzen ist: er ist derjenige Satz, in den beide Erörterungsrichtungen, die im übrigen nicht
direkt miteinander verbunden sind, einmünden.

Dennoch bleibt möglicherweise ein Moment der Skepsis gegenüber solcher Nachzeichnung der Gedankenbewegung: die Frage nämlich, ob
Schleiermacher diese Konstruktion in der Absicht gemeint hat, die wir
angenommen haben und am Ende anscheinend evident machen konnten.
Warum hat er dann nirgendwo einen Hinweis auf solchen Aufbau seiner
Grundlagenerörterung gegeben? (Ich habe jedenfalls keinen direkten Hinweis gefunden.) Der Unsicherheitsfaktor gerät also zwar nicht so sehr vom
untersuchten Text her in unsere Überlegungen, er ist aber dann zu berücksichtigen, wenn man diesen Text aus seinem näheren und weiteren
Umkreis zu verstehen sucht. Und das um so mehr, als Schleiermacher in
den Sendschreiben an Lücke, die als der ausführlichste Selbstkommentar
gerade zur Einleitung hier zuerst zu befragen wären (und, was das
Gesamtverständnis betrifft, auch durchgehend befragt worden sind),
den von uns angenommenen und nachgezeichneten Gedankenaufbau
nicht ausdrücklich benannt hat. Nicht ausdrücklich — das ist allerdings
wichtig! Denn haben wir auch dieses Moment des Zweifels als möglich
einzuräumen, so brauchen wir ihm doch nicht ausschlaggebende
Bedeutung zuzugestehen. Das will sagen: man muß vielleicht den vorliegenden Text nicht in der hier durchgeführten Weise strukturieren —
aber man kann es tun, und man kann ihn auf solche Weise zum
Sprechen bringen. Nicht ausdrücklich! Das heißt: indirekt sehen wir uns
wohl von Schleiermachers Ausführungen her zu unserem Vorgehen
berechtigt, denn es waren ja gerade seine methodologischen Überlegungen
(nicht nur die klaren Angaben aus den Sendschreiben, sondern ebenso —

wie im 2. Kapitel erläutert — die Überlegungen, die von der Kurzen
Darstellung und den Präliminarien zur Einleitung, §§ 1 und 2, her ab-
hebbar sind), die uns auf die von vornherein als tragend angesehene Bedeutung des Verfahrens aufmerksam gemacht haben und die uns nach der
Besonderheit dieses Verfahrens fragen ließen. Diese zusätzlichen Ausführungen wird man auf keinen Fall außer acht lassen dürfen, das heißt,
auf irgendeine Weise wird man das methodische Prinzip dieser Sätze zu
deren Verständnis mit berücksichtigen müssen. Das ist ja auch in den
neueren Untersuchungen (allerdings eher im Hinblick auf Schleiermachers
Gesamtwerk) durchweg anerkannt worden[2], insbesondere von FLÜCKIGER
(mit dessen Position wir uns, weil diese relativ breit auf die Einleitung
gegründet ist, eingehend auseinandergesetzt haben): „Nicht einseitig von
philosophischen oder dogmatischen, spekulativen oder empirischen Voraussetzungen aus wird die religiöse Wahrheit [von Schleiermacher] gesucht,
sondern in der Entgegensetzung und Synthese beider" (185). Nur mußten
wir aufgrund unserer Einsicht in das Verfahren der Einleitung die Charakterisierung „Synthese" anfechten, zumal wenn diese — wie bei Flückiger — als „höhere Synthese" verstanden wird, in der von vornherein das
spekulativ bestimmte Moment den Ausschlag gibt[3]. Unter solchem Aspekt
kann Schleiermachers Interesse an den geschichtlichen Bedingtheiten des
Lebensvollzuges überhaupt und desjenigen insbesondere, der christlicher
Glaube heißt, nicht mehr wahrgenommen werden. Wir meinen dagegen,
Schleiermachers „kritisches" Verfahren gerade aus dem Angewiesensein
der theoretischen Reflexion auf das empirisch Gegebene verstehen zu
müssen. Was unseren Text betrifft: Die Einleitung soll den „Zusammenhang" zwischen den allgemeinen Wissenschaften und der Dogmatik „hervortreten lassen" — aber dieser „Zusammenhang" ist nicht die Sache
selbst, die Lehnsätze können nicht für sich als etwa zum voraus gültige,
die Glaubenslehre im spekulativen Sinne fixierende Grundlegung verstanden werden; das Wesentliche dieser Sätze ist deren im „Entliehen"-
werden aus den einzelnen Wissenschaftsgebieten geschehende Umformung.
Der „Zusammenhang" weist über den vorläufig erreichten Zielpunkt,

---

[2] Der erste, entscheidende Ansatz dazu wurde wohl von K. BARTH gegeben: er
  spricht von dem Prinzip der „Mitte", das alle theologische und philosophische
  Reflexion Schl.s gestaltet habe (Theologie—Kirche, 141 ff.).
[3] BARTH dagegen setzt in dem von ihm herausgearbeiteten „Vermittlungsprinzip"
  (aaO, vgl. auch Theologiegeschichte: 404 ff., 414 ff.) den Akzent nicht so scharf;
  bei ihm bleibt die „Mitte" das von Schl. zwar immer angestrebte, aber nie als
  erreichbar behauptete Ziel.

§ 14, hinaus: Es ist zu vermuten, daß Schleiermacher seine Glaubenslehre als einen durch die Einleitung ermöglichten Zyklus höchster Ordnung gleichsam versteht, wonach eben die Einleitung ihre Erörterungsrichtung von dem II. Teil der Glaubenslehre her bekäme. Jedenfalls kann die von den zwei einander überkreuzenden Linien her angezeigte Verschränkung der Aussagereihen die Aufgabe methodisch lösen, die diesen einleitenden Paragraphen zugedacht ist.

Es muß aber, damit unsere These Gültigkeit habe, nicht unbedingt angenommen werden, daß Schleiermacher seine Konstruktion in der Bewußtheit durchgeführt hat, wie sie unseren Überlegungen impliziert zu sein scheint. Vielmehr ist auch denkbar, daß sie sich ihm gleichsam von selbst ergab, in Entsprechung zu dem durchgehend seine wissenschaftliche Arbeit kennzeichnenden „kritischen" Bemühen. Wir können hier nur nebenbei aufnehmen, daß der Schlüssel zum „Verstehen" des von uns nachgezeichneten inneren Aufbaus der Gedankenbewegung möglicherweise — in doppelter Hinsicht — in Schleiermachers eigener „Kunstlehre des Verstehens" zu finden ist. Einmal nämlich können wir uns eben durch seine hermeneutischen Grundsätze dazu freigestellt wissen, anschaulich zu machen, was er selbst nicht notwendigerweise direkt oder zusätzlich erläutert darlegen mußte. Wir dürften uns dann auf dasjenige Element des Verstehensaktes berufen, das er das „divinatorische" genannt hat. Zum andern ist die Verbindungslinie auch so auszuziehen, daß diese Lehnsätze selbst sich als exemplum einer hermeneutischen Reflexion verdeutlichen, und zwar insofern, als es Schleiermacher darum zu tun ist, die geschichtliche Größe „Christentum" zu „verstehen" und seinen Lesern ins „Verstehen" zu bringen. Aus diesem Aspekt wird seine Zentrierung an dem „eigentümlichen Wesen" des Christentums in den apologetischen Sätzen einsichtig; oder, umgekehrt akzentuiert: weil die „Eigentümlichkeit" des Christentums als unüberspringbare Voraussetzung anerkannt wird, bedarf es zur Erfassung von dessen „Wirklichkeit" des eigentlich hermeneutischen Bemühens, der Erläuterung der Einzelheit aus dem Zusammenhang mit dem Ganzen. Von daher wird der zyklische Charakter dieser Sätze begreiflich: er stellt sich deshalb ein, „weil kein Auszulegendes auf einmal verstanden werden kann"[4].

Diese Erwägungen, nach denen eine Antwort auf die Frage nach der Deutbarkeit der angegebenen Konstruktion aus Schleiermachers Hermeneutik zu hören wäre, müssen hier als Vermutungen stehenbleiben. Ehe

---

[4] Hermeneutik, ed. Lücke (WW I./7), 33; zitiert nach H.-G. GADAMER (Wahrheit, 179).

man für sie aus einer Diskussion der Verstehenslehre selbst die Bestätigung
gewinnen könnte, müßte zuvor ausgemacht sein, ob und wie der hier ein-
geschlagene Weg der Auslegung für die Einleitungssätze auch in den ein-
geleiteten Text hineinzuführen vermag. Insofern aber, als von Schleiermacher die Hermeneutik methodisch als in Entsprechung zur Dialektik
angesehen worden ist, insofern also, als deren Stichwort „comparative
Anschauung" auch Schleiermachers hermeneutisches Bemühen kennzeichnen kann, ist der innere Zusammenhang dieser „Lehnsätze" — wenn man
deren hier erarbeiteten „kritischen" Charakter anerkennt — mit der
„Kunstlehre des Verstehens" wohl einsichtig[5].

Zweitens: Der Begriff des unmittelbaren Selbstbewußtseins ist der
Grundbegriff für die gesamten Ausführungen. Damit scheint formal nichts
Neues gesagt zu sein, denn dieser Sachverhalt wird ja allgemein anerkannt. Aber unsere Hauptthese steckt hier in der Entfaltung des „unmittelbaren Selbstbewußtseins", in der Behauptung von dessen Komplexität.
Das war gleichsam der andere rote Faden unserer Erörterung, daß wir
Schleiermacher in der Herleitung und in der Ausschöpfung seines Grundbegriffs zu folgen suchten. Einem Betrachter, der diesen Begriff einlinig
erfassen will, der das höhere Selbstbewußtsein als allein wesentlich oder
doch als von vornherein, als begrifflich gegeben dominant gegenüber dem
sinnlichen Bewußtsein erkennen will — das hat unsere Diskussion mit
FLÜCKIGER gezeigt — gerät der Zielpunkt der Schleiermacherschen Untersuchung gleichsam auf den blinden Fleck, er muß notwendigerweise die
spekulative Komponente dieses Gedankenganges überbetonen und ebenso
notwendig zugleich die empirische ausklammern. Wir können unser Ergebnis dahin abkürzend zusammenfassen, daß wir den Grundbegriff —
wie er hier in der Einleitung definiert worden ist[6] — aus der ihn bestimmenden inneren Polarität kennzeichnen: Im Zugleich von höherem und
sinnlichem Selbstbewußtsein wird nach Schleiermacher der „Vollendungspunkt" des frommen Selbstbewußtseins gewonnen; mit der (in § 5 ein-

---

[5] Auf diesen Zusammenhang scheint auch CHR. SENFT (Wahrhaftigkeit) hinweisen zu wollen (gg. Flückiger): „überraschend ist Schleiermachers Vorgehen natürlich nur, wenn man ... übersieht, daß das Problem der Hermeneutik es ist,
das hier gelöst werden will" (17, Anm. 2).
Über den Zusammenhang von Dialektik und Hermeneutik bei Schl. vgl. R.
ODEBRECHT, Einleitung zur „Dialektik", XXIII f. Vgl. ferner W. DILTHEY,
Die Entstehung der Hermeneutik (Ges. Schr. Bd. V, 317 ff.); H. KIMMERLE
(Diss.); H.-G. GADAMER (Wahrheit, bes. 172—185).
[6] Die Unterschiedenheit der beiden Einstellungswörter — Dialektik und Einleitung — wurde im 3.—5. Kap. diskutiert; vgl. die Skizze S. 106.

gestellten) Definition des „wirklichen" Selbstbewußtseins ist die Möglichkeit, zu den artunterscheidenden Modifikationen der religionsphilosophischen Sätze kommen und die eigentümlich christliche Bestimmtheit der apologetischen Thesen einlassen zu können, vom Ansatz her begründet. Erörterungsweise und Begriffsbildung tragen sich also gegenseitig. Schleiermacher muß die Herleitung dieser Definition als den wesentlichen und notwendigen Beitrag seiner Lehnsätze verstanden haben; jedenfalls ist er mit ihr der in seinem zweiten Sendschreiben an Lücke erläuterten Aufgabe der „Sprachbildung", die er als die bestimmende der christlichen Dogmatik angesehen hat[7], direkt nachgekommen.

Für unseren Fragezusammenhang war von entscheidender Wichtigkeit, daß wir auf der Grundlage dieses Ansatzes die Zielaussage der Einleitung, § 14 — wir sagten: Christlicher Glaube ist Glaube *an* den Erlöser und begründet die *Gemeinschaft* der Glaubenden —, zu erheben vermochten. Daran erst konnte aufgezeigt werden, wie tief die hier versuchte Auslegung greifen will. Daß das von Schleiermacher (in § 14) entfaltete Verständnis von Glaubens-„Erfahrung" vor einer den Aussagebereich verlassenden und dann sich kritisch gegen die Terminologie richtenden Überinterpretation geschützt werden muß und geschützt werden kann — diese Behauptung gehört in das Ergebnis der dem Grundbegriff folgenden Auslegungslinie. An dieser Stelle ist auch M. REDEKERS Kritik (in der die Neuherausgabe der Glaubenslehre einführenden Einleitung, die im übrigen Schleiermachers Konzeption gerade positiv zu werten sucht: GL XXIII ff. und XXXI f.) mit einem Fragezeichen zu versehen: Hat Schleiermacher tatsächlich die „christlich frommen Gemütszustände" als „identisch mit der Offenbarung" (GL XXXII) verstanden? Muß der Satz „die christliche Glaubenserfahrung ist das Medium der Offenbarung, aber nicht die Offenbarung selbst" (ebd.) gegen Schleiermacher aufgestellt werden, nimmt er nicht vielmehr dessen Intention genau wahr? Wir sind zu solchem Fragen aufgrund der hier erarbeiteten Explikation des Grundbegriffs berechtigt: Die Lehnsätze erlauben gerade nicht, gegen Schleiermacher den Vorwurf zu richten, er gehe von allgemeingültigen Prinzipien aus, er wolle seine Dogmatik auf einen anthropologisch erhebbaren Sachverhalt gründen. Das „Gefühl der schlechthinnigen Abhängigkeit" ist als solches ein Abstraktum, aber eines, das an der Tatsächlichkeit der christlichen Glaubenserfahrung gebildet ist; und der Grundbegriff ist so definiert worden, daß mit ihm die besondere Bestimmtheit „christlich frommes Selbstbewußtsein" ausgesagt werden könne — das wird zumal an der in

---

[7] s. o. 2. Kap.: S. 25 ff.

§ 14 vorausgesetzten Analogie der Begriffe „Glaube an Gott" und „Glaube an Christum" deutlich. Die Lehnsätze sind eben unter dem Aspekt zu lesen, den die apologetischen Paragraphen eröffnen. Die Möglichkeit dazu ist mit dem zyklischen Charakter des Gedankenganges gegeben; daß diese Lese- und Interpretationsrichtung auch mit Notwendigkeit eingehalten werden muß, weil nämlich erst sie Schleiermachers Zielaussage — „Begriff der christlichen Kirche" — aus dem Gesamtzusammenhang verständlich machen kann, haben wir mit dem in der Auslegung von § 14 durchgehend aufgezeigten Rückbezug nach vorn hin zu erweisen versucht. Allerdings können wir unsere gegen Redeker (und im Vollzug der Auslegung gegen die sich als mehr oder minder scharfe Antipoden Schleiermachers verstehenden Kritiker) gerichtete Frage nur so eng begründen. Es muß noch einmal auf die durchweg zugestandene Grenze unserer Diskussionsmöglichkeit hingewiesen werden: Ob das immer wieder über Schleiermachers angeblich rein anthropologischen Standort gefällte Verdikt überhaupt anzufechten sei, könnte erst eine sich an das hier angesetzte Grundverständnis anschließende Auslegung der Glaubenslehre selbst, vornehmlich eine zugehörige Erörterung der Christologie erbringen.

Unsere These, daß die Lehnsätze vom Ziele her gedacht sind, daß sie nicht als eine von außen erfolgte, allgemeingültig begründete Eröffnung der christlichen Dogmatik verstanden werden dürfen, sondern als der eben von dieser Dogmatik her und insofern spezifisch geltende „Ausgang", wird auch durch die zwischenein gewonnene Einsicht in Schleiermachers Besonderheit des (die Einleitung bestimmenden) religionsphilosophischen Ansatzes gestützt: Diese Religionsphilosophie ist, wie wir am Duktus eben des mittleren Untersuchungsganges gezeigt haben, gar nicht eine allgemeingültige, vielmehr eine spezifisch christliche; sie will und kann insofern auch nicht eine allgemeingültige „Begründung" für die geschichtliche Größe „Christentum" leisten.

Drittens: Die Lehnsätze sollen eine Verständigung „über den Begriff der christlichen Kirche" (§ 1) herbeiführen — diese Zielangabe hat endlich auch in inhaltlicher Hinsicht unseren Auslegungsversuch ausgerichtet. In der Beachtung des Zieles konnten wir die ständige Bezogenheit von materialer und formaler Seite des vorliegenden Textes wahrnehmen. Daß wir in § 14 den Angelpunkt des Ganzen sehen, hat sich bereits in der Angabe der beiden anderen Aspekte unseres Ergebnisses niedergeschlagen. Das mußte deswegen so sein, weil wir als den eigentlich wesentlichen Beitrag zu der bis in unsere Zeit hinein nicht abgerissenen Diskussion über die Bedeutung der Einleitung die Auslegung eben des letzten apologetischen

Satzes behaupten: dies nämlich, daß dieser Satz sich als das von Anfang an bestimmende motorische Element des Ganzen erweist, daß mit seinem Aussagekern — zeitgemäß formuliert — das Problem „Glaube und Geschichte", variiert in den Themen „Glaube und Erfahrung", „Gott und Welt", „„Glaube an Gott' und ‚Glaube an Christum'", angegriffen wird, daß dieser Satz — das ist die Schlußfolgerung — sowohl nach seiner methodischen Herleitung wie auch in seiner inhaltlichen Ausführung die vielfach gegen Schleiermacher ausgesprochene Meinung, er habe seine Einleitung auf ein zeitlos gültiges „Prinzip" (des „Religiösen" oder des „Christlichen") gestellt, radikal durchstreicht. Insofern faßt sich das Ergebnis unserer Untersuchung in dem ganzen letzten Kapitel zusammen.

Alle am Text deutlich werdenden Verstehenslinien konvergieren auf diesen Zielpunkt: Der „Glaube an Christum" und das „Anteilhaben an der christlichen Gemeinschaft" sind „unmittelbar" miteinander verbunden (§ 14); Schleiermacher hat „christliche Kirche" als den Grund der Möglichkeit für den „Zusammenhang" der Erlösten mit dem Erlöser angegeben; damit hat er seine Anerkennung der geschichtlichen Bedingtheit des christlichen Glaubens zum Ausdruck gebracht und zugleich die Weise, wie er solcher Anerkennung in seinem theologischen Ansatz Raum gibt. Die Kontinuität der Kirche ermöglicht es, daß der in der Zeit wachsende Abstand zu dem damals wirkenden Jesus von Nazareth immer wieder neu überbrückt wird. Diese Kontinuität trägt sich durch in der Folge von „Zeugnis" und „Eindruck" und „Erfahrung" und „Zeugnis", aber hiermit ist nicht eine psychologisch geschlossene, anthropologisch reversible Ereigniskette beschrieben — die Kontinuität geht nicht in ihrer Vermittlungsfolge auf. Denn wer das „Zeugnis" von dem Erlöser Jesus von Nazareth in seine „Erfahrung" aufnimmt, gründet sich dabei nicht auf die „Erfahrung" des Zeugen; er ist der in und durch Christus mitgeteilten Erlösung „bei sich gewiß": „durch einen Eindruck, den er [selbst] von Christo empfängt".

Auf unsere Frage, wie das Problem der Vergegenwärtigung zu lösen sei, hat Schleiermacher mit „Kirche" geantwortet; und diese Antwort müßte wohl beachtet werden, denn sie ist nicht etwa nebenbei, gleichsam nur am Rande erfolgt, sondern sie stellt sich als im Zielpunkt der die Glaubenslehre einleitenden Grundlagenerörterung erbracht ein.

Eine Schlußbemerkung muß endlich noch die offenbleibende Seite des dargelegten Ergebnisses bezeichnen: Wenn hier „christliche Kirche" als Schleiermachers Antwort auf die Frage nach dem Vermittlungsgrund für den Glauben an Jesus Christus gehört worden ist, kann damit nicht zu-

gleich schon ein abschließendes Urteil über die Bedeutsamkeit dieser Antwort gefällt sein. Vielmehr — das muß noch einmal unterstrichen werden — ist in dem Ergebnis dieser Untersuchung eben die Einsicht enthalten, daß ein solches Urteil erst von der Glaubenslehre selbst her möglich
wäre. Nehmen wir nämlich die von Schleiermacher geleistete Grundlagenerörterung in ihrer „kritischen" Funktion ernst, müssen wir gerade ihr
Unabgeschlossensein respektieren: Schleiermacher wollte mit seiner Einleitung die Möglichkeit der christlichen Dogmatik begründen; als diesen
Möglichkeitsgrund hat er den Begriff der Kirche angesehen, aber die Definitionsweise, in welcher der Begriff hergeleitet wurde, macht gerade
deutlich, daß dieser noch gefüllt werden muß; die „Sache" der Dogmatik
kann nicht schon mit § 14 ausgesprochen sein.

Kehren wir zum Einsatz unserer Untersuchung zurück: Schleiermacher
hat seine Einleitung entscheidend auf den Glauben „an" den Erlöser
bezogen, dessen nur aus der Geschichte erhebbare „Wirksamkeit" die nur
in der Geschichte sich darstellende „Wirklichkeit" der Erlösung begründet.
Ob und wie er dann seinen behaupteten „Grundtext" in der Dogmatik
ausschreibt, ist eine Frage für sich — aber eine Frage, die noch einmal
neu an ihn gestellt werden muß.

LITERATURVERZEICHNIS

Soweit Mißverständnisse ausgeschlossen sind, wird im Text nach Verfassernamen zitiert; in den Anmerkungen werden zur Kennzeichnung des jeweiligen Belegortes oder zur Unterscheidung mehrerer Werke desselben Verfassers die unten angegebenen (Stichworte) hinzugefügt. Für Belege aus Schleiermachers Werken treten nur die hier hervorgehobenen (Sigel) bzw. die (Stichworte) ein.

Die übrigen Abkürzungen entsprechen denen der RGG, 3. Aufl. (Die Religion in Geschichte und Gegenwart, Tübingen 1957—1965).

I. Schleiermacher

Der christliche Glaube nach den Grundsätzen der evangelischen Kirche im Zusammenhange dargestellt. 7. Aufl. 2 Bde. Auf Grund der 2. Aufl. und kritischer Prüfung des Textes neu hg. und mit Einleitung, Erläuterungen und Register versehen von M. Redeker. Berlin 1960. (*GL*)

Schleiermachers Glaubenslehre. Kritische Ausgabe [der 1. und 2. Aufl.]. Erste Abteilung: Einleitung von C. Stange. Leipzig 1910. (*GL¹*)

Kurze Darstellung des theologischen Studiums zum Behuf einleitender Vorlesungen. Kritische Ausgabe [der 1. u. 2. Aufl.] hg. von H. Scholz. 4., unveränd. Aufl. (photomechanischer Nachdruck der 3., kritischen Ausgabe, Leipzig 1910). Hildesheim 1961. (*KD¹, KD²*)

Schleiermachers Sendschreiben über seine Glaubenslehre an Lücke, neu hg. von H. Mulert. Gießen 1908. (*Mul.*)

Dialektik. Aus Schleiermachers handschriftlichem Nachlasse hg. von L. Jonas. Berlin 1839. In: Sämmtliche Werke, III. Abt./4. Bd., 2. Teil. (*J*)

Schleiermachers Dialektik, hg. von I. Halpern. Berlin 1903.

Friedrich Schleiermachers Dialektik. Im Auftrage der Preußischen Akademie der Wissenschaften auf Grund bisher unveröffentlichten Materials hg. von R. Odebrecht. Leipzig 1942. (*O*)

Entwurf eines Systems der Sittenlehre. Aus Schleiermachers handschriftlichem Nachlasse hg. von A. Schweizer. Berlin 1835. In: Sämmtliche Werke, III. Abt./5. Bd. (Phil. Ethik, ed. Schweizer)

Friedrich Schleiermachers Grundriß der philosophischen Ethik. Grundlinien der Sittenlehre. Hg. von A. Twesten (Berlin 1841). Neuer Abdruck, besorgt von Fr. M. Schiele. Leipzig 1911.

Entwürfe zu einem System der Sittenlehre. Nach den Handschriften Schleiermachers neu hg. und eingeleitet von O. Braun. Leipzig 1913. In: Werke. Auswahl in vier Bänden, hg. von O. Braun und J. Bauer. Leipzig 1910—1914. 2. Bd. (Phil. Ethik, ed. Braun)

Grundlinien einer Kritik der bisherigen Sittenlehre. 2. Aufl. Berlin 1834.

Die christliche Sitte. Hg. von L. Jonas. Berlin 1843.

Über die Religion. Reden an die Gebildeten unter ihren Verächtern (1. Aufl. Berlin 1799). Hg. von H.-J. Rothert. Hamburg 1958. Unveränd. Abdruck 1961. (R^1)

Über die Religion. Reden . . . 4. Aufl. Stuttgart 1834. (R^4)

Hermeneutik und Kritik mit besonderer Beziehung auf das Neue Testament. Aus Schleiermachers handschriftlichem Nachlasse und nachgeschriebenen Vorlesungen hg. von Fr. Lücke. Berlin 1838. In: Sämmtliche Werke, I. Abt./7. Bd. (Auch in: Werke. Auswahl in vier Bänden, hg. von O. Braun und J. Bauer. Leipzig 1910—1914. 4. Bd., 1911.)

Hermeneutik. Nach den Handschriften neu hg. und eingeleitet von H. Kimmerle. Heidelberg 1959. AAH. Phil.-hist. Klasse 1959, 2.

Friedrich Schleiermachers Monologen. Kritische Ausgabe. Hg. von Fr. M. Schiele. Leipzig 1902.

Friedrich Schleiermachers Weihnachtsfeier. Kritische Ausgabe. Eingeleitet von H. Mulert. Leipzig 1908.

Predigten. In: Sämmtliche Werke, II. Abt./10 Bde. Berlin 1834—1864.

Ungedruckte Predigten Schleiermachers [1820—1828], hg. von J. Bauer. Leipzig 1909.

Aus Schleiermachers Leben. In Briefen. Hg. von L. Jonas und W. Dilthey. 4 Bde. Berlin 1858—1863. (Briefe I—IV)

II. Schleiermacher-Literatur

BARTELHEIMER, W.: Schleiermacher und die gegenwärtige Schleiermacherkritik. Leipzig 1931.

BARTH, K.: Brunners Schleiermacherbuch. In: ZZ 1924, Heft 8.

—: Schleiermacher. In: Die Theologie und die Kirche. Gesammelte Vorträge. 2. Bd., 136—189. München 1928. (Theologie—Kirche)

BECKMANN, K.-M.: Der Begriff der Häresie bei Schleiermacher. München 1959. (Häresiebegriff)

BENDER, W.: Schleiermachers Theologie mit ihren philosophischen Grundlagen dargestellt. I. Teil: Die philosophischen Grundlagen der Theologie Schleiermachers. Nördlingen 1876. II. Teil: Die positive Theologie Schleiermachers. Nördlingen 1878. (Schl.s Theologie Teil I bzw. Teil II)

BRANISS, CHR. J.: Über Schleiermachers Glaubenslehre. Berlin 1824.

BRUNNER, E.: Die Mystik und das Wort. [1. Aufl.] Tübingen 1924. (Mystik)

—: Geschichte oder Offenbarung? Ein Wort der Entgegnung an Horst Stephan. In: ZThK 1925 (N. F. Nr. 6), 266—278.

DILTHEY, W.: Leben Schleiermachers. I. Bd. 1. Aufl. Berlin 1870 (Anhang: Denkmale der inneren Entwicklung Schleiermachers). 2. Aufl. Hg. von H. Mulert. Berlin und Leipzig 1922.

—: Friedrich Daniel Ernst Schleiermacher. In: Gesammelte Schriften. IV. Bd., 354—402. 2. Aufl. Leipzig und Berlin 1925.

DELBRÜCK, F.: Erörterungen einiger Hauptstücke in Dr. Friedrich Schleiermacher's christlichen Glaubenslehre. Bonn 1827. (Hauptstücke)

ECKEY, W.: Der christliche Glaube und die Bildung bei Friedrich Schleiermacher. Auszug aus der Inauguraldissertation ... Münster 1959.

FISCHER, M.: Die notwendige Beziehung aller Theologie auf die Kirche in ihrer Begründung für die praktische Theologie bei Schleiermacher. In: ThLZ 75 (1950), Sp. 287—306.

FLÜCKIGER, F.: Philosophie und Theologie bei Schleiermacher. Zürich 1947.

HERMANN, R.: Art. Schleiermacher (I. Leben und Schriften, II. Theologie). In: RGG 3. Aufl. V. Bd., Sp. 1422 ff.

JØRGENSEN, P. H.: Die Ethik Schleiermachers. München 1959. (Ethik)

KIMMERLE, H.: Die Hermeneutik Schleiermachers im Zusammenhang seines spekulativen Denkens. (Masch. o. O. 1957) Heidelberg, Phil. Fak., Diss. vom 10. 9. 1957. (Diss.)

KIRN, O.: Art. Schleiermacher. In: RE 3. Aufl. Leipzig 1896—1913, Bd. 17, Sp. 587 ff.

LIEBING, H.: Ferdinand Christian Baurs Kritik an Schleiermachers Glaubenslehre. In: ZThK 54 (1957), 225—243.

MULERT, H.: Schleiermacher-Studien. Bd. I. Schleiermachers geschichtsphilosophische Ansichten in ihrer Bedeutung für seine Theologie. Gießen 1907.

—: Schleiermacher und die Gegenwart. Frankfurt 1934.

ODEBRECHT, R.: Das Gefüge des religiösen Bewußtseins bei Fr. Schleiermacher. In: Blätter für deutsche Philosophie. Bd. VIII, 284—301. Berlin 1934—1935. (RelBewußtsein)

—: Friedrich Schleiermachers Dialektik. ... hg. von R. O. Leipzig 1942. (Hier: Einleitung des Herausgebers, V—XXXIII)

RITSCHL, O.: Schleiermachers Stellung zum Christentum in seinen Reden über die Religion. Ein Beitrag zur Ehrenrettung Schleiermachers. Gotha 1888.

—: Schleiermachers Theorie von der Frömmigkeit. In: Theologische Studien. Prof. D. B. Weiß zu seinem 70. Geburtstag, 129—164. Göttingen 1897. (Theorie der Frömmigkeit)

ROSENKRANZ, K.: Kritik der Schleiermacherschen Glaubenslehre. Königsberg 1836.

SACK, K. H.; NITZCH, C. J.; LÜCKE FR.: Über das Ansehen der heiligen Schrift und ihr Verhältniß zur Glaubensregel in der protestantischen und in der alten Kirche. Drei theologische Sendschreiben an Herrn Professor D. Delbrück in Beziehung auf dessen Streitschrift, Phil. Melanchthon, der Glaubenslehrer. Nebst einer brieflichen Zugabe des Herrn D. Schleiermacher über die ihn betreffenden Stellen der Streitschrift. Bonn 1827.

SAMSON, H.: Die Kirche als Grundbegriff der theologischen Ethik Schleiermachers. Zürich 1958.

SCHOLZ, H.: Christentum und Wissenschaft in Schleiermachers Glaubenslehre. Ein Beitrag zum Verständnis der Schleiermacherschen Theologie. 2. Aufl. Leipzig 1911. (Christentum)

SCHOTT, E.: Erwägungen zu Schleiermachers Programm einer philosophischen Theologie. In: ThLZ 88 (1963), Sp. 321—336.

SCHULTZ, W.: Das Verhältnis von Ich und Wirklichkeit in der religiösen Anthropologie Schleiermachers. Göttingen 1935. (Ich und Wirklichkeit)

—: Die Grundlagen der Hermeneutik Schleiermachers, ihre Auswirkungen und ihre Grenzen. In: ZThK 50 (1953), 158—184.

—: Schleiermachers Theorie des Gefühls und ihre theologische Bedeutung. In: ZThK 53 (1956), 75—103. (Theorie des Gefühls)

—: Schleiermacher und der Protestantismus. Hamburg 1957. (Prot.)

—: Schleiermachers Deutung der Religionsgeschichte. In: ZThK 56 (1959) 55—82. (Religionsgeschichte)

—: Rezension von Seifert, P.: Die Theologie des jungen Schleiermacher. In: ThLZ 87 (1962), Sp. 67 ff.

SCHWARZ, F. H. C.: Recensionen der Schleiermacherschen Glaubenslehre. In: Heidelberger Jahrbücher der Literatur, 1822 (Nr. 56, 60, 61); 1823 (Nr. 14, 15, 21, 22).

SEIFERT, P.: Die Theologie des jungen Schleiermacher. Gütersloh 1960. (Theologie)

—: Rezension von Flückiger, F.: Philosophie und Theologie bei Schleiermacher. In: ThLZ 75 (1950), Sp. 41 ff.

STEPHAN, H.: Die Lehre Schleiermachers von der Erlösung. Tübingen und Leipzig 1901. (Erlösung)

—: Der neue Kampf um Schleiermacher. In: ZThK 1925 (N. F. Nr. 6), 159—215. Antwort auf Brunners Entgegnung: ebd., 278—285.

STRAUSS, D. FR.: Schleiermacher und Daub in ihrer Bedeutung für die Theologie unsrer Zeit. In: Charakteristiken und Kritiken. 2. Aufl. Leipzig 1844.

SÜSKIND, H.: Der Einfluß Schellings auf die Entwicklung von Schleiermachers System. Tübingen 1909.

—: Christentum und Geschichte bei Schleiermacher. Die geschichtsphilosophischen Grundlagen der Schleiermacherschen Theologie. I. Teil: Die Absolutheit des Christentums und die Religionsphilosophie. Tübingen 1911. (Christentum)

WEHRUNG, G.: Der geschichtsphilosophische Standpunkt Schleiermachers zur Zeit seiner Freundschaft mit den Romantikern. (Phil. Dissertation) Straßburg 1907.

—: Die philosophisch-theologische Methode Schleiermachers. (Theol. Dissertation) Göttingen 1915. (Methode)

—: Die Dialektik Schleiermachers. Tübingen 1920. (Dialektik)

—: Schleiermacher in der Zeit seines Werdens. Gütersloh 1927.

—: Der Durchgang Schleiermachers durch die Brüdergemeinde. In: ZThK 1927 (N. F. Nr. 8), 193—210.

WENDLAND, J.: Die religiöse Entwicklung Schleiermachers. Tübingen 1915.

WOBBERMIN, G.: Schleiermachers Hermeneutik in ihrer Bedeutung für seine religionswissenschaftliche Arbeit. In: NGG 1930.

—: Art. Schleiermacher. In: RGG 2. Aufl. V. Bd., Sp. 170 ff.

III. Allgemeine Literatur

ALTHAUS, P.: Grundriß der Dogmatik. Erster Teil. 3., durchgesehene Aufl. Gütersloh 1947.

—: Art. Erfahrungstheologie. In: RGG 3. Aufl. II. Bd., Sp. 552 ff.

BARTH, K.: Die christliche Dogmatik im Entwurf. Die Lehre vom Worte Gottes.
Prolegomena zur christlichen Dogmatik. München 1927. (Entwurf)

—: Die protestantische Theologie im 19. Jahrhundert. Ihre Vorgeschichte und ihre
Geschichte. 3. Aufl. Zürich 1960. (Theologiegeschichte)

BAUR, F. CHR.: Die christliche Gnosis oder die christliche Religions-Philosophie
in ihrer geschichtlichen Entwicklung. Tübingen 1835. (Gnosis)

DILTHEY, W.: Die Entstehung der Hermeneutik. In: Gesammelte Schriften. V. Bd.,
317—338. Leipzig und Berlin 1924.

EBELING, G.: Art. Hermeneutik. In: RGG 3. Aufl. III. Bd., Sp. 242 ff.

ELERT, W.: Der Kampf um das Christentum seit Schleiermacher und Hegel.
München 1921.

FRANK, FR. H. R. VON: Geschichte und Kritik der neueren Theologie insbesondere
der systematischen seit Schleiermacher. Aus dem Nachlaß des Verf.s hg. von
P. Schaarschmidt. 2., durchgesehene Aufl. Erlangen und Leipzig 1895.

GADAMER, H.-G.: Wahrheit und Methode. Grundzüge einer philosophischen
Hermeneutik. 2. Aufl. Tübingen 1965. (Wahrheit)

—: Vom Zirkel des Verstehens. In: Festschrift, Martin Heidegger zum 70. Geburtstag. Pfullingen 1959.

GASS, W.: Geschichte der protestantischen Dogmatik. IV. Bd. Berlin 1867.

HEGEL, G. W. FR.: (Auswahl), ausgewählt und eingeleitet von Fr. Heer. (Fischer
Bücherei 86) Hamburg 1955.

HIRSCH, E.: Geschichte der neuern evangelischen Theologie im Zusammenhang mit
den allgemeinen Bewegungen des europäischen Denkens. IV. und V. Bd.
3. Aufl. Gütersloh 1964. (Theologiegeschichte)

KÄHLER, M.: Geschichte der protestantischen Dogmatik im 19. Jahrhundert. (ThB
16) Hg. von E. Kähler. München 1962.

KANT, I.: Die Religion innerhalb der Grenzen der bloßen Vernunft. Hg. von
K. Vorländer. 7. Aufl.: Unveränd. Abdruck 1961 der 6. Aufl. von 1956, eingeleitet von H. Noack. (Phil. Bibliothek 45) Hamburg 1956/1961.

KATTENBUSCH, F.: Die deutsche evangelische Theologie seit Schleiermacher. Ihre
Leistungen und ihre Schäden. 4., vollst. umgearbeitete Aufl. der Schrift „Von
Schleiermacher zu Ritschl". Gießen 1924.

LESSING, G. E.: Theologische Streitschriften. In: Werke, in sechs Bänden, 6. Bd.
Berlin. Bibliographische Anstalt, o. J.

OTTO, R.: West-östliche Mystik. 2. Aufl. Gotha 1929.

—: Das Heilige. Über das Irrationale in der Idee des Göttlichen und sein Verhältnis zum Rationalen. 21. bis 28. Aufl. München 1947.

RATSCHOW, C. H.: Der angefochtene Glaube. Anfangs- und Grundprobleme der Dogmatik. 1. Aufl. Gütersloh 1957. (Glaube)

—: Art. Wesen des Christentums. In: RGG 3. Aufl. I. Bd. (Christentum V.), Sp. 1721 ff.

—: Art. Begriff und Wesen der Religion. In: RGG 3. Aufl. V. Bd. (Religion IV B.), Sp. 976 ff.

SENFT, CHR.: Wahrhaftigkeit und Wahrheit. Die Theologie des 19. Jahrhunderts zwischen Orthodoxie und Aufklärung. (BHTh 22) Tübingen 1956. (Wahrhaftigkeit)

STEPHAN, H.: Geschichte der evangelischen Theologie seit dem Deutschen Idealismus. Berlin 1938.

TILLICH, P.: Systematische Theologie. I. Bd. 3., vom Verf. überarbeitete Aufl. Stuttgart 1956.

REGISTER

I. Textinterpretation

Apologetik 29 f., 150, 217, 227, 232, 234—244, 259, 268 ff., 274, 295, 298.
Lehnsätze der ... 56, 101 A, 103, 127, 130 A, 147 f., 151, 164, 195, 203 A, 231—246, 261, 264, 268, 282, 297, 303, 305, 307, 312, 324, 327, 330.
Methode der ... 238—241, 244, 247 A, 276, 286 f., 290, 293 f., 297 f., 305, 321.

Christentum (vgl. „Erlösung")
„Absolutheit" des ... (≙ Einzigartigkeit ...) 155, 161—164, 191 bis 194, 196, 202 A, 203, 205, 211, 214, 234, 244 f., 248 f., 251, 258 f., 260, 263—269, 271, 277, 299, 304 f., 316, 325, 330.
Geschichtlichkeit des ... 238, 240, 243, 288, 295, 322, 326 f., 330.
Wesen des ... (≙ Eigentümlichkeit...) 29, 124, 127, 147 f., 150, 214, 223, 225 ff., 230, 234—247, 260 f., 264 f., 268 f., 272, 275, 292, 297 ff., 305, 327.

Dialektik 31, 37 f., 66 ff., 69—78, 81 bis 84, 86, 93, 110, 164 ff., 168 ff., 226, 266, 323, 328.
Dogmatik 19—31, 49, 62, 67, 81, 83, 93, 109 f., 148, 150 f., 195, 198, 236 A, 253 A, 260, 270, 290, 292, 322, 326, 328 ff., 332.

Einleitung (GL) 10, 15, 18, 31, 33, 66, 68, 83 f., 123, 125, 128, 132, 139, 148, 150 ff., 160, 164, 188, 221, 224, 235 f., 262, 264, 270 f., 293, 299, 301 f., 308, 311, 322, 326—332.
Aufgabe der ... 19, 28, 30, 37, 60, 133, 138, 195 f., 231, 235, 237, 293, 298, 322 ff., 326.

Methode der ... 27, 30 ff., 60, 84, 102 A, 207 f., 111 A, 113, 124 A, 125 ff., 133 ff., 137, 151, 160, 182 ff., 188 ff., 194 ff., 204—207, 212 f., 216 bis 221, 235, 239, 264 ff., 268, 271, 290, 293 ff., 298 ff., 302, 305, 322 bis 330.
Ethik 10, 29 f., 33—36, 66 ff., 86 ff., 109, 113, 122, 125 ff., 132, 134, 138—142, 142 A, 144 f., 147, 150 f., 159, 171, 200 f., 238, 323.
Lehnsätze der ... 34, 37, 43 f., 58, 65 f., 85 A, 91, 103, 107—110, 111 A, 112—115, 118 f., 121, 123, 125, 127, 131 f., 133 ff., 138, 143, 145, 151, 167, 172 f., 177, 183, 189, 216, 218, 220, 234, 243, 309 f., 324.
Erlösung (vgl. „Christentum")
Allgemeinbegriff 3, 236 A, 241—249, 253, 256 f., 267, 288.
Bedürftigkeit an ... 250 ff., 256, 258, 260, 285, 297, 319 f.
Gewißheit der ... 260, 297, 309, 319, 325.
Notwendigkeit der ... 106 A, 249, 251, 255, 260, 275, 282, 297, 303, 325.
Wirklichkeit der ... 106 A, 257, 260, 283, 297 f., 306, 332.
„Zentralpunkt" (≙ christliches Verständnis von ...) 249 ff., 254, 256 ff., 282, 305, 318.

Frömmigkeit (vgl. „Kirche", „Religion")
Allgemeinbegriff 38 f., 65, 76, 80, 84 f., 105 f., 127, 131 f., 143 ff., 167, 172 f., 175, 177, 181, 184 f., 187 f., 191, 286 f., 289, 291, 300, 311 f., 324.
Ort der ... 39 f., 43—47, 83 f., 132, 160, 244 f., 253 A, 259, 301.
(vgl. „Gefühl")
Stufen von ... (s. „unmittelbares SB")

Wesen der ... 43, 46 f., 63 f., 84, 90 A, 103, 107, 116, 121, 142 ff., 149, 158, 160, 173 f., 183, 186, 222, 231, 241, 272.

Wirklichkeit von ... 96, 99, 102 f., 107 f., 114 f., 117, 119 f., 129, 133, 135 f., 141, 160, 173, 179, 183, 191, 202, 205 f., 223 f., 250, 272, 279, 283, 293, 308.

Gattungsbewußtsein 126—129, 133—136.

Gefühl (s. „unmittelbares SB")

Glaube (vgl. „Gott", „Jesus Christus")
„Beweis des ..." (≙ Gewißheit) 9 f., 155, 194, 203 A, 215, 226 A, 245, 259, 263, 267, 271, 297 f., 300 f., 309, 316, 319 f.

Entstehen des ... 133, 245, 295 f.

Erfahrung 123 f., 292, 301, 308 f., 317, 319 ff., 329 ff.

Geschichtlichkeit des ... 13, 15, 326 f., 330 f., 332.

Zeugnis 296 f., 308, 313, 318 ff., 331.

Gott
Allgemeinbegriff 60—63, 63 A, 74, 82 f., 88, 94 f., 174, 184—189, 234, 279 ff., 284, 310, 314 ff.

Glaube an ... 13, 184, 191, 227 f., 302 f., 309 ff., 314 ff., 330 f.

Jesus Christus
Einzigartigkeit 232, 260, 269 f., 275, 277, 282, 288, 306.

Erlöser-Erlöste 13, 23, 256, 258 f., 271 f., 282 f., 287, 291, 297 f., 303 f., 310, 315, 317 f., 320, 331.

Erlöser-Erlösung 11 f., 236, 241, 244, 247, 258, 260, 274, 287, 298, 314.

Geschichtlichkeit 1, 3, 5, 7 ff., 12 f., 218, 261, 271 f., 274 f., 279 f., 283, 286, 288 ff., 293, 297, 305, 309, 311, 315 f., 318 ff., 325, 332.

Glaube an ... 12 f., 223, 227, 237, 262, 294, 296, 298, 300—321, 325, 329—332.

„Grundtext der Dogmatik" 1, 12, 31, 322, 332.

Jesus von Nazareth 11 ff., 242, 246, 278, 287 ff., 298, 305, 313 f., 316 f., 331.

übernatürlich/natürlich 273—282, 289 ff.

übervernünftig/vernünftig 273, 280, 282—293.

Vergegenwärtigung 13, 15, 218, 331.

Kirche (fromme Gemeinschaft) (vgl. „Frömmigkeit", „Religion")
Allgemeinbegriff 29, 34, 37 f., 109, 111 A, 112, 114, 119, 123, 125 f., 128, 131 f., 134 ff., 138, 140, 142—145, 147, 150 f., 154, 173, 196, 203, 216, 218, 231, 238 ff., 270, 293, 299, 303, 306, 323 f., 332.

Begrenztheit 114 f., 119, 124 f., 128 f., 131, 133 f., 136 ff., 145, 152 f., 157 f., 174, 207, 216 f., 219 f., 231, 243, 302, 305 ff.

christliche ... 23, 29, 109, 113 f., 148, 150 f., 154, 216 f., 238 f., 258 ff., 268 ff., 283, 294—307, 318—322, 325, 329—332.

Eigentümlichkeit einer ... 216 f., 219—223, 225—234, 237, 275, 299, 305.

Entstehen der ... 131, 135 f., 154, 245, 295, 306.

Notwendigkeit der ... 37, 113, 122 f., 125, 127.

Wirklichkeit der ... (≙ geschichtlich gegeben) 133 f., 136 A, 138, 146, 160, 173, 175, 182 f., 187, 190, 202 f., 213—216, 222—225, 227, 233 f., 240 f., 270, 272, 299, 306.

Methode (vgl. „Apologetik", „Einleitung", „Religionsphilosophie")
(... der Interpretation) 2, 12, 15—18, 32, 34, 138, 154, 182, 195 f., 204, 217 f., 235, 274, 284, 293 ff., 298—302, 305—309, 315, 321, 323—330.

„kritisches Vergleichen" 28 f., 31, 35, 60, 75, 81 A, 108, 138, 140 f.,

143 ff., 147 f., 150 f., 160 f., 167, 170, 172, 192, 195, 203 f., 206 f., 217, 222 ff., 230, 235, 237 f., 240 f., 244, 249, 261, 272, 274, 290 f., 293, 297 f., 323 f., 326 ff., 332.

„Sprachbildung" 24 f., 30, 60, 231, 302, 329.

Offenbarung
Allgemeinbegriff 219 f., 232 ff., 237, 274 f., 281, 290, 295, 302.
christliche ... (≙ ... in Christus) 9, 123, 247, 262, 274—279, 282, 288, 311, 319.
Inhalt der ... (Lehre) 22 A, 24 f., 30, 233, 286, 288—292.
Vermittlung von ... 234, 259, 275 ff., 283, 303, 309, 319, 329.

Pantheismus 185—188.

Philosophische Theologie 10, 27 f., 30 f., 146, 148, 238, 240, 243.

Religion/en (vgl. „Frömmigkeit", „Kirche")
Allgemeinbegriff 48, 110, 122, 142 f., 148, 153 f., 181 f., 219, 230 f., 311, 313 f.
Arten von ... 156 ff., 160, 167, 173, 196—199, 202 A, 202 f., 206 ff., 209, 211—215, 217, 227 ff., 249, 252, 272, 329.
monotheistische ... 156, 161, 171, 173 ff., 176 A, 177, 180 f., 183 f., 185, 187—192, 194, 200 A, 210, 214 f., 217, 220, 225, 227 f., 243, 249 f., 252, 259, 265, 267, 272.
nichtchristliche ... 150, 161—165.
positive ... 114, 173, 177 f., 181, 192, 219 f., 231 f., 234, 267.
Stufen von ... 97, 154—158, 160, 162, 167, 171, 173 ff., 177, 179, 181, 184, 188, 191, 201 ff., 209, 214 f., 217, 225, 227, 250.
teleologisch geartete ... 196—202, 202 A, 209—215, 243, 250 ff., 255 f.

Religionsphilosophie 10 f., 20, 28 ff., 30 A, 33, 108, 144 ff., 148, 153, 167, 171 f., 178, 182, 192 f., 221, 223, 226, 232, 238 ff., 244 f., 330.
Aufgabe der ... 139, 142, 146 f., 149 f., 192, 195, 211 f., 214, 216, 220 f., 224 f., 239, 263, 323.
Lehnsätze der ... 51, 55 f., 86, 89 A, 97, 108, 114, 114 A, 122, 138 f., 143 A, 147—154, 159, 163, 167, 172 f., 175, 181, 183, 190, 193, 195, 203, 207, 218 f., 221, 224 ff., 233 f., 239, 243, 305, 324, 329.
Methode der ... 137 f., 143, 147, 151, 157—161, 167, 170, 172, 189 f., 206—209, 211 ff., 216 f., 224, 226 f., 232—235, 238, 240, 271 f.

Unmittelbares Selbstbewußtsein (SB)
Begriff der Dialektik 42 f., 46 f., 49 ff., 66, 72, 75—84, 86, 87 A, 92 ff., 96 A, 105 f., 130, 179, 308.
Begriff der Einleitung 40—60, 63 A, 65 f., 68, 76 f., 80 f., 83 f., 93 f., 96 f., 104 ff., 129 f., 160, 175, 178 f., 183, 257, 284, 300 f., 308, 322, 328 f.
christlich frommes SB 20, 92, 127, 130 A, 213, 223, 235, 257 f., 291 f., 308 f., 313, 329 f.
Freiheitsgefühl 56 f., 59, 63 ff., 94, 97, 101, 104, 180, 190, 255.
frommes SB 77 A, 97, 103 f., 110, 112—122, 126 f., 132—138, 145, 160, 176, 181, 189, 192, 198, 205 ff., 220, 228, 230 f., 244, 249 ff., 253, 284, 302, 304, 306, 308, 316, 328.
Gefühl 39—47, 56 f., 66, 76—83, 90 A, 94, 97, 112, 114, 126—129, 131—134, 167, 188, 253 A, 306 ff., 311 f., 324. (vgl. „Begriff der Dialektik")
Gottesbewußtsein 56 A, 60, 60 A, 62 f., 63 A, 65, 90 A, 101 ff., 116, 118, 121, 135, 162, 166, 178, 184, 186, 189, 210, 212, 214 f., 227, 230, 234, 253—256, 284, 315.
„Komplexität" des ... 51, 55, 91 A, 105, 115, 175, 177 f., 182 f., 302, 328.

schlechthinniges Abhängigkeitsgefühl
42, 50 f., 54 f., 57—65, 68, 77 A, 81 f.,
83 A, 84—105, 107 f., 111 A, 114—
122, 126, 131, 134 f., 143 f., 167, 171
bis 192, 197, 199—202, 205 ff., 209 f.,
215, 224, 228, 241 f., 249, 251, 254 A,
255 ff., 265, 302 ff., 309 f., 312 A,
314 f., 329.
sinnliches SB   54—57, 59 A, 65, 88 f.,
91 A, 94, 97—100, 103—108, 118,
121, 135, 160, 172, 174 f., 176 A,
179 ff., 189, 192, 204, 206—210, 212,
249 ff., 255, 257, 284, 328.
Stufen des ...   65, 88 f., 92, 94 f.,
97 ff., 103 f., 106, 116 ff., 121, 174 f.,
177, 179 ff., 191, 279, 284.
Vollendungspunkt des ...   99—102,
106 A, 118, 120 f., 177 A, 179 f., 206,
208 ff., 284, 293, 302, 328.
Weltbewußtsein   57, 60 A, 63 A, 98,
101, 180, 186, 189, 212.
Wirklichkeit des ...   47, 52—55, 58,
65, 85 f., 89, 91 f., 93—103, 107,
117 f., 132, 138, 220, 303, 329.
(vgl. „Zeitlichkeit")
Zeitlichkeit des ...   41 ff., 51—56,
56 A, 78 f., 81, 92, 94, 96, 98 ff.,
102—106, 118, 120, 176, 176 A, 182,
250, 279.
(vgl. „Wirklichkeit")

II. Schleiermacher-Literatur

ALTHAUS, P.   320 A.
BARTELHEIMER, W.   80 A.
BARTH, K.   4 ff., 13 f., 110 A, 197 A,
198, 234, 326 A.
BAUR, F. CHR.   2 ff., 16, 236 A, 242 A,
262.
BECKMANN, K.-M.   236, 242 A, 253 f. A.
BENDER, W.   80 A,   153 A,   175 A,
197 A, 212 f.
BRAUN, O.   67 A.
BRUNNER, E.   6—11,   48 ff.,   80 A,
101 A, 110 A, 130 A, 197, 197 A,
199 f., 202, 205 f., 228 f., 242, 303,
311—314.

DELBRÜCK, F.   262.
DILTHEY, W.   328 A.
FLÜCKIGER, F.   4 ff., 6 A, 11, 13 f., 33
bis 37, 50 A, 56 A, 59 A, 60 A, 66,
85—92, 85 A, 91 A, 102, 107, 110 A,
112 A, 114 A, 119 A, 122, 130 A,
139 A, 143, 143 A, 152, 153 A, 158,
164 A, 167 A, 171 ff., 175 A, 178 f.,
181 A, 185 f., 191, 192 A, 197 f.,
228 A, 236 f., 241, 242 A, 245 A,
247 A, 248 f., 257 f., 261, 268, 273 f.,
277 f., 282 A, 285 f., 315 f., 326, 328.
GADAMER, H.-G.   327 A, 328 A.
HALPERN, I.   67 A.
HIRSCH, E.   83 A, 110 A.
JØRGENSEN, P. H.   197 A, 199 ff., 202.
KIMMERLE, H.   328 A.
LIEBING, H.   2 A, 4 A.
ODEBRECHT, R.   50 A, 67 A,   68 A,
77 A, 80 A, 81 A, 83 A.
RATSCHOW, C. H.   (VII), 12 A, 15.
REDEKER, M.   329 f.
RITSCHL, O.   110 A,   111 A,   114 A,
118 A, 119 A, 122 A.
SCHOLZ, H.   263.
SCHULTZ, W.   45 A, 49 A, 50 A, 56 A,
64 A, 97 A, 105 A, 110 A, 112 A,
119 A, 129 A, 154 A, 155 A, 156 A,
166 A, 175 A, 176 f. A, 192 A, 201,
265 f., 300 A, 303 ff.
SEIFERT, P.   5 A, 18 A, 66 A, 87 A,
203 A, 265, 248 A.
SENFT, CHR.   38 A, 41, 49 A, 61, 62 A,
63 f., 110 A, 123 f., 130 A, 140 A,
146 A, 154, 161 ff., 165 A, 166, 175 A,
184, 192 A, 229 A, 236 f., 242 A,
253 A, 254 A, 261, 278 f., 285 f.,
296 A, 328 A.
STEPHAN, H.   9 A, 42 A.
SÜSKIND, H.   10 f., 110 A, 141 A, 142 A,
193, 202 A, 211 f., 215.
WEHRUNG, G.   20 A, 45 A, 48 A, 49 A,
58 A, 67 A, 82 A, 103 A, 110 A,
111 A, 114 A, 115 A, 118 A, 119 A,
120 A, 175 A, 197, 205 A.
WOBBERMIN, G.   49 A.

Schleiermacher, Sämmtliche Werke

3 Abtheilungen. Oktav

I. Abtheilung. Zur Theologie
13 Bände. 1836—1920.

II. Abtheilung. Predigten
10 Bände. 1834—1856.

III. Abtheilung. Zur Philosophie
9 Bände. 1835—1862.

Preis und Liefermöglichkeit auf Anfrage

Aus Schleiermachers Leben · In Briefen

4 Bände. Oktav. Nachdruck geplant. Subskriptionspreis Ganzleinen DM 280,—

Band I. Von Schleiermachers Kindheit bis zu seiner Anstellung in Halle,
Oktober 1804.
2. Auflage. Mit Schleiermachers Bildnis.
VIII, 407 Seiten. 1860.

Band II. Von Schleiermachers Anstellung in Halle, Oktober 1804,
bis an sein Lebensende, den 12. Februar 1834.
2. Auflage. 513 Seiten. 1860.

Band III. Schleiermachers Briefwechsel mit Freunden bis zu seiner Übersiedlung
nach Halle, namentlich der mit Friedrich und August Wilhelm Schlegel.
Zum Druck vorbereitet von *Ludwig Jonas,*
nach dessen Tode herausgegeben von *Wilhelm Dilthey.*
X, 437 Seiten. 1861.

Band IV. Schleiermachers Briefe an Brinckmann.
Briefwechsel mit seinen Freunden von seiner Übersiedlung nach Halle
bis zu seinem Tode.
Denkschriften. Dialog über das Anständige. Rezensionen.
Vorbereitet von *Ludwig Jonas,* herausgegeben von *Wilhelm Dilthey.*
XV, 646 Seiten. 1863.

Schleiermachers Christliche Sittenlehre

im Zusammenhang seines philosophisch-theologischen Systems.
Von *Hans-Joachim Birkner.*
Oktav. 159 Seiten. 1964. DM 22,— (Theologische Bibliothek Töpelmann 8).

Walter de Gruyter & Co · Berlin 30